中国西部城市发展研究丛书 | 杨永春主编

国家自然科学基金(41971198,41571155)

中国西部城市发展转型
全 球 化、绿 色 化、特 色 化

杨永春 著

东南大学出版社
SOUTHEAST UNIVERSITY PRESS
南京·2023

内容提要

　　这是一部较全面、系统地分析自改革开放以来,尤其是进入 21 世纪后中国西部城市发展转型的著作。全书基于中国西部的区位变化和尺度跃迁、区域边缘化和分化、区域全球化与网络化、生态文明建设等新变化和新趋势,分析了西部城市发展转型的基本类型和全球化路径以及企业迁移、园区建设、空间重构、消费空间、文化空间等,并尝试总结其自改革开放以来发展转型的基本模式、格局和新路径。最后,基于新框架和基本导向,简要给出了西部城市未来发展转型的政策建议。在历史维度和国家制度演变的背景下,突出西部城市的"地方性"特征,认知西部城市的发展转型,有助于读者科学理解西部城市发展的"共性"和"个性"问题,为相关政策的制定提供依据。

　　本书可作为相关企事业单位人员、科研工作者的参考用书,也可作为地理、规划、管理等相关专业的研究生和本科生的参考教材。

图书在版编目(CIP)数据

　　中国西部城市发展转型:全球化、绿色化、特色化 / 杨永春著. — 南京:东南大学出版社,2023.12
　　(中国西部城市发展研究丛书 / 杨永春主编)
　　ISBN 978-7-5766-0968-4

　　Ⅰ. ①中… Ⅱ. ①杨… Ⅲ. ①城市经济—经济发展—研究—西北地区②城市经济—经济发展—研究—西南地区 Ⅳ. ①F299.27

　　中国国家版本馆 CIP 数据核字(2023)第 216758 号

责任编辑:孙惠玉　李倩　　责任校对:张万莹　　封面设计:王玥　　责任印制:周荣虎

中国西部城市发展转型:全球化、绿色化、特色化
Zhongguo Xibu Chengshi Fazhan Zhuanxing: Quanqiuhua, Lüsehua, Tesehua

著　　　者	杨永春
出版发行	东南大学出版社
出 版 人	白云飞
社　　址	南京市四牌楼 2 号　邮编:210096
网　　址	http://www.seupress.com
经　　销	全国各地新华书店
排　　版	南京布克文化发展有限公司
印　　刷	南京凯德印刷有限公司
开　　本	787 mm×1092 mm　1/16
印　　张	17.5
字　　数	425 千
版　　次	2023 年 12 月第 1 版
印　　次	2023 年 12 月第 1 次印刷
书　　号	ISBN 978-7-5766-0968-4
定　　价	79.00 元

本社图书若有印装质量问题,请直接与营销部调换。电话(传真):025 - 83791830

总序

新时代在全球展开的历史性帷幕的"百年未有之大变局",导致我国的发展环境发生了重大变化。在全球尺度上,美英等西方国家正在调整自20世纪80年代开始的新自由主义政策,逆全球化、"去中国化"等行为意味着基于经济全球化的这一轮经济增长过程及其驱动机制发生了尺度性、政策性的调整。同时,智能革命所酝酿的新一轮技术革命和新产业集群的崛起以及国家间日益激烈的利益博弈,使得发展中国家承受了西方国家各种形式、日益加深的限制和打压,国家现代化进程面临日趋严峻的挑战。这预示着当今的新国际劳动地域分工模式正在进行或日益强化的全球剩余价值向发达国家的有向控制流动,中国等发展中国家想快速提升自己的国际地位和社会福利绝非易事。在国家尺度上,中国已基本完成了传统工业化和传统城镇化的艰巨任务,现在正迎接"工业4.0"和新型城镇化的时代挑战,从"中国制造"转向"中国智造"。同时,我国已全面开展了国土空间规划,开启了新的空间治理模式和技术手段的探索,这标志着我国积极贯彻新发展理念,坚持高质量发展,推动生态文明建设,建设智能社会,为2050年全面建成社会主义现代化强国而努力。由此,中国西部城市在过去20年以及可预见的未来,其发展模式、时空格局、产业组织、基本特征、增长动力等都在或将发生巨大变化或转型。

迄今,中国西部城市契合"一带一路"倡议,在政治经济层面已成为我国连接欧亚大陆的"桥梁",不但持续提升了自身的全球化水平,而且孕育了基于地方的增长模式和绿色发展路径。因此,我国西部城市已快速嵌入了全球系统,强化了对网络化、绿色化、特色化的跨越式发展路径的探索。而且,西部地区面积广袤,自然条件、资源禀赋、发展水平、社会基础等各方面都差异甚大,各城市的高质量发展模式或路径既带有共性,也在这个全球化、网络化的世界中带有地方性——个性。众所周知,西部在国家范围内虽仍处于社会经济发展水平从东部沿海到西部内陆的"梯底",但至少部分城市已开始突破路径依赖,探索和形成了发展转型的地方经验。因此,学术界应客观审视西部城市发展及其转型的模式、动力和路径,以及其是否存在"地方性创新",如建立超越国家梯度"末端"窘境、探索跨越式发展路径的"西部思维"。

西部城市在我国后增长时代/后改革时代,"跨越式"发展的学术价值大致体现在两个方面:一方面,基于全球秩序和全球化的资本逻辑,城市发展理论现已形成的较为系统的理论体系是一种西方语境或西方中心论的认识框架,如垂直性。那么,基于西方中心主义及中国东部的先导战略,或源于我国特有的国情/体制以及特有的地方资源和条件,尤其是当国家力量和地方化动力相结合时,在新时代西部城市是否会"反梯度"出现一种"水平性"西部思维的城市发展及其转型的理论框架?另一方面,西部等欠发达地区在全球/国家尺度的流动性、区域化的进程中,如何定位自身来获取所需资源,寻求新发展动力,进行产业组织和空间重构,实现可持续增长和绿色转型,达成"人与自然和谐共生的现代化"目标?在这个转型的过程中,区位、制度、文化、生态和技术哪个因素更重要？西部地区又如何形成系统思维，追求多要素的同步协调，达到统筹、综合、稳定的协同结构和状态？这是需要我们不断思考，在实践中不断总结和探索的重大科学问题。

  本套丛书的目的就是总结新时代我国西部城市发展及其转型的新趋势、新特征、新动向和新策略，以及在"双循环"格局和"双碳"目标下，如何响应我国稳步对外开放、开放型经济体系建构的国家战略，推动自身全球化进程，探寻赶超战略和高质量发展模式。也就是说，尝试归纳进入21世纪后西部城市发展转型的新模式——新格局、新过程、新路径和新动力，总结西部地区全球化、高质量发展转向下的"地方性经验"，为相关政策的制定提供依据。这样，我国西部城市发展在大变局时代的本质是"后进地区"如何基于绿色发展、全球化、网络化、流动性导向的"跨越"和"振兴"。这不仅包括静态的物质空间，而且包括城市发展的战略选择、行为导向和策略探寻。由此，这将对发展中国家城市的发展转型理论和未来的可持续发展具有引领性作用，可为各级政府、相关研究人员和相关学科的大中专学生甚至普通民众提供参考。

杨永春
2023年10月1日

前言

所谓转型,是指事物的结构形态、运转模式和社会观念的根本性转变过程,这是一个主动求新之过程,使事物从不理想、低级的状态演变为理想、高级的状态。在新时代,诚如2019年12月5日澳大利亚时任总理莫里森在接受澳大利亚《天空新闻》采访时所言:"中国显然已经成为我们这个时代改变游戏规则的国家。"自清末到现代,中国成功走向了复旦大学美国研究中心教授张家栋所言的一条独特的"马克思主义为核心的上层建筑,传统文化为核心的社会基础,和社会主义市场经济理念为核心的经济基础"的"三合一"道路,基本完成了传统工业化进程,迈进了智能社会的门槛,并以"世界工厂"和"一带一路"倡议为根基,积极践行刘卫东研究员所言的"包容性全球化",成功探索了中国式现代化的发展道路。

中共"二十大"报告指出,我国未来发展需贯彻新发展理念,坚持高质量发展,2050年全面建成社会主义现代化强国。因此,报告强调我国应加快构建新发展格局,着力推进区域协调发展,推进高水平对外开放,即加快建设全国统一大市场,实施区域重大战略,稳步扩大制度型开放,增强产业链供应链的韧性和安全性,构建开放型经济体系。由此,中国特色社会主义进入新时代,其基本特征就是中国经济已由高速增长阶段转向高质量发展阶段,中国制造正在向"中国智造"迈进,迎接"工业4.0"和智能社会的挑战。2017年12月,中央经济工作会议强调"要推进中国制造向中国创造转变,中国速度向中国质量转变,制造大国向制造强国转变"。我国将更加强调中国企业的自主创新和自主技术研发,成为世界高新技术的发源地。那么,中国西部地区如何响应和落实国家高质量发展、区域协同发展、全面对外开放,实施区域重大战略的国家任务和战略需求?我国国土空间规划又如何体现国家战略需求、动态变化、不同区域的发展阶段差异等,并科学"落地"于西部地区?

中国西部地区包括西南三省一市、西北五省、西藏自治区和内蒙古自治区共11个省(自治区、直辖市)(不含广西),处于国家版图的西缘和内陆地区,也是面积最为广袤的区域。土地总面积和人口分别约占全国国土面积(陆地国土面积)的68.85%和总人口的23.57%(第七次全国人口普查数据)。其中,新疆、西藏、内蒙古、青海、陕西、甘肃、宁夏七省区大致处于"胡焕庸线"以西,占据了我国国土面积(陆地国土面积)的56.99%,却是我国人口密度最低的区域。作为我国少数民族的主要聚居区,西部大地上生活着除汉族以外的44个少数民族。中国西部地区具有三个最为基本的特征:一是西部地区是我国乃至亚洲的生态高地,生态环境多样性强,但脆弱性高和内部差异性大,需保护的国土面积占比高。主体功能区分析结果显示很多地方"不适合人居"或现代化成本极高。二是资源丰富且(部分)非常独特,西部地区是我国的资源富集区,包含如矿产、土地、景观、旅游等资源,开发潜力很大,具有形成特色经济和优势产业的重要基础和有利条件。三是位于工业化中期的西部社会经济发展水平处于国家三大地带或四大板块的末端,经济增长方式粗放,仍以高耗能、高污染的传统工业为主体,资源综合利用效率较低,人地关系矛盾仍较突出,绿色发展任务繁重。

进入21世纪,百年一遇的大变局给我国,当然也给西部地区带来了发展的大机遇。"一带一路"倡议提速大大改变了西部深内陆的区位特质,驱动了西部城市的发展转型和全球化进程。事实上,中国西部地区在政治经济层面已成为我国连接欧亚大陆的战略通道。同时,生态文明建设驱动了西部及其城市的绿色发展转型。这导致西部地区开始形成以系统思维追求多要素的同步协调,达到统筹、综合、稳定的协同结构和状态。在过去的20余年,随着全球一体化进程的加速推进,西方新自由主义经济政策加速形成了国际新劳动地域分工,改革开放国策使中国西部地区快速融入国际"大生产"和"外循环"之中;西部地区在国家范围内虽仍处于社会经济发展水平从东部沿海到西部内陆的空间"梯底",但已开始突破路径依赖,探索并形成了自身发展转型的成功经验。1999年的西部大开发战略和2013年习近平总书记提出的"一带一路"倡议以及中共十九大报告明确要求的"人与自然和谐共生"的现代化,既为西部经济发展提供了前所未有的发展机遇,也对城市发展提出了严峻的转型挑战,如西部城市要在发展滞后的背景下,针对新时代的发展要求,探索基于"创新社会"的发展转型的新模式和新路径,跨越式地追赶东部或中部城市,实现高质量发展。因此,西部城市的发展转型既要高效率地"加速追赶",又要公平、公正地"高质量提升"。这是一个超高难度的"技术动作",需要十分超前的"发展思维"和国家的强力支持。

客观审视西部城市发展转型是否存在"地方性创新",需要从三个方面评价:第一,西部城市的发展轨迹或路径当然与东部或中部城市存在强烈的共性,如演变机制的趋同性,但在这种共性中,是否能够孕育出整体或部分的"个性",包括模式转型、路径创造等?在"共性"层面,学术界几乎都以发达地区的城市为案例进行了深入探讨;然而在"个性"层面,针对处于发展水平"末端"或梯度推移"末端"的西部城市转型分析的基础却非常薄弱。需总结西部城市发展转型的非均衡、全球化、区域化、网络化、层级化、边缘化的基本特征和变化趋势,并从企业迁移、园区建设、消费空间和文化空间等视角来理解西部城市发展转型的新格局和新模式。第二,西部城市发展目前整体处于边缘化地位,但不排除部分城市基于新时代的"后发优势"以及国家支持,成功探寻出新的转型路径。这些突破可能是新产业,抑或是城市发展整体的"模式突破"。第三,市场力、国家力如何促进西部城市的发展转型,两者作用机制的差异是什么,又如何协同?

事实上,一个核心的学术问题是西部城市的发展转型是否存在"跨越式"本质?基于全球秩序和全球化的资本逻辑,城市全球化、城市发展或转型理论现已形成的较为系统的理论体系是一种西方语境或西方中心论的、梯度性或垂直性的认识框架。那么,基于西方中心主义及中国东部的先导战略,或源于我国特有的国情或体制以及特有的地方资源和条件,尤其是国家力量和地方化动力相结合,在新时代西部城市是否会"反梯度"出现一种"水平性"思维的理论解释框架?这是关系到我国崛起的重大科学问题。因此,各种资源的全球流动性或区域化进程,如何定位或重构一个城市的未来,如动力、产业和空间组织?或者,一个城市如何在不同情景的全球化背景下获取所需的资源,产生城市发展的新动力,实现发展转型,如中国西部城市如何在后"世界工厂"时代进行"弯道超车"的绿色发展转型以及推进我国的新工业革命?或者,在后"世界工厂"和智能(工业化)时代,西部这个欠发达的地区如何在逆全球化涌动、"双循环"格局和"双碳"目标下,基于我国稳步的对外开放、开放型经济体系建构的国家战略,推动自身的全球化进程,探寻赶超战略的高质量发展?而且,影响中国西部城市转型的核心要素——区位、制度、文化、生态和技术,哪个更重要?

基于此,考虑到社会经济发展阶段、内陆的地理环境、制度改革背景、脆弱的生态环境和多元多重的作用主体,本书系统分析新时代中国西部城市全球化路径和发展转型过程,尝试归纳自改革开放以来西部城市的新发展转向及其基本特征,尤其是新格局、新模式、新路径,总结全球化、高质量转向下的"地方创新"或"地方性经验"。这有助于读者科学理解西部城市发展的"共性"和"个性"问题,可丰富学术界相关领域的研究工作,审视相关发展政策以及为相关政策的制定提供依据。

未来,西部地区可继续依托"一带一路"倡议,持续提升向西开放的能力和水平。这不但可"吸引全球资源要素,推动共建'一带一路'高质量发展,深度参与全球产业分工和合作,提升国际循环质量和水平",加快"构建以国内大循环为主体、国内国际双循环相互促进的新发展格局",而且可推动"发达地区和欠发达地区、东中西部地区和东北地区的优势互补、共同发展,扎实推进全体人民共同富裕"。因此,西部城市全球化和发展转型,应积极贯彻中共"二十大"报告精神,树立"总体国家安全观",构建"人类命运共同体"和参与"全球治理体系改革和建设",适应全球化背景下区域化和全球产业链的碎片化趋势,深度推动绿色发展,助力中国式现代化。

这个成果是对过去10余年团队研究成果的总结和提炼。笔者本人为总负责,包括策划、写作和修订等。下列人员亦分别做出了贡献:李建新、宋美娜、杨亮杰、穆焱杰、张薇、史坤博、许静、程仕瀚(第1章);孙燕、杨欣傲、穆焱杰(第2章);许静、曹宛鹏、穆焱杰、程仕瀚(第3章);袁田(第4章);李恩龙、王舒馨、郭杰(第5章);唐艳、王宝君(第6章);刘润、刘扬、赵凯旭(第7章)。

最后,非常感谢国家自然科学基金委员会的资助,学术界同仁的大力支持以及东南大学出版社徐步政、孙惠玉两位同志的鼎力帮助,在此表示衷心的感谢!敬请各位读者批评指正!

杨永春

2022年12月20日

目录

总序
前言

1 中国西部城市发展转型的新变化与新趋势 001
1.1 区位变化与尺度跃迁 001
1.1.1 工业化前 001
1.1.2 计划经济时代 002
1.1.3 改革开放时期 005
1.1.4 新时代 009
1.2 区域边缘化与内部分化 012
1.2.1 整体边缘化 012
1.2.2 内部分化 015
1.3 区域全球化与网络化 018
1.3.1 经济全球化 018
1.3.2 经济网络化 018
1.3.3 外来投资网络 020
1.3.4 对外投资 022
1.4 生态文明建设 025
1.4.1 区域尺度 025
1.4.2 城市尺度 028

2 中国西部城市发展转型的基本类型与路径 038
2.1 基本类型 038
2.1.1 六类发展模式 038
2.1.2 内在联系与核心路径 040
2.2 开放与创新引导 041
2.2.1 四大基本模式 041
2.2.2 国家级中心城市和全球城市建设 042
2.2.3 产业升级和服务业导向的普化转型模式 045
2.3 贸易和物流中心 047
2.3.1 边疆开发区 047
2.3.2 口岸区 051
2.3.3 自由贸易试验区 053
2.4 国家支持下边疆型城市转型 054
2.4.1 概念化模型 054

	2.4.2 日喀则市的实证	056
2.5	资源型城市转型路径	064
	2.5.1 总体思路	064
	2.5.2 三类方式	065

3 中国西部城市发展转型的全球化路径 072

3.1	分类与特征	072
	3.1.1 基本类型	072
	3.1.2 对外出口路径演化	080
3.2	国际文化旅游平台	082
	3.2.1 格局分化	082
	3.2.2 敦煌的实证	083
3.3	国际节会驱动	095
	3.3.1 概念化模型	095
	3.3.2 两类国际节会的实证	098
3.4	河西走廊的出口贸易驱动	111
	3.4.1 两类路径演化的基本过程及地方特征	112
	3.4.2 对外出口路径演化的影响因素及其驱动机制	116

4 绿色转型下干旱区绿洲城市张掖的生态城市建设 123

4.1	系统化全域转型	123
4.2	产业的绿色转型	126

5 制造业企业迁移下的中国西部城市空间重构 135

5.1	概念化模型	135
	5.1.1 基本机制	135
	5.1.2 基本模式	138
	5.1.3 三大演化阶段	142
5.2	实证分析	143
	5.2.1 西安市	143
	5.2.2 兰州市	147
	5.2.3 乌鲁木齐市	150

6 园区发展驱动下的中国西部城市转型 156

6.1	园区发展与城市空间重构	156
	6.1.1 园区空间分布	156
	6.1.2 概念化模型	157
6.2	西安市实证：园区发展与城市空间演化	161
	6.2.1 园区发展与城市空间形态	161

		6.2.2 园区发展与城市空间结构演变	163
	6.3	西宁市实证：开发区的产业网络及其全球化	165
		6.3.1 投资源结构	165
		6.3.2 企业供应销售物流网络结构特征	167
	6.4	银川市实证：园区的产业网络及其全球化	172
		6.4.1 投资源结构	172
		6.4.2 企业供应销售物流网络结构特征	173

7 中国西部城市的消费空间与文化空间 179

7.1	概念性框架	179
	7.1.1 西部城市的消费空间	179
	7.1.2 西部城市的文化空间生产：三种基本模式	182
7.2	西安市消费空间的实证	183
	7.2.1 消费空间特征	184
	7.2.2 消费空间分层化的路径	185
7.3	成都市文化空间的实证	190
	7.3.1 文化空间生产格局与过程	190
	7.3.2 文化空间生产机制	192
7.4	西安市大型文化产业园的空间生产	196
	7.4.1 空间生产的过程与特点	196
	7.4.2 空间生产的驱动机制	209

8 中国西部城市未来发展的基本导向与政策建议 216

8.1	一个西部情景的发展逻辑	216
8.2	西部未来发展的基本导向	217
8.3	政策建议	226

参考文献	236
图片来源	266
表格来源	268

1 中国西部城市发展转型的新变化与新趋势

新时代,中国西部地区在全球尺度中的区位条件发生了深刻变化。在全球化、一体化的网络世界,中国西部地区已出现了适应国家新发展需求的新变化,极力克服边缘化效应,产生了绿色发展和全球水平分工的新趋势。路漫漫,心必坚!

1.1 区位变化与尺度跃迁

尺度政治模式有助于弱化区域内部所存在的制度壁垒的阻力并创造制度红利,可有效解释由权力与资本组构起来的、在我国西部地区发展与演化过程相联结的时空尺度的动态演化。基于国家自然地理基础与全球或国家的发展变化和趋势,我国西部地区在国家尺度中的区位特征大致经历了核心—边缘—平衡—再边缘,未来可能再偏向平衡的演化历程。

1.1.1 工业化前

在清末之前,中国尚未开启工业化进程。此时,我国的农业经济属于离散化的区域经济发展阶段(陈秀山等,2003)。在这个前工业化时期,中国社会已形成了以传统的中央集权制、小农经济(村落农耕制)和儒家文化为核心,包含中华民族共享文化价值观的"三位一体"的、成熟的社会架构和治理体系(冯友兰,2006;蔡运龙等,2016a)。在全球层面,我国西部以新疆、西藏、青海、甘肃、内蒙古、宁夏为主要区域,大部分处于游牧文明和农耕文明的冲突、融合状态(易中天,2014;格鲁塞,2011)。王朝更替和文明兴衰,导致了我国西部社会经济区位在国家尺度大致经历了从边缘到核心,再从核心到边缘的演化历程。

从史前时期到夏商两朝,我国从三皇五帝的部落到奴隶制国家,政治经济中心逐步定位于河南一带的中原地区(蔡美彪,2012)。自周秦两代以来,伴随着关中平原长期作为国家的政治经济中心,西部不但拥有西安这个都城,而且拥有西部周边广袤的腹地。此外,陆上"古丝绸之路"的开通,西安是起点和当时的全球化大都市,这也保障了西部在国家的中心地位。然自唐宋以来,伴随着我国经济中心的逐步南移,尤其是宋元明清以来政治中心、文化中心的南下或东移,西部整体第一次被边缘化。虽然元代、清代"古丝绸之路"依然存在(格鲁塞,2011),但西部已无法抗拒国家内生力量的边缘化驱动。

在清末到民国时期,我国发生了黄色的陆地文明与蓝色的海洋文明的第一次真正碰撞,启动了国家尺度的变革,自此进入陆地、海洋文明的混合发展时期。清末的制度改革和国民党人的革命,使中国社会先后"试验"了英式宪政和美式"三权分立"的西式政治制度(蔡美彪,2012),从封建帝制转到现代党权政治制度,但在蒋介石时期本质上又回归到传统的中央集权制。在文化层面,中华民族的传统共享文化价值观受到了怀疑,产生了裂变,整个社会形成了生硬的"中西混合"的文化结构。在经济层面,我国逐步形成了民族主义经济和全球政治经济体系的半殖民地及核心—边缘结构的边缘国,尝试建构了商品经济下的资本主义市场经济,但小农经济(村落农耕制)仍根深蒂固。因此,洋务运动、旧民主主义革命(蔡美彪,2012)开启了中国的第一次工业化努力,标志着西方列强自东南沿海一带的强权式嵌入,客观上驱动了我国东南沿海地区的经济率先增长及其工业化、城镇化进程,后沿长江流域向内陆延伸。这是一次缺乏完整国家主权的"工业革命",并以上海、广州等国家增长极为核心,形成了工业化初期国家尺度的"T"字形雏形的点—轴空间结构和东西部分异的核心—边缘体系。因此,在清末至1949年,我国近代化的中心在东部沿海地区。由于这个地区具有一定的工业基础和更大的市场需求,并且其港口条件可满足从国外引进设备和原材料等需求,因此制造业主要布局在沿海地区(王成金,2008),而广大的西部地区几乎没有大规模的制造业企业和工业城市分布。虽然重庆、西安等西部城市也相应加入了近代工业化进程,但在国家尺度和我国的第一次工业化大潮中,西部整体被边缘化了!

1.1.2 计划经济时代

新中国成立后,借鉴苏联,中国实行了计划经济体制(1956—1992年)与基于传统村落模式和小农经济的人民公社制,即中央集权的计划经济体制和城乡"二元"隔离的社会治理体系。因西方的全面封锁和中苏关系破裂,中国在1960—1970年被迫转向"自力更生"。在文化层面,中国社会以共产主义理想和集体主义为导向,并受到了"文化大革命"的影响,嵌入了部分苏联文化,即在传统文化的基础上建构了一个相对理想化、二元化的社会主义文化结构。基于社会主义核心价值观和危机化的国际形势,我国计划经济时期艰难地建立了独立自主的经济体系和工业体系(吕炜,2006)。同时,我国政府强力推行了生产力布局和国家发展的均衡空间政策,即按照生产组织和消费活动、国家的战略需要、自然条件等因素,20世纪60年代划分和形成了华东、中南、华北、东北、西南、西北六大经济区。因此,我国西部制造业和城市发展的空间分布显然受指令性均衡布局思想的指导,即出于国家政治、社会和军事决策的需求(Ma et al.,1997;朱晟君等,2018),虽然20世纪60年代后极其缺乏外部援助,但我国依然高强度地投资和建设了西部地区(主要是西南、西北两大经济区)。本质上,国家通过自上而下的尺度锁定及尺度跳跃的政治治理逻辑,部分打破了西部发展与转型的路径依赖,进而创造了有效的地方化增长路径(刘云刚等,2013),形成了西部及其城市经济社会发展的"造血"功能。这其实是一次出于国家意志的西部发展的尺度上推过程,使西部跟上了时代节奏,实现了工业化的跨越式发展。

通过工业化中后期的工业项目建设及其比较系统的产业、交通等基础设施配套,我国西部在20世纪70年代末期基本形成了以工业城市为标志,先进生产力集聚于点—轴体系,点—轴体系又镶嵌于广大传统农村的城乡"二元"结构,初步改变了西部的落后面貌,促进了西部的经济发展和城镇化进程。也就是说,以国家支持或重点发展的重要行政中心、交通枢纽、工矿业城市为中心,以铁路和公路干线为纽带,形成了西部生产力的基本格局:这些先进的工业城市或工业集聚点,在国家政策及"城乡二元"分治的背景下,镶嵌于发展水平仍处于自给自足经济水平的广大农村之中。两者没有建立真正的生产、生活联系,呈现出镶嵌式的"城乡二元"结构。同时,西部也形成了等级化服务体系和克里斯塔勒所描述的"中心地"空间组织模式,即以工业城市为中心的城市体系,辅之以服务业的行政等级性特征。此时,各级行政中心成为不同层次、不同地域范围服务活动的中心地,形成了省级行政区的城镇空间体系。源于行政指令及物资、教育、医疗等严格的等级化供应体制,虽存在资源型城市空间布局的局部性"干扰",但当时的中国西部城市体系基本属于均质分布,即这些中心地成为典型的金字塔形——按照行政等级组织的城市体系结构。此外,我国生产活动虽带有等级化的网络特征,但同时也带有国家意志的生产活动的基本特征,如重要的物资生产和流动的组织过程,并不一定按照行政等级进行组织,如煤炭、有色金属等的生产和运输活动。鉴于交通运输设计和建设不断强化了行政等级的作用以及设市制度倾向于资源型城市,这种行政等级和资源开发的双重特征成为当时西部城镇体系的典型现象,重庆/成都、西安/兰州分别成为西南、西北两大国家级经济分区的(双)首位城市(顾朝林,1992)。

自20世纪50年代中期以来,我国实施的是重工业导向型的发展战略且注重工业的均衡空间布局,且因具备接近原材料和燃料产地的优势而处在相对稳定的生产环境中,这些带动了西部制造业份额的提升、稳定及繁荣,使西部涌现出了一批工业城市。1957—1978年,西部工业总产值占全国的比重大致维持在12.7%—14.27%。"三线建设"时期(1964—1980年),基于军事国防方面的考虑和沿海一带面临被封锁甚至摧毁的风险,国家投资或拨款偏向于内地的建设。因此,我国基于区域均衡发展政策基本形成了国家尺度的区域均衡布局模式,促使国家生产力布局发生明显的

"西迁",尤其是"一五"到"三五"和"三线建设"时期。"一五"时期,新中国第一次对西部进行了大规模开发,西部地区得到了国家重点项目的支持和大规模投资,初步奠定了工业化基础。这变戏法般地使西安、兰州、成都、白银等成长为区域性的工业城市和广大农村的"新型增长极"。1953—1957年,我国汲取苏联的国家布局和经济建设的经验,集中力量打造以能源、原材料、机械等基础工业为主的重工业发展模式①(金凤君等,2018)。20世纪60年代末至70年代,国家在中西部13个省区进行了一轮以战备为指导思想的大规模的国防、科技、工业和交通基础设施建设。"三线建设"是我国于20世纪60年代中期做出的一项重大战略决策,它是在当时国际局势日趋紧张的情况下,以加强战备为目的,逐步改变我国生产力布局的一次由东向西转移的战略大调整,建设的重点在西南、西北两个地区②,如促使攀枝花、金昌等资源型城市快速兴起。"三线建设"时期是新中国第二次对西部的大规模开发,投资方向主要集中于重工业和国防工业。这次建设历程更偏向于军工等重工业,选址偏向于西部的山区或丘陵地区③。在国家整个基本建设850亿元的投资中,重工业、国防工业、交通运输共628亿元,约占总投资的74%;而农业仅有120亿元,约占14%;轻工业只有37.5亿元,约占4.4%④。在制造业方面,通过重建、新建、迁移等措施,国家在内陆布局了一批钢铁、煤炭、石油、电力、机械、化工和国防工业,使得内陆建设和发展了数十个工业基地,尤其以重庆、成都、西安为核心的西部省会城市及部分重点城市的工业基地建设成效显著,奠定了大、中、小工业基地协调发展的格局。不过,"三线地区"的国防工业、原材料工业、机械制造业和铁路运输的投资,占该地区总投资的72%,不利于农业、轻工业的发展,这进一步"加深"了西部的"城乡二元"结构。

这种城市职能结构显然与计划经济时期以矿产资源开发为先导的资源型工业城市和加工中心城市的崛起密切相关。我国西部蕴藏着丰富的石油、有色金属等矿产资源,资源型城市是工业化社会发展的阶段性产物。因为国家工业化的急需,大量的矿产资源被勘探和开发,这导致了攀枝花、白银、玉门、金昌、嘉峪关、格尔木等诸多典型资源型的新工业城市的崛起。同时,机械、化工、钢铁等行业迅速促使兰州、西宁等城市转型为工业城市。根据国家需要,西安、重庆、成都、乌鲁木齐、绵阳等城市都在不同程度上进行了制造业建设,如电子、仪表、航空、军工、交通运输等,强化了传统中心城市的制造业实力和服务能力。1953年,国家开始在成都重点建设电子工业和机械工业,"三线建设"时期又新建或迁建了轻工业与电子工业,使之形成了一个门类较为多样且具有一定生产水平的工业体系,转型成为大西南一个重要的工业城市以及国防工业和科研基地。重庆在20世纪50年代以城市道路和工业建设为先导,以国家重点建设项目为驱动,逐步转为一个典型的重工业城市。在"三线建设"时期,重庆成为常规兵器制造基地。陕西共有苏联援建的156项工程中的24项,西安为接受项目最多的城市,其中东郊韩森寨工业区6个,灞桥工业区2个,西郊电工城4个,航空工业2个,北郊1个,南郊1个。

这种"西迁的均衡式布局"的国家动力促进了广袤的西部地区从传统的农业社会迈入了工业社会。采用1998年数据与多变量分析法等对西部79个中心城市职能进行了分类,大致反映了西部城市功能的情景:基于工业变量、采掘业变量、冶炼业变量、制造业变量、建筑业变量、职能规模变量等,可发现在西部城市职能中有60%为综合型城市(专业化强度虽不高,甚至没有明显的专业化部门,但有巨大的职能规模),并且专业化城市(指专业化强度和职能强度都较高)也主要为20世纪50年代后才发展起来的工业城市(杨永春等,2000)。1999年西北城市的相似度和专业化程度分析也证实了地方化的城市职能:地级城市行业结构的相似性存在着一定程度的空间自相关性,即空间距离越近通常越相似。从行业角度来看,地级城市行业的分工可能性按以下顺序递减:采掘业—电力、煤气及水生产供应业—居民服务和其他服务业—公共管理和社会组织—教育—租赁和商业服务业—房地产业—水利、环境和公共设施管理业—科研、技术服务和地质勘查业—制造业—住宿和餐饮业—卫生、社会保险和社会福利业—文化、体育和娱乐业—建筑业—金融业—交通运输、仓储及邮政业—信息传输、计算机服务及软件业—批发和零售业。城市专门化程度较高,但城市间的专门化程度差别较大,其相对专门化行业大多为采掘业与电力、煤气及水生产供应业等较低层次的行业,且在核心城市拥有相对较高的多样化程度。从相对专门化行业来看,采掘业与电力、煤气及水生产供应业的地位很突出,表明依赖于低层次行业的分工格局在西北城市中仍有很大的影响分量,且科研、技术服务和地质勘查业与信息传输、计算机服务及软件业等高端的服务功能集中在核心城市(李震等,2010)。

1.1.3 改革开放时期

1978—2000年,基于新自由主义的全球化动力等结构性力量重塑了某一尺度上的社会经济空间过程(Castells,1996),资本积累和流动的均等化、差异化可分别解释资本在全球尺度和地方尺度上的积累,且其积累主要有世界、国家、区域和城市四个尺度(Taylor,1982)。这导致尺度政治对国家、区域发展和空间生产有根本性作用(Sheppard,2002)。以民族国家为主导的资本积累的空间受到了严峻挑战,产生了新的资本空间积累(Taylor et al.,2014)。民族国家尺度重要性相对化带来了资本主义经济空间动态发展的尺度重构(Brenner,2000),即某地发展是该地与其相关的各个地域尺度相互作用的结果。

通过跨国公司的全球流动和生产分工组织,西方发达国家通过金融霸权的资本运作强化了资本对全球的经济控制,即资本主义生产方式和自由市场经济体制自工业革命以来又一次向全球扩散和蔓延。各国的区域空间组织模式在全球化背景下发生了很大变化(Dicken,2007),发展中国家和地区事实上被嵌进一种螺旋式上升的"全球化旋涡"之中。这个"旋涡"是以美国为首的西方发达国家为"涡心",以跨国公司为动力,以快速增长的国际贸易为媒介,将发展中国家和地区持续和深入地"卷"入(Dicken,2007)。基于扁平化、金字塔式的国际贸易全球治理结构(刘卫东,2017;Liu et al.,2018;李丹等,2021),各国积极探索区域性的全球化路径,如不同地方的城市发展及其空间组织之间并不处在"等级次序"之中。如果不在这个演化趋势的中心或不试图进入这个趋势中,这些国家几乎都会被边缘化或被时代抛弃。在此过程中,地方经济被视为在连续的相互作用和继承的空间结构以及经济发展新轮回的积累结果的联合重构、再重构(Neuss,2018)。这是多轮积累、经济景观不平衡展现的联合和相互作用的一个历史的产品(Sassen,2002),如社会主义国家的政治经济转型及其与全球的接轨,必导致他们被迫接受资方主导的全球政治、经济体系和空间组织的"既定安排"。因此,发展不平衡应被视为资本逻辑在传统以及被纳入的空间上提升影响的必然后果,这成为中国等社会主义转型国家及其混合空间的固有部分。这样,区域或城市发展必然服从于全球和国内资本主义所继承的经济资产的资本主义的价值增殖,资本区位选择当然青睐于那些能更快地实现资本增殖的地方。

20世纪80年代以来,中国(不含港澳台地区)巧妙地契合了这个全球过程,耦合了"市场化、科技化、制度化、全球化"四大因素,即全球化、市场化、分权化推动中国从计划经济体制转变为中国特色社会主义市场经济体制,再次链接全球,实现了在全球化范围内的尺度调整,促进了经济发展和城市化进程的推进,形成了中国特色社会主义发展模式(杨永春,2013)。一方面,在全球的中心—外围模式中,中国的改革开放顺应了全球产业转移的趋势,通过接纳低层次的产业转移,从封闭状态转为世界经济体系中的"边缘部分",逐步融入世界经济体系并完善自身的经济制度,如通过接纳和发展技术相对落后的产业门类或产业链的规模化生产部分而成为"世界工厂"。实际上,无论是赤松要(Akamatsu)的雁行理论、国际劳动地域分工理论、劳动生产率决定论、弗农的产品生命周期理论,还是迈克尔·波特的价值链理论、微笑曲线等产业转移理论都从各自的理论视角解释了这个现实情景。另一方面,基于分权化,中国社会形成了中央—地方的二元化的政治经济体制,形成了一种"市场+计划"的混合市场经济模式(吕炜,2006)。与俄罗斯等转型国家不同,中国(不含港澳台地区)的渐进制度变革最终确立了习近平新时代中国特色社会主义制度模式。这个全球独特的制度设计实际上具有典型的混合特质:社会主义政治文化架构和中国特色的市场经济体制(杨永春,2013)。这是一个复杂的、具有地方演化路径的很难被复制的制度框架。整个中国社会开始从封闭转向开放,从小农经济转为现代工业经济(吕炜,2006),从家庭、家族社会转向公民社会,从传统的以儒家文化为根基的社会主义文化转化为"中西混合"的现代多元文化结构。

中国采取了市场经济体制,这导致原社会主义经济原则的"有计划"修改(图1-1),这实际上形成了社会主义法则与特色化的市场经济法则"共生"和逐步调适的制度环境(杨永春,2013,2015),产生了巨大的社会正效应。中国特色的社会主义市场经济体制包括了私有成分和国有成分,如在公有制基础上允许和确立了私有产权(私有制)或使用权,建立了各类市场及其交易机制,并在不断与世界市场接轨过程中予以完善。这个特色化制度的确立和不断完善影响了中国(不含港澳台地区)社会经济的各领域。我国制度转型的本质是引入和迅速增强市场力作用,为社会力的日益成长提供了一定的环境和条件,将政府力的绝对权威转化为相对主导。这个动力机制的运行过程是在东方文化的基础上引导和利用全球化这个外部力量,在不断调整政府力、市场力、社会力的组成和运行机制的前提下,推动中国及其各地的发展和演化进程(石崧,2005)。这是一次渐进式、非均衡的制度变革过程,主要体现在逐步地制度变迁、实施的空间梯度性两个方面。这导致在制度层面形成了西部在国家层面的尺度下推。我国自改革开放以来非均衡区域经济政策可分为四个阶段(齐元静等,2016):1979—1989年向东倾斜的不平衡发展阶段[⑤],1990—1998年的浦东开发开放阶段[⑥],1999年至今的西部大开发阶段和2000年至今在全国范围内进行制度改革的空间均衡阶段。中国经济制度转型的时空演变格局体现了其对东部沿海向西北内陆不断推进的渐进式制度供给,区域政策的时空演进经历了从南到北、从沿海到内陆的有序进程(袁田等,2018)。例如,我国省域尺度经济制度转型的空间格局显示了梯度化的动态演化规律。1990—2015年,省域单元的经济制度转型指数的高值区与较高值区集聚在东部地区,且在空间上呈明显蔓延趋势。1990—2000年,经济制度转型指数的高值区与较高值区集聚在东部地区,且在空间上呈明显集聚态势,呈现东部沿海向西北内陆渐次推进的梯度性空间演变格局(袁田等,2018)。2000—2015年,我国经济制度转型指数年均增速的高值区和较高值区虽然整体向中西部地区偏移,但经济制度转型的时空演变格局仍表现为从东部沿海向西北内陆衰减的基本规律(袁田等,2018)。这样,东中西部的空间发展差异一旦产生,就迅速转化为要素流动和资本积累的条件和动力,空间迅速成为这个阶段资本积累的资源和条件。事实上,以中国286个地级及以上行政单元为研究对象,基于2003—2013年的劳动力、企业等制度指标,发现我国制度转型结果及其效应总体上在2003—2013年都表现为从东部沿海向内陆地区的梯度衰减模式。在时间上,制度转型及其引发的效应整体上表现为逐步强化。其中,制度转型效应表现为由2003年的"零星分布"、2008年的"线状蔓延"向2013年的"面状拓展"的空间演化特征,即西部处于最为落后的边缘化状态。而且,西部(除成渝城市群外)的制度转型结果及其效应高值中心大都为单个城市,制度转型对城市转型效应影响显著,且随着时间的推移明显增强(杨永春等,2016)。

基于全球化的中国特色社会主义市场经济原则一经确立,就必然会产

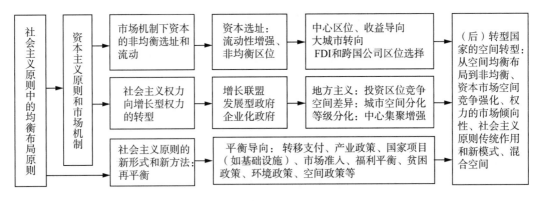

图 1-1　中国特色混合式的制度设计及转型

注：FDI 即 Foreign Direct Investment，表示外商直接投资。

生区域积累逻辑和空间非均衡现象，即基于国际新自由主义积累和中国特色社会主义的新规则和循环系统的逻辑，中国形成了自身的演化路径和独特的意义、价值和节奏，如制造业生产的全球三级空间格局已被打破，全球化嵌入和产生于中国（不含港澳台地区）特定的地点（Dicken，2007）。因此，中国逐步演变为世界资本主义物质框架的一部分，如我国的东部沿海城市、区位优越的中西部（特）大城市才是国际资本垂青之区域。由此，中国主要是通过门户开放政策和外商直接投资（FDI）的注入，加速了市场化改革和全球化进程。这导致计划经济时期所形成的全国性合作和补充经济机制突然中断。而且，即使新设计的"制度厚度"足以防止因掠夺性的资产剥离和公共资产大规模的私有化所致的不对称的财富集中，也将产生社会和空间上的不平等，这重构了国家和区域的城市体系和城市空间。因此，中国的空间演化是一个市场化机制植入和全球化背景下的尺度重构过程，这产生了非均衡的转型过程和空间差异①，如我国实施了优先发展东部沿海地区的发展策略及国土开发、经济布局的"T"字形空间战略，再辅以"沿边开放"和"蛙跳模式"，呈现出非均衡国土开发格局（陆大道，2003）。

由此，中国（不含港澳台地区）已形成了区域差异增长的基本逻辑。这种尺度下移直接导致西部社会经济发展的边缘化现象。我国先在部分条件适合的地域实行新的转型政策，待取得明显成效和取得经验后，再向其他地区推广。这种政策供给的空间差异导致了政治体制改革的探索权、经济制度转型和社会系统转型的空间梯度差异，直接促成了区域发展的非均衡发展状态。实际上，中国沿用了计划经济时期形成的"先试点，后推广"的可避免较大损失的执政经验，即先在东部沿海小部分地区试点，后在东南沿海地区推广，再向中西部地区广泛实施的梯度策略。因此，我国改革政策的出台不但是渐进式发布的，而且在空间上营造了一个非均衡转型的制度或政策环境的时空序列和框架：政策探索的试验区、试验后的"扩展区"、成熟后的"推广区"的梯度化的政策环境。这建立了"一种非平等竞争环境"——一种梯度化的政策环境、市场环境和竞争环境，导致东西部地区的发展差距属于一种渐进性的积累过程和逐步放大过程，并且随着经济发展的空间垂直梯度化,从东部沿海到西北内陆产业的地域垂直分工和资本对后发地区的控制强化。这个制度供给的时空非均衡性构成了中央与地方、地方与地方日益激烈的经济博弈的制度基础和发展环境。西部这个特定的地理区域,在我国特殊的"被建构并产生有效影响力或影响范围的制度"(Martin,2000)中,与资本、技术、劳动力等生产要素结合和重构(魏成等,2009),这成为理解西部城市发展及其转型的背景和基本思路。

1.1.4 新时代

进入 21 世纪,以习近平新时代中国特色社会主义思想为标志,中国形成了相对成熟的中国特色社会主义政治经济体制和以社会主义核心价值观为核心的文化结构。根据国内外局势变化,中国的相关发展政策也同步进行了调整。西部这个国家的战略后方,未来可确立更高的新全球地位。

首先,中国的制度改革和实施自 2000 年以来在国家尺度上基本实现了均衡,即我国的社会经济制度变迁改变了自改革开放以来从东部沿海向西北内陆梯度供给的时空模式(齐元静等,2016)。自 2000 年以来,我国省域尺度经济制度转型的空间格局虽仍显示梯度格局,但东部、中部、西部经济制度转型指数的差距逐渐缩小,时空上呈逐渐收敛态势(袁田等,2018)。自此,西部有部分政策试验的权利,如新型城镇化在成都的先行先试。而且,我国从 2003 年开始实行了东部沿海率先发展、东北振兴、西部大开发和中部崛起的"四大板块"均衡化、差异化的发展战略,取得了良好成效。

其次,在百年一遇的大变局下,西部日益成为国家未来的地缘敏感地,表现为国家安全视角下不断提升的地缘政治地位。进入 21 世纪,按照基辛格博士的理论,全球进入世界文明体的冲突阶段。伴随着欧盟扩张、中国崛起、俄乌冲突等,以美国为首的西方集团将中国、俄罗斯视为基辛格所言的与西方世界"文化不同源"的不同类型文明体之一。这驱使美国基于"五眼联盟",强化亚洲版"小北约",推行"印太战略"等,积极推行对华战略遏制政策,如对中国和俄罗斯采取了"两头挤压"战略,即在东欧通过北约五次东扩持续压缩俄罗斯的战略生存空间,在东太平洋通过岛链控制和日韩联盟战略等试图封锁我国东部沿海地区。这迫使中国积极寻求全球的政治安全策略,如中俄在战略上采取"抱团取暖"的"松散联盟"。中国政府所提出的"丝绸之路经济带"穿越了麦金德所提出的"心脏地带",西部的区位十分关键,因其连接了欧亚大陆两端的麦金德所言边缘的"内新月形地带"或斯皮克曼边缘权力观的"位于心脏地带与西方势力控制的沿海地带之间的欧亚大陆边缘地带",即欧洲近海地区、中东、小亚细亚半岛、伊拉克、阿富汗、印度、南亚、东南亚、中国、朝鲜半岛以及东西伯利亚地区(弗林特等,2016),有效巩固了我国陆权和支持了我国海权(杨永春等,2023)。

再次,西部在逆全球化浪潮下的地缘经济区位日益关键,陆上国际通道地位有可能驱动西部未来成为国际产业分工的"新大陆",因为"丝绸之路经济带"切实改变了西部的经济区位,即西部已逐步成为欧亚大陆的关键陆上通道和贸易交汇地,促进了西部的高质量发展,保障了国家安全乃至世界和平。"一带一路"倡议、(中国式)包容性全球化(刘卫东,2016,2017)、"双循环"等关键政策导致西部在"丝绸之路经济带"沿线国家贸易网络中的核心地位不断攀升(龚炯等,2021),"互联互通"效应强化;西部开始改变了地处欧亚大陆内陆的劣势,始现"古丝绸之路"辉煌,在国家尺度甚至在全球尺度实现了"尺度跃升",促使区域内部的社会经济系统发生了积极响应(刘云刚,2017;贺灿飞等,2017a)。

中国西部已成为联通欧亚大陆,沟通太平洋、大西洋和印度洋的关键陆上通道和枢纽地,直接参与全球经济分工。如果海上丝绸之路受到全面的干扰,西部将对我国的经济安全至关重要。同时,美国通过产业脱钩、高技术封锁(近期是高端芯片的限制出口)和贸易争端等各种手段,试图限制我国的产业升级和经济结构的合理化。这使得西部的地缘经济区位不断提升,日益成为连接"发达世界"与"欠发达世界"的"全球陆道",甚至未来可能演变为我国另一个全球产业分工地。一方面,中国在经济层面已成为连接发达国家和发展中国家的"双环流"的关键枢纽——倡导者和组织者,起到了承上启下的"半中心身份"的枢纽作用(洪俊杰等,2019);中国与西方发达国家以技术与资本密集型产业贸易为主,同时又与中亚等发展中国家以资源与劳动密集型产业贸易为主,体现出新旧体系的战略对接和优势互补,如中国既可与发达国家抢占技术高地,又可与发展中国家开展国际产能合作与产业转移等,这实际上是我国新时代包容性全球化的实施根基,即互赢互利,维持高强度的资源贸易、技术贸易、服务贸易、知识和文化交流,建立中国特色的全球化路径,并通过重构全球(制造业)产业链、价值链,促进国家经济结构转型,实现"中国成为更高端更出色的世界工厂和世界高新技术发源地"的战略目标(杨永春等,2023)。然而,根据康德拉季耶夫的长波理论,即技术、制度和社会结构在国家或城市的社会经济发展转型的过程中产生了相互的叠加效应,自1991年开始的经济长波,按照过去7—10年的周期,大约在2020年结束衰退期,很可能需要10年左右的萧条期。当前,俄乌冲突、能源价格上涨、逆全球化、新型冠状病毒感染(简称"新冠")疫情、美欧经济衰落和中国经济增长放缓等因素都在预示着这种可能性。更为重要的是,生物、医药等新一轮的国际高新技术产业及其集群的成熟亦需要时间。这样,全球预计可能在2030年进入回升期,并进入繁荣期。这也正是西方国家打压中国的深层理由,即在技术进步和经济层面打断中国在全球的高端联系以及尽可能地阻止中国进入经济发展周期中的回升期。另一方面,在新的地缘政治经济情势下,中国西部日益成为沟通发达国家和发展中国家的关键地缘角色。近20年来,西方国家对中国的地缘策略是将中国引导或控制为规模化、低端化的"国际廉价商品供给地"(包括进行规模化的碳转移等),阻断中国成为高精尖产品的生产地和供给地——在经济层面持续阻碍中国成为核心国家的可能。新时代,我国试图建立有创新能力的(中高端产业)新"世界工厂",力争进入核心国家之一,即在继续完成前四次工业革命尚未完成的任务的基础上,与西方国家同时进入第五次工业革命,建立以智能信息技术和生物工程技术为核心的产业结构,积极融入全球生产网络等(杨永春等,2023)。不难发现,中国连接发达国家和发展中国家的"双环流"在地理上与"一带一路"沿线国家高度重合(洪俊杰等,2019),这实际上是我国新时代在社会经济层面实施包容性全球化的现实根基。在这个"流动的全球格局"中,西部显然处于与东部沿海"同级"的中转站和沟通枢纽的位置,即不仅是事关国家安全与世界和平的"沟通全球"的陆地通道,而且至少在劳动密集型、资源密集型产业的国内外体系建构中有一席之地,如资源型产业和文旅产业等。值得重视的是,"中欧班列"凭借稳定性好、性价比高、清关便捷和寄运灵活等独特优势,规模化地直接与欧洲、非洲和南亚等国发生贸易往来和经济社会联系,有力地支撑了"丝绸之路经济带"的建设,国内 2019 年底开通中欧班列的城市达 68 个,通达欧洲 22 个国家的 150 多个城市。在新冠疫情防控期间,中欧班列发挥了国际铁路联运优势,成为中欧进出口贸易的重要物流渠道,2020 年全年开行 12 406 列,同比增长 50%,稳定了国际供应链。

最后,西部基于政治经济地位的变化,地缘文化区位在未来将不断提升。未来,中国西部作为国际文化交流的通道/枢纽地之一,具有不断上升的地缘文化区位——文化地缘的前缘地带。中国西部在"陆地文明"时期就是欧亚大陆乃至全球文明的交汇之地和枢纽。在当今全球化下的"海洋文明"时代,中国西部在一定条件下具有再次成为文明体交流通道和交汇地的可能。尤其地缘政治经济环境可能发生巨变的背景下,中国西部的文化区位有可能快速上升,因此可倡导其建设"丝绸之路文化带"。历史上,中国西部曾是我国在全球尺度上的多元文化交流的枢纽地和核心通道,以大一统的汉唐元清等朝代最为繁盛。古丝绸之路曾有效连接了中华文明、地中海文明、印度文明和波斯文明等世界文明体,不仅起到了贸易往来、宗教传播和文化艺术交流的作用,而且维系了中国与印欧之间最低限度的联系(格鲁塞,2011)。斯基泰人、匈奴人、萨尔马特人、阿瓦尔人、突厥人和蒙古人等不同宗族和民族,以青藏高原、帕米尔高原和蒙古高原等为中心发展游牧文化,并与印度次大陆、中亚、俄罗斯、中华农耕文明区、西伯利亚甚至北极苔原地区等发生血与火的碰撞和交融,开拓了"草原通道"和"朝圣之路",有效连接了欧洲文明、非洲文明、南亚文明与中华文明(格鲁塞,2011)。新时代,中国西部地处全球七大文化区之西方文化圈(拉丁文化圈)、东亚文化圈(儒家文化圈)、伊斯兰文化圈(阿拉伯文化圈)、印度文化圈(南亚文化圈)的中心位置——地缘文化的关键区位,在全球尺度可再次成为未来世界主要文化体的交流枢纽地和交汇地。因此,"丝绸之路文化带"建设可以以中华文明和欧洲文明等先进文明为核心,与沿线各国各族文化相互交流与融合,在不断交汇碰撞现代文明的过程中孕育我国新的"西部文化",成为亚欧大陆新文化的交汇高地(杨永春等,2023)。

1.2 区域边缘化与内部分化

1.2.1 整体边缘化

资本主义和市场原则的引入(Golubchikov et al.,2014)和我国改革开放的渐进制度变迁模式(杨永春,2013,2015),迅速冲击了我国计划经济时代生产力布局的均衡模式,西部"下沉"为我国社会经济发展的边缘区,处于西方发达国家—亚洲新兴工业化国家—中国东部地区—中国西部地区的梯形发展结构的最低层,国家尺度表现为从东南沿海向西北内陆梯度衰减的"地带性"分布特征,主要体现在社会经济、科学技术、人口素质、环境保护与可持续发展等方面。

经济市场化导向的制度改革显然是中国非国有经济发展的根本动力(魏后凯,2003;金利霞等,2015),而非国有经济整体上表现为从东南沿海向西北内陆梯度衰减的发展规律,在时间维度上表现为高值区域从东部沿海向西部内陆逐渐蔓延以及东部与中西部地区同步提升的态势(杨永春等,2016;袁田等,2018)。在全球、全国产业转移的"雁行发展形态"(Akamatsu,1935;Kojima,2000;Ozawa,2001;桑瑞聪等,2013)下,西部产业发展出现了越来越严重的边缘化过程;而且,全球资本或跨国公司的进入也大致呈现相似态势(张卫红,2010;刘春香等,2013)。要素成本、市场需求、集聚外部性、对外开放程度和企业规模是影响产业转移的决定性因素,尤其是政府政策在产业转移过程中起到了关键作用。

自改革开放以来,西部经济虽增长显著,但与其他地区仍存在显著差距。西部地区的国内生产总值(Gross Domestic Product,GDP)增量落后于中东部地区,人均生产总值与东部地区的差距大。2017年,西部地区国内生产总值(GDP)为16.9万亿元,占全国的比重为20.43%,西部各省市经济发展总体上处于国内较低水平。西部的制造业占比最高的为1978年的14.27%,1997年下降至8.66%。2021年,西部国内生产总值(GDP)共21.50万亿元,占全国国内生产总值(GDP)的18.71%,比2017年下降了1.72个百分点。西部的国内生产总值(GDP)构成发生了变化,第一产业所占比重下降,第二产业和第三产业所占比重上升,三次产业结构已形成了"二、三、一"形态,即以工业为主的第二产业和以旅游业为主的第三产业成为经济发展的主要带动力量。国内旅游大体经历了极化分布到均衡分布的过程,但第三层级的省份较为固定,包括甘肃、吉林、内蒙古、新疆、海南、青海、宁夏、西藏8个省份(张城铭等,2019)。同时,西部第二产业所占比重仍高于全国平均水平,第一产业所占比重仍较大。从劳动力转移方向来看,改革开放前西部主要是向劳动力急需的工业部门转移,改革开放后则向第三产业转移的速度加快。但随着第二产业的自动化生产和技术要求的提高,第二产业吸收劳动力就业的能力并不能与其产业增加值相匹配。根据国家统计局测算,虽然2012—2020年西部高新技术产业占全国的比重在大部分年份低于10%,但地区生产总值、服务业产值等所占比重基本稳定,文旅业所占比重超过了20%,矿产资源与采掘业在大多年份超过了30%,甚至接近50%(图1-2)。因此,西部具有能源和矿产资源优势,但优先发展重工业的战略使这些边疆地区过度依赖工业发展,即形成了以能源化工、矿产资源开发及加工、特色农产品加工为主的产业体系,具有明显的资源依赖性(宋周莺等,2013)。此外,西部国有大企业主导着地区支柱产业的发展,非国有微小企业数量少、发展慢。

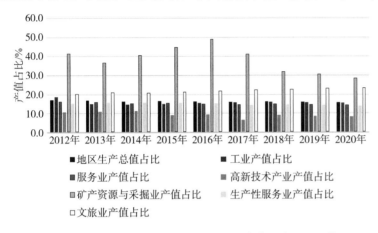

图1-2 2012—2020年中国西部各行业产值在全国的地位

以胡焕庸线为界,中国制造业规模在其两侧的空间格局产生了较大变化(李建新,2018)。1998年,中国工业化处在起步发展期,市场化机制尚不健全,区域市场总体仍处在条块分割的状态(邓慧慧,2009),国家整体呈现出初级均衡的空间结构模式。胡焕庸线西北侧以低值区为主,仅在河套—宁夏平原、兰州—西宁、河西—天山北坡等地分布有数量较少的中低值区,因为这些区域有矿产资源优势以及布局有以"三线建设"为核心的工业项目(金凤君等,2018)。2003—2008年,我国在沿海与内陆间已形成了"核心—边缘"结构。在全球化、市场化深入推进以及加入世界贸易组织(World Trade Organization,WTO)等背景下,中国区域制造业的发展轨迹开始显现明显的分叉态势,即东部沿海地区加速融入全球生产网络,制造业规模迅速扩张,而西部由于其本身区位、政策、自然环境等的限制难以突破原有发展路径,且市场化机制的日益完善还加快了内陆地区劳动力、资本等生产要素的流出,导致其制造业发展日益处在相对不利的位置。2003年,沿海与内陆间的"核心—边缘"结构雏形初现,但部分"三线建设"时期的工业基地尚有竞争力。2008年,沿海与内陆间的"核心—边缘"结构愈发明显,如只有成都、重庆、西安、包头、兰州、乌鲁木齐等省会城市及重点城市有竞争力。2013年至今,我国东部、中部与西部已然形成了"核心—次核心—边缘"的空间结构(李建新等,2018b)。令人欣喜的是,2004年开始部分技术层次较低的劳动力、资源密集型制造业开始向内陆一些产业基础较好的地区转移(石敏俊等,2013),如具有较好的产业发展基础和良好产业配套能力的成渝地区。

我国低技术制造业出现了从东南沿海地区向内陆转移的演变过程,中技术制造业对矿产资源的依赖程度较高,其规模分布更加偏西、偏北。其中,延伸至西北陕甘宁三省(区)的一条横跨四大板块资源导向的传统制造业集聚带(中国煤、铁、石油等矿产的主产区)在国家尺度出现了"塌陷现象",如黄河中上游、甘宁地区的资源型城市,尽管它们都位于关中、河套—宁夏平原、河西—天山北坡、成渝等西部相对发达地区的城市单元,具有较高的制造业升级的极化现象(李建新,2018;李建新等,2018a)。更为重要的是,西部是我国重要的资源尤其是能源基地,如通过构建城市流模型和引力模型对陕西、甘肃、四川、云南、贵州、新疆和内蒙古 7 个省区采矿业的外向服务功能量、城市流强度和能源城市对消费城市的能源输送引力大小进行测度,可发现陕西的城市流强度和外向服务功能量最高,能源综合竞争力居第 2 位,是西部各省区的核心区域;内蒙古和新疆为西部各省区能源综合竞争力较强省份;榆林、鄂尔多斯和咸阳的能源供给潜力较高,可作为我国主要的能源供给城市(李帆等,2019)。值得深思的是,西部城市在 20 世纪 80 年代的一些具有技术、装备优势的企业,尤其是军工企业在市场经济的初期尚能生产出满足市场需求的产品,如绵阳的长虹电子集团公司⑧、兰州的兰凤集团(20 世纪 80 年代,依靠雄厚的军工技术研发和生产了风靡一时的"小天鹅"洗衣机等畅销产品,但 90 年代因技术进步缓慢等原因很快销声匿迹了)、兰州驼铃客车厂(20 世纪 80 年代,研发和生产了畅销全国的大型客车,并与重庆嘉陵客车厂引领风骚,90 年代后因管理不善、技术进步慢等原因破产了)等。伴随着跨国企业的进入和东部沿海企业的竞争力的提升,西部的企业,尤其是制造业企业因为国有企业的管理不善、技术进步缓慢、生产成本高等各种原因,竞争力普遍在下降,导致这个时期的西部城市经济发展速度在"双轨制"后逐步下降。

在西部大开发战略、"一带一路"倡议、沿边开发开放战略、兴边富民战略及扶持少数民族战略的支持下,2016 年西部是全国唯一投资增速加快的区域——全年完成固定资产投资(不含农户)15.4 万亿元,高于全国平均水平 4.5 个百分点。其中,西藏、贵州投资增速超过 20%,远高于其他省份。基础设施、先进制造业及高新技术领域投资增长较多,重庆电子信息、化学医疗等支柱产业投资增速超过 30%,工业技术改造投资增速高于全国平均水平 7.6 个百分点。2009 年后,西部成为中国对外贸易发展最快的区域,逐渐成为中国对外贸易发展的新增长点(郑蕾等,2015)。2017 年西部进出口总额为 20 982.3 亿元,外贸结构趋于优化,机电设备等产品出口占比提高,但具有强竞争优势的仍为资源和劳动密集型产品。同时,国家通过实施西部地区"两基"攻坚计划、深化农村义务教育经费保障机制改革、营养改善计划、校舍安全工程、农村薄弱学校基本办学条件改善计划、农村教师特岗计划、对口支援、定向招生等重大举措,推动西部教育迈上了新台阶,但西部仍缺乏各类人才(孙焱林等,2019)。在政策层面,西部大开发战略能促进西部产业结构合理化,但未促进产业结构高级化或未有效促进西部地区产业结构转型升级,即产业结构高级化的作用先正后负,对产业结构合理化的促进作用逐渐减弱,对西部高行政等级城市产业结构转型升级的推动作用显著,但对一般城市不显著(袁航等,2018)。而且,西部大开发并未提升西部地区的技术创新水平,西部地区仿佛落入了"政策陷阱"之中,如由于资源条件放宽,"资源诅咒"现象凸显;在中国现有的制度背景下,地方政府过度集中于基础设施投资,忽视了软环境建设,挤出了城镇化水平、金融发展、人力资本、外商直接投资(FDI)等技术创新驱动因素,最终导致西部大开发政策演变为"政策陷阱"(孙焱林等,2019)。

需要特别关注的是,西部对人才的吸引力总体较低,存在"人力资本挤出",科学技术和人口素质等亟待提升。除此之外,西部对资金、技术的吸引力也有限(杨永春等,2009)。受东部沿海地区日益提升的资本收益率和高工资等的吸引,西部的资本、劳动力、人才等关键发展要素开始加速流向东部,尤其是当年西迁企业的后辈优秀群体在加速返回其长辈的来源地。优秀的政府、企事业单位的管理人员,也有部分向东部迁移。根据甘肃省地方史志编纂委员会的相关统计可知,福利降低导致西部人口流失,尤其是高端人群加速流失问题十分突出。因为改革开放以来西部经济发展日益落后,无法提供相对良好的工作环境和居住环境,在市场经济环境下所能提供的福利待遇与东部的距离逐步拉大,加上产业发展的缓慢,导致人口流失,尤其是高端人才的加速东迁[⑨]。同时,根据甘肃省委组织部课题组对中国科学院兰州分院、兰州大学等11所重点科研单位、高等院校的专题调查可知,近5年来,这些单位跨省调出的高层次人才达398人,而同期从外省调入的只有203人,且层次相对较低,逆差达195人。甘肃省2001年硕士以上毕业生共708人,在省内就业的只有323人,外流占54.4%。况且,人才外流集中在高层次人才,人才外流的专业门类集中在高校教师、高级工程技术人才、高中骨干教师、高级技工、企业管理人才和科研院所的研究开发人才等[⑩](张卫锴,2003)。整体来看,改革开放后甘肃省的人才流动有以下特点:一是人才流失严重与人才总量增长并存;二是高层次人才复位性跨省流出,即"省外人才"的"跨省流出";三是科研院所、高等院校和国有企业是人才流失重灾区;四是大中专毕业生流出倾向明显。

1.2.2 内部分化

自改革开放以来,随着经济增长的非均衡理论、梯度发展理论、增长极理论、点—轴理论、核心—边缘理论等新思想的引入,中国区域经济发展战略逐步进入非均衡发展时期(樊杰等,2016)。西部在1978—1990年虽亦开始市场化,但大致仍处于以计划经济为主导的状态。以浦东开发为起点,以西安、成都、兰州的高新技术产业园区设立为标志,西部城市在1990年后才真正进入了改革开放时代①。2017年,西部城镇人口比重为51.6%,低于全国平均水平的58.5%。2021年,西部城镇人口有1.95亿人,占全国城镇总人口的21.3%。中国西部整体处于工业化中期阶段(石敏俊,2017),在过去的20年内部产生了急剧的分化过程,大致可分为远西部(深内陆)和近西部(靠近中原,为西部的发达地区)两个部分。前者大致包括新疆、西藏、青海、宁夏、甘肃、内蒙古等地,主要位于干旱半干旱地区、青藏高原和黄土高原,是我国生态环境保护和生态文明建设的重点地区和战略大后方,发展相对缓慢;后者大致指胡焕庸线两侧的西部地区,包括内蒙古东段、陕西、四川、重庆、贵州和云南。远西部人口分布稀疏,虽不断得到了国家支持(如少数民族地区的系列倾斜性政策),但成长速度和发展转型的步伐较慢,处于相对衰落的状态,如2021年,远西部城镇人口仅占全国城镇总人口的5.93%,国内生产总值(GDP)仅占全国国内生产总值(GDP)的4.96%。相对应地,以西安、重庆、成都、贵阳、昆明为代表的近西部发展转型较快,获得了快速成长,人口密度较高,如2021年,近西部城镇人口占全国城镇总人口的15.43%,国内生产总值(GDP)占全国国内生产总值(GDP)的13.84%。事实上,国内尺度的产业转移主要集中在胡焕庸线及其两侧地区,即大致在昆明—贵阳—成都—重庆—西安一线,这表现在高新技术产业、高级服务业、国家生产基地等方面。

中国西部在"区域二分"格局下,还表现为强烈的极化效应和点—轴空间结构体系的建构,即从克里斯塔勒的"中心地"模式转向以核心城市为节点的网络化组织形态,呈现出非均衡、等级化的基本特征。与全国尺度下的"核心—边缘"结构相类似,西部当前以成渝双城圈、关中城镇群为区域增长极(包含重庆、成都、西安三个国家级中心城市),兰西、黔中、滇中、天山北坡、宁夏内蒙古沿黄(含呼包鄂榆)等城市群或经济集聚区(以省会城市为核心)为次级增长极,以西安—兰州—西宁—乌鲁木齐沿线(西陇海—兰新线)、西安—成都—贵阳—昆明沿线(包含长江上游和南贵昆地区)、兰州—银川—呼和浩特—包头沿线为三大轴线,初步形成了巨型的点—轴空间结构。例如,西部的制造业空间分布呈现出明显的"核心—边缘"结构。其中,重庆、成都作为西南地区的"双核城市",西安作为西北地区的"单核城市",由于始终具有明显占优的制造业规模而成为西部制造业发展的核心区,而昆明、兰州、贵阳、乌鲁木齐、包头等其余省会城市及重点城市由于具有相对占优的制造业规模而成为次级核心区。此外,以青藏高原地区为主体同时包括大部分边境地带在内的广大区域由于不具备发展制造业的自然和社会经济条件,其制造业规模始终较小,为西部制造业发展的边缘区,即边疆与内地之间形成了"核心—边缘"结构。

西部处于增长导向的发展时期,经济增长动力主要来自积累的迅速提高和产业结构的快速转变(Baumol,1967)。基于高质量发展的效率改善、质量提升、动力转换、结构优化4个维度11项指标,2006—2017年西部12

个省区市的工业转型升级能力整体虽趋于增强态势,但重庆、四川、陕西工业转型升级的领头羊作用明显,空间分化显著(魏修建等,2021)。西部经济发展主要依赖第二产业,整体落后且不平衡,但 2005—2018 年各城市加速了产业结构的优化与升级,如 2005 年约 24% 的西部城市第二产业占比在 30% 以下,约 56.49% 的城市第二产业占比处于 30%—50%;2018 年约半数以上的城市第二产业占比超 40%,且各城市服务业占比十几年来不断提高。因此,西部各城市的经济发展差距较大,处于不平衡的状态,集聚现象显著,如呼和浩特、西安、兰州、西宁、成都、乌鲁木齐等区域性中心城市,自 2005 年来第三产业占比均处于 50% 以上,而金昌、玉树藏族自治州、兴安盟等欠发达城市的经济发展仍主要依赖于劳动力和资源型的初级品加工。

西部制造业高度集中在少数城市,且大部分城市的制造业产值远低于平均水平,存在严重的空间极化现象(李建新,2018)。1998 年,西部各城市制造业的平均产值为 50.28 亿元,但仅有 29 个城市制造业产值高于平均水平,多达 103 个城市低于平均水平,占总量的比重高达 78.03%;制造业规模较大城市呈零星点状散布于各省会城市及部分重点城市,排序前列依次为重庆、成都、西安、昆明、绵阳、兰州、包头、贵阳,规模最小的城市主要分布在西藏、青海、新疆、云南等省份,大部分城市的制造业产值低于 10 亿元;从绝对差异和相对差异的幅度来看,西部各城市间制造业规模的标准差指数为 95.34,变异系数为 1.90,表明各城市间的制造业规模差距比较大,尤其是绝对差距更为明显。2003 年,西部各城市制造业的平均产值为 91.77 亿元,较 1998 年提升了 82.52%;有 32 个城市的制造业规模高于平均水平,100 个城市低于平均水平,占总量的比重高达 75.76%,规模位于前列的城市依次为重庆、成都、西安、昆明、兰州、包头、绵阳、贵阳、德阳;制造业规模的标准差指数和变异系数较 1998 年均有所提升,分别为 178.20 和 1.94,表明城市间制造业规模的绝对差距和相对差距均不断扩大,极化现象仍在加剧。2008 年,随着国内产业转移速度的加快和幅度的不断提升,西部各城市制造业规模加快提升,平均产值为 243.73 亿元,较 2003 年提升了 165.59%;有 40 个城市制造业规模高于平均水平,92 个城市低于平均水平,表明制造业空间分布范围有所扩大,规模位于前列的城市依次为重庆、成都、西安、昆明、包头、兰州、乌鲁木齐、德阳;各城市单元间制造业规模的标准差指数和变异系数分别为 459.12 和 1.88,表明制造业规模的绝对差距仍在加速扩大,但相对差距有所缓和。2013 年,由于金融危机和政策导向进一步刺激了东部产业的向外转移,西部各城市的制造业规模继续加快提升,平均产值达 627.50 亿元,较 2008 年提升了 157.46%;有 43 个城市的制造业规模高于平均水平,89 个城市低于平均水平,表明制造业空间分布的范围仍在进一步扩大,规模位于前列的城市依次为重庆、成都、西安、昆明、南宁、德阳、咸阳、包头;各城市间制造业规模的标准差指数和变异系数分别为 1 192.88 和 1.90,相较于 2008 年均有所扩大,即城市间制造业规模的绝对差距和相对差距又有所加剧(李建新,2018;李建新等,2018a)。

1.3 区域全球化与网络化

1.3.1 经济全球化

进入21世纪,以跨国公司为全球空间格局转型的媒介,形成了一种全球价值链的生产和转移的双向体系。当今世界仍基本呈现为"北南"国家(分别为西方发达国家和发展中国家)之间产业分工的垂直分工模式,表现为等级式的尺度间的关系,即全球尺度影响力大于地方尺度(弗林特等,2016),而"北北"国家(西方发达国家与西方发达国家)内部更多地体现了水平分工模式⑫。自改革开放以来,全球化力量主要从我国东部沿海的枢纽地带进入,逐步沿核心轴线向西部内陆推进。这样,中国西部在国家和地方的社会关系和全球化的社会交互网络中共同进行动态的尺度生产(Cox,1998)。

迄今,以中国为代表的发展中国家的群体性崛起使得全球贸易网络结构呈现日益多元化的贸易格局,但随着中国在国际市场上地位的迅速提升,其出口产品空间路径演化的非均衡性也在不断加剧⑬,对外出口路径演化的区域非均衡性在一定程度上限制了中国从贸易大国走向贸易强国。自改革开放以来,中国通过相对廉价的劳动力资源和巨大的市场体量承接了大量发达国家的转移产业,开始对原先以发达国家主导的世界贸易格局产生冲击。加入世界贸易组织(WTO)后,全球范围内逐渐开始形成以中国、美国和德国为核心的亚洲、北美洲和欧洲社团"三足鼎立"的格局(蒋小荣等,2018)。尤其是2013年中国政府提出"一带一路"倡议后,进一步推动了经济全球化及世界贸易格局的变化。但是,由于历史因素和区位因素,中国对外出口路径演化的区域非均衡性却在不断加剧,东部沿海地区长期处于出口产品空间"核心区",而西部内陆地区却常年处于出口产品空间"边缘区"(贺灿飞等,2016)。

自2013年以来,中国西部地区的经济全球化水平总体呈波动上升趋势,且总体为省会城市＞边境城市＞普通内陆城市;城市间的空间差异显著,具有明显的行政指向性和地域分异性特征,部分边境城市、省会城市的外贸全球化和开放全球化水平较高,旅游全球化水平较高的城市多位于西部的西北部、北部和南部,外资全球化水平呈现由西部的西北向东南递减且呈组团分布;城市经济全球化水平在空间呈集聚分布且在发展中具有较强的空间依赖,局部空间关联格局稳定性较高,大部分空间关联类型的转移表现出一定的跃迁惰性(许静等,2021)。

1.3.2 经济网络化

随着信息革命的到来,信息化打破了传统的空间等级关系,距离因素对网络体系中城市联系的制约作用将大大下降,经济生产方式呈现后台办公、离岸经营、及时生产、服务外包等新型组织方式,边缘城市迅速崛起,生产组织在国家或区域尺度内的职能和分工强化、细化,且差异日益明显,区域空间结构呈现网络化趋势。自改革开放以来,全球化力量在2020年比2010年,更比2004年还要向内陆城市渗透,西部城市开启了全球对接过程,即通过国际贸易、产业链接等社会经济活动,开始从无到有的提升,增强在全球价值链中的地位,影响甚至试图部分掌控这种网络权力(Krätke,2014),即通过全球性公司融入城市创新网络,增强城市在全球经济网络中的作用。中国西部城市系统不断从封闭转向开放,直接或间接地跨越了自身界限,走向了全球层面,即被各种高速网络紧密联系在一起,融入了日益多样化的地区、国家和世界性的城市网络(Batty,1991)。相较于东部沿海地区处于我国城市网络演化的高端及支配地位,西部内陆地区不断被东部所整合以及加速从中心地等级网络过渡到国家城市网络的边缘化状态,且这个趋势并没有得到遏制。

西部及其城市在网络化中依然欠发达和被边缘化,但也出现了新的令人鼓舞的现象:第一,伴随着对外开放不断融入世界体系中,中国(不含港澳台地区)大致形成了基于东中西三大地带的网络化结构。我国外资等全球化要素总体集中在以"长三角""珠三角"和京津地区为核心的东部沿海地区,但在西部内陆地区也产生了重庆、成都和西安三个外资集中地,即以重庆、成都、西安三个城市为顶级节点融入国家和全球社会经济体系。在国家尺度上,西部以重庆、成都、西安等为最高等级的节点城市,参与了国家城市网络的建构。我国城市网络总体形成了"三极多核"的空间格局,即我国的城市经济网络、生产性服务业网络、社会网络及人口流动网络的结构间虽存在差异,但可将其整体归纳为"三极多核"的空间格局:以北京、上海、广州为三极,以环渤海地区、长三角地区和珠三角地区等为多核,其他城市链接其中。在这个等级化、多核化发展的网络格局中,西部成为全国中心的腹地或相对低等级的中心节点,如我国城市经济网络形成了包括陕西、甘肃、宁夏、新疆等省区在内的以北京为核心的北部城市区,主要包括重庆与四川在内的以上海为中心的长江南部城市区,主要包括云南与贵州在内的以广州—深圳为核心的南方城市区(冷炳荣等,2011);在生产性服务业网络中,上海、北京为全国主要的核心城市,西部城市处于链接程度较低的外围(赵渺希等,2012);在社会网络中,西部城市在社会网络"三大四小"的发展格局中,仅有成渝地区占据了"四小"中的一个(甄峰等,2012);在人口流动网络中,我国城市网络呈现"两大四小"多中心格局,西部城市处于边缘化地位(蒋小荣等,2017b)。

第二,西部尺度的空间组织出现了从相对均衡到非均衡的空间组织模式的转型历程。全球贸易网络的空间格局及演化特征表明,"一带一路"倡议等政策和国际化力量对西部城市发展的影响逐步增强了(蒋小荣等,2018)。由此,西部城市的空间组织形态开始从克里斯塔勒的"中心地"模式转向以东部核心城市为节点的网络化空间组织形态。在西部地区，城市网络组织及其腹地范围也发生了一些变化(冷炳荣等，2011)，如甘肃的天水地区、陇东地区和宁夏的大部分地区因西安集聚能力的不断增强，西北交通体系由等级化转变为网络化，关中—天水经济区建设等原因，已逐步从兰州的腹地转为西安的腹地，经济资源和人才也随之向西安流动，进一步促进了西安向国家中心城市的转型发展；类似地，甘肃陇南市等的社会经济也加速融入了成渝经济区，省会兰州对其的影响在日益减退。

1.3.3 外来投资网络

中国西部地区的外来投资包括外资和中国国内的投资。以下分别采用全球企业500强和全国企业500强来分析西部基于投资的城市网络建构⑬(杨亮洁，2017)。

在中国西部地区，世界500强企业数量较少，以制造业企业为绝对主体，生产和生活服务业企业数量极少；空间集聚明显，区位选择更倾向于(特)大城市，核心—边缘结构显著。以成渝为核心，呼和浩特—银川—兰州—成都—昆明—线(简称"呼银兰成昆线")以东区域形成了明显的扩散区，跨行政地域联系特征明显。在2005年、2010年和2015年，世界500强西部外商投资企业全行业的变异系数分别为1.841 7、3.675 7、11.403 3，说明其分支机构在西部城市分布的差异逐渐增大，企业集聚现象显著。其中，制造业外商投资企业在2005年、2010年和2015年的变异系数分别为1.745 2、5.507 8、5.120 0，说明其在西部城市的分布经历了先集聚后略有扩散的过程；生产服务业外商投资企业的变异系数分别为1.743 7、4.859 8、4.396 4，与全行业的区别明显，其分布经历了先集聚后扩散的过程；生活服务业外商投资企业的变异系数分别为1.759 8、3.974 6、2.989 4，同样经历了先集聚后扩散的过程。在2005年、2010年和2015年三年的回归方程中，常数分别为6.804 2、7.374 5和8.699 0，呈逐渐增大态势，表明世界500强投资企业在西部首位城市——成都扩大了规模。这些企业多为分支机构，属成本推动型，兼有市场扩张型，但对于西部城市而言，多属升级型。这些企业，尤其是制造业，几乎都位于各城市的园区内，尤以高新技术园区为显著特征(李建新等，2021)。园区优惠的招商引资条件和良好的企业发展环境使其成为跨国企业的绝对首选，这当然肯定了行政驱动型的动力。在我国西部，跨国企业的空间集聚明显，更偏向(特)大城市(园区)，空间组织呈核心—边缘结构，即以呼和浩特—银川—兰州—成都—昆明—线为界，大致与胡焕庸线一致，分为"近西部"的高密度区和"远西部"的低密度区。而且，企业分布呈大分散小集聚的格局，即以成都、重庆和西安三市保持绝对优势，并以关中、成渝、兰西、黔中、滇中等城镇群为核心，形成明显的集聚中心，核心—边缘结构明显。2015年，成都、重庆和西安三市的世界500强企业数分别为1 225家、1 082家和816家，占西部总企业数的比重分别为10.52%、9.29%、7.01%,共26.82%。成都、重庆和西安三市的企业数显著增加,占比增加,保持绝对领先的优势。

2005—2015年,基于世界500强的企业联系,我国西部城市网络的发育程度低,密度小且集聚明显,对称性低,等级化强,均衡性差,邻近扩散效应较弱,但各省会大城市间的联系强于其他城市间的联系,城市网络结构形态由星形结构向类鸟巢状结构演进。其中,全行业城市网络与制造业城市网络结构的"趋同性"非常高,而生活、生产性服务业两者均处在网络初创阶段。此外,制造业企业城市网络结构的中心度高,结构复杂,邻近扩散效应较强,网络结构由类鸟巢状向鸟巢状演变;强者恒强的极化现象显著,城市网络集聚趋势明显,等级扩散明显,跨行政地域联系特征明显;城市群尺度的区域一体化程度高,西部尺度的区域一体化程度低,成都、西安、重庆三市的核心地位明显,并以成渝为核心,呼银兰成昆线以东区域为主要扩散区,为城市网络联系密集区域。生产性服务企业的西部城市网络为简单的放射状结构形态,发育程度很低,放射状与星形状组合的核心—边缘结构显著。生活服务企业的西部城市网络发展较慢,联系极弱,网络密度极低,对称性低,集聚趋势显著,为简单的放射状或是放射状与星形状组合的网络结构形态,区域一体化程度很低,核心—边缘结构明显。在基于企业联系的城市网络中,强者恒强的极化现象显著,成都、重庆、西安三大核心城市在城市网络中始终处于强核心,权力和威望都高,核心—边缘结构明显。根据点出度和点入度,节点城市可分为四类:第一类为高出度—高入度的综合全能型城市,辐射力和吸引力都强,在网络中的控制权力和威望都较高。成都、重庆、西安、昆明为这类城市。第二类为低出度—高入度的黑洞型城市,吸引聚集能力强,在城市网络中的威望较高。在城市网络中此类城市数量少,大多为省会城市。第三类为低出度—低入度的世外桃源型城市,辐射力和吸引力都很弱,在城市网络中为边缘孤立城市。2005—2015年这类城市数量多,孤立城市数量逐渐减少,城市网络逐渐发育。第四类为高出度—低入度的太阳型城市,辐射力强,吸引力较弱,在网络中的控制权力较高。城市网络中的太阳型城市少,变化大。城市类型呈金字塔状,金字塔底层的世外桃源型城市过多,顶端综合全能型城市和中间层的太阳型城市和黑洞型城市发育不足,数量少,核心—边缘结构明显。

2005—2015年,中国500强企业在西部城市的投资数量多,制造业企业是绝对主体,生产、生活服务企业数量相对较少。而且,企业多在特大城市园区集中布局,表明企业存在制度路径依赖和空间位置依赖。国内这些企业多为分支机构,多属成本推动型并部分兼有市场扩张型,部分企业偏重于原料/资源导向型。这些企业迁移既存在将同一产业的经营生产活动分布在不同地区,还有企业将不同产业的经营生产活动分布在不同地区,以及生产过程片段化和空间转移的跨界生产网络联系,尤其是资源型产业。对于地方产业水平而言,这些企业在一定程度上升级了地方产业结构。事实上，园区优惠的招商引资条件和良好的企业发展环境同样体现了行政驱动型的动力。在我国西部，中国500强企业的分布相对分散和均衡，即与跨国公司类似，以呼银兰成昆线为界，大致与胡焕庸线一致，仍可分为"近西部"的高密度区和"远西部"的低密度区；呈现"大分散，小集聚"格局，即以成都、重庆和西安三市形成明显集聚中心，核心—边缘结构明显，以及以成渝、关中、兰西、滇中和北部湾五大城市群为中心，形成菱形空间结构。2005—2015年，基于中国500强投资企业数的回归方程系数绝对值先从1.1879下降到0.8720后又上升到0.9176，其中2005—2010年下降明显。这表明投资企业在西部城市从集聚力量大于分散力量，转变为分散力量大于集聚力量，即扩散效应明显，企业分支机构向中小城市分散。

西部城市中国500强企业联系网络紧密、发育程度/区域一体化程度高，如网络密度高，对称性高，均衡性高，等级化和邻近扩散效应明显，形态由类鸟巢状向鸟巢状结构演进。同时，以成渝为核心，呼银兰成昆线以东区域形成明显的扩散区，跨行政地域联系特征明显；成都、重庆、西安三大核心城市在城市网络中始终处于强核心，核心—边缘结构明显。基于制造业企业联系的城市网络发育程度高，城市网络联系紧密，结构复杂，均衡程度较高；生产性服务企业的城市网络与全行业企业的城市网络格局"趋同性"极高，发育相对成熟，层级性显著，各省会大城市间的联系强于其他城市间的联系，呈现大城市流出、小城市流入的非对称性，重庆、成都、西安、南宁、昆明五个城市始终处于强核心地位，类型结构呈金字塔形，网络结构由类鸟巢结构向鸟巢结构演变，存在强者恒强的"马太效应"；生活服务企业联系的城市网络联系增强，等级效应明显，核心—边缘结构明显，对称性增加，呈现大城市流出、小城市流入的非对称性，各省会大城市间的联系强于其他城市间的联系，省内、城市群内的邻近扩散效应明显，网络结构由放射状向星状再向类鸟巢状演进（杨亮洁等，2019）。

1.3.4 对外投资

进入21世纪，中国西部虽然总体欠缺外商直接投入（FDI），但令人惊讶地跨越式强化了对外的国际化投资，全球价值链（Global Value Chain, GVC）是西部城市产业与海外城市形成跨境投资网络的重要桥梁。而且，制造业上市公司跨国投资是中国西部城市融入全球化进程的重要渠道。经统计，中国西部2010年共有315家上市公司，其中有37家上市公司在境外设立116家子公司；2014年共有358家上市公司，其中有82家上市公司在境外设立255家子公司；2018年共有434家上市公司，其中有152家上市公司在境外设立631家子公司。对外投资的上市公司行业类型逐渐多元化，但始终以制造业为主、采矿业为辅，制造业类上市公司在2010年、2014年和2018年三个年份的占比分别为83.6%、79.2%和71.3%，采矿业类上市公司在上述三个年份的占比分别为10.3%、13.7%和8.56%。2010—2018年,中国西部跨境城市网络呈现出最大联系极、联系广度分散化的特征,形成了以中国成都—中国香港地区、中国重庆—中国香港地区、中国成都—澳大利亚珀斯、中国西安—中国香港地区、中国成都—新加坡城市对为主要联系路径的层级网络结构。网络中重要的节点城市数量逐渐增加,呈现出多中心结构特征,出度网络中心性较强的城市有明显的行政中心指向、技术创新指向、工业基础指向、资源指向和对外开放指向;入度网络中心性较强的城市有明显的门户指向、技术创新指向、金融中心指向和战略政策指向。网络结构的演变符合位序—规模法则。出度网络和入度网络中首位城市的中心性逐渐增强,且出度网络和入度网络均经历了相对均衡—相对集中—集中的发展过程。所有权优势是上市公司跨境投资的基本前提,结合区位优势共同影响上市公司投资区位选择,内部化优势起到巩固东道国与母国联系强度的作用,三大优势随时间的变化,影响了中国西部跨境城市网络的空间结构(满姗等,2021)。

2010—2018年,中国西部制造业上市公司的海外投资已初步形成了研发型、生产型和销售型的城市网络。这三类城市网络都属于多产业类型和多中心城市网络,但具有差异性和多中心性(图1-3)。研发型城市网络

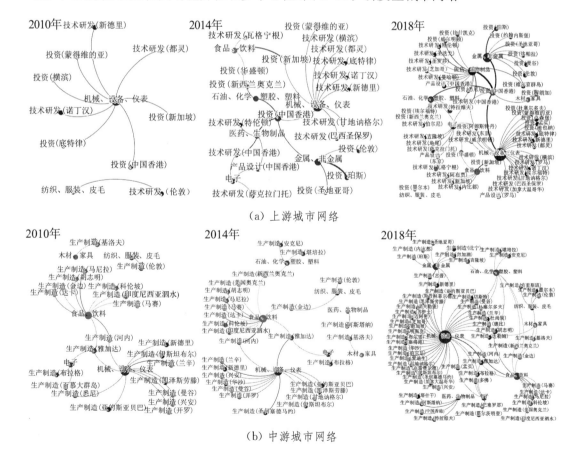

(a) 上游城市网络

(b) 中游城市网络

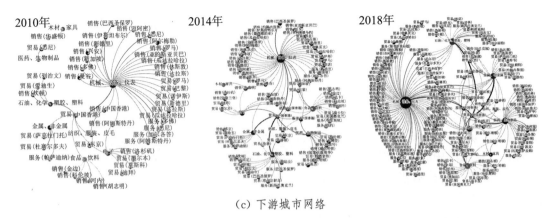

(c) 下游城市网络

图 1-3 2010 年、2010 年和 2018 年中国西部城市基于制造业海外分公司的上游、中游、下游城市网络

的主导产业为金属和非金属产业、制药和生物制品产业、机械设备和仪器产业,跨境投资的目的地城市以教育和科研中心城市为主,城市网络的模块化发展最快和最易形成专业集群。生产型城市网络的主导产业是机械设备和仪器产业以及餐饮业,跨境投资的目的地城市大多是发展中国家的区域中心城市,城市网络具有最大的"最小上界",权力和信息集中在少数工业节点和城市节点,容易受到核心节点的控制和支配。销售型城市网络的主导产业是机械设备和仪器产业、金属和非金属产业、石化和塑料产业,跨国投资的目的地城市众多且分散,城市网络具有最高的中心性和相关性,其对外连接能力较强,网络的可达性最高,权力和信息分散,不易受到单个节点的控制和影响。在这三类城市网络中,技术优势和经济制度优势回归系数的绝对值相对较大,这表明这两个因素对制造业上游、中游、下游投资网络的影响较大。其中,技术优势(Technology Advantage,TA)具有显著的负向影响,经济制度优势(Economic System Advantage,ESA)具有显著的正向影响。

其中,金属和非金属产业早期对外投资较少,到 2018 年才初具规模。机械设备和仪器产业以及金属和非金属产业是中国西部制造业类上市公司对外投资的主导产业,通过对比分析全球价值链视角下机械设备和仪器产业以及金属和非金属产业对外投资形成的研发型城市网络、生产型城市网络和销售型城市网络(图 1-4、图 1-5)可以发现(满姗等,2022):一是在西部制造业主导产业对外投资的研发、生产和销售型城市网络中,机械设备和仪器产业的境内城市主要是重庆,金属和非金属产业的境内城市主要是成都;两类主导产业的研发型和销售型城市网络对外投资的首选城市都是中国香港。具体两类主导产业对外投资的研发、生产和销售型城市网络中的主导城市节点仍有差异。研发活动多投资于教育科研中心城市;生产活动多投资于发展中国家的区域中心城市;销售活动的投资目的地城市最多且分散。二是在规模和密度上,两类主导产业的销售型城市网络的规模均最大,即在境外城市经营销售、贸易与服务的子公司数量最多;研发型城

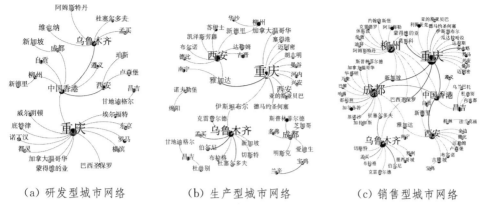

(a) 研发型城市网络　　　(b) 生产型城市网络　　　(c) 销售型城市网络

图 1-4　中国西部机械设备和仪器产业跨境城市网络

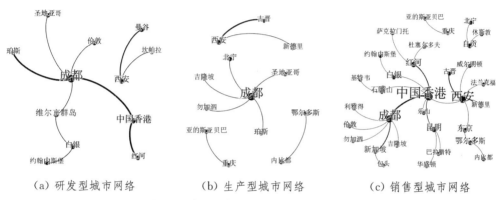

(a) 研发型城市网络　　　(b) 生产型城市网络　　　(c) 销售型城市网络

图 1-5　中国西部金属和非金属产业跨境城市网络

市网络的密度最大,城市间的联系最紧密。在中心性上,两类主导产业的销售型城市网络的平均入度中心性最大,网络中境外城市的吸引力较强。在关联性上,两类主导产业的销售型城市网络的关联度最高,网络趋于均匀,不易受个别节点的控制;生产型城市网络的最近上限最大,网络趋于极化,易受核心节点的控制。在社群结构上,生产型城市网络的模块化程度最高,最易形成集群。三是在两类主导产业的研发、生产、销售型城市网络中,地理位置、市场潜力、政治制度和经济制度的影响均较大,其中地理位置为负相关,其他三个因素为正相关。具体两类主导产业在不同价值链环节的城市网络中的主要影响因素仍有差别。

1.4　生态文明建设

1.4.1　区域尺度

我国西部地域辽阔,地貌类型齐全,山地、丘陵、台地、平原和高原广泛分布,热带、亚热带、温带、寒带横跨南北,干旱区、半干旱区、半湿润区、湿润区横贯东西;自然资源和生物多样性丰富,是亚洲之大江大河的发源地和主要集水区以及我国60％以上的陆地生物多样性的关键区位。因此，西部生态环境拥有四个最为基本的特征：一是自然条件复杂，是我国乃至亚洲的生态高地，生态环境多样性强，是中国乃至亚洲中部重要的生态屏障。二是脆弱性高、内部差异性大，生态承载能力相对低下，需保护的比例高，如土壤、植被、水源。伴随着人类的生态足迹在西部日益扩张，其生态安全受到威胁，面临环境保护与可持续发展的巨大挑战。三是西部资源丰富，是我国矿产、水土等资源的富集区，具有形成特色经济和优势产业的重要基础和有利条件。四是主体功能区显示了极大的区内差异性，很多地方"不适宜人居"，现代化成本极高。

我国西部主要有青藏高原、云贵高原、黄土高原、沙漠脆弱区四大典型的生态区域，均跨越多个省区。青藏高原（在中国境内的部分）分布在藏、青、川、滇、甘、新6省（区）的27个地区179个县。地理位置特殊，海拔多在3 000 m以上，自然资源丰富，是我国重要的生态安全屏障。此区域是长江、黄河、澜沧江、雅鲁藏布江等重要河流的发源地，即"亚洲水塔"，既是世界高原特有生物的集中分布区，也是亚洲地缘安全的重要地区（杜德斌等，2020）。本区严寒、大风、日照充足、蒸发量大，冻融侵蚀面积大，自然生态系统保存得较为完整但极端脆弱。云贵高原主要分布在黔、滇、桂三省（区），川、鄂、湘边境也有分布。内部以森林、湿地和草原生态系统为主，山地、高原、盆地交错分布，高山、峡谷、河流纵横。此区是石漠化和地质灾害易发区。域内尤其以岩溶地区石漠化最为严重，整体来看，石漠化的土地面积为12万km^2，严重的土地沙化和石漠化导致沙尘暴频发、耕地草地质量降低、人类生存空间缩小、贫困加剧（宋同清等，2014；蒋忠诚等，2016）。域内坡陡谷深，地形起伏明显，且降水集中，强降水、极端降水事件多发，由此引致山洪、泥石流和滑坡等地质灾害频发，对人民群众的生命财产安全造成威胁（朱涯等，2018）。黄土高原位于黄河中游，横跨青、甘、宁、蒙、陕、晋、豫七省（区）。区内土地、光热资源丰富，但气候干旱，植被稀疏；坡耕地面积大，但农业种植结构单一。此区是世界上水土流失最严重的区域之一，土壤侵蚀问题严重，农业生产基本陷入"越垦越穷、越穷越垦"的恶性循环。尽管已从生物、工程等方面实施多种水土流失治理措施并取得明显成效，但水土流失问题依然严峻（李宗善等，2019）。沙漠脆弱区主要包括塔克拉玛干沙漠（新）、古尔班通古特沙漠（新）、柴达木沙漠（青）、库木塔格沙漠（新、甘），是最脆弱的陆地生态系统。整体上沙漠脆弱区基本处于新、甘、青三省（区），属旱、半干旱区，降雨稀少，蒸发强烈，气候干燥，为沙漠化创造了自然条件（陈芳淼，2013）。近年来，区内的沙漠化虽得以逐步遏制，但依然是沙尘暴的主要源地之一及其周边区域人类居住地的重大生态安全威胁。

西部地域辽阔，自然条件复杂，森林、草地、湿地等主要生态系统仍较脆弱，主要湖泊和水库水体中的氮、磷超标现象仍较普遍，需要退耕的25°以上陡坡耕地达6 500多万亩（1亩≈666.67 m^2），尚有15亿亩退化草原及7.8亿亩沙化土地亟待整治（段小梅等，2015）。同时，西北地区地处干旱、半干旱地带，多黄土高原和沙漠盆地，由于降水量少，气候干燥，除冰雪融化产生的径流外，水资源贫乏，仅占西部水资源总量的16%；西南地区多高原山地，降水充沛，地表水和水能资源丰富，占西部水资源总量的84%，但岩溶地区由于水资源储存条件差表现为干旱缺水；除青藏高原东南部、川渝桂云贵地区以外，西部其他地区的降水量大多在400 mm以下，区域差异显著（刘纪远等，2013）。而且西部地形复杂，土地资源开发利用的制约因素很多，虽然后备土地资源潜力较大，但多是难以利用的荒漠、戈壁和裸岩石砾地，在西北黄土高原和戈壁沙漠、西南山地丘陵和北方草原农牧交错带等地区的土地生态环境尤为脆弱（段小梅等，2015）。同时，西部在粗放的开发方式与气候变暖等自然因素的作用下，过度开发利用会导致自然支撑系统的迅速恶化，生态环境总体较差（杨永春等，2009）。西部大开发战略自实施以来，虽然西部生态环境得到了明显改善，但依然存在水资源短缺，干旱/洪涝灾害严重，植被破坏、水土流失严重，荒漠化加剧，风沙灾害/沙尘暴蔓延，地质灾害和雾霾气候灾害频发等生态环境问题。

此外，工业文明下的传统城市作为能源和资源消耗主体，不仅消耗了全球85%的能源和资源，而且排放了相同比例的废弃物，造成了全球性的生态危机（彭建交等，2007）。相类似地，在计划经济时期，西部及其城市的产业链条或产业结构存在"重工化"或"资源化"特征，导致自然资源枯竭、生态环境恶化等问题，加剧了经济发展与生态保护之间的矛盾（曹海英，2008），面临着一系列比较严重的生态环境问题。自改革开放以来，西部轻工业虽有发展，但轻工业产品仍多以农产品为原料，附加值低，更因东部加工业的快速崛起，其加工业逐步在衰落。因此，西部的工业化依然是以高耗能、高污染的传统工业化道路为主，经济增长方式粗放，导致其资源综合利用效率较低，"三废"排放量大，经济发展的资源成本和环境代价大。这样，在西部城市的发展过程中普遍存在城市化率偏低、产业结构滞后、重工化进程持续且多为粗放型经济发展方式、能耗较大以及生态恶化等问题，还有部分珍稀物种濒临灭绝、部分不可再生资源枯竭、环境污染严重、生态破坏等生态环境问题。因此，西部城市的生态竞争力普遍较低。同时，西部城市总体的经济规模因素与其生态竞争力之间存在显著的倒"U"字形关系，与一般意义上的环境库兹涅茨曲线相悖，这与产业结构因素密切相关；经济规模因素主要是通过第二产业对城市的生态竞争力产生显著的阻碍作用，而通过第三产业对其产生显著的促进作用；技术进步因素和环境规制因素中的工业废水排放达标率对于城市生态竞争力具有显著的负面影响，而城市规模因素的影响不显著，因此西部城市规模尚未对其生态环境产生严重的负面影响（贺颖，2018）。因此，西部发展过度依赖资源开采的粗放型传统工业化发展模式导致城市背负了巨大的生态赤字、社会和文化断层以及城乡之间不协调等问题（段进军等，2004），严重制约着地区甚至是国家的可持续发展。

绿色是健康、安全、生命、生态的象征（袁懋栓，2009），有利于实现"美丽中国"目标，推动国家生态文明建设和绿色发展的目标（石敏俊，2017）。绿色发展能够发挥地方特色和资源禀赋，整合区域优势资源，促进经济、社会与生态良性互动，更好地吸引人才、资金和物资，提高人民生活水平，增强西部的经济实力，缩小与东部、中部地区的发展差距，促进实现区域可持续发展和各民族的和谐共荣，保持社会稳定和边疆安全。中国西部在进入21世纪后，在西部大开发的基础上经济转向可持续发展；在党的十九大和二十大后，更快速地转向了高质量发展。随着经济的发展和人口的迅速增长，中国城市化的进程不断加快，大约已有2/3的人口居住在城市。因此，生态城市建设一方面能在产业结构升级完善的基础上实现经济的可循环发展，另一方面发展清洁能源、提倡清洁消费、注重城市绿化发展，将有助于解决城市发展与环境保护之间的矛盾。故在西部的工业化、城镇化和现代化进程中，可大力发展以循环经济、低碳经济为理念的生态城市，将有利于整体改善中国西部生态环境的质量，促进我国的可持续发展。

1.4.2 城市尺度

城市作为社会生产力和商品经济发展的产物，集中了大量的社会物质财富、人类智慧和文明，与此同时也产生了如大气污染、水污染、交通拥挤、城市特色被破坏等"城市病"，影响了城市的正常运行，甚至伤害了居民的身心健康。中国西部城市发展整体处于工业化中期，属于快速工业化时期和以经济发展为中心，环境保护策略贯彻不够彻底及环境保护法治建设等硬性指标体系尚未完全确立，导致经济快速发展与地方可持续性严重失衡。在实践中，西部城市结合新型城镇化和新型工业化、产业结构转型和升级、乡村振兴和脱贫攻坚行动等，逐步摸索和走出了地方化的绿色发展模式。从组织实施主体角度来看，西部城市的生态文明实践主要以政府主导为主，即依赖自上而下的政府推动和主导，但受到资金总体短缺、公众参与程度比较低等制约。

1）绿色转型

绿色转型是中国西部城市走向生态文明建设的普化模式。西部城市大都在地方化的个性基础上，理解城市自身发展和演变过程的基本特征、关键过程和路径依赖，积极探索个性化的绿色发展路径。一方面，西部城市依托"一带一路"倡议，加快从内向型经济向开放型经济转变，进而带动工业化、信息化、城镇化和农业现代化的协同发展，形成对外开放与对内改革的良性互动，内陆开放与沿海开放的良性互动以及本地市场、本地要素与全球市场、国际要素的良性互动。同时，重庆、成都、西安等国家级中心城市和省会城市，不仅发挥了经济增长的带动作用，而且促进了创新驱动发展和绿色经济转型。另一方面，城市政府积极响应国家政策，确立了城市可持续发展目标及其相关规划，控制城市人口规模和提高人口素质，大力推行清洁生产,发展环保产业,倡导清洁消费,即通过系统性的政策设计探索绿色发展路径,试图实现"弯道超车",如绿色城市、美丽城镇建设等。近20年的实践表明,产业绿色化和升级、服务业大发展、生态环境整治和修复、乡村振兴和扶贫工程、空间组织协同和国土空间规划、建立城市清洁交通体系及均等化、都市圈/城镇群建构等,都在不同程度上促进了城市的绿色转型。

事实上,西部城市关注居民健康,其可持续性的生态建设主要采取了下列措施:①根据经济能力,在国家政策的支持下,在不同程度上对自身的自然环境进行了保存、修复/恢复和保护,如各类公园建设、绿化工程、生态敏感区与湿地保护和修复、河湖水环境等,改善人与自然的关系;②逐步建立了生态补偿机制,提倡绿色食品,尝试建立可循环的实价体系;③支持经济发展和绿色转型,如绿色农业、生态农业、旅游休闲产业等;④规划建设了一些具有综合功能的生态社区;⑤积极应用和利用先进的交通、通信及生产系统,如先进的基础设施和服务设施建设;⑥建立循环计划,推动循环经济发展,减少甚至消除废物的产生,促进资源的尽量使用,代表城市如金昌市;⑦积极减排废水、废气、废物,建立和遵循集约化经济发展模式及清洁型生产模式;⑧注重绿色城市文化的全面发展(关海玲等,2012),加强对民众的可持续普及教育,增强民众可持续发展的责任感。

2) 生态城市/生态宜居探索

生态城市/生态宜居模式是西部部分城市的理想。生态城市必然是一个可持续城市,这成为一些西部城市的建设目标。生态城市是遵循生态学原理,以现代生态学的科学理论为指导,以生态系统的科学调控为手段,构建城市生态系统,促使城市人口、资源、环境和谐共处,社会、经济、自然协调发展,物质能量、信息高效利用,最终形成以自然系统和谐、人与自然和谐为基础的和谐社会,目的是打造社会和谐、经济高效、生态良性循环的人类住区形式,使自然、城市、人融为有机整体,形成互惠共生结构,存在和谐性、高效性、持续性、整体性等基本特征(关海玲等,2012)。由此,生态城市概念包括自然地理层、社会功能层、文化意识层三个层次的内容(彭晓春等,2001)。因此,生态城市(ecocity-oriented)是未来城市的发展模式之一,是生态健全的城市,是紧凑、充满活力、节能并与自然和谐共存的聚居地,其目的在于建设一种人类理想的聚居环境,具有和谐性、高效性、持续性、整体性、区域性、结构合理、关系协调七个特点(屈新平,2010)。生态城市则是通过对生态经济学原理与系统工程方法的运用,在一定范围内保证生态系统承载能力,进而改变城市发展与经济建设的模式(颜京松,2004;马交国等,2004)。生态系统也是一个自然和谐、社会公平和经济高效的复合系统,是具有自身人文特色、自然与人工系统相互协调、人与人之间和谐共处的理想人居环境。生态城市是更综合、更高、更长远的目标,涵盖范围大于低碳城市,其不仅考虑碳的减排,而且考虑废水、废气、废物对城市环境的影响。低碳城市属于生态城市的范畴,是生态城市实现过程中的初级阶段，是以减少碳排放为主要切入点的生态城市类型。西部生态城市建设主要以政府主导，根据生态城市建设的侧重点可分为自然型模式、园林型模式、节水型模式、循环型模式、紧凑型模式、生态旅游型模式、宜居型模式，其中自然型生态城市主要包括山水型模式、森林型模式和阳光型模式（张丽君，2016）。根据生态城市建设与发展的主体和组织形式，发达国家的生态城市发展模式可以分为社会参与和社会型推动模式、政府主导型模式等类型（张丽君，2016）。其中社会参与和社会推动型生态城市包括公众参与型模式、社区驱动型模式、项目推动型模式，政府主导型生态城市包括公交导向型模式、城乡接合型模式、循环经济推动型模式、碳中性城市型模式、城市乡村型模式、紧凑发展型模式（薛梅等，2009）以及生态网络化和原生化兼具开发型模式（尹洪妍，2008）。

现阶段，西部的自然生态环境差，经济社会发展水平滞后，适宜选择自上而下的政府主导型生态城市发展模式，而公众参与型、社区驱动型及项目推动型生态城市发展模式短期内不适合西部城市发展。因此，西部生态城市实践模式旨在通过观念更新、体制革新和技术创新，在生态系统承载能力范围内运用生态经济学原理和系统工程方法去改变城市的生产和消费方式、决策和管理方法，挖掘可以利用的资源潜力，逐步建设一类经济发达、生态高效的产业，生态健康、景观适宜的环境，体制合理、社会和谐的文化，以及人与自然和谐共生的、健康的、文明的生态社区（王如松，2010），可大致归纳为和谐型、自然型和宜居型（张丽君，2016）。和谐型指城市建设与发展以经济运行高效、社会进步高速、社会和谐、社会融洽和生态环境优美为最终诉求，城市发展满足各方面均衡协调、各民族和谐相处共同发展、居民生活富裕安康且幸福指数相对较高的城市与居民要求；自然型是以当地的自然资源为依托，与当地的气候条件关系密切，如山水型注重体现城市的山水园林风格，森林型是指通过提高城市森林覆盖率来体现森林生态城市的特点，阳光型要求城市具有日光资源充足、生态环境良好的优势；宜居型是不仅应该有舒适的居住环境，更重要的是应该具备良好的人文社会环境，而且应该包括良好的社会道德风尚、健全的法制社会秩序、普及的社会福利及充分的社会就业等。

乐山市就是一个典型案例。乐山市位于四川省中部、四川盆地的西南部、成都平原至西南山地带的过渡带，是四川省重要的工业城市、成都经济区南部区域中心城市、重要枢纽城市、成渝城市群重要交通节点和港口城市，拥有丰富的矿产资源、植物资源和动物资源。2003年，乐山市被授予"全国水土保持生态环境建设示范城市"，2004年被授予"全国绿化模范城市"，2006年荣获"国家园林城市"称号。乐山市不仅拥有着得天独厚的自然风光，而且饱含着灿烂古老的历史文化，"绿心城市环形规划"的城市规划布局使其形成了"山水中的城市，城市中的森林"特色（欧阳林等，2006）。1982年，乐山城市总体规划首次提出了中区以"绿心环状组团式"为主的发展模式；1994年提出"以柏杨坝为城市中心区，嘉州古城区和青衣新区为城市副中心,另外发展9个居住区中心,22条商业街"的规划;2003年城市总规划则提出以主城区和绿心为核心,通过快速交通干道连接7个片区,形成"众星拱月"的绿心环状组团式城市格局,并按照重要道路、河流、山体、绿化进行分隔和城市功能分区,把乐山中心城区分为12个功能区;2003年的规划还确定了城市远期向北、向西跨越发展的思路(江涛等,2011)。1994年1月,联合国技术信息促进系统(Technological Information Promotion System,TIPS)中国国家分部给"乐山绿心生态环形城市新模式"颁发了"发明创新科技之星"奖。随着城市转型与城市建设的不断发展,"一个核心(乐山中心城区),二条轴线(成昆铁路、岷江沿线),五级城镇(峨眉山市、沙湾区、夹江县、五通桥区、井研县城镇群)"的绿心环状组团式城市空间形态已经基本形成。因此,乐山市"绿心城市"是综合考虑自然生态系统各种因素相互作用的结果,也是根据乐山市的历史文化因素、社会环境要求、建设现状条件等综合协调平衡后所制定的生态式发展模式。这个新模式充分发挥了自然优势,既可调节城市中心区域的小气候,改善日照、气候、温度和通风条件等,使城市的生态环境得到优化,又满足了人们的心理与生理需求,创造了良好的游憩和交往活动空间,增进了身心健康,及可利用"绿心"巨大的生物生产能力,创造显著的综合经济效益(欧阳林等,2006)。因此,乐山的绿色发展模式体现了人与自然的和谐统一,突出了独特山水风光的自然性质与历史名城的文化性质,是生态城市建设的典范。

3) 低碳/低碳环保城市探索

低碳城市是指城市在经济高速发展的前提下,保持能源消耗和二氧化碳(CO_2)排放处于较低水平,注重降低整个城市的碳排放量,是可持续发展/绿色发展的必然选择。低碳城市是把低碳城市和生态目标相结合,实行低碳经济(低碳生产和低碳消费),建立起低能耗、低排放、高效能、高效率、高效益的发展模式,成为资源节约型、环境友好型社区。低碳城市是以低碳为核心进行生态建设,追求最大限度地降低碳排放,最终建设成一个资源节约型、环境友好型的城市,即发展低碳产业、低碳能源、低碳交通、低碳建筑、低碳社会,减少碳源,增加碳汇,以低碳经济生活为理念和行为特征,政府公务管理层以低碳社会为建设标本和蓝图,达到建立一个良性的、可持续的生态系统的目的,表现为经济性、安全性、系统性、动态性、区域性等特征(关海玲等,2012)。因此,低碳城市是城市以低碳经济为发展模式及方向、市民以低碳生活为理念和行为特征、政府公务管理层以低碳社会为建设标本和蓝图的城市。这是低碳经济理念和低碳社会理念在城市发展中的具体落实,是一个涉及低碳经济、低碳文化、低碳政策等各方面的极其复杂的系统工程。

西部城市水土资源的承载能力与生态环境容量较小,生态环境总体较脆弱,这决定了西部城市的可持续发展需要走一条经济发展与低碳环保并重的道路。

（1）循环型：以实现良性循环为核心，实现经济发展、环境保护和社会进步的共赢，实现未来经济与社会的高速可持续发展。西部目前生态环境质量差、经济发展水平相对较低、社会进步相对滞后，实现经济、社会、生态的良性循环是该地区可持续发展的主要途径，且现已具备一定基础（张丽君，2016）。

金昌市就是实践中的典型案例。作为我国最大的镍钴生产基地，金昌市是一个典型的"先矿后城"的城市。近年来，在宏观经济复杂多变和经济下行压力持续加大的严峻形势下，金昌市围绕产业结构调整和资源型城市转型发展这条主线开始了转型实践，主要经历了节能环保与循环经济两个阶段：①1996—2005年，属于城市可持续发展的探索和尝试阶段。在生产上，金昌市从资源开采、资源消耗、废弃物产生、再生资源利用、社会消费这五个环节入手，大力推进节能降耗，全面推行清洁生产，深入开展资源综合利用，促进环保产业发展，在资源节约型社会建设上取得了进展；②2006年以来，金昌市率先进行了循环经济的探索性实践。重点发展有色金属、冶金、硫化工、磷化工、氯碱化工、煤化工六条产业链；建设生态工业园区，打造与主导产业关联配套的新兴接续产业平台，实现聚集发展；在企业内部积极改进生产工艺，组织各种工艺流程之间物料的回收利用，实现企业内部的小循环。由此，金昌市形成了企业小循环、产业中循环、区域大循环的循环经济发展格局（王素军，2011）。

（2）节水型：针对城市化进程中出现的水资源匮乏、水质污染和灾害性天气带来的城市供水安全问题，庆阳市等西部城市在建设过程中进行海绵城市的试点建设，即侧重通过提高城市污水回用率、进行雨水利用等手段来缓解城市水资源匮乏的现状（张丽君，2016）。就发展水平而言，西部总体尚不具备财力、物力、人力都大规模采用这种转型模式的能力。

4）绿色/田园城市模式

绿色城市遵循生态学原则，主要追求城市生态的优化或最佳状态，即通过绿色环境保护和培育，扩大城市绿色空间，提高全民的环境意识，选择绿色生活方式，实现城市可持续发展目标，体现和平、健康、平衡、安全、自然、和谐的基本特征（关海玲等，2012），大致可分为生态建设派、节能环保派、田园城市派、城市绿地建设派等。田园城市着重于生态及资源诊断、城市规划及绿色管理等，重塑社会关系，倡导和谐社会，建立一个社会经济与生态环境健康发展、城乡环境宜居、人民生活富足安康的现代化城市。绿色城市和生态城市都以保护环境为重心，极力主张建设环境友好型社会，而且在城市规划中都指出要实现交通系统及建筑上的改变，但生态城市更强调城市的建设及其经济的发展应该遵守生态规则，而绿色城市强调在生态伦理观与和谐社会的基础上进行城市的建设，最终达到人与自然环境、人与社会以及人与经济之间的和谐（杨蔚清等，2010）。

最初，人们认为绿色城市就是城市外在景观的绿树成荫、花团锦簇、环境舒适宜人（朱玉琴等，1998；马景月，1999；高春秋，1999），忽略其哲理上的丰富内涵;后来,吸纳可持续发展理念,认为其是一种城市发展观念——包括生态伦理观和生态美学观,即其是一个由可持续发展的人工环境和自然环境相结合的理想的绿色生态环境系统的城市(沈骏,2003)。因此,绿色城市是基于自然和人类协调发展的角度提出的,其所采取的规划手段不仅强调了生态平衡和保护自然,而且还注重经济、文化、人类健康和整体社会的可持续发展(耿磊,2009)。当前,成都等少部分西部城市正在按绿色城市的理念,立足田园化、公园化的绿色城市建设,引导城市社会经济、生态环境的健康发展,打造城乡环境优美宜居、人民生活富足安康的现代化城市。城市政府积极倡导人、自然、社会的和谐发展,强调人与自然、经济增长与环境保护、物质生产与文化富足等的平衡发展(张国玲,2008)。现实中,西部的旅游休闲城镇更有可能基于旅游、休闲、观光、养老为一体的绿色城市发展模式来进行建设。这种具有西部旅游特色的绿色城市,倾向于为健康、生活、休闲而设计,增加城市绿地,四周有永久性农业地带围绕。因此,旅游生态城市在生态城市建设过程中注重与城市旅游功能密切结合,促进城市发展的绿色转型,代表城市如敦煌市。

第1章注释

① 20世纪50年代初,中国与苏联及东欧各社会主义国家签订了一系列友好互助合作协定,苏联政府决定帮助中国新建、改建重点工程156项。中国政府把苏联援建的156项工程和其他限额以上项目中相当大的一部分摆在了工业基础相对薄弱的内地。考虑到资源等因素,将钢铁企业、有色金属冶炼企业、化工企业等选在矿产资源丰富及能源供应充足的中西部地区;将机械加工企业设置在原材料生产基地附近。在最后投入施工的150个项目中,包括民用企业106个,国防企业44个。在106个民用企业中,除50个布置在东北地区外,其余绝大多数布置在中西部地区,其中西部地区有21个;在44个国防企业中,除有些造船厂必须摆在海边外,布置在中部地区和西部地区的有35个。150个项目实际完成投资196.1亿元,其中西部地区为39.2亿元,占20%。以这些国家重点工程为核心的工业企业联合选址项目的开展,奠定了西部制造业发展的基础,如陕西省有24项,甘肃省有16项。1957年,西部工业总产值由1952年的10.32%提升至13.50%。其中,106个民用企业在西部建设的21个项目中,能源项目有铜川的王石凹立井、西安热电站、乌鲁木齐热电站、鄠县热电站、兰州热电站、成都热电站、重庆电站、个旧电站;有色金属项目有云南锡业公司、白银有色金属公司、东川矿务局、会泽铅锌矿;石油化工企业有兰州炼油厂、兰州合成橡胶厂、兰州氮肥厂;机械制造企业有兰州石油机械厂、兰州炼油化工机械厂、西安高压电瓷厂、西安开关整流器厂、西安绝缘材料厂、西安电力电窗容器厂。1957年,在中国初步形成的8大工业区中,西部地区占到了3个,即以重庆为中心的川南工业区、以西安为中心的陕西工业区及以兰州为中心的甘肃工业区(金凤君等,2018)。

② "三线地区"指长城以南、广东韶关以北、京广铁路以西、甘肃乌鞘岭以东的广大地区,主要包括四川(含重庆)、贵州、云南、陕西、甘肃、宁夏、青海等省区以及山西、河北、河南、湖南、湖北、广西、广东等省区的部分地区,其中西南的川、贵、滇和西北的陕、甘、宁、青被俗称为"大三线",一线、二线地区的腹地被俗称为"小三线"。当时,

我国的工业、国防工业等绝大部分依然分布在东北、华北一带。1964年8月,国家建设管理委员会召开一线、二线搬迁会议,提出要大分散、小集中,少数国防尖端项目要"靠山、分散、隐蔽"。1964—1980年,国家在属于三线地区的13个省区的中西部投入了2 052.68亿元巨资(占同期全国基本建设总投资的40%多)。400万名工人、干部、知识分子、解放军官兵和成千上万人次的民工,在"备战、备荒、为人民""好人好马上三线"的时代号召下,打起背包,跋山涉水,来到祖国大西南、大西北的深山峡谷、大漠荒野,建立了1 100多个大中型工矿企业、科研单位和大专院校。1973年,国家重点建设贵阳、重庆、安顺、绵阳四个城市,这四个城市成为全国三线企业的核心。另外,"三线建设"并不都是沿海工业内迁,还包括大量基础工业,如长庆油田、攀枝花冶金工业、六盘水煤炭工业以及大量配套的铁路公路等新建项目。

③ 这些工厂的位置大都偏僻而分散,如贵州、四川东部山区、四川中部平原地区、汉中、秦岭北麓等地新建的项目数量多,规模大,迁入工业人口多。但是,工业布局过于分散和山区化,如陕西汉中飞机工业基地,下属的28个单位分散在2个地区、7个县的范围内,其中1个单位被分散在6个自然村中,装配零部件需要汽车往返几十千米甚至上百千米,员工上下班也非常不便;在陕西新建的400多个三线项目中,将近90%远离城市,呈现"瓜蔓式"或"村落式"分散在关中平原和陕南山区的48个县,多数是"一厂一点"甚至"一厂多点"。但因闭塞、隔绝和条件艰苦,许多厂矿单位演化为封闭的社会,医院、商店、学校设施一应俱全,并没有与相关地域的农村地区产生更多生产、生活上的联系,即城乡之间几乎完全隔离。

④ 全国有380多个项目、14.5万人、3.8万台设备从沿海地区迁到三线地区。在第三个五年计划中,三线地区累计投资为482.43亿元,占全部基本建设投资总额的52.7%,整个内地建设投资为611.15亿元,占全部基本建设投资总额的66.8%。绵阳、广元接收了核工业与电子工业,贵阳主要接收光电工业,安顺主要接收飞机工业。

⑤ 在中共十一届三中全会后,以农村责任制为开端,通过"权力下放""精简机构"等国策,逐渐将中央权力下放到地方和工农企业,转向了市场经济机制并坚决按照经济规律办事,促使中国走向了经济高速增长的阶段。20世纪80年代,依托香港地区等,以深圳、珠海等为改革和开放的试验田,以珠三角作为国家增长极,引进外资,发展私人企业,培育消费市场和轻工业生产体系,形成国家级的沿海市场经济地区,促进沿海地区的率先崛起。这个阶段的区域经济政策的重大转折主要表现在创办经济特区、沿海城市陆续开放、经济开放区的设立等,都集中在东部沿海的区位优越地区,促进了沿海地区的率先崛起。

⑥ 全面制度变迁下的空间非均衡强化阶段(1990—2000年):东部沿海地区的腾飞。以浦东开发为标志,我国陆续出台的一系列开发开放政策不但带动了整个长三角地区的全面对外开放,而且确立了中国特色社会主义市场经济体制,如建立了资本市场、劳动力市场、房地产市场、产品市场等。启动上海浦东新区。20世纪90年代,以上海浦东开放和建设为标志,以长三角作为国家增长极,中国进入以国有企业转制和生产资料市场为核心的攻坚阶段,进一步打造沿海国家发展轴线。推进沿长江轴线的改革开放水平,打造"沿海+长江"的"T"字形国家级的点轴体系;同时,采用反梯度理论推动国家相关区域的"沿边开放"和所谓的"蛙跳战略",推动了沿海和内陆重点地区的发展(陆大道,2003)。这导致大量的国际、国内的资源规模化地向东部沿海集聚,促使东部沿海地区的经济快速成长,区域经济差异已然形

成。即使有些政策在全国范围同步实施,如兰州市在20世纪90年代初期已获批了国家高新技术产业园区,但因位居内陆、一些关键条件不具备等原因,不可能有显著成效。因此,政策实施的空间差异及其所引致的"政策环境的不平等"显著,即从东部沿海到西北内陆,形成了非常显著的梯度特征(朱文晖等,2004)。

⑦ 20世纪80年代至今,中国的体制改革促进了资本要素和产品市场的形成,政策上允许部分地区融入全球化进程,国家随之进入中国特色社会主义市场经济时代。中国加入世界贸易组织(WTO)后,各地处于国际新劳动地域分工的空间整合过程之中。20世纪80年代,中国(不含港澳台地区)主要依托南洋、日韩等的资本,属于亚洲沿海范围内的近域尺度的重构。华人华侨的乡土文化及其情感因素在中国改革开放初期的招商引资中起到了重要作用。当时,中国整体上处于工业化的初期或中期,企业技术水平与西方国家的总体差距在30年以上,又缺乏适合市场经济体制的国内环境和竞争主体。这样,中国的改革开放注定是渐进模式和优先发展劳动/资源密集型产业,这促使中国开始成为全球垂直产业分工模式的有机组成部分。20世纪90年代是欧美跨国公司广泛进驻的时期,开启了中国新一轮在全球的尺度重构。1990年浦东开放后,欧美跨国公司开始将部分低层次的劳动力—资本密集型产业的生产部门向中国沿海转移,经十余年发展,我国已有能力吸收新的产业类型,如化工、钢铁等,这也是中国资源、产品、劳动力市场的广泛形成时期。2000年以来,中国进入重工化发展阶段,如重化工、汽车、航空等诸多产业开始得到西方跨国公司的青睐。中国正式跨入工业化中后期的发展阶段,有一定能力跟踪全球在这些领域的技术进步。随着对外贸易的快速增长,中国已与世界上100多个国家建立了贸易往来关系,日渐成为贸易大国,形成了全新的对外开放格局。而且,中国在亚太毗邻地区日益形成了全新的对外开放格局,建构了一种区域性的国际劳动地域分工:华北、东北地区与日本、韩国、俄罗斯及蒙古日渐形成了东北亚国际经济合作区;西南地区与印度、巴基斯坦等国今后将形成南亚经济合作区;华南地区与东盟逐步形成了东盟+3国(中国、日本、韩国)的经济合作区;西北等地与中亚诸国也在日益强化经济社会联系,未来将形成中亚—西北内陆经济合作区。

⑧ 长虹电子集团公司目前拥有多个事业部,包括南通长虹电容器有限公司、吉林长虹电子有限责任公司等多家控股、参股公司,现有员工3万多人,拥有包括博士后、博士在内的专业技术人员3 000多名,拥有国家技术开发中心和博士后科研流动站,与多家世界级大公司组建了联合实验室,拥有强大的技术开发实力。同时,也拥有覆盖全国各地的10 000多个营销服务网点,具有强大的营销实力,产品畅销美洲、大洋洲、东南亚、中亚等地区,在海外享有盛誉。长虹的品牌价值为245亿元,位居中国家电行业前列。

⑨ 根据甘肃省地方史志编纂委员会的资料可知,1979—1983年,甘肃省共有8 988名人才流向外省。同时,甘肃省的人才主要来源于改革开放前根据国家建设需要流向甘肃的人才,年龄偏大,到1990年左右将有一半人数达到退休年龄(常校珍,1996)。此外,甘肃省还要服务国家经济发展大局,为国家选调急需紧缺人才,如1979年和1980年,省人事局根据组织部通知,两次为暨南大学选调12名专业技术干部。1980年,为华侨大学选调教学骨干5名(甘肃省地方史志编纂委员会等,1992)。1978年,全省有专业技术人员10.4万人,到1985年增加到18.85万人,但科学研究人员流失严重,从1978年的3 519人锐减到1984年的1 981人,减少了近一半(甘肃省地方史志编纂委员会等,1992)。1986年,全省有专业技术人才21万人,到1991年增加到31.4万人,但科学研究人员流失严重,从1986年的2 827人

锐减到1990年的1 863人,人才总量持续增加、人才流失依然严重的两难困境依然存在。1992年,全省专业技术人才总数为33.33万人;到2000年,专业技术人才总数增加到40.44万人,但1992年的科学研究人员为1 975人,到2000年不但没有持续增加,反而减少到1 742人。

⑩ 据甘肃省人事厅的不完全统计,1992—2000年,甘肃省流失中青年教学科研骨干1 076人,占该省教师总数(8 826人)的12.19%;1996—2000年,省属高校每年流失专业技术人才700多人。这一时期,高等院校、科研院所和国有企业是人才流失的重点单位,尤其是高层次人才和中青年人才流失严重。进入21世纪,东中西部经济不平衡的发展格局继续倒逼持续性地向东部迁移现象不断蔓延,尤其是以高层次尖端人才流失为主的"高出低进"型人才流动为主流。甘肃省人才总量虽不断增加,但人才流失,尤其是高层次人才流失的问题依然严峻。

⑪ 相比西部城市发展,东部城市表现出明显的间断性。第一个间断期是抗日战争时期,第二个间断期是新中国的工业建设与"文化大革命"时期。西部城市更多地表现出缓慢发展的连续性。新中国成立后,在前两个"五年计划"时期,西部城市也获得了国家部分投资,新建了一批新兴城市(尤其是矿产资源型城市);后因"三线建设",国家重点投资中西部,西部的经济发展速度实际上超越了东部。

⑫ 基于全球化理论、政治经济学、新经济地理学、制度主义、新马克思主义、尺度理论、网络理论等,学者们陆续提出了全球城市假说、全球生产/城市网络、新劳动地域分工等理论,关注全球生产网络、全球价值链(GVC)、全球服务网络、全球城市网络、全球创新网络等(Coe et al.,2010)。全球化表现为经济全球化、社会全球化和文化全球化。其中,经济全球化呈现为贸易全球化(指原料、半成品或成品的进出口服务)、生产全球化(指从事原料、中低端产品生产及其贸易)、服务全球化(主要包括物流中转服务、生产性服务业、旅游休闲服务、体育国际化、国际文化交流平台等)三个阶段。城市全球化转向与国家政策变革及治理回应、自身的创新能力、集群主导战略和在全球网络的地位及获取发展资源的能力相互关联。中国的城市全球化及其方式的动力源于政治、经济、社会和文化等方面(薛德升等,2010;杨永春,2013)。"一带一路"倡议的提出和不断加大的实施力度,尤其是国家的政策支持和有选择的项目扶持,驱动我国西部(包括深内陆地区)及其城市开始体系化的对外开放和全球化进程,政治因素(政府行为和驱动)在推动西部经济增长和全球化进程中发挥了很大甚至关键的作用(魏成等,2009;贺灿飞等,2017a)。

⑬ 演化经济地理学是发展、自我改造、震荡后自我组织的"过程经济地理学",研究尺度主要包括企业和个人层面的微观空间结构以及国家和区域层面的中观空间结构。它主张从企业的进入、增长、衰落、退出等基本行为出发,从技术创新、政策制度等动因(Østergaard et al.,2015)入手,从历史视角透视区域经济的演变过程,重点解释企业、产业、网络、城市和区域的协同演化过程与规律,更注重动态、不可逆以及创新的研究,理论假设也更加符合现实,包括有限理性和非均衡,为从时间—历史和空间—地方这两个基本坐标来测度和解释区域产业发展水平的异质性提供了可能。它的理论来源主要包括路径依赖理论、广义达尔文主义以及复杂性理论。与其他两种理论来源不同,路径依赖理论更强调偶然性、自我强化的重要作用。它认为地方的技术系统一旦进入某一路径,由于惯性的力量而不断自我强化,使得该系统锁定于这一特定路径。而地方技术的路径锁定会导致地方产业结构的固化,技术系统的路径突破则会促进地方的产业结构演化。实际上,经典的路径依赖解释框架主要包括四个阶段(Arthur,1989;贺灿飞,2018):历史偶然性,由某个历史偶然

性事件或随机事件决定了行业中第一家企业的最初区位;初始路径创造,自我强化的区位选择(集聚);路径依赖和锁定,规模报酬递增导致路径锁定;路径解锁,意外的、非预期的外部冲击导致产业衰落与退出。但经典的路径依赖框架属于平衡依赖型,是原始路径的不断自我强化直至衰亡的过程,难以解释产业与技术的复兴和突变等现实情况。因此,相关学者引入了"多重均衡"的路径进化理念。如基于"多重均衡"理念,提出了"准备阶段→路径创造阶段→路径发展阶段→路径分异阶段(地方工业或技术趋向停滞/适应与变异)"的新型路径依赖框架。它是一个动态的、循环的过程,不仅包含了经典的、规范的路径依赖模型,而且可以解释产业、技术的分层、转化和重组,使原有相对低级的路径逐步发展到相对高级的路径,从而实现路径演化的过程。

⑭ 本部分整理自:杨亮洁:《企业联系视角下的中国西部城市网络研究:世界500强和中国500强的对比分析》,博士学位论文,兰州大学,2017。

2 中国西部城市发展转型的基本类型与路径

以西安、成都、兰州的高新技术产业园区设立为标志,西部自1990年后正式进入改革开放的进程。基于国家层面的共性和西部情景的个性的有机统一,西部区域空间组织从"中心地"模式转向非均衡、层级化的网络形态,城市发展出现了强烈的分化和重组,形成了不同的发展类型及其转型路径。

2.1 基本类型

2.1.1 六类发展模式

我国虽以非均衡发展为主导,但中共"二十大"报告中的坚持高质量发展、贯彻新发展理念、缩小区域发展差距、着力推进区域协调发展、实施区域重大战略已成为我国发展观的核心组成部分。2000年以来,惠及西部的区域政策为西部的社会经济转型提供了良好条件。西部城市转型的目的是培植新型主导产业和推动产业升级,摆脱衰落困境,提高整体竞争力。因此,基于日益均等化的政策环境、日益完善的市场经济环境、日益均衡的要素流动,响应我国"工业4.0"号召和依托"互联网+",西部城市走向了基于自身条件、特色资源和历史基础的专业化、特色化、网络化的转型道路,提升了中心性和创新能力,发挥了经济增长的带动作用和辐射能力,有效促进了城乡融合。因此,内外部力量的耦合作用,即制度变迁(国家政策)、初始状态、内生动力和区位特征决定并分化了西部城市的发展模式和转型路径,可归纳为以下六类(图2-1):

(1)开放创新型。具有资源集聚能力、良好的内生增长能力、越早享受改革开放政策和融入全球化进程的城市。这类城市至少是区域性的中心城市和全球化城市,如重庆、成都、西安这三个国家级中心城市。这类城市的发展模式与东部沿海的中心城市基本类似,所采取的政策大同小异,只是时间上稍微滞后。

(2)枢纽中心型。地理位置优越的连通性的"枢纽城市",能借助改革开放政策的惠及,成为资源流通、连接内外的开放城市,如内陆开放城市、口岸城市等。这类城市发展与国家对外开放的政策力度、强度和时间,允许开放的程度,资源流通类型和规模等有关,如喀什市。

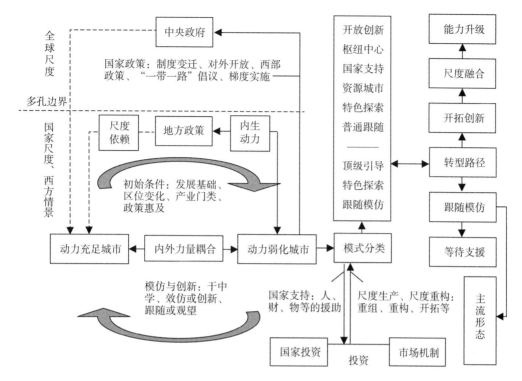

图 2-1　改革开放以来中国西部城市发展模式和转型路径的基本类型和动力

（3）国家支持型。持续得到国家强力支持和援助的边疆城市，如藏区的城市、新疆的城市等。这类城市得到了国家的大力支持和地方的对口支援，属于外力驱动型的城市发展模式，如拉萨、日喀则、喀什等城市。

（4）资源分化型。随着经济体制的变迁和改革的不断深入，西部资源型城市的一些长期积累的体制性和结构性矛盾日益显现（王开盛，2013）。随着全球化的进一步推进，在资源获取和支配日益全球化的背景下，受资源枯竭程度、城市区位、资源类型等因素的影响，西部资源型城市（尤其是矿产类）在国家政策的支持下，积极推动城市发展转型。这种转型效果差异较大，现已分化为纵向延续型、横向拓展型、持续收缩型三类资源型转型城市：纵向延续型指延伸产业链，打造符合市场需求的主流产品，提升创收能力，代表城市如金昌；横向拓展型是横向拓展产业链或积极发展新的产业门类，进行替代性的产业结构调整，代表城市如白银；持续收缩型是不断被动缩小或主动压缩产能，城市人口规模缩小，进入收缩发展阶段，代表城市如玉门。

（5）特色探索型。依托各类特殊的地方化资源，积极发展特色产业，形成依赖特色资源或特色产业的地方化发展模式。这类转型城市所依托的资源往往具有独特性或垄断性，如敦煌和张掖。

（6）积极跟随型。缺乏特色资源和良好发展机会的低级别城市，大多只能选择"随大流"或"随流漂移"模仿其他城市发展模式的普通城市。这类城市在西部占有不小比例，但行政中心城市往往因为行政干预获得了相对较好的发展资源和机会。这些城市一般强化了第三产业的发展，尽力促进相关制造业和农牧业增长,即城市功能从生产中心转向综合性或单纯的消费/服务中心。在这些城市中高行政等级的城市往往发展较快,如地县两级政府所在地的城镇。

2.1.2 内在联系与核心路径

西部城市的六类发展模式在市场竞争和分化过程中,既相互联系,又相互竞争,重新定位了各城市在国家和西部的"生态位",重组了西部空间组织和结构。西部城市在发展转型中发生了演化中的重组,即在竞争中分化,在分化中协同。首先,开放创新型城市是西部条件最好、发展势头良好、具有区域发展带动性的类型。顶级城市如重庆、成都和西安不但是西部融入全球的枢纽,而且是西部在国内地位的象征。当前,这类城市在西部尺度中依然处于集聚发展阶段,但在都市区乃至城市群层次上已开始进入扩散发展阶段。积极跟随型城市是西部发展的常规/普化类型,更是西部振兴的主体。其次,资源分化型城市发展转型及其分化不但提升了城市竞争力,而且继续满足了区域乃至国家的资源供给和加工需求,发挥了西部资源富集地的作用,有效支撑了我国"世界工厂"的地位。再次,特色探索型城市基于西部的特色和地方优势资源,是西部自组织、自生长能力的提升,更是适应社会主义市场经济的地方化过程,提升了区域竞争力。此外,国家支持型城市,即需要国家持续支持和援助的边疆城市,如藏区城市,可维持边疆社会稳定,有效维护国家安全。最后,枢纽中心型城市可有效支撑全球贸易和国内市场流动,提升西部城市在市场竞争中的地位。

西部城市发展转型的核心路径与全球重组、产业调整、国家支持密切相关。西部城市转型与东部有共性,更有地方化的个性,需透彻理解其发展和演变过程的基本特征、关键过程和路径依赖,探索个性化发展路径。由于西部整体经济基础比较落后,城市政府积极响应国家政策,探索发展路径创新,尝试"弯道超车"。依托"一带一路"倡议,西部向开放型经济转变,促进工业化、信息化、城镇化和农业现代化协同发展,形成对外开放与对内改革的良性互动,内陆开放与沿海开放的有机协同,本地市场、本地要素与全球市场、国际要素的良性互动。在西部,全球重组、产业调整、国家支持是改革开放以来城市发展的核心动力,产生了立足西部情景的转型路径:一是西部城市在对外开放的过程中,成都、西安、重庆等城市走向了一条与上海、深圳没有本质差异的转型之路,如以制造业为触角融入全球化进程中;敦煌、金昌等以旅游服务、有色金属等地方化的特色产业进入全球市场。这种全球重组过程的城市转型路径,得益于计划经济时期所积累的经济基础和技术力量。二是西部城市普遍进行了产业结构调整。基于对市场需求的响应、制造业竞争力下降和生态环境保护等原因,部分城市开启了"去工业化",这导致其第二产业份额减少和服务业占比上升,如西宁。由于服务业的主要特点是与其他产业关联性强,可促进就业,跨越空间距离较容易,这些城市产业结构的重心由工业转向服务业,组建了关联产业和其他辅助性服务业,从而推动了经济快速发展和提高了人口流动性。因此,西部城市普遍增强了休闲服务体系的建设,包括餐馆、宾馆、娱乐场所、康乐中心、旅游景点、商店、银行、保健机构等休闲旅游服务部门及与此密切相关的服务产业部门。同时,休闲消费是指伴随人们休闲活动而发生的社会性消费现象,城市休闲水平与城市的基础环境、产业结构、居民消费方式和特色资源综合发展现状存在关联性,西部城市休闲化水平的发展虽有快慢,但基本保持了逐步提升的发展态势。三是西部部分城市,尤其是边疆城市和少数民族聚居城市,受到了国家政策和援助的强力支持,不但跟上了现代化步伐,而且发展了自身的产业体系,更新了经济结构。

2.2 开放与创新引导

2.2.1 四大基本模式

西部生态环境较为脆弱,资源和环境约束较大,须遵循绿色发展的理念,利用后发优势,各城市正在探索新型工业化道路,如重点发展自身具有优势的技术密集型产业,发展现代特色优势产业,发展低碳经济及创新型经济;利用信息化和先进技术改造传统产业,把资源优势转化为经济优势;坚持梯度转移和反梯度转移相结合,突破资源、环境、政策的约束及资金、技术、人才的瓶颈,实现产业转型升级,构建可持续的内生增长动力,实施以提高全要素生产力为主要特征的发展方式。成都、西安、重庆等西部顶级城市,保持了较快的经济增长速度,加快了经济转型,在创新引导下大力发展现代服务业与先进制造业,优化城市职能。

(1) 技术研发型:通过高附加值的高端技术研发和产品生产,建立高新技术产业体系和产业集群。主要通过知识、技术、信息、资本、创新等创造市场,获取财富,促进城市发展。成都天府新区、西安高新技术开发区、西安西咸新区、重庆两江新区等高新技术产业园区和国家级新区即为这些产业的空间载体。

(2) 新产业引领型:基于区域一体化,同步进行新产业体系的培育与新的城市功能区的建设,打造城市的新"增长极"。例如,西部城市中所建立的以大数据、"天眼"、精密机械、电子信息等适合国家战略需要的高新技术为主的产业基地和城市新区,如贵阳贵安新区和西安高新技术开发区。

(3) 新产业发展型:通过政府主导的创新型城市建设,营造适宜创新型、服务型经济发展的政策环境,积极探索创新驱动城市转型发展的新路径(李程骅等,2014),如适合地方环境的旅游休闲、特色农业、养老休憩、自然资源型等产业,代表地区如西部城市的多数经济技术开发区。

(4) 传统产业提升型:在充分了解国际局势和市场变化的基础上,优化产业技术和企业的经济结构,改造传统产业,塑造地方品牌,形成优势产业,提升市场竞争力。国内经济增长已进入要素供给效率下降、资源环境约束增强的新常态(段小梅等,2015),西部城市依托现有传统产业优势,运用高新技术改造传统产业,形成具有地方特色的优势产业和富有竞争力的产品(邱薇,2015),如西部城市的部分工业园区或工业集中区。

2.2.2　国家级中心城市和全球城市建设

西部地区主要进行了国家级中心城市[①]和区域性全球城市的建设。改革开放以来,西安、重庆、成都这三个西部的国家级中心城市积极融入全球化进程,提升制造业和服务业的发展水平,全面提高了城市的服务能力和宜居水平。这些城市依赖自身的创新资源及全球性力量,积极建设创新城市、创意城市、文化城市、宜居城市等,并建构了自身的制造业空间、文化空间和创意空间等。

西安、重庆、成都三市已成为西部融入全球经济网络的枢纽,也是代表西部的网络权力中心。在全球化与世界城市研究网络(Globalization and World Cities Research Network,GaWC)的全球化分类中(五类十二级),2000年,中国仅有6个城入选世界城市体系,没有西部城市;2008年,中国有12个城市入选,西部仅成都入选,但与天津、大连两个城市同为最低级——世界四线级(sufficiency);2020年,中国有43个城市入选,成都、重庆已升级为世界二线强级(beta+),西安为世界二线弱级(beta−),昆明为世界三线强级(gamma+),乌鲁木齐、贵阳、兰州、呼和浩特入选为世界四线级(sufficiency)。在国家尺度上,城市的经济网络、生产性服务业网络、社会网络和人口流动网络,都大致呈现为西安、重庆、成都是代表西部的最高等级的网络权力中心,兰州、乌鲁木齐、银川、昆明、贵阳等省会城市位于第二层次(冷炳荣,等,2011;赵渺希等,2012;甄峰等,2012)。而且,重庆、西安的人口流动网络,已体现出全国性人口流动的基本特征(蒋小荣等,2017b)。这表明这三个城市是西部融入我国社会经济网络的关键枢纽。

推动西安、重庆、成都三市发展转型的基本逻辑是全球化转向、高新技术产业的集聚和主导产业的升级。全球化力量或国际化产业,尤其是跨国公司自20世纪90年代以来主要集中在这三个城市的高新产业园区或国家级新区,促进了城市全球化,塑造了国际化空间。同时,主要选择关键行业进行主导产业的升级或产业链的延伸,建构有竞争力的产业体系,如针对国家命脉产业的制造设备、航空航天、核工业等产业集群的升级和延伸,提升众多国有企业和重工业基地的竞争力。如此,区域性全球城市建设不仅持续提升了城市的集聚能力和产业发展水平,而且成为社会主义市场经济体制下区域性的集聚地,经济快速增长,既提高了城市首位度,也促进了国家中心城市建设。例如,西安市政府确立了高新技术、装备制造、新能源汽车、现代服务、旅游和文化休闲等主导产业,推进产业结构调整,带动城市空间与产业布局的调整,形成"新古分治、相得益彰"、历史与现代交相辉映的大都市形态的城市产业经济发展战略；依托高新区、沣西新城、沣东新城、航天基地等在城市西南形成略性新兴产业带，依托西咸新区、经济技术开发区、临潼区、阎良区、高陵区等现代工业组团或装备制造组团形成了城市现代的装备制造产业生产体系[②]。由此，西安、重庆、成都通过不断增强的集聚能力和有机扩散、高新技术产业（区）和高端服务业的发展以及大都市圈建设，获得新动力，提高了竞争力；通过产业迁移、改善宜居性，提高高端发展资源的集聚能力，促进城市发展的可持续性。而且，根据社会、经济、政治需要，利用行政区划调整[③]手段，引发了权力作用对象的物质空间不断重构，如新区建设、旧城更新、空间扩展等，即在全球化和市场化的背景下，打破行政区划的体制约束，争取更广阔的发展空间，理顺城乡、中心城区与外围的关系，促进城乡融合水平，提升城市承载力和宜居性。

成都是一个成功的典型案例。2016年发布的《成渝城市群发展规划》提出，成都要以建设国家中心城市为目标，发挥经济上的带动辐射作用和在长江上游生态建设、绿色发展方面的示范作用。成都市政府积极发展高新技术、装备制造、旅游、现代服务和文化等主导产业[④]，推进产业结构的调整，带动城市空间与产业布局的调整。城市政府建设了西南航空港工业产业带（位于双流区，发展医药、技术含量高的电子机械及设备制造、电子和通信设备制造，积极发展食品饮料、普通机械制造等产业门类）、成都高新区海峡两岸科技园（位于温江区，发展高新技术产业、食品饮料产业、加工制造产业、医药产业，严禁发展有污染的工业）、成都高新技术产业开发区南区（重点发展电子和信息产业、生物医药和现代中医产业、精密机械制造产业等）、成都高新技术产业开发区西区（重点发展微电子、信息、电子和通信设备制造等信息产业，医药产业，新型材料产业等）。而且，迄今为止成都城区内的企业主要向园区集中，如有条件的企业向高新区、经开区进行整体搬迁（少有企业从园区搬迁出来）。在成都高新区，跨国企业总体处于以生产分工为主的较低价值链环节——价值链微笑曲线中部的生产环节：一方面，高新区中后期定位于高端产业，对项目接纳设定了一定的门槛，不少企业参与了价值链制造环节中附加值较高的高端产品制造环节，如英特尔（中国）有限公司、德州仪器（中国）有限公司、戴尔（中国）有限公司等；另一方面，高新区内依然大量保存了一些规模较大的从事一般产品制造及代工生产的跨国企业，如莫仕连接器（成都）有限公司（生产相对低端的电子连接器）和富士康科技集团（成都生产基地）。该基地形成了以鸿富锦精密电子（成都）有限公司为核心，睿志达科技有限公司、鑫成科技（成都）有限公司、业成科技（成都）有限公司等配套的大型代工生产基地。因此在参与全球生产活动中，成都跨国企业的全球产业链、价值链总体偏低，即跨国企业主要将同一产业的标准化乃至片段化的产品生产和部分销售环节迁移到成都（杨永春等，2017）。同时，成都作为四川省会和国家级历史文化名城，是西南地区的科技、商贸、金融中心和交通、通信枢纽，是西部重要的旅游中心城市。因此，成都市政府积极发展商贸服务、生产性服务、旅游休闲、健康养老、文化产业、物流服务等现代服务业,提升服务能力,带动城市功能空间调整,如建设"西部智谷"、科学城、天府软件园、文创产业园、地理信息产业园、工业总部基地等,形成了全面、开放、先进、系统的"西部服务中心"。其中,医疗产业主要分布在成都西部,其产值约占城市国内生产总值(GDP)的 5.2%(2018 年),成为城市支柱产业之一,企业有国际制药巨头辉瑞制药有限公司和恩威医药股份有限公司、地奥集团、圣奥医药有限公司等。2000 年以来,成都社会经济迅速发展,休闲化水平迅速提高,休闲产业供给充足,文化经济迅猛发展,居民休闲消费水平较高。2004—2010 年,成都文化产业增加值年均增速超过 20%,高于全市 15% 的经济增速,一跃成为我国知名的文化休闲之都和旅游胜地。

根据杨亮洁(2017)的分析可知,2005—2015 年,成都的世界 500 强、中国 500 强企业分支机构数增加迅速,制造业为绝对主体;全行业时空格局呈现企业数显著增加,集聚程度减弱,分散效应增加,总体呈集聚为主、分散为辅的时空过程,即核心—边缘结构特征明显,圈层结构明显,呈多中心结构——武侯区为核心区,金牛区、青羊区、锦江区、成华区和双流区为次核心区,邛崃市、蒲江县、大邑县、金堂县和新津区为边缘区。2005 年、2010 年和 2015 年,世界 500 强企业在成都的分支企业数分别为 170 家、337 家、1 153 家,在成都有投资的企业数(投资企业数)分别为 63 家、89 家、94 家,分支机构数和投资企业数均有所增加。而且,这些企业在成都的分布呈集聚为主、分散为辅的时空过程,如在五大核心区所占比重为 65.92%,武侯区的分支机构数量有绝对优势。同期,成都中国 500 强企业的分支企业数分别为 1 753 家、2 143 家、3 795 家,数量增加明显,但空间集聚程度略低于世界 500 强企业,分散效应增加,以武侯区为核心区,金牛区、青羊区、锦江区、成华区、双流区为次核心区,仍呈现集聚为主、分散为辅的时空过程。其中,制造业是世界 500 强投资成都的绝对主体,分支机构数明显增加,分支机构在核心区(武侯区)和次核心区(金牛区、青羊区、锦江区、成华区和双流区)的占比之和在 2005 年、2010 年和 2015 年均超过 70%,但集聚程度呈下降趋势,其余各行政区的分支机构少。中国 500 强制造业的分支机构数先减后增,2015 年增加明显,集聚程度先增后减,仍呈集聚分布,但核心区(武侯区)的地位不是很突出,与次核心区的差异较小,分布相对分散均衡。2015 年分散效应明显增加,分支结构在新都区和郫都区的占比明显增加,趋于分散均衡。此外,在世界 500 强企业中,生产服务业的分支机构极少,但增幅大,多集中分布在核心城区和双流区。2015 年分支机构数增加明显,有向其他区域分散的趋势;在中国 500 强企业中,生产服务业的分支机构多,是最主要的投资主体,呈增加趋势,集聚分布但首位度均小于 1,集聚程度高于制造业。核心区(武侯区)地位不是很突出,与次核心区(金牛区、青羊区、锦江区、成华区和双流区)的差异不大,但分支机构在核心区和次核心区所占比重之和均达到了 70% 左右,整体仍呈圈层式多中心核心—边缘空间结构。同时,在世界 500 强企业中,生活服务业的分支机构极少,分布离散程度高;在中国500强企业中,生活服务业的分支机构较多,呈增加趋势,首位度小,集聚程度减小,呈明显的圈层式多中心核心—边缘空间结构。总体来看,成都外商投资企业全行业(世界500强企业)的变异系数均较大,先增后减,整体降低,说明成都各行政单元的企业数差异较大(离散程度较大),先增后减,整体差异减小,空间格局呈集聚态势。成都城市内部网络呈多核心结构,权力空间极化不明显。世界500强企业的内部网络联系较弱,网络密度很小,结构稳定性差,对称性低,层级性不突出,自融性较大,属于低水平上的分散均衡状态,权力空间极化不明显,逐渐向复杂多中心网络结构演变,处于快速发展期。2005年和2010年城市内部企业网络为简单的分散联系结构,2015年城市网络呈现以武侯区为核心,青羊区、金牛区、成华区、锦江区和双流区为次核心的多中心复杂网络结构,城市网络逐渐发育,但结构不稳定,变化大;中国500强企业的城市网络联系紧密,发育程度高,一体化程度高,双向联系增加,对称性高,层级性较弱,拓扑结构趋于完善和相对均衡,呈现多核心网络结构,且武侯区、金牛区、青羊区始终处于网络核心地位。中国500强企业与成都的网络联系明显增强,联系矩阵稀疏性减弱,城市网络逐渐发育完善;从联系中心度来看,城市网络以武侯区为核心,青羊区、金牛区、成华区、锦江区和双流区为次核心,其他区域为边缘区,形成多核心复杂网络模型,城市网络核心—边缘结构特征明显;在时间维度上,中心度分散效应明显增加,网络均衡性增加;核心区之间的联系较强,边缘区与核心区之间的联系强于边缘区之间的联系,边缘区之间的联系增强,城市网络均衡性增加,但仍呈集聚态势。

2.2.3 产业升级和服务业导向的普化转型模式

西部城市根据区位优劣、发展基础和资源特点等,普遍采取了升级制造业和发展现代服务业,建立特色化、地方化的产业集群或产业链,以推动城市发展转型的普化路径;在此基础上,尝试建设文化城市、宜居城市、生态城市等。

以省会城市为核心,西部各级城市都强化了制造业升级和现代服务业的发展。一方面,乌鲁木齐、兰州等综合性工业城市主要选择关键行业,进行产业升级及产业链延伸,建构有竞争力的产业体系,提升众多国有企业和重工业基地的市场竞争力,如兰州的国家级新区——兰州新区的建设[5]。资源型城市主要基于资源型产业链的延伸,着力建构现代化产业集群,如矿产资源型城市包头、攀枝花、白银、庆阳、金昌等,不断通过升级矿产品、煤化工、有色金属、化工等产业集群或产业链,提升专业化水平,开拓国内外市场,提升产业竞争力。另一方面,现代服务业是经济增长的"稳定器"、产业转型升级的"助推器"以及孕育新经济、新动能的"孵化器",西部各城市在提升传统的商业、贸易、仓储、交通、通信、教育等各类服务水平的同时,部分中心城市积极发展现代(高端)服务业,走向了高端化、特色化之路,尤其是旅游休闲产业;着力健全金融、保险、会计等生产性服务业的门类,提升其规模和水平,创造公平有序的竞争环境,降低服务业企业的经营成本,规范消费性服务业市场。

例如,贵阳、庆阳等西部城市进行大数据服务中心城市——"西部数都"的建设。公共数据资源开放共享,作为实现信息资源价值最大化的有效手段,在促进国家治理体系和治理能力现代化上发挥着重要作用。在城市管理中,通过政府与企业数据在交通、医疗、旅游等领域彼此开放和对接,可实现治理效率上的提升。大数据在城市发展与转型上发挥着越来越大的作用,在国家大力发展大数据的背景下,众多西部城市都希望利用大数据尝试"弯道超车"。大数据作为《贵州省国民经济和社会发展第十三个五年规划纲要》中的三大战略之一,受到了贵州省委省政府的高度重视。大数据产业是贵州省后发赶超、同步小康、寻找一片"蓝海"的路径之一。贵阳积极建设"西部数都",即市政府坚持"发展大数据产业、建设大数据基地、推进大数据应用",通过大数据支撑体系、大数据市场体系、大数据供给体系以及生态、产业、市场,建设"西部数字大都市"。几届省市政府高度重视和坚持将贵阳发展成为国家级的大数据中心:贵州省委省政府出台了《关于加快信息产业跨越发展的意见》。2014 年 12 月 31 日,贵阳大数据交易所成立,摸索出与商品交易、股票交易不同的增值式数据交易模式,通过自主开发的数据交易系统,驱动全国数据要素流通。互联网数据中心(Internet Data Center,IDC)将贵阳大数据交易所的成立视为大数据产业发展的重要里程碑事件。同时,贵州在西部率先发展大数据产业,至今已在大数据领域拿下了 9 个全国第一,贵阳作为中国大数据之都,各种大数据产业园发展迅速,如贵阳国家高新区(中关村贵阳科技园)主攻大数据,贵阳综合保税区主攻大开放,贵阳白云区主攻大配套,旨在建成贵阳大数据综合创新试验区的核心区。仅以贵阳国家高新区的首个大数据产业园——贵阳乾鸣国际信息产业园为例,计划项目总投资至少为 100 亿元,占地 300 余亩,建筑面积约为 30 万 m^2,拥有 20 000 个机柜,数据中心建成后具备支持 40 万台服务器的处理能力。大数据产业园的综合配套投资为 20 亿元,包括总部基地、研发中心、大数据应用以及其他配套设施。

西部一些城市进行了区域旅游文化中心的建设。西部的旅游和文化资源丰富,拥有多样的自然风光、深厚的文化积淀和独特的民族风情。西部旅游资源如国家重点风景名胜区、国家级自然保护区数量占全国总数的 1/3,国家历史文化名城、全国重点文物保护单位及世界文化和自然遗产数量都很丰富。可依托丝绸之路经济带沿线各国的历史文化记忆,开展沿线区域的多层次的文化交流和合作活动,如旅游合作和沿线区域的旅游景区建设和开发,建设具有较高知名度的旅游目的地(刘刚等,2019)。而且,西部地区,尤其是少数民族聚居地区的环境特征、经济发展、产业结构和文化特征决定了当地居民的消费习惯,其消费偏好有一定的相似性。因此,有条件的西部城市发挥旅游和文化优势,发展旅游休闲产业,创建旅游、休闲、文化城市,推动区域经济结构调整。例如,贵州六盘水大力发展"中国凉都"创意品牌,打造"避暑天堂、天然氧吧"旅游主题,建设夜郎文化产业园区,依托"走遍神州大地,醉美多彩贵州"的贵州旅游品牌,围绕"江南煤都,中国凉都"开发出高原明珠、走进世界古银杏之乡等一系列子产品,推动了第三产业发展及城市转型。

2.3 贸易和物流中心

西部城市利用国家政策支持和区位优势,建设国际交流合作中心或物流中心城市,如口岸或港口型城市,推动发展转型。西部作为发展内陆开放型经济,打造便捷的交通通道、畅通的信息网络、国际货物大进大出的保税港区,吸引、聚集各种要素流入,提高开放水平,按国际水准规划建设大城市,完善城市功能,构建内陆开放型经济发展平台(丁瑶,2008),如我国分别于2008年、2011年批准成立了重庆两路寸滩保税港区和阿拉山口综合保税区等。依托"一带一路"倡议,西部着力建设喀什等陆港和开放型城市,是西部深化对外开放的重要措施⑥。西部的枢纽中心型城市主要包括贸易和物流中心、边疆开发区、口岸区三种类型。显然,重庆、西安、成都三个国家级中心城市是西部具有代表性的国际性、区域性的贸易中心和物流中心,省会城市和有区位优势的城市等都在试图建设连接中国和全球的贸易中心或物流中心,如昆明面向东南亚,乌鲁木齐面向中亚,银川面向阿拉伯国家,喀什连接中国和南亚、中亚等地区。

自1992年我国实施沿边开放以来,大致经历了三个重要时期(黄志勇,2015):1992—2007年,我国沿边开放主要以边贸为先导,以内地为依托,以经济技术合作为重点,以开拓周边市场为目标,以兴边富民为根本立足点;2007—2013年,我国在延续第一阶段的成功经验和做法的同时,依托国家战略,提升了区域合作水平⑦,加强了与周边国家基础设施的互联,加快开放型经济转型升级,提出了沿边开放的空间布局;2013年至今,以2013年9月起的"一带一路"倡议等为重要标志,中央政府加强了西部沿边开发开放的力度,新一轮沿边开发开放已全面实施。通过国家大力支持,边疆开发区和口岸区及自贸区的设立,确实促进了西部相关城市的发展转型。

2.3.1 边疆开发区

我国陆地与14个国家接壤,陆地边境线长2.2万km,其中1.9万km在民族地区。边境地区的国土面积为197万km^2,人口有2300多万人,其中少数民族人口近一半,有30多个民族与周边国家同一民族毗邻而居。边境地区地处我国对外开放的前沿,是确保国土安全和生态安全的重要屏障,在全国改革发展稳定大局中具有重要战略地位。中共十九大报告提出,要"推动形成全面开放新格局",构建"陆海内外联动、东西双向互济的开放格局",要以"一带一路"建设为重点,要"发展更高层次的开放型经济",也要优化区域开放布局,促进沿海开放与内陆沿边开放的更好结合。改革开放以来,西部边疆地区的综合经济实力明显增强,基础设施和基本公共服务体系不断健全,边民的生产、生活条件大幅改善,对外开放水平持续提高,民族团结和边防巩固效果突出,各族群众凝聚力和向心力显著增强,如内陆和沿边地区已从开放洼地变为开放高地(胡超,2019),大致形成了全面开放新格局。

根据中国国家级经济技术开发区和边境经济合作区的统计可知,西部的国家级边境经济合作区(简称"边合区")共 10 个⑧,具体如下:

(1) 伊宁边境经济合作区:1992 年经国务院批准设立。2013 年 8 月,伊宁边合区机构规格由原来的副县级升格为正县级,同时挂伊宁高新技术产业开发区管委会和伊宁苏拉宫工业园区管委会的牌子。伊宁边合区位于伊宁市中心,临近霍尔果斯、都拉塔、木扎尔特三个一类口岸,距霍尔果斯口岸 86 km,距都拉塔口岸 70 km,距哈萨克斯坦最大城市阿拉木图市 350 km。伊宁扼东西交通之要冲,自古以来就是祖国内地与中亚、西亚的交通咽喉和商贸集散地。伊宁边合区紧紧把握共建"丝绸之路经济带"重大发展战略机遇,坚持实施"团结稳定和谐、工贸互动相促、信息技术引领、向西市场开放、产城融合发展、互通融合并进"六大发展战略,重点发展生物科技与大健康、电子信息、现代煤化工延伸、新型建材、装备制造、进出口加工、现代服务业等产业。

(2) 博乐边境经济合作区:1992 年 7 月 18 日建立。同年 12 月 3 日经国务院批准成立[详见《关于伊宁市、博乐市、塔城市设立边境经济合作区的批复》(特办函字〔1992〕第 70 号)],是当时国务院批准的全国 14 个、新疆 3 个边合区之一。2016 年 2 月,按照自治州对博乐边合区和博州金三角工业园区的定位,也为了园区的长远发展,自治州州委州政府将金三角工业园区的招商引资、规划建设和服务管理工作移交博乐市;同时将博乐边合区并入金三角工业园区,形成了积极向上争取政策、加快项目推进和园区建设、互利共赢的良好发展格局。2016 年 2 月始,博乐边合区由博乐边合区和博州金三角工业园区两个部分组成。博乐市制定了《博乐边境经济合作区优惠政策》(博市党发〔2000〕25 号)。根据城市发展需要,原规划 7.83 km² 的建设区域现已建设成为城市建设区,将原团结路两侧及金光大道规划区域调整为两块进行建设经营,城南 4 km² 于 2010 年向上级申请调整至南城区 4 km²,在城东工业区规划了 3.83 km²。当前,博乐边合区初步确定了七大产业和组团,分别是棉纺服装加工、石材集控、石油化工、新型建材、低碳环保、高新产业、保税仓储物流。

(3) 塔城边境经济合作区:1992 年,根据国务院特区办公室《关于伊宁市、博乐市、塔城市设立边境经济合作区的批复》(特办函字〔1992〕第 70 号)文件精神设立的 14 个边合区之一。塔城边合区位于新疆维吾尔自治区西北部、准噶尔盆地西北边缘的塔城盆地。塔城边合区东依塔城市区,西以边境检查站自然干河沟为界,距国家一类口岸——巴克图口岸8 km,南以南环路为界,北以北环路为界,核定面积6.5 km²,共分为6个功能区（中哈绿色农副产品交易区、加工区、高新技术区、商贸中心区、仓储区、住宅区）,口岸公路贯穿其中,形成了城市、合作区、口岸三位一体的经济发展格局,是国内距陆路口岸最近的合作区。在合作区内兴办出口加工业、高新技术产业和第三产业,发展外向型经济,优化出口结构,把合作区建设成技术先进、环境优良的综合性产业区和进出口基地。

(4) 吉木乃边境经济合作区:2011年9月6日得到国务院批复设立,是全国第15个、新疆第4个边合区,也是阿勒泰地区唯一一个国家级产业园区。国务院明确要求,要将吉木乃边合区建设成为境内外能源资源开发、加工生产制造、商品贸易、仓储转运、国际物流采购的综合经济功能区,成为经济发展、边疆稳定、民族团结、社会和谐的开放示范区。吉木乃口岸有十分优越的自然和地理条件,又有与苏联解体后相继独立的中亚五国开展贸易的得天独厚的地缘、地理和民族、语言、风俗等优势。作为我国新疆距哈萨克斯坦首都阿斯塔纳和哈俄两国铁路网线较近的口岸,吉木乃口岸正在建设成为新疆西北部面向哈萨克斯坦,并通往俄罗斯及中亚各国的集铁路、公路、管道运输于一体的千万吨级的国际综合性口岸,这里也由此成为亚欧大陆桥北线重要的支点以及我国进口能源资源和紧缺矿产的陆路大通道。吉木乃边合区距吉木乃口岸18 km。围绕边合区"综合经济功能区、开放示范区"的定位,吉木乃边合区初步形成了天然气进口加工、风电装备制造产业、农副产品加工、硅资源加工等产业①。随着中哈贸易往来的密切,吉木乃口岸得以迅速发展。

(5) 河口边境经济合作区:1992年经国务院特区办公室［详见《关于设立畹町市、河口瑶族自治县边境经济合作区的批复》(特办字［1992］第58号)］批准设立的边合区,主要负责区内各项规划的拟定和报备,经上级授权在区内履行行政审批、经济协调、社会管理等职能,核定管辖面积为4.02 km²。河口边合区位于云南省河口瑶族自治县县城,园区主导产业有旅游、边境贸易和物流业。作为中越两国的边境地区,我国河口瑶族自治县与越南老街市的发展一直受到两国政府的重视,都设立了边境特殊经济区,享受特殊的扶持政策,以园区带动当地的发展(袁晓慧等,2009)。目前,我国河口瑶族自治县与越南老街市以及我国红河哈尼族彝族自治州与越南老街省之间的合作除被纳入多层次的区域和次区域合作机制中之外,合作平台也不断增多,形成了固定的双边会晤机制。

(6) 畹町边境经济合作区:1992年9月26日经国务院特区办公室批准成立。随着国家"一带一路"倡议的加快推进和促进沿边重点地区开发开放政策的出台,云南省委省政府和德宏傣族景颇族自治州州委州政府力求通过建设"汽车城",发展口岸产业经济,把畹町口岸建设成为我国西南乃至全国过货量最大、口岸功能最全、通关最便利的国际陆港。畹町系国家一类口岸,东北与芒市接壤,南与缅甸九谷市相邻,西北与瑞丽隔江相望,陆路距省城昆明 733 km,国境线长 28.646 km,面积为 103 km²。畹町位于泛亚铁路西线、中缅输油管线中部,是中国面向缅甸对外发展的重要区域,是我国陆路通往缅甸及东南亚国家的咽喉,也是中国距离印度洋国家最近的国家一类口岸。畹町边合区的总面积约为 5 km²。2013 年 10 月,云南省德宏傣族景颇族自治州实行瑞丽、畹町、姐告同城化改革,畹町正式划并瑞丽。因此,畹町边合区除享受边合区相关优惠政策之外,还同时享受瑞丽国家重点开发开放试验区的优惠政策。合作区重点发展领域非常明确:一是以大通道枢纽为支撑的商贸物流服务产业;二是以康体休闲、民族文化、历史文化为重点的旅游文化产业;三是以生物制药、食品加工、天然气能源开发利用为重点的集群产业。重点发展产业为汽车及零配件制造、生物医药及食品、旅游、现代仓储物流等。

(7) 瑞丽边境经济合作区:1992 年 6 月设立。园区规划以进出口加工、仓储物流、特色农业、边境旅游为主导产业,重点销售的产品有红木家具、弄岛水晶蜜柚。瑞丽边合区原区划面积为 6 km²,2013 年 12 月经德宏傣族景颇族自治州州委州政府决定对瑞丽边合区进行扩区移位,园区位置位于瑞丽市弄岛镇,地处瑞丽市西南部,东接姐相乡,北连户育乡,西南、东南与缅甸相邻。边合区以进出口加工、仓储物流、特色农业、边境旅游为主导产业,目前园区内重点销售的产品有红木家具、弄岛水晶蜜柚。2012 年,瑞丽成为中国国家重点开发开放试验区,进一步扩大了沿边开放的探索实践,建设中国(瑞丽)—缅甸(木姐)边境经济合作区。2019 年 8 月中国(云南)自由贸易试验区挂牌启动,同时向德宏片区授牌。中国(云南)自由贸易试验区德宏片区的规划总面积为 29.74 km²,涵盖了瑞丽市的建成区和姐告边境贸易区,是一块"集中连片、边界闭合"区域。瑞丽的边境贸易、传统货物贸易加快转型升级、免税购物、跨境电商、珠宝玉石网上直播销售等新模式新业态蓬勃发展。

(8) 临沧边境经济合作区:2013 年 9 月 23 日获国务院批准,为全国 17 个边合区之一。临沧边合区的发展定位是中缅合作示范区,面向南亚、东南亚辐射中心的前沿窗口。结合临沧边境沿线特殊的地理结构,临沧边合区在规划方面首创"一区多园"建设模式,即以耿马孟定清水河、沧源永和、镇康南伞 3 个口岸为依托,按照"一核两翼、一区多园"模式(以耿马孟定清水河园区为核心,以沧源永和园区、镇康南伞园区为两翼)进行规划和建设。边合区有耿马孟定清水河国家一类口岸和镇康南伞、沧源永和 2 个国家二类口岸,19 条贸易通道及诸多的边民互市点,5 条通缅公路,被誉为"南方丝绸之路""西南丝茶古道",是通往缅甸、连接中南半岛、与印度洋周边国家联系的重要门户,是中国从陆上走出太平洋、印度洋,跳出马六甲海峡最便捷的节点。在国家沿边开发开放政策和"一带一路"倡议背景下,临沧既面临机遇,也面临前所未有的挑战。

(9) 喀什(沿边)经济特区:新兴的具有自身特色的经济特区,担负国家战略部署的发展空间。2011 年 10 月 8 日,国家出台了《国务院关于支持喀什、霍尔果斯经济开发区建设的若干意见》(国发〔2011〕33号),明确了喀什的定位:一是要充分发挥喀什对外开放的区域优势,把喀什建设成为我国向西开放的重要窗口,推动形成我国"陆上开放"与"海上开放"并重地对外开放的新格局;二是要吸引国内外资金、技术、人才,高起点承接产业转移,促进产业集聚发展,构建现代产业体系,将喀什建设成为推动新疆跨越式发展的新的经济增长点(陶一桃,2013)。

(10) 霍尔果斯国际边境经济合作中心:由中哈两国元首共同倡导建立起来的,是在上海合作组织框架内首个一区跨两国的国际区域经济合作示范区,主要功能是贸易洽谈、商品展示和销售、仓储运输、宾馆饭店、商业服务设施、金融服务、举办各类区域性国际经贸洽谈会等。2011年10月8日,国家出台了《国务院关于支持喀什、霍尔果斯经济开发区建设的若干意见》(国发〔2011〕33号),赋予新疆霍尔果斯的战略定位是发挥口岸和交通枢纽作用,加强与中亚、南亚、西亚和东欧的紧密合作,实现优势互补、互利互惠、共同发展,努力打造"外引内联、东联西出、西来东去"的开放合作平台,建设成为我国向西开放的重要窗口,推动形成我国"陆上开放"与"海上开放"并重的对外开放新格局。通过实施特殊经济政策,将霍尔果斯国际边境经济合作中心建设成为新疆新的经济增长极。霍尔果斯在中哈经济走廊的建设中着力发挥地缘优势,强化互联互通,拓展合作功能,辐射中亚国家,成为丝绸之路经济带战略推进的重要节点(王雅静,2016)。

2.3.2 口岸区

1978—1992年,国家新开辟一类口岸128个,其中水运口岸增加78个,空运口岸增加31个,公路口岸增加16个,铁路口岸增加3个。进入21世纪,我国从一沿(海)过渡到三沿(海、江、边),又向五沿(加上路、河)发展,逐步形成全方位、多元化、分层次的开放地域系统,推动了以边境口岸为阵地的"向西开放",促进了相关边境城市的成长(蔡翼飞,2014)。中国口岸布局大致可分成四大地域系统,分别是沿海口岸开放地域系统、沿边口岸开放地域系统、沿(长)江口岸开放地域系统、内陆(沿路)口岸开放地域系统。其中,按区位与对外辐射功能,沿边系统主要包括西部边境段、西南边境段两个部分。1978年前边境仅设有26个口岸,其中空运口岸3个,铁路口岸8个,公路口岸15个。随着沿边开放带的形成,口岸增加速度加快,口岸类型也变得多样化⑩。除了沿海、沿边、沿江相继形成开放地带,西部内陆省份自1981年始辟西安航空口岸,允许西安、兰州、银川等城市建设内陆"无水"码头——对外经济合作和开放的"陆港"。自"一带一路"倡议提出以来,西部省区有效利用沿国家干道和国际通道(如欧亚大陆桥)设置内陆陆路货运口岸(如采取集装箱封闭式运输或国际联运等)。2015年《推动共建丝绸之路经济带和21世纪海上丝绸之路的愿景与行动》正式发布后,重庆、成都、西安等16个国内始发城市开通货物运营服务,分别以阿拉山口口岸、满洲里口岸和二连浩特口岸为主要出境口岸,形成了西通道、东通道和中通道三大运输通道,促进了欧亚大陆桥集装箱铁路运输的兴起,成为丝绸之路经济带重要的运输平台(陆梦秋等,2018)。

西部的对外开放口岸情况大致如下:

(1) 云南省:对外开放口岸有 18 个,其中空运口岸 4 个[①],分别是昆明空运口岸(昆明长水国际机场)、西双版纳空运口岸(西双版纳嘎洒国际机场)、丽江空运口岸(丽江三义国际机场)、芒市空运口岸(德宏芒市国际机场);陆路(铁路)口岸 1 个,即河口铁路口岸;陆路(公路)口岸 11 个,分别是瑞丽、畹町、孟定清水河、腾冲猴桥、打洛、磨憨、勐康、河口、天保、金水河、都龙;水运口岸 2 个,分别是景洪河港口岸、思茅河港口岸。其中对越南有 5 个口岸:有河口陆路(铁路)口岸、河口陆路(公路)口岸、天保陆路(公路)口岸、金水河陆路(公路)口岸、都龙陆路(公路)口岸;对老挝有 2 个口岸:磨憨陆路(公路)口岸、勐康陆路(公路)口岸;对缅甸有 5 个口岸:瑞丽陆路(公路)口岸、畹町陆路(公路)口岸、孟定清水河陆路(公路)口岸、腾冲猴桥陆路(公路)口岸、打洛陆路(公路)口岸;另有航空口岸 4 个:昆明空运口岸、丽江空运口岸、西双版纳空运口岸、芒市空运口岸;水运口岸 2 个:景洪水运(河港)口岸、思茅水运(河港)口岸。2016 年 3 月 4 日国务院正式批复设立中国老挝磨憨—磨丁经济合作区,探索两国边境经济合作新模式(全毅等,2019)。

(2) 西藏自治区:对外开放口岸有 4 个,其中空运口岸 1 个,即拉萨空运口岸(拉萨贡嘎国际机场);陆路(公路)口岸 3 个,分别是樟木公路口岸、吉隆公路口岸、普兰公路口岸。

(3) 贵州省:对外开放的空运口岸仅有 1 个,即贵阳空运口岸。

(4) 四川省:对外开放口岸有 2 个,为成都空运口岸(成都双流国际机场)和陆路(铁路)口岸。成都双流国际机场空港新货运站是中国中西部最大、功能较完善的综合货运站。成都铁路口岸为国家开放口岸,已开通通往欧洲的"蓉欧快铁"国际货物往返班列、中亚国际货运列车。

(5) 重庆市:对外开放口岸有 3 个,分别是重庆空运口岸(重庆江北国际机场)、重庆水运(河港)口岸和陆路(铁路)口岸。重庆空运口岸每周执飞的航班数超过 300 班。陆路(铁路)口岸的外贸集装箱运输超过 6 万 TEU,开行"渝新欧"班列超过 420 班和发送集装箱超过 3.6 万 TEU,水运(河港)口岸完成外贸集装箱运输超过 60 万 TEU。

(6) 陕西省:对外开放口岸有 2 个,即西安空运口岸(西安咸阳国际机场)和陆路(铁路)口岸。根据海关统计数据可知,西安空运口岸共验放出入境飞机及国际航班包机超过 1.6 万架次,进出口货物超过 460 万 t。陆路(铁路)口岸全年开行中欧班列(长安号)超过 150 列(主要为中亚方向)。

(7) 甘肃省:对外开放口岸有 3 个,分别为兰州空运口岸(兰州中川国际机场)、敦煌空运口岸(敦煌莫高国际机场)、马鬃山陆路(公路)口岸。

(8) 青海省:对外开放口岸仅有 1 个,即西宁空运口岸(西宁曹家堡国际机场)。西宁空运口岸开辟了西宁—吉隆坡、西宁—成都—东京、西宁—麦加等国际航班。

(9) 宁夏回族自治区:对外开放口岸仅有1个,即银川空运口岸(银川河东国际机场)。

(10) 新疆维吾尔自治区:对外开放口岸有18个,其中空运口岸3个,分别是乌鲁木齐空运口岸(乌鲁木齐地窝堡国际机场)、喀什空运口岸(喀什机场)和伊宁空运口岸(伊宁机场);陆路(铁路)口岸5个,其中中蒙(蒙古)边境4个,分别是老爷庙口岸、乌拉斯台口岸、塔克什肯口岸和红山嘴口岸;中哈(哈萨克斯坦)边境口岸7个,分别是阿黑土别克公路口岸、吉木乃公路口岸、巴克图公路口岸、都拉塔公路口岸、木扎尔特公路口岸和阿拉山口铁路口岸,霍尔果斯公路、铁路口岸;中吉(吉尔吉斯斯坦)边境口岸2个,分别是吐尔尕特公路口岸和伊尔克什坦公路口岸;中巴(巴基斯坦)边境口岸1个,即卡拉苏公路口岸。

2.3.3 自由贸易试验区

建设自由贸易试验区(简称"自贸区")是中国为构建开放型经济新体制所实施的重大国家战略,有助于打造西部内陆型改革开放的新高地,促进内陆与沿海地区的协同发展,探索"丝绸之路经济带"国家合作交流新模式,构建国家开放新格局,促进西部社会经济高质量发展。我国继上海、广州、天津、福建4个自贸区建设之后,2016年中央又审批通过了7个自贸区示范点,标志着我国自贸区建设从试点探索阶段进入成熟发展阶段。

四川自贸区和重庆自贸区位于我国西南腹地,陕西自贸区是大西北的首个自贸区(表2-1),西部地区自贸区促进了内陆地区的开放,加强中西

表2-1 西部地区自贸区所在城市及功能

自贸区	地理位置	园区面积/km²	片区	主要城市	功能定位
陕西	西北内陆	119.95	中心片区、西安国际港务区片区、杨凌示范区片区	西安市	加大开放西部重点城市,建设内陆型改革开放前沿阵地,探索"一带一路"沿线国家合作交流的新模式
四川	西南内陆	119.99	成都天府新区片区、成都青白江铁路港片区、川南临港片区	成都市	加大开放西部重点城市,建设内陆开放战略支撑带,探索内陆与沿海、沿边、沿江协同开放
重庆	西南内陆	119.98	两江片区、西永片区、果园港片区	重庆市	发挥重庆西南经济枢纽作用,加大开放西部重点城市,促进西部大开发战略深入实施

部与"一带一路"沿线国家的经贸交流与合作,提升了西部的经济发展质量,推动了我国区域经济的全面均衡发展。

2.4 国家支持下边疆型城市转型

2.4.1 概念化模型

经济的发展受社会和制度治理因素的调控,尺度政治模式是制度、治理以及领土的集合(Macleod et al.,1999)。国家模式是由中央政府主导的综合治理模式,通过中央—地方的关系、体制机制、联盟、学习、制度厚度来分析城市—区域政治经济活动的位置、具体情景和政治建构的过程以及城市治理的多样性和多尺度特征(Macleod et al.,1999)。通过实施尺度政治及尺度重构策略,来体现中央政府对地方各项事业的全面投资和深度干预(卢汉龙等,2009)。国家通过推行垂直、水平以及跨部门跨域协作以及推行规模、等级及关系尺度政治的治理模式(曾璐,2018)来实现城市发展及空间扩展的尺度生产、跳跃及重构。国家、地方的政策、资金投入、规划、重大项目建设等行政干预行为可以认为是对具有特征尺度的控制成分实施的尺度政治模式,这有利于突出"横向"制度规划,破除部门利益(滕明政,2018),促进城市发展和空间演化。

新中国成立后,面对日喀则等藏区城市发展相对落后的客观现实,与尺度政治模式相结合的反梯度理论、新增长理论、追赶型经济理论以及基于资本、技术、制度、结构、经济和精神有关的后发优势理论、内生化理论与干中学理论均可为国家战略的具体实施提供重要且有效的参考模式(杨永春等,2019b)。尺度政治模式的实施有助于弱化区域内部本身存在的制度壁垒的阻力并创造制度红利,可有效解释由资本与权力组构起来的尺度政治与尺度实践有关的人的逻辑在城市发展与演化过程相联结起来的物的时空尺度的动态演化。垂直与水平、内与外、人与物辩证相关的尺度上推、尺度下推、尺度锁定、多孔边界及尺度跳跃的政治治理逻辑,是党和国家、中央部委、对口援藏的内地各级发达省市政府与企事业单位、对口援藏的央企以及西藏各级地方政府实施的系列优惠政策、基础设施投入、招商引资、开发区建设以及体制机制改革等相关的制度创新的政治经济理论基础。这有助于打破西藏城市发展与空间演化的路径依赖,从而进行有效的路径创造(刘云刚等,2013),发挥促进城市经济社会发展的"造血"功能(图2-2)。

西藏民主改革前,基础设施建设欠缺,经济社会发展落后(帕巴公觉等,2003)。1959年西藏民主改革后,中央实施国家宏观调控政策,并先后召开六次西藏工作座谈会,确定相关发展和保护政策。中央第三次西藏工作座谈会正式确定了对口支援。中央第五次西藏工作座谈会后,援藏资金的80%主要向农牧区、基层倾斜(何君,2006)。财政补贴对西藏宏观经济

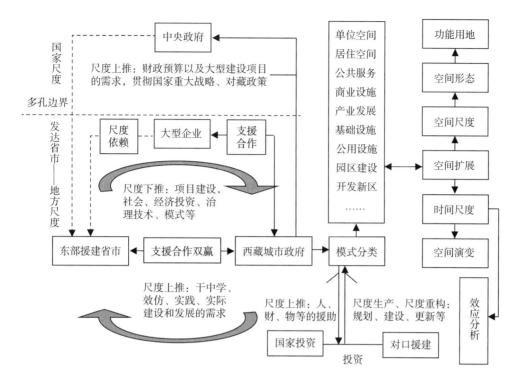

图 2-2 西藏城市发展及其空间演化的尺度逻辑

的影响是明显的,其财政支出的 90% 来自中央财政的支持(乔欣,2015),这在推动西藏经济发展方面所起的作用远大于先天作用。国家力量使得西藏经济持续高速增长、产业结构不断优化、西藏居民(农牧民)均等享受发展的成果。21 世纪应从对资源开发、资本密集型产业的投资转向对人力资本和改善生活条件设施的投资,确立新的现代化追赶战略(温军,2001),促进西藏实现跨越式发展。中央和中东部发达省市、地市不同等级之间进行尺度上推、下推、固定及跳跃,推动了尺度的生产和重构。这初步形成了中央—东部发达省市—地方垂直治理模式,东部发达省市—日喀则市、央企—地方水平治理模式以及中央政府—央企—东部发达省市—地方组成的协调治理联盟,如通过基础设施完善、园区建设、公共服务以及居住、单位空间扩展,使城市在时空尺度上表现为用地功能调整及空间扩展和演变(杨永春等,2019b)。

中央政府、援藏省市、(西藏)城市的不同等级之间所进行的尺度上推、下推、固定及跳跃,有效推动了西藏城市发展和空间演化的尺度生产和重构,促成了中央—东部发达省市/央企—西藏地方的尺度模式,即中央—东部发达省市—(西藏)地方垂直治理模式和中央—东部发达省市/央企—(西藏)地方组成的协调治理联盟。通过实施尺度政治及尺度重构策略,中央政府实现了对西藏地方发展的深度干预,即国家通过推行垂直、水平和跨部门、跨地域协作以及推行规模、等级及关系尺度政治的治理模式,实现了西藏城市发展及空间扩展的尺度生产、跳跃及重构。

因此,通过实施尺度政治及尺度重构策略,体现中央政府对地方各项事业的全面投资和深度干预(杨晓光等,2002)。国家通过推行垂直及跨部门跨域协作以及推行规模、等级及关系尺度政治的治理模式(王雪然,2017),实现西藏城市发展及空间扩展的尺度生产、跳跃及重构。国家、地方的政策、资金投入、规划、重大项目建设等行政干预行为可认为是对具有特征尺度的控制成分实施的尺度政治模式,这有利于突出"横向"制度规划、破除部门利益(Macleod et al.,1999),促进西藏城市的发展和空间演化。

国家通过行政力量转移资源到西藏,以促进西藏经济总量的提升,实现区域均衡发展战略,同时国家制定对口援建的政策事实上是实现发达省市与欠发达的西藏地区之间产业、人才、技术、资本等转移的"收敛"模式,发挥区域比较优势,促进西藏和谐稳定发展(陆铭等,2019)。1959—1994年,国家对西藏实行经济上长期补贴的办法,并确定中央定额补助持续增长的政策措施。国家对西藏免征农业税,并对西藏农牧民从事民族手工业、交通运输业、建筑业、服务业等免征工商税(张红梅,2004)。这促进了日喀则等西藏城市的经济增长和发展转型、人口变化、社会转型、制度变革以及重塑和扩展了城市空间(Gu,2019)。1994年以后,中央制定了特别优惠政策、对口援藏政策,继续执行并完善"收入全留、补助递增、转向扶持"的财政政策,加大转移支付力度,继续实行"税制一致、适当变通"的税收政策(李国政等,2010)。这一系列的政策通过尺度下推的模式得到了西藏城市政府及各行业部门的贯彻和落实。对口援藏力量进一步通过尺度上推与尺度下推的双重力量联系了国家和地方政府。同时,西藏城市根据发展实际进行相关项目建设的立项和申报,这分别关联起了与对口援建省市之间的"垂直—水平"或立体网络化的尺度联系以及与中央政府之间形成的尺度上推的模式(杨永春等,2019b)。因此,国家力量和对口援建力量组成的社会关系的建构是尺度政治在西藏城市发展与空间演化方面的有效体现,社会关系网络、发展实践活动以及城市建设行为是对不同等级的实施主体组成尺度的定义,这反映在城市外部、前定以及本体的环境中。社会和日常生活中历史的、地理的以及物质的组成部分通过社会生产来框定城市发展与空间演化的现实框架和环境边界(Brenner,2000)。在不同的发展阶段和制度背景下,城市发展与空间演化实施的不同的尺度建构策略促使城市发展与转型。这使得日喀则等西藏城市加速要素集聚和优化土地利用结构,并促使城市空间更加有序(Gu,2019)。

2.4.2 日喀则市的实证

日喀则市是一个具有600多年历史的古城,也是藏区中心之一。在西藏封建农奴时期,日喀则城经历了绕宗山单中心、宗山—扎什伦布寺双中心、宗山单中心发展历程。西藏民主改革后,中央先后召开六次西藏工作座谈会,确定了支援西藏发展、社会稳定的相关政策,尤其是中央第三次西藏工作座谈会(1994年)正式确定了对口支援(何君,2006)。因此,在民主改革前,日喀则市的基础设施建设相对欠缺,经济社会发展落后(帕巴公觉等,2003)。1959年,日喀则主城区的主要经济基础是农牧业,具有显著的藏区经济特征;用地功能不齐全,整个城市基本被农田包围;基础设施缺乏,街巷表现为枝状和曲折变化,市民用水靠水井供应,并在水井周围形成了一定的商品交易场所[12]。1959年后,日喀则的经济社会实现了跨越式发展(温军,2001)。当代,日喀则市已发展成了一个美丽、端庄、敦厚、包容与独特的高原城市,其具有现代性与民族性的双重特色,故研究日喀则的城市发展与空间演化具有良好的典型性[13](杨永春等,2019a)。

1)国家行为的对口支援

日喀则市自和平解放以来受到了国家特殊优惠政策的支持和中央财政的大力援助,特别是1994年确定中东部发达省市对口支援西藏的政策。国家模式背景下的投资与对口援建对西藏经济社会发展的效应明显,这是制度创新模式的国家跨域治理能力的有效体现(张亮靓等,2017)。日喀则市主要受"四省市两企业"的援助。国家投资、对口援助逐步促进日喀则各项事业的有效快速发展和转型,是尺度政治视角下的经济社会发展、城市空间扩展突破路径依赖进行尺度生产,进而实现尺度跳跃并对尺度进行重构的全过程。国家、援藏力量是驱动日喀则现代化发展以及奠定日喀则有步骤、分阶段地融入国家现代化经济体系的基础。国家、中东部发达省市推行大型项目、产业园区、基础设施、住宅及高档小区开发、公共服务、金融科技、人才智力、单位及基层政权建设等援助模式。本书仅探析国家及"四省市两企业"对口支援的日喀则市桑珠孜区的城市空间演变特征。根据256份问卷的调查结果显示,92.71%的市民认为中央政策、国家财政支持促进了城市空间的扩展和演替,也有72.92%的市民认为对口援建对城市空间的扩展也具有重要作用。

2)国家投资、援藏投资对城市发展及其空间扩张的影响

国家投资、援藏投资对促进日喀则的经济发展和建成区的面积扩张具有显著的相关性,但不同发展时间段具有不同程度的相关性。1959—2016年,总体来看,国家投资在建成区面积、生产总值、农民人均收入方面的相关性(以上三个指标对应的国家投资的相关系数分别为0.889、0.961和0.953)明显大于援藏投资与相关指标的相关性(以上三个指标对应的援藏投资的相关系数分别为0.703、0.958和0.886)。市民人均收入、城镇人口和非农业人口对应的国家投资的相关性(以上指标与国家投资之间的相关系数分别为0.931、0.801和0.853)小于以上指标对应的援藏投资的相关性(以上指标与援藏投资之间的相关系数分别为0.948、0.932和0.980)。1959—1994年,日喀则市的经济发展、城市空间扩展主要是国家力量主导的发展,国家投资与建成区面积、生产总值、农民人均收入、市民人均收入、城镇人口以及非农业人口之间的相关系数分别为0.684、0.882、0.729、

0.498、0.545 和 0.588。1995—2016 年,国家投资与建成区面积、农民人均收入(相关系数分别为 0.896、0.933)相较于援藏投资对应的相关性(相关系数分别为 0.703、0.873)大;国家投资与生产总值、市民人均收入、城镇人口和非农业人口之间的相关系数(分别为 0.946、0.902、0.691 和 0.829)小于援藏投资与以上相应四个指标的相关系数(分别为 0.977、0.935、0.807 和 0.933)的值。国家投资与援藏投资共同作用才会对城市的经济发展和空间扩展具有更好的发展效应,国家投资与援藏投资之间存在一种相辅相成的关系。实际上,国家投资与援藏投资之间的皮尔逊相关系数为 0.833,这也在一定程度上验证了国家投资与援藏投资在相互搭配过程中对落后地区的作用更加明显。同时,援藏工作在日喀则城市经济社会发展方面具有重要作用,如 1995—2000 年,日喀则桑珠孜区的国内生产总值连续保持两位数增长速度,经济增长速度超过了全市平均水平,财政收入比全市高出了 115 个百分点,并且改善了干部队伍结构,加强了领导班子和干部队伍建设,增进了民族团结,为日喀则市的改革、发展、稳定提供了坚强的保障(汪晓华等,2000)。

为进一步验证国家投资与援藏投资对经济发展、城市空间扩张的合力作用,1959—2016 年,每增长 1 单位的国家、援藏投资分别对经济发展的效应是 0.648 单位、0.342 单位;每增长 1 单位的国家、援藏投资分别对建成区空间扩展的效应是 0.681 单位、0.249 单位。1959—1994 年,每增长 1 单位的国家投资对经济发展的效应是 0.683 单位,对城市空间扩张的效应是 0.684 单位。1995—2016 年,每增长 1 单位的国家、援藏投资分别对经济发展的效应是 0.701 单位、0.279 单位;每增长 1 单位的国家、援藏投资分别对建成区空间扩张的效应是 0.836 单位、0.080 单位。

城市空间扩展特征存在时间差异性。1959—2016 年,日喀则空间扩展了 20.750 km^2,打破了围绕扎什伦布寺、宗山等集政教、经济于一体的空间格局。1959 年,建成区面积仅有 2.200 km^2,2016 年为 20.950 km^2,变化幅度为 0.329 km^2/年,变化速度为 0.163。其中,1959—1994 年,建成区面积增加了 3.980 km^2,变化幅度为 0.114 km^2/年,变化速度为 0.050;1995—2016 年,建成区面积增加了 16.385 km^2,变化幅度为 0.780 km^2/年,变化速度为 0.113。1995 年后,城市空间进入了一个快速扩张的时期。其中,2005—2014 年,建成区面积增长了 10.473 km^2,变化幅度为 1.164 km^2/年,变化速度为 0.088。

3) 社会主义计划经济时期:1959—1994 年国家对城市发展及其空间演化的影响

1959—1994 年,中央政府通过财政扶持大量建设较为齐全的各类政府部门(单位)、公共服务设施(学校、医院)、基础设施(道路网)以及依托当地资源和文化特色发展具有资源禀赋优势的特色产业。因此,日喀则在国家—地方两级尺度治理模式上,迅速从传统农村型的城镇形态转变为社会主义计划经济模式(图 2-3)。中央政府投资于政府行政职能部门的建设,

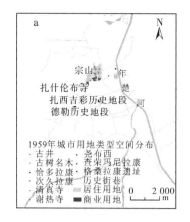 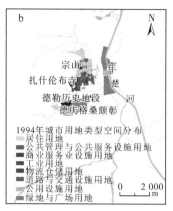 

图 2-3　1959 年、1994 年日喀则市的城市用地结构以及国家援建区

从大中专院校引进人才、退伍转业军人供职于各政府行政部门、企事业单位,因而公共管理和服务设施用地的分形维数相较于工业、物流仓储和公用设施用地的分形维数较大。这是国家在日喀则市和平解放后采用计划经济模式投资建设的第一批构筑物,促进了城市空间的扩展和结构变化。在国家—地方两级尺度治理的双重作用下,日喀则的经济、制度模式迅速从寺庙—宗政府—传统聚落构成的政教合一的传统方式转变为社会主义计划经济的城市发展新方式。

1959 年,居住、交通及商业用地为日喀则主要的建设用地类型;1994 年,绿地与广场、居住、公共管理与公共服务设施以及道路与交通设施用地构成城市主要用地类型。建设、居住、商业服务业设施以及道路与交通设施用地的分形维数分别为 1.490、1.490、1.010 和 1.234,对应的拟合优度分别为 0.975、0.981、0.904 和 0.990,标准误差分别为 0.087、0.109、0.122 和 0.052。并且,商业服务业设施、道路与交通设施用地的无标度区间分别为 k4—k7、k2—k9。在该阶段,总的建设用地的分形维数基本与居住用地的分形维数相同。因此,1959 年的日喀则市主城区相当于具有居住功能的农村地域,地域集聚体的主要经济形式为在藏区经济基础上产生的农牧业。城区集中区为尼玛沟、雪强路以东,仁布路以西,嘎曲门塘路以南,尼玛山以西的地区。嘎曲门塘路和曲荣门塘路连接寺庙、环绕年楚河,在此基础上形成了居民点之间曲折变化的枝状街巷[12]。用地功能不齐全,整个城市基本被农田包围,基础设施缺乏,市民用水依靠水井供应,并在水井周围形成了一定的商品交易。

1994 年,日喀则新增加了公共管理与公共服务设施、工业、物流仓储及公用设施用地,对应的分形维数分别为 1.327、1.019、0.644 和 0.896,拟合优度分别为 0.971、0.950、0.816 和 0.915,标准误差分别为 0.087、0.088、0.116 和 0.102。另外,总的城市建设、居住、道路与交通设施以及绿地与广场用地的维数分别为 1.543、1.394、1.155 和 1.467,各用地类型所对应的拟合优度分别为 0.985、0.974、0.996 和 0.970,标准误差分别为

0.071、0.086、0.021和0.096。如此,由寺庙、宗政府和庄园主组成的"三大领主"统治下的空间组织及其寺庙经济形态解体,以计划经济为主体特色的空间结构和经济形态已然形成。然而,日喀则市在第一批援藏干部刘高锡的记忆里(1995年)是这样的:"整个城市没有一条柏油马路,没有一盏路灯,没有一栋像样的建筑……"

这个时期,中国特色社会主义制度建设和社会建设是日喀则等西藏城市发展的首要任务。同时,国家对西藏政策也处于探索阶段。西藏在这个阶段本身经历了民主改革、计划经济和市场经济制度的快速转型。制度变革、社会建设及经济转型促使国家、西藏自治区政府以及城市政府之间形成了一种垂直的尺度治理模式。国家主要通过尺度下推进行大政方针的传达、实施以及重大项目的建设计划,西藏各级政府主要是运用尺度上推的方式提出政治、社会及经济方面转型与发展的客观诉求。而内地援藏力量属于自发自愿支援西藏建设,这与国家、西藏各级政府形成了源于民间的水平尺度,实质上是对国家援藏的一种补充。

4) 改革开放时期:1995—2004年国家力量、对口援建对城市发展及其空间演化的影响

这个时期,国家投资、对口援建两股力量共同作用来推动日喀则市的城市建设,形成国家—发达省市—地方三级尺度的独特发展模式,基础设施、公共管理与服务设施(包括企事业单位)、居住小区的用地面积继续增长(图2-4)。同时,中央投资力度仍然在继续加大,有效促进了城市空间的扩展。国家通过单位空间、公共服务设施、公用设施、产业发展、基础设施等方面的大量资金支持进行尺度下推,地方政府根据发展实际需求进行城市建设,促进了城市空间的扩展。上海市、山东省通过高档住宅小区、商业、单位、基础设施的建设促进了城市空间的延伸。事实上,上海市、山东省对城市空间的扩展是一种强化的过程,而地方也在此过程中直接效仿学习发达省市的建设、管理经验,将其直接作用于城市的实际建设,通过不断的"试错"过程进行尺度上推,促进了城市各项事业的落地实施,完善了城市功能。

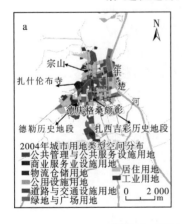  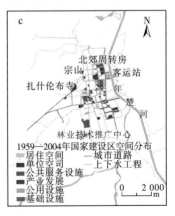

图2-4 2004年日喀则市城市用地结构以及国家、省级建设区

2004年，居住、绿地与广场、公共管理与公共服务设施、道路与交通设施仍是城市的主要建设用地类型。物流仓储、公用设施的无标度区间相较于1994年延长了，无标度区间分别为k4—k9、k2—k9，对应的分形维数分别为0.895、0.869，拟合优度分别为0.861、0.869，标准误差分别为0.136、0.120。建设、居住、公共管理与公共服务设施、商业服务业设施、工业、道路与交通设施及绿地与广场用地分形维数分别为1.588、1.404、1.303、1.097、1.094、1.262和1.312，对应的拟合优度分别为0.991、0.986、0.975、0.958、0.942、0.995和0.956，标准误差分别为0.055、0.074、0.085、0.086、0.103、0.033和0.106。

在该阶段，日喀则市的发展和建设进入了规范化的发展阶段。2004年，日喀则市政府编制了城市总体规划。党和国家制定了进一步对口援建西藏的政策。其中，上海市和山东省作为首批援建日喀则市的直辖市和省，初步形成了国家、对口援建省（市）、日喀则市政府以及相关行业部门的"垂直—水平"结构的尺度模式。同时，城市所获取的援助多寡取决于与内地援建省（市）政府及各利益集团之间所建立的良性关系（Cameron et al.，2014）。因此，国家投资、对口援建两股力量共同作用推动了日喀则市的建设，形成了国家—发达省市—地方三级尺度的发展模式，基础设施、公共管理与公共服务设施（包括企事业单位）、居住小区的用地面积持续增长。

5）改革开放时期：2005—2014年国家力量对城市发展及其空间演化的影响

2005—2014年，日喀则市实现了最快速的发展。城市空间逐渐向南扩张，主要是第一批公共管理与公共服务设施、新建居住小区向南迁移，以及政府周转房的建设，带动了政府、企事业单位人员的向南居住。同时，拉日铁路的建设拉开了整个城市发展的格局，基本确定了城市发展的边界。这个时期，主要是基础设施空间的继续向南蔓延，居住用地空间的继续扩展，工业和物流空间的兴起，促进了城市空间的蔓延。

国家通过资金支持，促进了单位空间、公共服务设施以及政府公租房等的南迁，通过城北工业园区建设和河东新区建设，促进了城市空间的扩展。同时，对口援建省市（上海、山东、黑龙江和吉林）通过资金、项目、技术、人才、招商引资等服务于园区、新区的规划建设（图2-5）。对口援建省市建设了上海路、山东路、黑龙江路以及吉林路，确立了城市的新"骨架"，并为城市配套了绿化、亮化等设施，提升了城市的人居环境质量。而且，对口援建省市在工业园、新区发展规划建设的基础上，依托当地资源优势，引进大型企业进驻园区，通过"园区—企业、产业—基地"的模式，培育增长极，发展规模经济，促进正的循环积累因果效应，激发城市经济发展活力，为城市空间扩展和演化提供动力。同时，日喀则市政府通过援藏力量启动了新一轮的城市总体规划和历史文化名城保护规划。由此，中央政府和省市援藏力量显然进一步加强了前期"垂直—水平"结构的尺度模式，即中央、援建省市、日喀则市政府及其相关行业部门所组成的等级与关系尺度

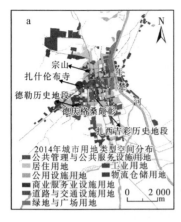

图 2-5　2014 年日喀则市城市用地结构以及国家、省级建设区

联盟,建构了关于日喀则城市发展与空间演化相对一致的话语,如各级政府注重(民族)产业发展和实施产城融合发展战略等。

2014 年,居住、工业、公共管理与公共服务设施、道路与交通设施用地占城市总建设用地的主体部分。其中,工业用地的分形维数超过了公共管理与公共服务设施的分形维数。所有功能用地的无标度区间均为 k1—k9。建设用地的分形维数为 1.574,拟合优度为 0.991,标准误差为 0.053。居住、公共管理与公共服务设施、商业服务业设施、工业、物流仓储、道路与交通设施、公用设施以及绿地与广场用地的分形维数分别为 1.421、1.287、1.219、1.295、1.025、1.279、0.840 和 1.241,对应的拟合优度分别为 0.983、0.975、0.977、0.970、0.912、0.993、0.863 和 0.947,对应的标准误差分别为 0.062、0.076、0.070、0.086、0.120、0.038、0.126 和 0.111。

6) 改革开放时期:2015—2016 年国家力量对城市发展及其空间演化的影响

2015—2016 年,响应国家"六城共创",日喀则市启动了新一轮城市总体规划,以推进卫生、生态、森林、科技城等建设,达成扶贫攻坚、全面小康、生态安全等目标,其发展主要表现为内部调整或填充过程,如功能提升、旧城更新、产业升级、风貌改造等。这个时期,主要通过工业、物流、公用设施空间的调整以及老旧居住区的升级改造,城市发展战略转向绿色、文明、和谐、生态建设方向(图 2-6),如关闭了不适宜的工业,鼓励发展藏药产业、民族特色手工业等。

2016 年,居住、公共管理与公共服务设施、工业、道路与交通设施、绿地与广场、商业服务业设施、公用设施及物流仓储用地的分形维数依次递减。建设用地以及各功能用地的无标度区间均为 k1—k9。建设用地的分形维数为 1.592,拟合优度为 0.996,标准误差为 0.036。居住、公共管理与公共服务设施、商业服务业设施、工业、物流仓储、道路与交通设施、公用设施以及绿地与广场用地的分形维数分别为 1.410、1.309、1.178、1.300、0.915、1.288、0.958 和 1.212,对应的拟合优度分别为 0.986、0.977、

图 2-6 2016 年日喀则市城市用地结构以及国家、省级建设区

0.979、0.966、0.884、0.996、0.895 和 0.932，标准误差分别为 0.062、0.074、0.065、0.091、0.125、0.029、0.124 和 0.124。

国家投资主要用于城市中的单位、公共服务设施等的修缮、改扩建，城市街道两边建筑物的风貌改造，历史文化核心区的功能提升以及棚户区改造。同时，国家投资也用于城市污水管网的维修以及公用、安全、环境、供应设施等的建设，旨在促进城市功能合理、设施优化、环境优美、风貌具有后藏文化特色。另外，城市空间进入扩展的瓶颈期，政府积极规划文化创意园区、开发开放实验区进行尺度重建。对口援建在该阶段是一种尺度强化与固定的综合过程，一方面对吉林路、黑龙江路和贡觉林支路进行功能提升的改造，另一方面对园区和实验区规划提供人才、技术、咨询等方面的服务。

这个时期，日喀则市的城市发展与空间演化是一种在各级政府、国有企业、私有企业之间形成的城市增长联盟——由政府主导的等级化尺度模式向多个不同实施主体之间所形成的网络化且扁平化的尺度模式转型。城市的空间演化更多体现在内部更新和特色塑造以及尺度重构上，旨在促进城市空间合理、有序和生态化的发展。城市建设更强调宜居和宜业，注重绿色发展，如珠峰开发开放试验区建设、物流中心建设、棚户区改造、社会福利设施建设、绿地广场建设、公共厕所及停车场建设等。城市景观塑造和面貌更注重民族文化在城市空间中的展示，如文体活动场地。这些大型建设项目或计划往往由地方政府根据城市发展需要并结合国家发展战略先进行地方论证或立项，后通过尺度上移向国家和对口援藏省（市）申报，再通过尺度下移方式进行投资或建设，即市政府进行招投标，私有或国有企业可参与建设。事实上，援藏力量促进了发达省（市）的知识、技术、资本、先进理念和社会治理思想等向日喀则等西藏城市的溢出，这是一种尺度下推。这使得各级政府与企业之间基于尺度重组，形成了一个内外连接、日益复杂化的立体化网络。

2.5 资源型城市转型路径

2.5.1 总体思路

西部是我国矿产资源和能源的富集地区,在计划经济时期形成了一批以开采资源为主的资源型城市。当前,西部资源型城市大致有33个,约占全国的30%。其中,内蒙古自治区的资源型城市数量最多,其次是四川省、新疆维吾尔自治区和云南省。煤炭资源型城市有乌海市、赤峰市、满洲里市、鄂尔多斯市、锡林浩特市、合山市、广元市、华蓥市、达州市、绵竹市、六盘水市、宣威市、开远市、铜川市、韩城市、石嘴山市、哈密市;冶金资源型城市(区)有攀枝花市、凭祥市、东川区、个旧市、白银市、金昌市、阿勒泰市、阜康市;石油资源型城市有锡林浩特市、玉门市、克拉玛依市、库尔勒市;森林资源型城市有牙克石市、根河市、阿尔山市(何雄浪等,2014)。

随着资源开采力度的加大和资源的日渐枯竭,部分西部资源型城市日渐衰退,亟待转型发展。迄今,我国资源型城市转型发展的核心策略(杨永春,2022)是至少应在其资源开发"由盛转衰"这个临界点(或更早的时间点),着力推进资源型相关新产品的研发和升级,培育接续型产业和新发展要素,实现新产业战略(引入全新替代产业的"大转型")或产业链延伸(小转型),建立循环经济体系(杨振超,2010),破除"产业锁定",建立新产业优势或推动产业多元化,促进城市的全面转型。而且,西部一些资源型城市转型可考虑采用一种迁移—分离模式的建设或发展模式(杨永春,2022),即将资源的生产地与加工地、工作地与生活地(可通过迁移)加以分离,改变传统的将其强行融为一体在衰落期又不得不转型发展的被动现象。也就是说,立足当代全球化、网络化的现实,将原料生产地仅作为挖掘或开采(可能包含必要的初级加工)的"据点式产地",而将相关产品的研发、加工和销售基地、职工生活区等布局在区位合理的中心城市之中,并通过通勤方式解决职工的"往返"问题。如庆阳市的石油产业,其开采地分散分布在庆阳市、平凉市等地,而石油相关加工业集中分布在庆阳市首府的西峰城区的产业园区及西安市;产业工人在矿区上班,但企业总部、生活区和家属主要集中在西安市、庆城县和西峰区等地⑲。这种迁移—分离模式不但避免了传统资源型城市的诸多转型难题,而且规避了后面需要面对的就业、社会服务等诸多的社会问题,综合效益高,符合社会多元和产业网络化的发展趋势。随后,资源枯竭矿区完全可通过生态修复后予以关闭,这样可以节约大量的社会成本。

2000年以来,基于城市尺度的产业升级或结构转换,西部资源型城市转型发展的传统路径依赖,如吸引投资、引进人才和国家支持,部分产生了"断裂",即部分城市和区域内的中心城市结成"发展联盟",通过建构"区域性的产业链"或区域产业的整体升级,促进城市自身的转型发展,即有些偏远型或高端资源不足的资源型城市需调整甚至放弃"囿于一地"的转型策略,通过区域性的产业协作方式(如城市群或网络化的城镇体系),融入全球产业链和日益复杂的城市网络,实现城市转型,建立城市转型的新路径(杨永春,2022)。因此,需从"流动性"和"全球性"角度,改变传统的增量型的扩张性思维,建立"因地制宜"的分类,即扩张类、稳定类和收缩类。实际上,西部资源型城市转型需改变增量思维模式,切实考虑存量、减量发展趋势及其所导致的地方社会经济重构的路径选择,如将处于边缘地区、偏僻山区、生态保护区等综合成本太高,后续产业或接续产业无法正常发展的资源型城市归为收缩类,并可采取诸如缩小人口规模、迁出产业等措施,甚至可考虑降低行政级别等措施,代表城市如玉门市。相对应的,可将那些区位条件好、资源优势突出、距离消费地或中心城市相对较近、具有一定技术基础的资源型城市归类为扩张类或稳定类,积极支持其产业转型和绿色、低碳发展(杨永春,2022)。由此,我国资源型城市大致可分为成长型城市、成熟型城市、衰退型城市、再生型城市四类(余建辉等,2018),而西部资源型城市转型可分为快速转变型、缓慢转变型和收缩衰退型三类。

2.5.2 三类方式

1)快速转变型

资源型城市的转型效果受资源因素、资本因素、人力资本因素、科技创新因素、经济外向因素等综合作用的影响(王开盛,2013)。由于拥有较好的经济外向性或易于延长产业链和可深加工的自然资源等,快速转变型城市取得了较好的转型效果,主要增长动力是制造业、采矿业和服务业,如克拉玛依市、嘉峪关市、金昌市、六盘水市、鄂尔多斯市等城市[⑬],如金昌市的金川集团有限公司早已转向从国外获取矿产资源,促进企业转型。同时,因为旅游文化产业能促进文明建设、自然和历史文化遗产保护和服务业发展,这些资源型城市尝试将旅游文化产业作为城市转型的动力,如工业遗产旅游在德国的鲁尔工业区、美国的休斯敦、英国的铁桥峡谷、日本的"煤炭之都"夕张市都取得了成功开发,我国西部的鄂尔多斯市等也在探索旅游休闲发展转型(李刘军,2014),以增强经济社会发展活力与可持续发展。

石嘴山市等资源枯竭的资源型城市成功进行了转型,形成了石嘴山模式,即从产业、民生、生态环境三个维度实施城市转型战略(叶振宇,2017)。石嘴山市是"一五"计划和"三线"时期国家重点开发建设的煤炭基地,是典型的资源枯竭型老工业城市。煤炭资源趋于枯竭导致了资源型支柱产业衰落萎缩,进而引致城市经济增速下滑、失业人数增加、生态环境治理投入不足等突出问题。2008年,石嘴山市被国务院确定为首批资源枯竭型城市。在中央和地方政府的共同努力下,围绕产业、民生和生态环境治理,实施了城市转型发展战略,即从培育发展接续主导产业、改造提升传统产业链、发展循环经济等遏制住了经济下滑趋势,从改善民生事业入手稳住了民心和促进了社会和谐稳定,从整治生态环境入手改善了城市人居环境。迄今,石嘴山市逐步从煤炭枯竭型的老工业城市转型为具有北方特色、山水秀美的新型工业城市(叶振宇,2017)。

首先,在煤炭资源枯竭时,产业多元化发展改变了资源型产业独大的状况,实现经济回升,即以产业转型为核心,构建多元化的产业体系。石嘴山市通过承接产业转移、产业融合发展、资源型产业升级,大力实施产业结构调整,打破了基于资源优势发展产业的传统观念,培育壮大了新材料、装备制造、电石化工、冶金四个基础较好、规模较大、竞争力较强的产业集群和新能源、生物医药、新型煤化工、现代纺织四个特色产业,同时大力发展现代物流、文化旅游、电子商务等成长性较快的服务业。此外,为摆脱传统产业拖累经济增长和恶化生态环境的困境,石嘴山市淘汰了电石、铁合金、焦化、水泥等行业落后产能,取缔了一大批不符合国家产业政策要求,环境污染严重的企业,支持一批以节能降耗、减排增效为重点的清洁生产企业发展(叶振宇,2017)。

其次,企业与各类科研机构建立了产学研用协作,提升了创新资源驱动发展的能力,摆脱了对传统资源的路径依赖,即以科技创新为引领,增强产业转型升级动力。城市政府围绕特色优势产业发展方向,支持企业与高校、科研院所开展产学研用协作,与中国科学院、中国科学技术协会等单位共同实施了各类科研项目。同时,石嘴山市以建设全国小微企业创业创新基地示范城市为契机,设立了一批地方特色的众创空间,吸引了小微企业入驻(叶振宇,2017)。

最后,关注民生和生态环境,提升城市形象和竞争优势,重现"天蓝、水绿、城美"景象。石嘴山市以民生改善为根本,提高市民对发展成果的获得感;加大财政投入以提高城乡居民的生活质量,即以生态环境整治为突破,进行历史遗留矿山的生态环境恢复治理,改善城市发展环境;实施石嘴山经济技术开发区和平罗工业园区的循环化改造,针对企业实施了一批"三废"和余热余压等循环经济项目(叶振宇,2017)。

2) 缓慢转变型

西部部分城市的矿产资源趋于枯竭且受外部因素制约影响较大,转型的战略空间范围较小。这些城市通过改善交通条件、生态环境、技术能力、投资环境等外部制约因素,侧重产业结构调整进而转型,在转型过程中经济社会呈现缓慢增长或稳定发展状态,代表城市如白银市。

伴随着矿产资源趋于枯竭,白银市的经济发展面临巨大威胁,其自有铜资源仅满足冶炼能力的5%,可持续供给5—8年,白银有色集团股份有限公司与铜资源相关的7个二级单位相继破产,煤矿资源也进入衰减期。2008年3月17日,白银市被国务院确定为全国首批资源枯竭转型城市。白银市的转型以美国匹兹堡为目标,力图成为复兴型的资源型城市。白银市兴起于矿产资源,产业结构具有高度的专一性,其中有色金属工业一直占据工业的50%,近年来电力生产及供应业占工业的20%以上。白银市通过加快培育多元支柱产业与接续产业,提出并实施"四个结合"和"六个转变"进行转型,打造了被称为资源型城市转型的"白银模式"。白银市积极融入兰州市的大都市区建设,通过改善交通条件、生态环境、技术能力、投资环境等,改变城市资源的集聚条件和人居环境等,尽可能地延伸资源型产业的产业链,着力推动城市产业的多元化,积极发展可能的新产业,尤其是地方化的特色产业,推动城市的社会经济转型;加强城乡一体化发展,统筹资源型城市和企业的共同发展。白银市从2005年开始把目光聚集到工业污染的综合治理上,探索循环经济的发展模式,以环境污染治理为突破口加快转型,将本级财政的1/4投入白银有色集团股份有限公司铜冶炼制酸系统改造工程。

白银市经济转型的重点是培育"八大支柱产业",社会转型的重点是解决好就业、住房、就医、就学、收入、社会保障、物价民生七件事;生态转型的重点是深入大气污染治理、城市安全饮水、新型能源建设、城市基础设施建设与生态环境建设;文化转型的重点是凝练特色文化,提高城市竞争力。为优化空间结构,改善人居环境,通过建设新园区,即建设白银西区经济开发区的城市新区,形成了"一园一区"的新经济主体的新空间格局(中国科学院白银高新技术产业园和白银西区经济开发区逐步成为对外开放的主窗口与城市扩张的主要承载空间。中国科学院白银高新技术产业园科研开发项目居世界前列,白银西区经济开发区是兼有省级开发区与白银新城区双重性质的重要经济区域,"一园一区"是白银市产业梯度转移的承接地,在辐射带动区域经济发展中发挥了举足轻重的作用);通过西区(园区)、中心老城区的建设和改造,强化黄河沿岸轴心(全市90%以上的工业产值集中在此),支持以刘白高速公路为轴线的"沿路工业经济走廊"与黄河水运开发为核心的"沿河综合经济走廊",加强经济集聚与辐射能力。

3) 收缩衰退型

资源枯竭程度对城市的转型效果具有显著影响,一旦资源产业彻底衰亡,将很难寻找到有效的转型策略实施转型,城市呈现收缩衰退转型发展。此类型城市主要包括西部区位偏远、相关接续产业发展成本较高的资源型城市(可采取搬迁、收缩等转型措施),后续产业或接续产业无法正常发展的资源型城市(如森林砍伐型等,可采取部分迁移城市人口的措施)。地处河西走廊西端和古丝绸之路要道的玉门市,其转型思路类似法国洛林,是西部乃至我国最为典型、成功的收缩城市案例[15]。

1939年3月玉门市就开始在老君庙日产原油1.5 t。民国时期,这是我国唯一的产油区和供给区。1949年10月新中国成立后,玉门市的石油产量占全国同期产量的90%以上,是中国石油工业的摇篮。1955年,在油矿区成立玉门市。1959年,油田原油产量达到了140万t,占全国原油总产量的51%,撑起了新中国石油工业的半壁江山。20世纪80年代,处于石油产业鼎盛时期,城市总面积扩张到1.35万 km^2,人口一度超过13万人。随后,玉门市辖区的石油资源逐步枯竭,由1959年最高的140万t降至1998年的38万t,被列入全国44个资源枯竭型城市的名单,由中央财政给予资金支持,开始了艰苦且持续的城市发展转型,并形成了包含老城、新城和油田新基地在内的三大功能区的城市空间形态。

首先,地处绿洲边缘的山区丘陵地带本就不适合人类居住,因此城市政府坚决放弃了老城区,仅用剩余力量对老矿井进行挖潜和开发新的油井。自2000年开始,油田办公、生活基地也随后迁址和搬迁,如2001年和2004年中国石油天然气集团有限公司分别批准玉门油田的办公、生活基地迁址酒泉。由此,9万名居民(2.5万名油田工人)外迁,数千名职工开始了每周百公里往返于生产、生活区之间的迁徙生活;大片工厂倒闭,厂房与住宅被遗弃甚至被夷为平地。2001年,玉门市66个居民委员会缩减成33个,2004年又缩减至12个。2009年相关统计表明,留守老市区的人口已不超过3万人,仅约占原总人口的1/3。现在,老城区只设生产作业区。但在老市区内,除石油工人,尚有部分居民聚居在北坪、三台两个安置区的廉租房里,大多是无力外迁的老人、残疾人、低保户和下岗工人,他们每月领取几十元至上百元的低保费。2008年,包括新市区在内的玉门全市下岗失业者已达3.5万人,其中有1.4万人属于生活特困人群。

其次,城市产业结构快速转型。玉门炼油厂部分原油现由新疆输入,维持了石油冶炼产业。自1998年以来,当年地方政府围绕油田而兴办的化工、轻工机械等工业企业大部分已破产倒闭,而糖酒、五金、饮食、服装等行业也冷清萧条,原市属工商业体系全面崩溃。1996年,全市有市属企业90家,2000年仅有8家勉强维持。迄今,产业体系开始了重组,培育形成了石化、农副产品加工、电力、矿产品采选冶炼、建筑建材等主导产业类型。城市已转向了其他自然资源,如风电资源等,因为玉门市南依祁连山、北邻马鬃山,两山夹一谷的地形成为东西风的天然通道,为"世界风口",非常适宜发展风电。同时,加强农副特色产业链条的发展,即凭借优越的水土光热资源培育开发的啤酒原料、饲草、肉牛肉羊、棉花、蔬菜等优势特色产业迅猛发展。

最后,对城市空间功能进行重构与重组。老市区为玉门油田分公司(玉门石油管理局)驻地,新市区为市政府驻地,还包括玉门经济开发区、石油化工工业区、建材化工工业区(有各类工业企业250多家)等。同时,实施了市政府迁址工程。2003年5月,经国务院批准,玉门市政府驻地由老市区迁至新市区(玉门镇)。2005年9月8日,中共玉门市委、玉门市人民代表大会常务委员会、玉门市政府、中国人民政治协商会议玉门市委员会在新市区挂牌。2006年,玉门市政府正式搬迁至市区向西70多km的玉门镇的新区。另外,还保留有甘肃省疏勒河管理局、饮马农场、黄花农场等10多家中央、省属大中型企业和农垦团场等农垦企业。

第2章注释

① 中心城市是处于某区域内中心地带、为周围区域提供商品及服务的城市,由于经济

实力较强、产业结构多元、城市功能完善、发展环境优越、社会发展协调、对资源的依赖程度相对较小、产业发展的余地相对较大、抗风险的能力相对较强等特点而具有较好的可持续发展性,按其辐射带动范围可分为全国中心城市和区域中心城市。

② 西咸新区引进、建设了西咸新区宝能新能源汽车产业园项目(一期)(宝能汽车有限公司,2018—2021年,98亿元,规划产能100万辆,其中一期50万辆,新能源汽车以及配套项目)等;经济技术开发区建设了年产30万辆新能源汽车项目(吉利汽车集团有限公司,2017—2020年,汽车冲压、焊接、涂装和总装四大工艺以及核心零部件配套设施,20.16亿元)、整车试制及试验能力提升项目(陕西汽车控股集团有限公司,2017—2020年,整车试制以及试验能力建设,缩短试制周期,提高试制效率,为产品质量的提升奠定基础,1亿元)、新能源汽车北郊基地项目[金龙汽车(西安)有限公司,2019—2020年,1.5亿元,新征1 000亩土地建设客车项目,一期目标为3万辆,预计年销售收入在100亿元以上]等;高新区建设了开沃新能源汽车、物流车项目(南京金龙客车制造有限公司,2018—2021年,10亿元,汽车冲压、焊接、涂装和总装四大工艺,年产30万辆新能源汽车)、30万辆新能源汽车生产项目(比亚迪股份有限公司,2018—2021年,20亿元,新能源轿车总装配线,改扩建冲压、涂装、焊接生产线)、氢燃料电动汽车系统项目(西安光学精密机械研究所,2016—2020年,10亿元,氢燃料电池以及相关动力系统的研发、制造与规模化生产,建成全国重要的氢燃料电池产业基地)。

③ 行政区划的实质是"权力的空间配置",是国家(公共权力)在其主体范围内不同地域的空间划分和配置过程及状况,是各级政府明确自身权力范围的一个过程。行政区划调整,广义是指行政区域范围的变动、区域行政级别的变动、行政区划层次和结构的变动等;狭义是指行政区域范围的变动。行政区划调整具体有以下六种方式:建制变更、行政区域界线变更、行政机关驻地迁移、隶属关系变更、行政等级变更、更名和命名。行政区划调整意味着不同层级政府之间权力变化的过程。

④ 1953年全国开始大规模的工业化建设,国家开始在成都重点投资建设电子工业和机械工业,这批产业主要集中在成都的东南、东北及西北郊,逐渐形成一条半环状的边缘工业分布带,同时也带动了周边居住用地的形成(岳丹,2007)。"三线建设"时期主要接收轻工业与电子工业,为成都建成了一个门类较为多样且具有一定生产水平的工业体系。总体而言,在计划经济时期下成都由地方工业体系薄弱的城市转变为中国西南地区一个重要的国防工业和科研基地,为成都产业基础的形成和城市性质的转变奠定了基础,实现了传统消费型城市向工业型城市的转型。改革开放以来,随着经济全球化和区域经济一体化的深入发展,国际产业分工不断深化,国内东部产业向中西部地区转移的趋势不断加强,成都借此良机获得了快速发展。城市性质由计划经济末期的工业城市转变为综合性城市,以电子信息、机械、汽车、医药等为支柱产业。2005年,成都产业结构已完成了由"二一三"结构向"三二一"结构的转变(欧阳书剑,2013)。

⑤ 根据兰州新区管理委员会所提供的资料可知,截至2017年,兰州新区综合保税区、铁路口岸获批建成后,至少累计注册各类企业206家。开通运营了兰州到中亚、欧洲、南亚和白俄罗斯的国际货运班列,南亚班列被列入全国16个多式联运示范工程。建设了中韩等国际合作产业园,总投资已超过15.6亿元,与中国中小企业国际合作协会共建"中小企业国际合作示范区"。中川机场已成为国际机场,开通国内外航班150条以上,获准开展口岸签证业务,获批进口冰鲜水产品及水果制定口岸。兰石集团有限公司获得了柬埔寨等国家的大订单。积极搭建创新创业平台,建设

有国家级孵化器1个,市级孵化器4个;省级众创空间4个,市级众创空间1个,产业化基地2个;与西安交通大学合作建立了技术转移中心,成立了兰白试验区联合创新研究院。设立国家级技术中心6个,省级技术研究中心22个,培育上市企业7家。申请国家专利476个。

⑥ 西部发展滞后的核心原因是开放型经济建设的落后,应加强内陆地区开放型经济建设,提高教育、医疗、卫生等公共服务水平,可全面提高我国开放型经济水平,完善对外开放格局,协调国家层面的区域发展。由此,可进一步加快西部的基础设施建设,推动西部加快融入经济全球化进程,如促进"一带一路"沿线国家基础设施的互联互通,形成与沿线国家交通的一体化,形成和强化西部的交通枢纽和信息枢纽;完善口岸跨境运输通道、内陆骨干通道等开放基础设施建设;建设自由贸易试验区、内陆开放型经济试验区、国家级新区、沿边重点开发开放试验区、跨境经济合作区等开放平台。

⑦ 2013年12月,《国务院关于加快沿边地区开发开放的若干意见》(国发〔2013〕50号)出台,总共22条,涉及6个方面,优惠领域涉及税务、土地、金融、财政、土地等。2015年12月,《国务院关于支持沿边重点地区开发开放的若干政策措施的意见》(国发〔2015〕72号),决定加快广西东兴、云南勐腊(磨憨)等五个重点开发开放试验区的开发开放进程,给予17个边境经济合作区(除2014年成立的百色边境经济合作区)、2个沿边经济特区[新疆霍尔果斯国际经济合作中心与喀什(沿边)经济特区]、28个边境城市(广西东兴、凭祥,云南景洪、芒市、瑞丽)以及沿边72个铁路和公路重要口岸的开发开放政策。

⑧ 根据中华人民共和国商务部国家级经济技术开发区、边境合作区的统计可知,截至2013年,中国国家级边境经济合作区共有18家。其中,内蒙古自治区有满洲里边境经济合作区(1992年)、二连浩特边境经济合作区(1992年);广西壮族自治区有凭祥边境经济合作区(1992年)、东兴边境经济合作区(1992年)。

⑨ 参见中华人民共和国商务部网站。

⑩ 1994年沿边口岸已达66座,其中空运口岸8座,内含国际机场3座,即哈尔滨太平国际机场、乌鲁木齐地窝堡国际机场、昆明长水国际机场;专用机场3座,即呼和浩特白塔机场、兰州中川国际机场、喀什徕宁国际机场。公路口岸包括:阿日哈沙特、珠恩嘎达布其、甘其毛都、马鬃山、老爷庙、乌拉斯台、塔克什肯、红山嘴、阿黑吐别克、吉木乃、巴克图、霍尔果斯、都拉塔、木扎尔特、吐尔尕特、红其拉甫、普兰、吉隆、樟木、日屋、瑞丽、畹町、磨憨、金水河、天保、水口、东兴。铁路口岸3座:阿拉山口、红河、凭祥。特种形式口岸有思茅、景洪等。

⑪ 数据整理自《云南商务年鉴:2018》。

⑫ 参见中国建筑科学研究院《日喀则市城市总体规划(2016—2035年)》说明书第159—160页。

⑬ 从《日喀则市统计年鉴》(2003年、2008—2016年)和《日喀则统计公报》《日喀则市志》获取了相关经济社会数据。在地理空间数据云上可下载美国陆地卫星(Landsat)第5颗卫星、第7颗卫星所对应的专题制图仪(Thematic Mapper, TM)和增强的专题制图仪+(Enhanced Thematic Mapper Plus, ETM+)系列日喀则遥感影像数据,考虑到国家政策、城市实际发展等因素,获取到1988年、1992年、1996年、2001年、2005年、2010年、2013年和2016年8个年份无云或少云的遥感影像,并在遥感图像处理软件ENVI中提取建成区面积数据。援藏投资数据从1995年开始计算。在统计计算中对相关指标所对应的缺失数据采用条件平均值法、条件组

合化的方法补齐(王莎莎等,2014)。笔者于2017年3—7月在日喀则市主城区进行了调研,共获得了256份调查问卷。也有一些关于援藏对城市经济社会发展、城市空间变化的访谈数据来自网络。通过行政工作人员、商人、居民对日喀则市城市空间扩展及经济社会发展的客观、生动的描述,来透视国家投资、对口援助对民族地区的重大贡献。采用的核心定量方法有皮尔逊(Pearson)相关、回归和因子分析以及利用遥感(Remote Sensing,RS)和地理信息系统(Geographic Information System,GIS)技术开展实证研究。

⑭ 西部地区是我国重要的矿产、石油等资源的生产地和加工地。改革开放以来,全球化的资源配置导致传统资源的生产和供给从国家尺度转变为全球尺度,直接改变了传统资源交易、加工的规模、种类、区位等。实际上,全球交易重塑了传统资源型城市的发展格局和轨迹。全球流动性在新自由主义的推动下,传统资源的流动方向和规模在全球尺度进行重新布局和重构,这影响了资源型城市的发展趋势,尤其是西部地区的石油、有色矿产等资源型城市,使之进行了持续的分化。因此,伴随着全球化下的资源升级、全球供求关系和区位关系的变化,城市发展动力发生了变化,这从根本上影响或动摇了石油、矿产等西部资源型城市的发展。而且,资源枯竭导致可供开采量日益减少,以及国家生态文明建设减少煤炭等资源的开采量,这都会导致西部资源型城市的经济发展受阻,因此需要进行必要的发展转型。事实上,西部地区的白银市、石嘴山市、个旧市,铜川市、玉门市、东川区、万隆区、华蓥市分别被列为国家第一批、第二批的中国资源型城市转型的试点城市(区)。

⑮ 收缩城市是指拥有至少1万名居民,在超过2年的时间内大部分地区经历人口流失,并且正在经历某种以结构性危机为特征的经济转型的、人口密集的城市地区。因为资源供给的全球化以及矿产枯竭等原因,部分西部矿产资源型城市成为我国首批收缩(shrinkage pattern)城市。笔者认为收缩城市是指城市人口规模、城市空间(建成区)等处于收缩状态,与城市处于增长或扩张状态相对应,且收缩过程的结果可能导致城市的消亡。收缩的方式主要包括主动搬迁或被动迁移、全部或部分功能的消亡或迁移和城市内部空间功能的重构。

3 中国西部城市发展转型的全球化路径

因为开放较晚和地处内陆,我国西部城市与东部沿海城市相比在全球化路径及其演化方面存在差异。源于特有的国情、体制及地方资源,基于全球化力量、国家力量和地方化动力相结合,新时代西部城市积极融入全球经济体系,力图改变处于国家底部生态位的窘境,尝试"反梯度"或"水平性"思维的"全球城市 2.0"的全球化路径,摸索和强化这种突破西方中心主义思维的"地方化创新"。

3.1 分类与特征

3.1.1 基本类型

基于 20 世纪 80 年代新自由主义和中国对外开放政策,迄今我国本质上是以制造业全球化为主导,并以先后接纳全球资本和对外投资的全球化路径,逐步融入全球制造业产业链和价值链中。通过跨国公司和产业转移,全世界形成了主导性、垂直化的全球生产网络、全球价值链的新全球劳动地域分工模式,而中国等广大发展中国家在不断融入全球经济体系的过程中,努力"寻找"自身的全球社会分工(Sassen,1991;Robinson,2002;Dicken,2007;Derudder et al.,2010)。随着新自由主义在全球的盛行,城市的全球竞争主要受市场化、全球化与分权化的影响,城市增长与全球化发展越来越依赖于城市政府与各类国际资本力量、利益团体的合作。基于生产、流动、创新、文化等网络,产生了世界城市或全球城市的全球性节点城市模式(Smith,2000;Coe et al.,2010)。全球化嵌入和产生于特定地点与背景,在各种制度的约束条件下迅速地做出"在地制度调整"(魏成等,2009)。中国的改革开放进程与全球化过程及其尺度重构相耦合,在全球与我国的关系重构过程中产生了相应的路径锁定,如特定的地理尺度可理解为特定的社会活动平台,由个人、家庭和社区到地方、区域、国家和全球,大致构成一个地理尺度的体系,即按尺度确立地理景观中权力和位置的次序(Smith,2000)以及权力和控制在不同尺度之间变动,地域化和非地域化同时发生(沈建法,2006)。本质上,我国参与和促进在纵向一体化的全球生产共享中,不同阶段、生产流程存在跨界分散(Athukorala,2019),即在构建全球生产网络（Global Production Networks，GPNs）的格局下，企业资源、网络构建与企业成长之间逐步形成了协同演化机制，促进了跨国公司的成长（Amdam et al.，2018），如东亚和其他地区主动的投资促进活动吸引了跨国企业参与全球生产网络，从而推动进一步改革（Athukorala，2019）。

中国的全球化进程可理解为在经济全球化引领下全方位融入世界政治、经济、社会体系的过程，即迎合全球化特别是经济全球化的趋势，通过制度变迁向国际资本开放边界，引发国际资本跨越边界流入中国，并在中国资本强大之后逐步超越边界而走向世界。这样，通过日益融入全球经济贸易体系，中国同时推动了文化、政治领域全球化的融合发展。因此，西部城市通过全球化下跨国要素与地方制度的互动，引导城市向内生因素和外生因素深度交互作用的方向发展（王立等，2018），显示出具有地方特殊性的全球化特征与路径，但并不具有地方发展的主导性。同时，西部城市在全球化过程中也生产了自身的全球化空间，也是新马克思主义描述的西方资本循环和积累过程、空间再生产及其消费过程，基本或部分成为全球资本循环和全球资本主义物质框架的一部分（武廷海等，2012；蔡运龙等，2016b；陆林等，2020）。在实践中，全球化进程逐步推动了西部现代化进程，建构了城市地方—全球的多层次联系及国际化空间。其中，近西部（如西安、成渝等）城市吸纳了绝大多数的投资到西部的跨国公司，紧随东部沿海城市的发展模式，更多体现了类似东部沿海地区的全球化路径。相对应的，远西部城市因为政策限制、区位引力欠佳、错过良机等原因，很难吸引到外商直接投资（FDI）或跨国公司，无法模仿东部沿海城市的全球化模式。迄今，全球化并不是远西部城市社会经济发展的主导进程，即城市全球化仍处于初级阶段，存在规模小、层次低、边缘化等问题，亟待系统性创新和国家政策的支持。

产业地理格局动态分析表明，进入21世纪后我国表现出从东部沿海地区向内陆地区迁移的地理动态，沿海地区的"路径依赖"特征更为明显，而内陆地区存在更大的"路径突破"之可能（贺灿飞等，2019），如中国（西部）资源密集产品在国际市场上有着更高的质量（贺灿飞等，2017a），兰州、乌鲁木齐等深内陆城市以等级体系嵌入内地企业赴港首次公开募股（Initial Public Offerings，IPO）中的高级生产性服务业（Advanced Produce Service，APS）企业间合作的城市网络中（何紫云等，2022）。同时，西部城市虽从"一带一路"沿线国家最终贸易品中获取增加值效率较低，面临"低端锁定"困境和需要进一步提升价值捕获能力，但在"一带一路"生产网络价值流动中处于核心和首位地位，且首位优势不断增强（郑智等，2019），如广西柳工集团有限公司通过数字化转型、构建交互平台和联通全球创新，已实现创新驱动和价值跃升，成功嵌入全球创新链（张卫华，2020）。因此，西部城市可有效利用和挖掘区位（连接通道等）、资源（如矿产、旅游文化等）、体制（如国有企业和政策支持）等优势，在各级政府的大力支持下积极探寻城市全球化的新路径。

在城市尺度,有些类似西方国家城市所形成的"企业化城市"(entrepreneurialism)治理模式——城市政府从福利国家的管理者角色走向企业型政府,主要依赖自由市场机制与吸引外来投资实现城市全球化,我国西部城市与东部沿海城市类似,改革开放后也形成了中国特色企业化城市的治理模式,建立了城市增长联盟(growth coalition),形成了相对稳定的市场化和全球化的多方合作机制。不过,西部城市因跨国公司等全球化力量相当薄弱以及外资和城市政府存在"组织链末端锁定"现象,在全球化路径创造的探索中高度依赖区域政策供给与政府宏观调控的作用,即城市全球化更多地表现出政府主导、资源特色或资源资产性、国有企业驱动等特征。首先,由于外资吸引力度不够与营商环境极度匮乏,西部城市发展高度依赖国家的政策倾斜与资源的先天禀赋,如"三线建设""西部大开发""一带一路"倡议等政策的支持。其次,西部城市的支柱产业往往由国有企业组织运营,国有企业的对外投资、贸易活动与旅游项目开发、全球营销是西部城市走出去的核心载体。可以说,在全球化过程中,西部城市这种独特的资源导向性发展与政企结合模式表现出行政权力中心性,这种较强大的政府干预与西方城市增长联盟所推崇的私有化、市场理性有一定差异,即与政府公共权力的特殊性塑造了西部语境下城市全球化的多方合作机制。

现实中,发展中国家或地区的城市全球化一般存在两条路径:一是跟随模仿式——从低端到高端的循序渐进式,即先通过招商引资,后通过对外投资等手段,直接融入全球体系,或根据自身条件或优势资源,从单纯的商品贸易到产业价值链的分工[包括招商引资活动和外商直接投资(FDI)的全球流动],从农业、制造业到服务业,从经济全球化到社会、文化全球化,逐步推动城市全球化进程。二是源于包容性、扁平化的全球化思维,直接进行高端层次的跨越式的城市全球化进程,如基于时空压缩和智慧社会背景,直接发展"有所为"的较高端的服务全球化,形成一种"反向"的以文化、旅游、物流、生态等服务为导向的全球化路径,甚至可能跨过对外招商引资,通过对外直接投资嵌入全球产业链中,形成大致水平性、跨越式的全球化路径。事实上,前者可能导致城市的全球化功能"按部就班"地"不断升级",或沉沦在某一阶段或层级无法跃迁,就此成为全球边缘化存在的一部分;后者导致城市的全球化功能虽然融入全球体系时的层级比较高,但也相应需要比较高的条件,如独特的资源。显然,这意味着这些城市的全球化路径是本地性与全球性有机耦合之结果,存在相对的独特性甚至不可复制性。不过,部分城市有可能同时采用两种全球化路径,如一个城市的部分全球化功能遵循"循序渐进"的模式,而另一部分全球化功能直接采取"跨越式"。

我国西部城市全球化路径迄今可概括为以下两大类六小类(图3-1):

(1) 跟随模仿/循序渐进式:这个路径延续了"垂直性"的循序渐进式

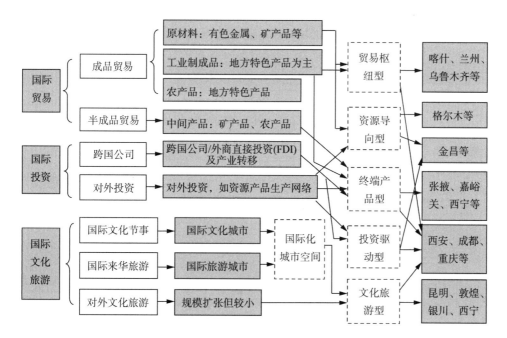

图 3-1 中国西部城市的全球化类型

融入全球的路径,也是西部城市全球化的"普化"路径。

① 利用区位和地方条件的优势,先引进跨国公司和外商直接投资(FDI),加速产业迭代和升级,后逐步(可能)开始对外投资,融入全球化进程,如成都、西安等城市。这个过程大致与东部沿海城市相似,但不一定是"两头在外,大进大出",更多是利用地方的资源。

② 农业商品贸易的全球化,如利用绿洲、高原等具有地域环境特点的农产品的品质、价格等优势,以私有企业为主,积极开拓国际市场,即以特色农产品的生产和交易促进城市的全球化进程(曹宛鹏等,2020)。不过,因为农产品进出口往往对这个城市的社会经济发展影响比较小,并不能使这些城市成为"公众认可"的全球化城市,如张掖和武威。

③ 制造业商品或产品贸易的全球化,如以出口原料或初级/部分中级制成品,主要进口原料或中高端产品/中间产品。这些城市可依赖自身的某一独特矿产资源,结合自身优势和政策支持,先生产地方化的独特产品,再进行进口替代,融入全球生产网络和全球城市网络,初步成为具有全球化功能的专业化城市,如西宁和金昌。

(2) 跨越式:"反向"融入全球的地方化的"特殊"路径,初步具备了"反梯度"性质,并具有"内陆根植性",如利用地方独特资源和/或国有大型企业等直接进入服务全球化或直接对外投资的全球化路径,大致包括地方特色的国际服务/文化交流平台建设、对外直接投资、全球贸易流通枢纽三类。

① 由于缺乏基于(先进)制造业、生产性服务业全球化路径之可能,只能"另辟蹊径"探索本地独特服务产业的全球化功能,建设国际旅游休闲城

市和国际文化城市等。例如,利用地方独特的自然生态和文化旅游休闲资源,配之以政策支持,建立国际旅游目的地,积极发展国际旅游活动,进而通过举办国际节事活动等,促进招商引资和国际贸易活动,塑造国际旅游休闲城市,如敦煌;或者定期举办国际文化交流等,建立国际文化、体育交流平台,促进经济国际化,如银川和西宁。

② 既然无法吸引更多的国际投资,那就利用大型国有企业平台及资源型产品的竞争力,对外直接投资,开拓国际市场,推动地方性制造业全球化,融入全球生产网络,建立有利的产业分工体系,如金昌。

③ 利用地方独特的区位,成为国际贸易、物流枢纽,并可能发展成为某类产品的生产或转运基地,如喀什。一方面,这个城市虽可能并不生产什么全球化商品,但因政策或区位优势,可成为进口或出口某(类)商品的贸易基地,甚至成长为新的区域性或全球性的物流、贸易中心(Chhetri et al.,2018)。另一方面,这个城市也可生产或收集可进行全球贸易的商品,使其逐步成为全球专业化的商品交流平台,逐步演化为具有全球化功能的城市。

事实上,前述的两大类六小类的全球化路径,可单项或多项路径同时出现在一个城市中,因而西部城市可大致归纳为贸易枢纽型、资源导向型、终端产品型、投资驱动型、文化旅游型五大全球化类型(图3-1),并形成了特色鲜明的城市全球化序列。兰州、乌鲁木齐为大西北的进出口基地,喀什为贸易中转和贸易基地,形成了深内陆的贸易枢纽地;金昌、格尔木是我国重要的矿产品生产基地,通过相关产品的出口甚至融入全球生产网络,可能演化为资源导向型的全球(专业)化城市;张掖、嘉峪关、西宁等城市对外出口以地方资源为特色的终端产品,如农产品、矿产品、毛纺品、机电产品等,也属于终端产品型(曹宛鹏等,2020;唐艳等,2020a,2020b);敦煌、银川、西宁等通过开发地方独特的旅游、文化、体育等资源,建立国际旅游目的地、国际文化交流平台,促进城市全球化(Liu et al.,2022;曹宛鹏等,2020;唐艳等,2020a,2020b)。

与东部沿海开放城市类似,西部之成都、西安、重庆等城市的外向制造业发展历程再次表明我国事实上已成为一个巨型的"全球化的生产车间"。通过吸引外资或跨国公司嵌入,这些西部的全球化城市逐步发展了嵌入式的全球生产和贸易网络。进入21世纪,这些城市又强化了对外投资,建立了基于地方企业的全球生产和贸易网络。成都、西安、重庆等区域性全球化城市或正在全球化的城市(globalizing city)已在尝试突破全球价值链"嵌入效应"下的"低端锁定",积极参与全球生产和贸易活动。这些城市至少属于典型的投资驱动型和终端产品型的城市全球化类型。而且在我国不断强化对外投资的新趋势下,西部城市加强了对外投资和产业链的全球链接。2010—2018年,在中国上市公司对外投资的发展过程中,西部城市的增速明显加快。不过,西部城市基本以制造业、矿产品为主,很可能逐步演化为地方性产品的全球供给地,工业基础指向和(有色金属)资源指向显著(满姗等,2021),且国有企业比较突出。

例如,中国西部资源型城市全球化进程主要依赖其核心的资源型产品的全球贸易或大型国有企业对外投资网络的建立①。因此,大型国有企业的全球生产空间演化及其驱动机制反映了此类城市的全球化过程和路径。金川集团股份有限公司自20世纪90年代以来出现了先出口有色金属产品,后强化对外投资和融入全球生产链的探索。2010—2019年,金川集团股份有限公司的生产性投资指向明显且呈现均衡化和稳定增长特征,海外生产性投资热点由"澳美非"扩展至"澳美非亚",生产性投资社团化减弱,在全球范围内进行生产性投资依次采用了"海外战略资源获取""安营扎寨""借船出海"三种模式(图3-2)。而且类似于东部沿海城市(王兴平等,2018;何则等,2020),金昌市政府设立了高新技术园区等,通过融入全球产业链,建设城市的国际化空间。2010年、2015年和2019年,中国金昌、澳大利亚和加拿大均处于网络核心地位,与中下游许多企业均建立生产联系。金川集团股份有限公司的生产商规模总体增大,生产商承接的产品分工类别逐渐丰富,中游生产商占据主体。2015年上游和中游布局最为紧密,2019年下游布局相较2010年和2015年更为丰富,总体布局重心向东南亚和本国转移。此外,金川集团股份有限公司全球生产空间演化的动力机制为成本—能力比率、金融约束、市场需要和风险环境,其战略耦合方式依据原料来源变化和政府因素在内部、交互和外部耦合中转变。

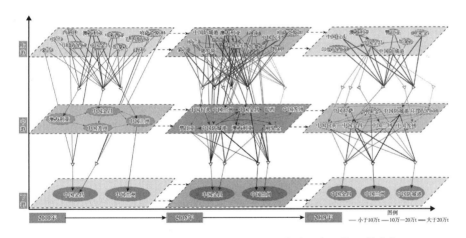

图3-2 金昌市金川集团股份有限公司的全球生产网络及其演化

"丝绸之路经济带"建设、中欧班列开行和更多国际航线的开辟,使得西部成为我国对外开放的前沿,国际贸易、物流型的国际化城市建设成为可行的路径。自2011年以来,西部地区的中欧班列线路快速扩张,开行城市和境外到达城市的范围和数量不断增加,各城市与口岸间初步形成了常态化班列路线并有序通关(穆焱杰等,2021)。如此,部分西部城市力图建设国家层面的国际贸易中心,如重庆、西安、喀什、兰州、银川等城市,打造以国际化进出口为目的的"内陆自由港""内陆自贸区",探索物流型国际贸易中心的全球化路径(刘卫东等,2018;刘镇等,2018;Chhetri et al.,2018)。整体上,中国西部,尤其是远西部的深内陆城市更加依赖特色产品、旅游国际化和国际文化交流、国际贸易枢纽或中转中心等地方化的全球化路径,如喀什(图3-3)。

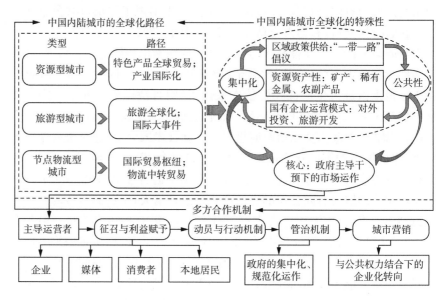

图3-3 中国远西部(深内陆)城市全球化的特殊性与概念模型

喀什西靠帕米尔高原,位于整个亚欧大陆的中心位置以及与印度、巴基斯坦、阿富汗和中亚所形成的这个弧形经济圈的圆心,是中国最西部的边陲城市,自古便是东西方贸易的重要通道和战略要地,具有连通欧亚的独特地缘和人文条件。基于国家对外开放和国家安全的战略需求,作为我国从陆路连通印度洋的内陆大通道的枢纽和中巴经济走廊的关键节点,喀什以国际中转贸易为基本导向,成为通过巴基斯坦连接我国与印度洋的国际贸易枢纽,即通过经济开发区和国际自由贸易港等的规划和建设,立足物流服务全球化,带动旅游产业和贸易合作等的发展,促进城市全球化进程。事实上,《国务院关于支持喀什霍尔果斯经济开发区建设的若干意见》(国发〔2011〕33号)明确了喀什是"我国向西开放的重要窗口"。喀什市政府近十多年来积极落实国家和自治区的"五大战略"——丝绸之路经济带核心区、中巴经济走廊、喀什经济开发区、以喀什为中心的城市圈发展战略和创建中国国际丝路风情旅游目的地,摸索城市全球化路径,推动城市发展转型。

首先,在国家和新疆维吾尔自治区的支持下,全面提升和改善城市对外基础设施,并帮助相关国家建设公路、铁路、港口等设施,畅通和强化了相关的国际陆路交通和航空联系。例如,瓜达尔港的运行和自由区建设项目、11个能源项目、4个重大交通基础设施项目等中巴经济走廊国际项目;通过中吉乌铁路、巴基斯坦通瓜达尔港的铁路/公路和喀什—阿克苏等高速公路的建设等,形成了"中吉乌"运输走廊(马扎里沙里夫—安集延铁路,连接塔什干—安集延—奥什—伊尔克什坦—喀什的中吉乌公路),喀什已逐步成为区域性的交通枢纽,支撑了城市物流全球化战略。同时,喀什还成功开行了中欧班列,如2017年6月16日泰通国际运输有限公司组织开行了"保定—喀什—中亚/南亚"多式联运国际班列,辐射亚洲6个国家14个铁路站点。2020年6月18日,中欧班列中吉乌"公铁联运"国际货运班列首批集装箱从伊尔克什坦口岸出境,班列去程装运出口电器产品,回程装运进口棉纱。这是国内首趟采用"铁路—公路—铁路"多式联运方式组织开行的中欧班列。

其次,在国家相关政策的支持下,喀什逐步建设了五个对外口岸,成为我国西部对外贸易枢纽之一。目前,喀什有卡拉苏(2007年)、红其拉甫(1986年)、吐尔尕特(1985年)、伊尔克什坦(2002年)和喀什空港(2005年)五个口岸,满足了国际货流及其贸易等的通关需求。

再次,喀什市政府加速建设满足国际物流、生产基地等国际化空间,扩大城市国际货物的集散、交易、生产等国际化功能。目前,喀什已建设了综合保税区、经济开发区(含"喀什深圳产业园")和设立海关特殊监管区,促使其成为国际化的物流中心。其中,喀什经济开发区主体园区的规划面积为 40 km²,以现代服务业和先进制造业为重点;中央政府采取了深圳对口支援喀什的建设模式,2010年始共建喀什经济特区,包括喀什深圳产业园、喀什深圳城、喀什综合保税区、深喀科技创新中心。目前,喀什深圳产业园已成为深圳产业援疆的核心示范区,涉及纺纱、纺织、能源科技、光伏发电以及电子商务等行业。2014年9月成立的喀什综合保税区,是新疆第二个、南疆首个综合保税区,规划了保税仓储、保税物流、展览展示、增值加工、监管服务和口岸操作六个功能,具有保税区、出口加工区及保税物流园区等各项功能,是集国际中转、配送、采购、转口贸易和出口加工等业务于一体,开放程度最高、政策最优惠、功能最齐全、手续最简化的海关特殊监管区域。

最后,积极打造地方化的交流平台,参加相关的交流会,宣传、推介和提升城市的全球化形象和职能。一方面,喀什市政府自2005年开始连续举办了"中国新疆喀什·中亚南亚商品交易会"(简称"喀交会"),主要采取商品展示、主题论坛、经贸洽谈、招商引资四种方式,集中展示电子科技、轻工机械等产品并推介新技术、新能源、旅游、商贸新业态等项目,如2016年6月25—29日举办了"中巴经济走廊·喀什论坛",2014年7月27—31日举办了"首届丝绸之路经济带国际论坛暨环球企业领袖西部(喀什)圆桌会"等。另一方面,城市政府至少连续参加了2014年、2016年、2018年的中国—亚欧博览会和组织了喀什地区专场推介会;2021年5月19日,参加了中国(新疆)—哈萨克斯坦贸易投资(农产品)暨金融服务云洽会;自2009年起每年参加在塔什干举办的乌兹别克斯坦中国新疆商品展览会。

3.1.2　对外出口路径演化

改革开放以来,中国西部虽已实现了大幅度的贸易增长,但落入了"低端产品"陷阱(low-product trap)或对外出口的"低端锁定"(贺烂飞等,2017b;曹宛鹏等,2020)。总体上,西部对外出口产品的路径演化过程及其机制虽较为复杂②,如从认知邻近、社会邻近、制度邻近、组织邻近和地理邻近的系统分析表明多维邻近性对出口产品的空间演化具有促进作用,但出口产品路径演化相较于东中部地区对技术关联的依赖度相对较弱,更加依赖区域政策(贺灿飞等,2017a;周沂等,2019)。总体来看,政府政策、技术创新、交通网络、信息网络和贸易壁垒对中国西部对外出口产品的空间演化产生了不同程度的影响。

首先,区域政策是产业演化不可或缺的因素(苗长虹,2007),它可通过对企业行为决策产生引导作用来促进地方产业结构演化(安虎森等,2014)。西部正处于产业结构转型升级的关键期,在财政分权、政治集权的制度环境下,地方政府将具有更强烈的意愿通过政策干预来直接影响地方产业演化的动机(Qian et al.,1998)。具体来说,政策可分为支持型政策和限制型政策(毛汉英,2017)。前者可直接对其意向产业进行政策倾斜以保证其形成与发展,推动地方产业结构向新产业转变;后者可对不符合地方发展要求的产业进行限制,以加速其退出地方产业空间。总之,新产业的形成抵消旧产业的衰落是区域产业演化的重要体现(赵建吉等,2019;刘志高等,2016),而新产业的进入与旧产业的退出都受政府政策的影响(Geels,2002)。

其次,技术创新可显著影响地方的产业演化过程。研究发现,与当前生产结构联系紧密的产品,其出口增速更快,即技术关联对出口产品多样化具有推动作用(Poncet et al.,2013)。技术学派强调,技术创新主要通过技术关联对新兴产业的形成产生重要作用,即新产品与已有产品的相关性和关联程度在很大程度上决定了企业转移到新产品的成功概率。经济发达的国家和地区生产技术复杂度更高的产品,处于产品空间"核心区";而欠发达的中国西部生产技术复杂度较低的产品,处于产品空间"边缘区"。而位于产品空间"核心区"的国家和地区有更充分的能力运用现有产品间的联系发展新的产品,实现路径突破(Guo et al.,2017)。另外,技术创新与政府政策也会相互促进完善,如创新导向型政策可推动企业技术进步,而企业技术创新也会加速完善政策制定。

最后,技术、知识的生产、应用和扩散具有很强的地方依赖性,在一定程度上影响了产业演化进程,如与过去出口市场相似度越高的国家,被扩展为新市场的概率越大(郭琪等,2018)。然而,交通网络(Tang,2013)、信息网络(Singh et al.,2019)有利于打破技术、知识的地方根植性,进而影响区域产业演化,促进地方对外出口路径演化进程。对外出口有利于本国企业深刻参与全球生产网络,从而通过知识和信息溢出效应推动产业结构的转型升级(贺灿飞等,2016)。但是,贸易壁垒对对外出口具有显著的抑制作用,阻碍了出口产品技术的转型与升级进程(江涛,2014),故而不利于产业演化,这也会影响地方对外出口路径的演化。需要强调的是,政府政策也会强化交通网络、信息网络的建设,并弱化贸易壁垒的影响,而信息网络的建设会推动政府政策的制定,交通网络的"贫困"问题、贸易壁垒也可倒逼政府进一步完善政策。

改革开放后,我国西部加速融入全球社会,从封闭状态转向开放状态。各地区的对外出口路径演化在理论上和实践中大致可归为两类(图3-4):一是从初始路径创造到路径分化的探索阶段;二是从初始路径创造、深化阶段到路径锁定再到路径突破阶段。

1949年以来,中国区域经济发展经历了均衡—非均衡—均衡的演变过程(宋玉祥等,2010),但对外出口因西方封锁等原因而几乎中断。"三线建设"促进了西部的产业发展,提高了国家产业空间布局的均衡性。计划经济时期,地方产业发展的资源依赖性较强,资源禀赋较好的城市和综合性中心城市更易得到国家政策的倾斜以及技术、资本和人才等的支持。改革开放后,受区位条件、市场环境和国家政策的东西部差异影响,中国东西部产业发展水平差距扩大。1978年伊始,随着我国社会主义市场经济体制的建立,对外开放格局逐步完善,政策、区位因素的重要性日益凸显。中国东西部地区受区域政策供给的非均衡性以及区位条件的差异性影响,区

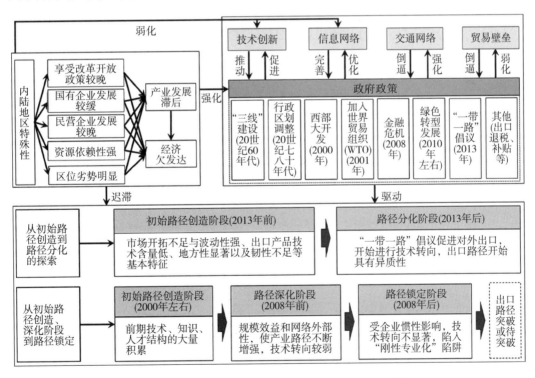

图 3-4　中国西部对外出口的产品空间路径演化概念化模型

域产业演化呈现显著差异,进而引起对外出口路径演化的区域分异。东部发达地区率先改革和对外开放,产业发展迅速,对内的资源依赖性逐步降低,对外出口演化路径从初创到当今的多元化状态,但一些地区也陷入了路径锁定状态,正寻求路径突破。相对而言,西部地区人才、资本等发展要素的积累缓慢,对外开放政策享受得相对较晚,且民营企业发展缓慢,尤其是处于技术"高地"的大中型国有企业的不景气导致区域技术进步整体较慢,竞争力下降。这导致内陆地区出口的初始路径创造比东部地区大致晚了10年以上,出口路径分化探索也相应推迟了10—15年。值得关注的是,西部资源型城市得益于前期的技术、知识、人才积累,尤其是矿产资源的比较优势,快速进行了出口的初始路径创造和深化。

进入21世纪,东部地区受劳动力成本与环境成本不断上升的影响,生产率异质企业开始有差异地、规模化地向中西部迁移(朱江丽等,2014)。同时,中国政府在2008年"金融危机"后更强调国家宏观调控与市场力量并重(贺灿飞等,2016),明显加大了对内陆地区的政策支持,如"西部大开发"、"一带一路"倡议、绿色发展等,刺激和加速了内陆地区产业的发展。这加快了内陆城市出口的路径分化,如多元化进程。事实上,尽管西部整体常年处于技术"洼地"(贺灿飞等,2016),但其区域内部也存在技术水平相对较高的城市,如重庆、成都、西安等,可通过技术关联发展新产品和开拓新市场,即技术创新也会加快内陆城市对外出口路径的演化过程。不过,贺灿飞等(2017b)认为,中国东部、中部和东北地区出口产品的空间路径演化受技术关联影响显著,而西部更多地受到产业和区域政策的推动,且认为区域性政策创新可促使区域发展突破原有路径。因此,西部城市出口路径的创造与演化更多地依赖国家政策的支持,如国家新政策会直接促使一些地区积极发展特色产业或新产业,打破原有的对外出口演化路径并可能创造新路径等。理论上,政府政策、技术创新、交通网络、信息网络和贸易壁垒对西部地区对外出口路径演化的影响相较于东部地区不会有本质不同,但因西部城市享受国家开放政策的滞后性和处于欠发达状态,政府政策对出口路径的深化和创造会起到更加关键性的引导作用,技术创新、信息网络的支撑作用因为其相对进步缓慢而弱化,而交通网络的支持作用因航空、高速铁路网络在西部的日益完善在逐步增强,以及贸易壁垒对出口路径深化或创造的阻滞作用因"一带一路"的建设实际上被弱化了。

3.2 国际文化旅游平台

3.2.1 格局分化

城市全球化与我国日益广泛、深入的全球化参与密不可分(吴志强,1998;薛德升等,2010)。然而,过去关于全球化的研究主要集中在西方政治、经济和文化力量如何塑造非西方社会,且这些结构性力量常被批评为通过标准化的全球广告和引进西方媒体及文化产品来产生文化同质化和复制西方帝国主义,可能摧毁当地文化及其多样性(Conversi,2010)。但"文化帝国主义"的观点未免简单化,无法理解跨越不同边界的复杂的全球流动(丁立群,2000;Kraidy,2002;Li et al.,2018)。事实上,我国西部正在借助旅游休闲、文化这个工具来促进或实现城市全球化的战略目标。2000年后,以银川、西宁、敦煌为代表的远西部城市探索文化、旅游服务型的全球化路径(图3-5),即以定期的旅游休闲、体育赛事、文化交流等产业或平台,促进城市社会经济转型,融入全球体系,参与全球分工,形成基于地方旅游、文化及生态资源的全球化路径(Liu et al.,2022)。

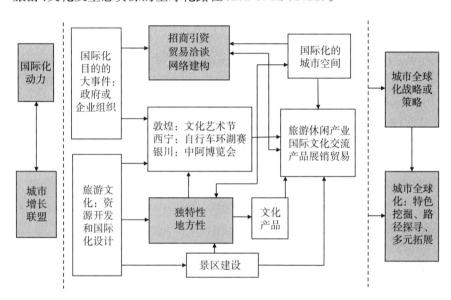

图3-5 中国远西部国际文化旅游城市的全球化路径

这种全球化路径的依托是独特的地方性资源,目的是着力构建国际旅游休闲目的地和国际文化体验、交流平台,将文化资本、生态资本等同于投资资本,逐步提升文化、生态的资本化与工具化功能,生产或建构典型的国际文化空间等(Lash et al.,1994;Zukin,1995a;Currid,2009),塑造全球化功能,以适应现代、后现代的消费需求(Knox et al.,1995)。这种国际化转型及其路径基本符合屠启宇(2018)所讨论的全球城市2.0的概念、框架和规划思路,即以开放性思维,基于更加开放、包容、普惠、平衡、共赢的全球化模式,这与深圳和杭州的"全球先锋城市"和"全球电子商务之都"等谋划的本质相同,文化资本、生态资本等成为深内陆城市全球化及其空间生产的核心动力因素。

3.2.2 敦煌的实证

敦煌地处西北内陆,位于甘肃、青海、新疆三省交界处,气候干旱少雨,位于党河和疏勒河下游最大的绿洲之上。它是我国乃至世界基于旅游、文化国际交流平台建设全球化城市的典型案例(Liu et al.,2022)。敦煌是"丝绸之路"的节点城市,自汉代以来就成为连接东西方贸易的交通枢纽和繁华的国际城市,已有 2 000 多年历史。随着明嘉靖时期封锁嘉峪关和陆上丝绸之路的衰落,敦煌逐渐没落为大西北戈壁滩上一个默默无闻的小城。1900 年,莫高窟藏经洞被发现后引致大批西方人来敦煌"探险"和抢掠珍贵文物。在这种全球性的外力触媒作用下,世界上许多国家出现了敦煌热,敦煌学蔚然盛行。然而在民国时期和新中国成立后的计划经济时期,敦煌始终是一个落后的农业县,即以种植小麦等粮食作物和棉花、特色林果瓜菜经济为主要经济来源。目前,敦煌市是隶属于甘肃省酒泉市的县级市,总人口约为 19 万人,国土总面积为 3.12 万 km^2,其中绿洲面积仅占总面积的 4.5%;辖 9 个镇,分别为沙州镇、肃州镇、莫高镇、转渠口镇、七里镇、月牙泉镇、阳关镇、郭家堡镇和黄渠镇。沙州镇是敦煌市政府驻地。

作为中国首批历史文化名城,敦煌虽没有相对发达的工业基础,但拥有丰富独特的人文和自然旅游资源,即依托久负盛名的世界遗产莫高窟、汉长城遗址等,一直都在建设独一无二的国际旅游文化城市,曾入选"2012 年度中国特色魅力城市 200 强"。境内现存人文历史的各类文物景点 266 处,有莫高窟、玉门关遗址、悬泉置遗址、境内汉长城和锁阳城 5 处世界文化遗产。其中,莫高窟是世界上现存规模最大、内容最丰富的佛教艺术圣地,也是在中国古代经历了千年营建、历史保留最为连续的石窟艺术地,拥有享誉世界且独一无二的敦煌文化;玉门关、阳关分别是丝绸之路上通往西域南北道的必经关隘;悬泉置遗址是中国西汉时期(公元前 94 年)敦煌的行政机构、邮驿系统及驿站所在地。鸣沙山月牙泉是全球少有的大漠景观,鸣沙山因沙动有声而得名,月牙泉在流沙这种极干旱的环境中却不枯竭,就像一弯新月落在黄沙之中,极其独特。改革开放后,敦煌被列为中国第一批旅游开放城市,城市政府的"旅游立市"政策逐渐驱使城市由农业经济向(文化)旅游服务业经济转型。2000 年以前,敦煌市政府就一直在着力打造国际旅游城市。借由国家"一带一路"倡议和丝绸之路(敦煌)国际文化博览会等旅游大事件,敦煌着力打造国际旅游城市,推动了城市全球化进程。城市政府转向以"推动文化交流、共谋合作发展"为宗旨,连续举办国际化的"丝绸之路(敦煌)国际文化博览会",力图重视文化平台的国际形象。同时,贯彻《甘肃省人民政府办公厅关于加快发展口岸经济的意见》(甘政办发〔2018〕193 号)等,开始建设国家贸易平台。因此,敦煌是以"国际旅游+国际文化+国际贸易"三合一的方式共同推动城市全球化,尽力融入全球城市网络,推动城市全面转型,包括持续提升的莫高窟、博物馆、玉门关等国家旅游景区,不断高标准建设或提升的旅行社、宾馆、餐饮、交通等服务设施,全面建设和提升的街区、古城等城市景观,不断特色化、生态化的地方农产品和手工艺品等,以及着力提升敦煌作为"全球旅游休闲目的地"的整体水平③。

1) 旅游国际化:内外部力量联合驱动的全球化

最初,敦煌国际化是以地方文化旅游为驱动。1979年敦煌被定为第一批对外开放旅游城市,成为当时甘肃省对外开放的窗口。1979—2000年,敦煌的外国游客快速增加,旅游国际化加速成长。全球游客慕名而来,想目睹人类世界佛教艺术宝库——莫高窟,尤以日本游客为最。

敦煌研究院的一位工作人员说:"吸引外国游客蜂拥而至的主要是莫高窟,因为莫高窟自身的吸引力——1 600多年的营建历史,这份文化的厚重在世界上都是顶尖的。其实莫高窟是一个不能接受太多人来的地方,选择到这边旅游主要是游客的自发性行为。尤其是日本游客就是奔着莫高窟去的,日本人对莫高窟有一种特殊的情感,认为莫高窟的艺术与法隆寺一脉相承,敦煌是他们的文化故乡,来敦煌是寻根之旅。而且日本当时有很多学者专门研究敦煌学,出了一大批专家。"又如一位游客所说:"看着莫高窟造像、彩塑和壁画,1 000多年前,佛国的世界,世俗的生活,丝绸商旅的艰辛,西域王宫的奢华都历历在目,让我非常震撼。"

那一时期,媒体影视宣传是吸引外国游客的主要方式。1979年日本放送协会(NHK)电视台和中国中央电视台联合制作纪录片《丝绸之路》,敦煌是其中重要的节点城市,一经播放即引起全球轰动。1987年联合国教科文组织将莫高窟列入世界文化遗产名录,1988年中日在敦煌古城合拍的电影《敦煌》上映,这些都极大提升了敦煌的世界知名度。

因为大量外国游客涌入,为了更好地服务外宾,1979年敦煌市政府成立了外事办公室,下设中国国际旅行社敦煌分社(即敦煌中国国际旅行社)与敦煌宾馆。1982年外事办公室改设为外事旅游局。当时敦煌市只有市招待所与敦煌中国国际旅行社两家接待单位。由于交通非常不便,敦煌机场容量较小且直达敦煌的国外航线还未开通,国外游客多以团体游为主,以敦煌中国国际旅行社作为主要的旅游递接企业。游客往往先到达兰州再通过航运、铁路或公路交通中转进入敦煌。

20世纪90年代,外国游客蜂拥而入,正如一位政府工作人员所言:"当时敦煌旅游业更多地被作为外交事业,游客也以境外游客为主,国内游客几乎不来,外国游客比例很高。政府最初做的是外事接待,所以敦煌的旅游局也是由外事办(公室)演化而来的。"又如一名敦煌市居民所言:"以前外来的人很少,随着中国开放之门大开,陆陆续续有许多外国人因为藏经洞而来,那时在博物馆常常能看到一些外国游客,敦煌人最初还有些好奇。直到20世纪80年代中后期,我们走到街道上也经常遇见外国人,才对外来游客习以为常了。"20世纪90年代,敦煌主要的涉外宾馆是敦煌宾馆、敦煌山庄、敦煌太阳大酒店,主要负责外国游客的接待住宿。

2) "旅游立市":政府主导的面向旅游全球化的城市转向

2014年,锁阳城遗址、玉门关遗址、悬泉置遗址申遗成功,敦煌市共有5处世界文化遗产,转变为典型的世界文化遗产地。为应对大批外来游客,敦煌市政府正式提出"旅游立市"政策,试图建立世界旅游目的地,即将旅游作为城市龙头产业,重点解决各类设施的严重短缺和旅游服务质量低下等问题。实际上,1993年与1997年敦煌市政府就曾提出了旅游兴市的畅想,但自2001年才组织编制了从规划纲要、总体规划到控制性详细规划各种类型的旅游发展规划,目的是兴建旅游配套设施、加强旅游管理和鼓励居民参与旅游业。

(1) 航空设施的大力升级和国际航空口岸的建设。敦煌市政府三次扩建了敦煌机场。2007年敦煌国际航空口岸开始开放,开通国际航线,这是中国第二个开通航空口岸的县级市。2004—2006年敦煌市政府兴建了敦煌铁路,建成了市区通往各个景区的公路,如到莫高窟、阳关、玉门关、鸣沙山月牙泉、雅丹地质公园的道路。

(2) 改善了住宿设施条件。政府除了吸引一些星级宾馆酒店来敦煌建设外,还鼓励本地居民在市区与景区兴建宾馆民宿。该阶段新建住宿设施有40家,但主要以星级宾馆为主,民宿较少。

(3) 规范和提升了旅游行业管理制度和水平。2002年敦煌市政府成立敦煌旅游管理委员会,负责全市的旅游市场管理、监督与质量评比,全市的旅游事业由旅游局统一管理,包括旅行社、涉外宾馆饭店、旅行车队、景区商品、工艺美术品经销店,涉及旅游基础设施建设、物价、卫生、旅游项目开发等方面。

(4) 城市环境风貌的初步整治。城市政府清整了市容市貌,加强了市区绿化,修建党河风情线,积极建设文化旅游项目,整顿了公交秩序等一系列城市服务环境的工作,让敦煌的城市面貌发生了翻天覆地的变化。

(5) 文化产业项目建设。2004年敦煌市政府开始建设敦煌文化产业园,建设了敦煌文化产业与民营文化市场,建成了敦煌博物馆新馆、自然博物馆、阳关博物馆、敦煌大剧院等文化旅游项目,策划推出了《走进敦煌》《西部名城敦煌》《魅力敦煌》等对外宣传精品片。正如敦煌研究院的一位工作人员所言:"敦煌从2000年以来发生了许多转折性的变化,已经不是一个自发的仅凭借莫高窟吸引游客的农业城市了。如果你以前去过敦煌,那么你现在再去,你就会觉得很振奋,如果你走过整个西部之后再来的话,就会觉得敦煌很精致。"

(6) 开办国际旅游节事活动。自2001年开始,截至2011年敦煌市政府已承接举办了六届"敦煌飞天国际文化旅游节",试图进一步推动城市旅游国际化。

3) 规范运营行动:政府全面介入市场的旅游国际化

2009—2015年,为规范市场运营,进行统一建设和运营,城市政府启动了旅游市场集中化的规范运营行动,即市政府着力建设、完善敦煌的旅游市场,引导、鼓励多方参与,整合并集中管理市属旅游资源①,这意味着城市旅游市场进入规范化和成熟化运营阶段。

(1) 统一的规划和建设。敦煌市政府自2011年起组织编制各类发展保护规划(如历史文化名城、敦煌国际文化旅游名城建设、莫高窟、鸣沙山月牙泉、雅丹地质公园等)和丝绸之路经济带总体规划,加强对文化遗产的保护与城市风貌景观的建设。

(2) 拓展和提升国际旅游节事活动。2013年联合国世界旅游组织在敦煌举办了丝绸之路国际旅游节与国际大会。2014—2015年,敦煌市政府举办了"敦煌国际音乐节""敦煌国际文化艺术博览会""国际城市雕塑作品大展"等国际节事活动,进一步提升城市的全球影响力,促进旅游国际化。

(3) 智慧旅游建设。2013年,敦煌被列为国家智慧城市试点,推动智慧旅游景区建设和文化旅游资源保护的数字化与智慧化。此外2014年修建了莫高窟数字展示中心,融入了景区虚拟全景展示系统、球幕电影、互动游览、电子导游等线上服务。

(4) 集中运营敦煌市属旅游资源。在敦煌由敦煌智慧旅游有限责任公司统一化运营旅游资源,完成了鸣沙山月牙泉、玉门关、雅丹地质公园的智慧化建设。敦煌市政府自2014年始成立各景区的运营管理公司、文创产品公司,以及交通、宾馆、旅行社有限公司,并与敦煌宾馆、敦煌智慧旅游有限责任公司统一合并成立敦煌文旅集团有限公司(国有企业),将市属旅游资源统一收归,集中管理。

正如敦煌文旅集团有限公司的一位工作人员所言:"文旅集团(有限公司)的成立是政府很早就开始筹备的,它是不断整合除莫高窟之外的其余旅游资源,建立国有企业统一运营管理,包括智慧旅游、景区建设、项目开发与活动营销、行业市场监管、基础设施建设等,改变了以往敦煌旅游市场以民间自发行为为主的格局,敦煌旅游市场自此进入一个规范有序成熟的阶段。"

4) 国际文化新身份:政府主导的国际文化交流的全球化

2016年以来,敦煌市政府举办了系列国际节事活动,试图实现从旅游国际化到文化国际化,确立敦煌国际文化城市的新形象。2013年国家主席习近平提出"一带一路"倡议,共建中国与丝绸之路沿线国家的国家合作与文化交流,推动了西部内陆的对外开放。同年,敦煌着力发展国际文化旅游名城,试图打造为"一带一路"上的国际旅游和文化交流的中心。经国家批准,自2016年起丝绸之路(敦煌)国际文化博览会每年举办一次,敦煌作为永久会址。会议由"一节一会一坛"三个部分组成,具体为丝绸之路国际文化博览会、丝绸之路国际旅游节和丝绸之路国际文化论坛[5],是中国目前唯一以"一带一路"国际文化交流为主题的博览会和常设性旅游节会,承载着国家依托"一带一路"向西开放的重要使命。2016年有7位外国政要、前政要出席该博览会的开幕式,有85个国家、5个国际和地区组织的95个代表团、66个外国机构、434位国外宾客共1 500多位中外嘉宾参加,共同发布了《敦煌宣言》,以此作为政府间高层次文化对话的纲领文件。

敦煌市政府加快了整个城市的现代化与国际化:

（1）现代化的基础设施建设。敦煌市政府扩建敦煌机场,新增国际航线;加快敦煌国际酒店和星级宾馆的改造提升,鼓励市民和吸引开发商投资建设高端宾馆和酒店民宿,此阶段敦煌市新建宾馆243家,远高于前三个阶段的数量规模;建设场馆及相关设施,如2013年规划建设丝绸之路国际会展中心,包括文化博览会三大场馆、敦煌国际会展中心酒店、敦煌大剧院、莫高艺术宫等。

（2）大批文化旅游项目开发建设。敦煌市政府规划修建了《又见敦煌》《敦煌盛典》《千年敦煌》情景演出场地,天赐一秀文化博览园、敦煌文化休闲街区、丝绸之路文化雕塑博览园、丝绸之路文化遗产博览城、莫高小镇与月牙泉小镇,以及将这些项目串联起来的文化博览会景观大道工程。这些举措极大地推动了整个城市景观风貌发生显著变化。

5）政府主导的城市全球化营销:国际文化城市身份的追求

经过30余年的世界文化遗址旅游目的地建设,敦煌初步形成了一个由政府引导、各方自发参与的旅游体系,城市现代化建设得益于旅游收入与业态发展。随着"一带一路"倡议的提出,敦煌文化的深度挖掘与全球文化营销,即从国际旅游城市转型为国际文化城市,建立国际文化交流平台,推动城市全球化进程成为提升城市发展转型和可持续发展的重要战略。为此,敦煌市政府从为各方行动者提供引导、鼓励、支持的角色,开始转变为对旅游市场进行统一调控、运作与管理的全面介入角色,以及依托文化博览会打造"丝绸之路"节点城市与国际文化名城,其身份也转变为管理者和运作者。在此背景下,新进入的行动者为甘肃省政府成立的文化博览局,敦煌市政府成立的文旅集团有限公司、市民中心的文化博览办公室,而逐渐没落的行动者为中国国旅敦煌分社。

敦煌市形成了新的治理机制,关键行动者通过共同利益预期、利益赋予、再动员对其他行动者进行管理、任务分配,再次形成一个稳定利益联盟。

（1）成立文旅集团有限公司,集中化运作市属旅游资源

首先,自2010年开始有集中化运营敦煌旅游资源的构想,不断整合重组各市场要素,借着敦煌筹建智慧城市的契机,从2011年着手建立敦煌智慧旅游系统,2014年成立敦煌智慧旅游有限责任公司(国有企业),正式负责运营敦煌的智慧城市体系,尤其以智慧旅游引领产业型智慧城市的这个纲领性思路,把信息与通信技术(Information and Communication Technology, ICT)基础设施、营销体系、城市管理、公共安全、交通规划等各行业要素都融入敦煌智慧旅游体系,在游客聚集区域实现了无线网(Wi-Fi)全覆盖,形成线上线下一体化发展模式。在文化博览会开展时,敦煌智慧旅游借助这个国际平台,通过大数据云计算广泛宣传敦煌文化,实现了智慧旅游发展路径的转型。

文旅集团有限公司人力资源部的一位工作人员说:"近年来,游客在敦煌旅游期间,身边几乎都有一个名为'zhihuilvyou'(智慧旅游)的公共无线

网(Wi-Fi)信号陪伴左右,这得益于敦煌大力推进的智慧城市建设。游客进入敦煌之后,只需一次认证,无线网(Wi-Fi)信号就会一直跟随,极大提升了游客的线上体验。此外文化博览会为敦煌智慧旅游带来了新的转型,如果说智慧敦煌1.0是以智慧旅游引领产业型智慧城市,那么智慧敦煌2.0将以'文化敦煌'为核心。"

敦煌市政府以智慧旅游作为先行试点,为做大做强城市旅游开发营销,整合全市国有资产组建了市属国有独资企业——敦煌文旅集团有限公司,建立了集团化、市场化运营旅游资源的模式,覆盖全域旅游的全产业链,智慧旅游也是敦煌文旅集团有限公司着力打造的新模式。这种模式给敦煌国际旅行社的经营模式带来了冲击,即以往以中国国际旅行社敦煌分社这种专门做国外旅行团递接服务的国有企业逐渐没落,而以晨光智慧旅游为代表的国际旅行社在敦煌大量出现。这类国际旅行社借助互联网+的强劲驱动,形成电子商务与线下体验店相结合的"旅游新零售"模式。此外,文旅集团有限公司对于整个敦煌旅游市场有一个严格有序的管控监督,即通过大数据建立全市旅游经营户的数据库与评优惩罚记录;为鸣沙山月牙泉的驼运经营户分发驼号,一家最多三个驼号,按驼号对骆驼建立电子档案;对沙州夜市的摊位、饭店设施进行翻修重建,并对户主进行编号与数据录入;开发多项景区活动,如雅丹的国际汽车拉力赛、鸣沙山的滑沙节、沙漠露营基地、戈壁徒步、摩托冲浪等。

文旅集团有限公司的一位工作人员说:"敦煌刚开始搞农业,改革开放后自发搞旅游,那时都是旅行社、居民自发搞,现在才是政府开始大规模开发旅游,统一收编了旅游资源来发展,这是一个从放权到集权的过程。之所以成立文旅集团(有限公司)开始集中化运作,主要是政府想走市场化路线的结果。"

(2) 文化博览会落户敦煌,搭建更高的国际交流平台

近年来,文化博览会永久落户敦煌,这为敦煌的文化旅游产业与国际旅游胜地的建设搭建了更高的国际交流平台。以往敦煌文化的国际交流是围绕研究院对莫高窟的保护、研究这一单一模式展开,现在以文化博览会为推手,将敦煌旅游也上升到了一个正式的、官方的政府间交流层面,不再仅限于学术界或者民间这种交流模式。所以敦煌的文化旅游才真正开始。在这个新的起点上城市风貌有了极大转变,更培育出了新的发展业态。敦煌市政府一直在挖掘如何把敦煌文化商品化、利益最大化,以实现全球城市营销,把敦煌元素融入城市景观。

发展和改革工作领导小组办公室的一位工作人员说:"自文化博览会以来,敦煌城市建设都是围绕敦煌文化做文章,政府特别重视城市风貌与外部环境。像地砖、路灯、围墙、风情线的护栏、座椅等都有莫高窟的文化元素,如飞天、反弹琵琶、九色鹿、藻井、莲花、三兔、迦楼罗等纹样,整个城市处处都透露着文化的气息。因为把莫高窟宣传好了,外国游客也就来得更多了,敦煌也就与全球的联系更加紧密了。"

自文化博览会永久落户敦煌以来,敦煌的文创产业发展越来越与国际接轨。在历届文化博览会期间,敦煌文旅集团有限公司举办敦煌国际设计周,向全球设计者征集融入敦煌元素的设计方案,之后其旗下的文化创意公司会将获奖作品的知识产权打包购买,投入未来的产品设计和生产中,之后在敦煌机场、航空口岸、莫高窟数字展示中心、各个景区、涉外宾馆、国际旅行社以及天猫、淘宝、京东开设店铺进行销售。在敦煌博物馆成立丝绸之路国际艺术文创中心,以及范燕燕创建的国际丝绸艺术产品,这些品牌被国际政要名流收藏,成为传达东方文化的纽带。同时,研学旅游兴起。自文化博览会开展以来,敦煌学的"研学热"也开始兴起,研学由敦煌研究院最先发起,改变了以往只在国际合作项目中与合作院校、机构的研究生交流的模式,开始面向游客成立国际研学班、莫高学堂等莫高窟体验游,并成立莫高重华文化旅游发展有限公司负责研学项目的开发设计。之后,文旅集团有限公司成立莫高鸿杰研学发展有限责任公司,统筹运营雅丹、鸣沙山等自然地貌研学游以及阳关、玉门关、锁阳城、悬泉置等历史遗迹研学游,众多国际旅行社也开始引入研学游模式。而且,文化博览会孵化出"会展业",派生出一系列产业链。文化博览会落户敦煌是因为敦煌是丝绸之路上东西方文化交流融合、佛教东传的节点性城市,敦煌文化是丝绸之路上开放包容交流的结晶。

文化博览会办公室的一位工作人员说:"文化博览会放在敦煌,主要是仰仗世界闻名的莫高窟及敦煌学,世界各地的知名学者、团体、领导人看的就是这个在丝绸之路文化交流上积淀下来的东西,这才可以吸引全世界参与这个盛会。"文化博览会是一个以文化交流为主体的大型国际平台,每年举办都会引起巨大的"文化博览效应"。文化博览局的一位工作人员说:"通过邀请各国政要、知名企业家、学者、团体与新闻媒体,参加大大小小的国际论坛、各国文物与商品展览、贸易,签订合作交流项目、招商引资,进行农产品的对外贸易,看情景歌舞剧,他们回去可以进行二次宣传,这些都极大地提升了敦煌的全球影响力。另外,这么大规模的人流会带来一系列的消费需求,如住宿、餐饮、交通、购物、娱乐活动,以及办活动的场馆租赁,这些直接拉动了整个敦煌旅游业态和城市经济的发展。"

由此,关键行动者职能发生了变迁。在世界文化遗址地建设阶段,敦煌市政府与敦煌研究院是关键行动者。敦煌市政府通过自上而下给予其他行动者相应的利益和任务,以共同利益组建旅游建设的行动者网络。这一时期敦煌市政府是作为一个旅游市场经济的引导者与鼓励者,并为异质行动者提供各类软硬件支持,是敦煌研究院的"大后方"与后勤保障角色。

敦煌研究院自20世纪40年代成立至今其宗旨从未改变,就是配合国家战略,进行敦煌石窟的抢救修缮、保护研究与文化弘扬。敦煌的旅游因莫高窟而起,敦煌研究院因为保护好了这份文化并向世界弘扬,做好了莫高窟的外宾接待服务,就存续了敦煌旅游的生命力。如今,敦煌市政府建立文旅集团有限公司发展智慧旅游,通过社会主义市场经济的集中化运作方式,完成了资源重组、环境整治、基础设施支撑、土地开发再利用等工作;再伴随文化博览会重大国际节事,成立文化博览局、市民中心文化博览办公室等机构,正式开启了城市的全球营销与建设,这是一个由放权到集权的治理过程,政府也由引导者走向了管理运作者。这些由政府成立的新部门也慢慢走向网络的中心,借助文化博览会的契机,通过空间治理、敦煌文化商品化、旅游项目开发等来扩大城市全球营销力。不过,敦煌研究院的角色与职能并未改变,只是在对莫高窟的运营方式上发生了变化。

文化博览局的一位工作人员说:"敦煌的旅游从20世纪90年代就已经蓬勃发展,在国家层面是起步很早的旅游城市,但它一直停留在一个民间自发交流的程度。国际文化交流主要是敦煌研究院在做,但这主要是业界的学术交流与接待外宾的政治交流。这种单一的模式自文化博览会开始被打破。在文化博览会上以政府间的对话形式,正式提出了敦煌文化、人类敦煌、世界敦煌的概念,开始依托'一带一路',形成常态化、官方化、正式化、多方参与的国际文化交流局面,这就把敦煌的全球影响力进一步放大了,不再只是旅游敦煌,而是文化敦煌。"

6) 城市全球化的多方合作机制

当前,敦煌向全球弘扬敦煌文化,提出了"人类敦煌,世界敦煌",试图打造国际文化旅游名城,在20余年的历程中,依然形成了运转良好的多方合作机制。最初,政府作为核心驱动者与组织者,通过征召与共同行动机制集结与组建城市利益联盟,统筹组织企业、媒体、本地居民、消费者等其他行动者;随着城市进入全球化与市场化发展的成长阶段,政府往往通过集权化的管治机制全面介入、规范整个城市的对外市场运作。最后在城市全球化发展的成熟阶段,需要对城市文化存量、文化身份进行高品质的开发与再挖掘,政府牵头、与企业配合下的城市营销也成为塑造城市名片的主要机制。

1979年以来,敦煌城市全球化的主要行动者可归纳为各级政府(这里主要指市政府与乡镇政府)、敦煌研究院、国际旅行社、旅游开发企业(敦煌文旅集团有限公司)、本地居民与游客。

(1) 市政府与乡镇政府。市政府为响应中央政府号召,配合国家改革开放的大政方针,是解决自身问题诉求最大的关键行动者。政府确立敦煌以旅游为龙头产业的城市转型路线,虽然不同的行动者面临不同的自身发展问题,持有不同的利益预期,但是市政府担负着促使每个预期利益相同或不同的行动者都达成共识的重任;承担着制定相关的战略和规划、整治和提升城市风貌环境、建设基础设施、落实各项政策、推动城市全球化进程的义务。

(2) 敦煌研究院。配合国家与中央政府对莫高窟的保护战略,敦煌研究院承担保护、研究、弘扬和管理世界文化遗产莫高窟及其附属西千佛洞、瓜州榆林窟的职责;近期也承担了宣传和弘扬敦煌文化、建设国际文化城市的任务。

(3)国际旅行社(中国国际旅行社敦煌分社与晨光国际旅行社)。在市场机制下,国际旅行社接受政府的管理,为游客提供良好的旅游服务。但是,受敦煌较小城市规模的限制,旅行社的发展市场与空间逼仄,并受到同行旅行社的恶性竞争,国际旅行社与外宾对接的交通通信条件亟须改善。

(4)旅游开发企业(敦煌文旅集团有限公司)。承担集中化管理,即在市场化运作下,统筹开发和利用城市的旅游资源,进行敦煌智慧旅游建设、文化旅游项目开发。

(5)本地居民。参与旅游国际化的各项服务工作。同时,主要从事特色林果等的生产,为旅游国际化提供优质的农产品。通过参与旅游市场,提升居民收入、生活质量,增加就业机会,这是本地居民关注的问题。

(6)游客。主要为国际游客和我国港澳台地区的游客,包括对敦煌学、佛教文化、石窟艺术、建筑、音乐、美术等有着浓厚兴趣的学者与学术团体。游客们的需求和选择在需求角度影响了城市全球化的建设方向。

在世界文化遗产地建设和旅游国际化发展时期,各行动者通过利益赋予加强和稳定与其他行动者的社会联结以巩固网络关系,开始多方协调,使得不同行动者得以达到各自的目标。其中,敦煌市政府与敦煌研究院在征召过程中起关键作用,为其他行动者赋予利益与开拓发展空间,建立了利益联盟。

一是发展目标与利益赋予。

(1)发展目标和行政力量。敦煌国际旅游城市与文化遗产地建设主要起于中央政府与省级政府赋予的关键诱因。1979年敦煌被国务院列为第一批对外开放旅游和中国最早接待入境游客的城市之一,西部对外开放的窗口城市及甘肃省发展旅游的龙头城市,由此征召敦煌地方政府对旅游事业开始全方位落实。当时游客主要都是应邀前来的外宾,政府成立外事旅游局,并整合了住房和城乡建设局、文体广电局、市场监督管理局、生态环境局、水务局等多个部门的行政资源,参与旅游目的地建设的行动者网络。此外,敦煌研究院自1944年成立至今,一直是直接对接与响应国家关于莫高窟文物管理与守护工作的省直属单位,自1981年邓小平来敦煌研究院与莫高窟参观至今,历届国家领导人都会来莫高窟开展视察工作。敦煌研究院针对文物保护一直在扎实推进,支撑了敦煌旅游国际化。

(2)环境整治。在敦煌"旅游立市"的城市发展政策指引下,自1982年敦煌市政府向各镇发出号召,以旅游配套设施与生态环境建设为基础,通过改善城市景观风貌、改善绿化卫生与社区居住环境,打造世界文化遗产地与历史文化名城。

(3)宣传推介。为提升敦煌的国际影响力,敦煌市政府号召其下属部门及本地居民、游客、国际旅行社、旅游开发公司、宾馆饭店等行动者,配合敦煌研究院的国际宣传,积极参与旅游行业,降低进入门槛,加大线上线下相结合的敦煌旅游宣传力度。

（4）媒体力量。敦煌拥有丰富独特的世界文化遗产与神奇的自然景观，吸引了英国广播公司（British Broadcasting Corporation，BBC）、日本放送协会（NHK）电视台、中国中央电视台、日本佐藤纯弥剧组等取景拍摄纪录片、电影、电视剧与情景歌舞剧，并有众多国内外敦煌学学者、团队撰写研究书籍、小说、诗歌、散文以及开展壁画临摹，这也是一种日益强大的推动力。

二是动员与行动机制。

（1）鼓励政策与资金支持。在城市规划方面，敦煌市政府自1982年进行了五次城市总体规划修编，涉及旅游发展规划、世界文化遗产保护规划、风景名胜区建设规划，使城市规划建设为旅游服务，又以旅游带动城市农业现代化、城镇化与工业化发展。此外，由于敦煌当时较低的交通可达性与旅游服务水平，地方政府除大力兴建旅游配套设施外，还出台了相关政策鼓励其他异质行动者从供给侧提升旅游服务，具体包括：①政府鼓励居民参与旅游交通服务，降低出租车准入门槛。一位出租车司机说："政府当时决定放开出租车市场，只要符合手续，谁都可以经营出租车。……形成了一个由市场自然调节的状态。为了奖优罚劣，政府还在出租车行业开展了星级评选活动，只设标准，不限名额，这一举措大大调动了出租车司机热情待客、文明服务的积极性，敦煌街头的出租车都以旧貌换新颜了。"②鼓励市区与景区居民修建宾馆、饭店、农家客栈与民宿，用激励机制推动农户加大特色水果的种植力度。尤其是阳关的龙勒村，鸣沙山月牙泉景区的鸣山村和月牙泉村，随着两个景区的旅游开发建设，镇政府鼓励村民将自家住房改建为农家客栈或农家乐餐饮，并规划建设月牙泉小镇和莫高小镇，鼓励外地商户在此开设宾馆、饭店与敦煌文创店，农家客栈、农家院也在景区周边大量出现。此外，政府对阳关镇种植葡萄，鸣山村、月牙泉村种植李广杏、鸣山大枣，以及饲养骆驼的农户进行资金扶持，优秀的驼运经营户与李广杏种植户将会得到政府荣誉奖励。月牙泉村的一位驼运示范户说："20世纪80年代，月牙泉村以种植李广杏、桃树、枣树等果树为主，农民收入微薄。随着旅游开放，很多外国游客进入敦煌旅游，一些村民把家里种地的骆驼拿来经营，游客很喜欢骑着骆驼在鸣沙山游览，或者让我们帮助拍摄驼队照片，这成为很好的收入来源，因此我们这兴起了一个'拉骆驼'的产业。政府鼓励农户饲养骆驼，进行资金补助并开展优秀星级示范户评选，加上村民在此活动中看到了极大的商机与盈利空间，一时养骆驼成风。此外，游客坐完骆驼后会去景区买敦煌纪念品，如地毯、丝巾、字画、经书绢帛、佛像木雕、飞天壁画、鸣沙山的沙画等，政府也鼓励我们摆地摊或在自家客栈进行产品销售，我们为了能与外国游客沟通学习了英语和日语，由此形成了一条完整的产业链。"③莫高窟保护的资金支持。中央政府、甘肃省政府多次通过财政划拨方式对莫高窟保护事业进行资金支持。此外，东京艺术大学前校长平山郁夫先生成立了"平山郁夫学术基金会"和"中国敦煌石窟保护研究基金会"，倪密·盖茨成立了美国敦煌基金会，对敦煌研究院关于莫高窟的保护研究进行资助。④国际旅行社的改制与注册登记。2006年敦煌市政府对其最大的国际旅行社——敦煌中国国际旅行社进行私有企业改制,并鼓励国际旅行社建立放款经营许可,鼓励工商注册登记,敦煌的国际旅行社也开始大规模出现。此外整合敦煌饭店、旅游汽车公司等既有资源,建立晨光国际旅行社,由于该旅行社依托星级宾馆发展,因此各旅行社分所都开设在宾馆旁边,形成接车接机、旅游接待与住宿一条龙服务模式。

(2)环境卫生与风貌整治。1979—1985年敦煌市政府为配合大规模的市政建设,进行了城市广场与公园绿地营建,先后建立了敦煌公园、沙州乐园、祥云广场、市政广场、飞天迎宾广场、党河风情线绿化景观等,并由市园林局集中开展敦煌市单位、居住区、街道与景区的绿化建设。此外成立市容环境园林管理中心,加大对城市景观风貌的营建与环卫、市容的监管,并开展"我爱敦煌"活动,对居民进行了国际主义和爱国主义教育、开放意识与礼宾意识教育、礼节礼貌和外事纪律教育,全市居民几乎都被动员了起来,提升了国际旅游城市的城市风貌与市民素质。

(3)招商引资与土地开发建设。敦煌市政府通过低廉的土地价格、投资优惠政策吸引外资来敦煌投资建立星级宾馆酒店,如港资投建的敦煌山庄、太阳大酒店、阳光沙州大酒店、天河大酒店,都是外宾集聚或者举办国际酒会、聚餐、庆典的四五星级涉外宾馆。政府还通过调整土地属性,将集体土地与耕地转为城镇建设用地等方式,建设文化产业园区,扩建各类文化旅游街区、文化机构等。

(4)国际宣传推介。首先敦煌市政府注重对敦煌旅游的宣传推介,通过结合报纸广告、书籍、线下各城市的推介会议、签署国际友好城市协议这种实体媒介,与宣传片、电影、全球社交媒体、新闻报道、政府网站营销等虚拟媒介,扩大政府的城市营销力。在此期间,敦煌市与日本臼杵市、日本镰仓市、日本日光市、韩国南海郡、澳大利亚高嘉华市、印度奥兰加巴德市、法国尼斯市、瑞典奥摩尔市缔结为国际友城,政府还在全球四大媒体脸书(Facebook)、推特(Twitter)、抖音短视频国际版(TikTok)、照片墙(Instagram)进行了敦煌的宣传营销。这一阶段,虽然政府做了一定的宣传工作,但敦煌研究院始终是向全球推介敦煌文化的主力与核心行动者,具体有以下方式:①开展国际合作项目(涉及洞窟保护、国际联合学术培训班与数字化内容)。与美国盖蒂保护研究所、美国木鱼基金会、日本东京文化财研究所等开展洞窟保护研究,并与伊利诺伊大学、牛津大学、伦敦大学、诺丁汉大学、大阪大学、东京艺术大学等开展保护研究生培养交流项目与技术合作。此外在洞窟数字化方面,1994年日本政府在莫高窟资助修建敦煌石窟文物保护研究陈列中心,"复制"壁画在陈列中心展示。1998年敦煌研究院与美国梅隆基金会合作,正式开始莫高窟的数字化研究工作,之后与大英图书馆开展国际敦煌项目(International Dunhuang Project, IDP)⑥,开展敦煌文物文献的国际标准数字化工作,并建立全球数据库上传至国际敦煌项目网站,还与希捷、腾讯开展壁画数字化技术合作,与法国国家图书馆、中国香港城市学院等开展虚拟与多媒体技术合作。②举办国际展览。敦煌研究院自20世纪40年代开始在全球布展或与国际机构联合布展,布展地区涉及全球约37个城市(不包括国内城市),涉及壁画展、文物展、图书博览会图书展、文创产品展等。③国际学术交流与国际接待。主要包括研究院人员的境外考察(5次)、在敦煌举办的国际会议与论坛(23次)、参与敦煌学国际会议(22次),成立莫高讲堂,每周邀请外国学者来院做讲座与报告,以及自莫高窟开放以来,研究院接待各国政要、国家代表团、国际组织成员、学术团队、学者等众多外宾。④数字敦煌[7]与国际网站运营。自20世纪90年代以来,在国家部委与甘肃省政府的多方支持下,研究院与众多国内外研究机构合作,利用计算机数字技术永久地、高保真地保存敦煌石窟文物的珍贵资料,并建立全球数据库以实现全球共享。此外,研究院建立自身的全球网站营销以及数字敦煌外文网站,为推介敦煌文化做出巨大贡献。

3.3 国际节会驱动

3.3.1 概念化模型

进入21世纪,金融资本成为经济全球化的主导力量,服务全球化成为全球化最鲜明的阶段特征。服务全球化是服务活动的生产、消费和要素配置逐步融入全球网络的过程,包括运输、旅游和金融服务等。其中,旅游业在服务贸易中一直占据较高比重,目前已成为大多数城市服务活动全球性转变和城市最大的创汇产业,是城市全球化的关键力量。受制于脆弱的生态环境和生态保护政策,我国西部经济相对落后,大致处于工业化中期阶段,私有企业的产值比例与东部相比较低,对外开放程度更低,政府的管制力量更强。同时,改革开放以来分税制下中央—地方的二元治理模式指引发展,尤其是一定速度的经济增长仍是各级政府的首要任务,而对外开放下的全球化导向是西部城市政府追求的核心增长动力之一。迄今,西部大多数城市仍缺乏跨国公司和对外投资。不过,少数城市基于国家力量与地方化动力相结合,采用国际节事活动,即试图通过文化、体育等全球化活动来推动城市经济发展和全球化进程,这是一种包容性、扁平化的全球化思维的城市全球化模式。

城市政府考虑到地方化的独特资源,如旅游(民族)文化、体育、生态等资源,举办相应的以服务为导向的国际节事活动,如贸易节事(如喀什国际商品交易会)、文化节事(如敦煌艺术节)、体育节事(如西宁自行车环湖赛)、会展节事(如银川中阿博览会),配套相应的活动或设施,建立全球化的社会经济联系,推动经济增长,尝试建立国际化空间,达成城市(政府追求的)全球化目标(图3-6)。一般而言,因处于省级区域的极化发展阶段

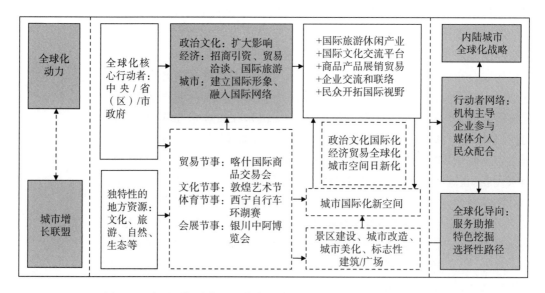

图 3-6 中国西部城市国际节事活动驱动城市全球化的概念化模型

及中国的强行政传统导向,国际节事活动的举办城市往往是省会城市或文化(旅游)特色具有国际声望的非省会城市。通过举办国际节事活动,城市政府整治城市面貌和建设需要的设施,同时尽可能地举办商品或投资的交流会、博览会等,推动国内外企业间的交流,进行招商引资和吸引国际游客,以及高强度宣传等,促进社会经济的国际化转型。事实上,这种国际节事活动往往由省级政府支持、批准甚至主导(更有甚者需中央政府批准),城市负责实施,省、市两级相关机构(政府的相关部门)具体组织,相关企业参与,媒体宣传,民众配合。因此,这是一个由政府发起、组织和实施的政治文化活动,主要目的是促进城市经济发展,同时也有限推动了内陆城市的全球化进程。

西宁以体育全球化为主要工具,是"运动大事件+地方旅游资源"相结合共同推动城市全球化的典型案例(穆焱杰,2022)。西宁市政府通过"夏都"和"环青海湖国际公路自行车赛"(简称"环湖赛")及其日益国际化、区域化的行动路线,着力打造城市的国际文化新身份,即将旅游、休闲产业发展置于核心位置,营造国际新形象。城市政府主要通过连续举办"环湖赛"国际体育节事活动,借助地方的多民族文化,打造旅游休闲文化产业,增加生态、文化等公共工程建设,构建"国际夏都"氛围,提升城市国际形象。西宁作为青藏高原的东方门户、古"丝绸之路"南路和"唐蕃古道"的必经之地,近年来着力退出或升级其传统制造业,进行生态建设,城市面貌大为改观,旅游休闲产业发展势头良好。2002 年后,西宁连续举办主题为"绿色、人文、和谐"的环青海湖国际公路自行车赛("环湖赛"为 2.HC 级®),后扩展到甘肃、宁夏两省区,已是中国规模最大、参赛队伍最多、奖金最高的国际公路自行车赛事,名列近年来中国体育赛事影响指数排行榜前列。依托高原的独特优势和旅游资源,市政府通过"环湖赛"参与了全球层面体育产业的分工与合作,并以旅游产业为主导产业之一,推动内陆开放型经济建设。

银川是新兴的正在建设和上升中的我国与阿拉伯世界国际文化交流平台的经典案例(程仕瀚,2021)。10余年来,银川利用"一带一路"倡议,力图建设成为深内陆的中阿合作和交流中心,整个城市为此目标进行了整体化、系统化的全球化转向(张恒等,2017)。显然,节事活动赋予了银川全球消费主义的"文化符号",这不但是政治性的空间生产过程,而且是工具性的空间生产过程。首先,银川通过连续举办"中阿合作论坛"和"中阿—阿拉伯国家博览会"(简称"中阿博览会"),营造国际阿拉伯文化交流中心的新身份和全球形象。2017年,由商务部、宁夏回族自治区政府等联合在宁夏国际会堂塞上江南厅举办了中国—阿拉伯国家博览会开幕大委员会;由中国国际贸易促进委员会、中国国际商会、宁夏回族自治区政府等联合在银川市悦海宾馆会议中心厅举办了"中阿合作论坛"第七届企业家大会等,持续打造中阿合作的国际化平台,将这个深处内陆的城市转型为承载我国与阿拉伯世界连接的文化交流中心,国际贸易、产业合作的平台,进而促进旅游休闲、健康养老等服务业的发展,形成内陆开放型经济的全球化模式,推动城市的全面转型(程仕瀚,2021)。在这个国际化转型的过程中,不可避免地出现了全球化空间的生产过程,如立足城市总体规划等,银川市建筑景观和空间格局的伊斯兰化转向明显,尤其是出现了伊斯兰文化特色鲜明的"中阿之轴"国际化空间,成为连接地方和全球的枢纽区域(穆焱杰,2022;Varró,2016;Mitchell,2016;王立等,2017,2018)。这是一个由政府推动和打造的国际文化空间,位于银川新区阅海湾的城市中心商务区,分为三个相对独立的人文景观区——中阿友好标志景观区、中阿文化交融景观区、中国回族文化景观区。实际上,银川市政府将"回乡风情"建设置于城市规划和建设的核心焦点位置之一,通过筹办节事活动、打造旅游休闲文化产业、构建伊斯兰商业贸易圈、增加伊斯兰式公共工程建设等,达成促进城市全球化的目标。总体上,中阿博览会驱动下的银川市全球化路径是城市借助国际节事主动参与全球化的模式,即依据银川市独特的地方资源优势,在国家战略政策的支持下,借助中阿博览会这一国际节事平台,通过地方政府、参展企业、当地居民、新闻媒体等多元主体的互动联系,汇集全球和地方层面的资金、技术、信息、人流、管理等要素,将银川市的地方资源优势与全球化发展联结起来,从而提升城市全球化水平(程仕瀚,2021)。通过调研发现,参展企业普遍认为中阿博览会对参展企业的信息交流、提升国际知名度、建设国际知名品牌和扩大国际市场的促进作用比较明显;当地居民也认为"中阿博览会"对银川市经济全球化的影响显著,强化了以经贸合作为主的全球化路径,推动了城市的社会全球化;中阿博览会的全球新闻报道反映了中阿博览会的国际合作领域在不断扩大,其全球新闻的传播深度、强度和效度均有所提高,提升了银川市的国际知名度(程仕瀚等,2020)。

3.3.2 两类国际节会的实证

青海省举办的"环青海湖国际公路自行车赛",从 2002 年开始举办,每年 6—8 月举行,先在青海省的环青海湖地区,后扩展至邻近的甘肃省及宁夏回族自治区,其出发地和组织中心在省会城市、湟水中游河谷盆地的"夏都"西宁市。已成功在银川市举办三届的宁洽会暨中阿经贸论坛于 2013 年升格为中国—阿拉伯国家博览会,成为国家级、国际性综合博览会。作为中国内陆少数民族聚居地区具有地方特色的国际性节事活动之一,"中阿博览会"在国内外产生了重要影响,有效地推动了银川市的城市全球化进程①。下面将比较分析这两个国际节会对各自城市全球化的影响:

1) 国际节事的行动者网络

基于已有资料和实地调研结果,"环湖赛"和"中阿博览会"带有推动社会经济发展、转型和促进全球化的基本目的,其行动者包括政府、企业和媒体,间接参与者为民众(如居民、游客等)。其中,政府是发起者、组织者和执行者,企业是具体执行者和参与方,媒体是新闻报道的助推方。民众,并不是直接的主动参与方,而是间接、被动的参与方或者受影响方。最为显著的区别是,"中阿博览会"的政治经济偏向更强,而"环湖赛"毕竟只是一项体育赛事,故前者的政治介入和经济导向更加明显和直接(Xu et al.,2022)。

首先,政府是"环湖赛""中阿博览会"的核心行动者。受访的多数领导认同"(地方)政府是地方发展包括城市全球化的第一责任体",即在地方的经济增长联盟中政府在落后地区往往居于主导地位。因此,"环湖赛"以"绿色、人文、和谐"为主题,"坚持国际化、专业化、市场化"方向,是青海省委、省政府宣传青海和推动"生态立省"战略的重要举措,被称为"宣传青海的金名片"。与之相类似,"中阿博览会"是经国务院批准,由商务部、中国国际贸易促进委员会、宁夏回族自治区政府共同主办的国家级、国际性综合博览会,以中国和阿拉伯国家为主体,面向全世界开放。"中阿博览会"秉承"传承友谊、深化合作、共同发展"的宗旨,坚持"服务国家战略、聚焦经贸合作",集高层对话、经贸促进、会展洽谈等功能于一体,深化中国与"一带一路"沿线阿拉伯国家与地区间的合作,是在中央政府的支持下,宁夏回族自治区区委区政府推动双方进行政治对话、经贸合作、人文交流的战略平台以及中阿共建"一带一路"的重要平台(李建华,2015)。关于执行部门,"环湖赛"由青海省政府的体育局、文化和旅游厅等组织实施,西宁市政府、国际自行车联盟、国家体育总局、中国自行车运动协会等相关部门和国际(职业)自行车协会等国际组织协办;"中阿博览会"主要由宁夏回族自治区政府相关部门和银川市政府共同组织实施。此外,"中阿博览会"的办会机制不断完善,交流形式更加多样,如增设了阿盟秘书处等机构,引入专业展会服务机构,强化"中阿共办、部区联办、民间协办"的机制,更加注重展览展示,精简会议论坛活动,增加合作洽谈活动等;每届博览会都会邀请一个阿拉伯国家与中国"共办"展会,如2013年、2015年和2017年的主宾国分别为科威特、约旦和埃及。

其次,企业是另一个重要的行动者。"环湖赛"的参与主体主要是节事举办期间所涉及的旅游、交通等部门。因为"环湖赛"这个重大的国际体育赛事并没有与一年一度的"中国·青海郁金香节""中国青海结构调整暨投资贸易洽谈会""中国(青海)三江源国际摄影节"等活动同期进行,无法产生联动或协同效应,其他相关企业至少无法与"环湖赛"直接产生关联,诚如体育局的受访者所言:"这只是一项国际体育运动,可能还达不到直接推动城市全球化的目的。"与此相反,一名受访者说,中阿博览会"就是政府搭建的一个文化和经济的综合交流平台,让我们这个内陆城市有机会融入这个世界",即在(文化)论坛的基础上,主要进行展览展示及投资贸易促进活动,众多的国内企业直接参与其中——地方企业成为重要的行动者。

最后,媒体是非常重要的声誉助推器和效果放大器。其中,"环湖赛"的宣传推广具有商业运作与政府资源和媒体优势紧密结合的特色。每年比赛期间,国家广播电视总局和中央电视台等国内众多媒体积极参与,如中央电视台第5套、第2套、第3套和第12套节目及青海省内各大媒体持续在黄金时段高密度播放"环湖赛"公益宣传片和赛事主题歌音乐电视(Music Television,MTV);新华社、中央电视台、中央人民广播电台、凤凰卫视、中国新闻社、人民日报、中国体育报、香港大公报、新浪网等全国性媒体50余名记者上路对赛事进行全程跟踪报道。与"环湖赛"有所不同,"中阿博览会"不但吸引了众多国内媒体,而且吸引了更多的国际媒体的报道,尤其是阿拉伯国家的主流媒体。例如,从区域尺度来看,北非、东亚和西亚的新闻报道数量较多,东亚国家的新闻报道全部来源于中国国内媒体。从网络空间特征来看,"中阿博览会"的全球新闻报道集中于北非、东亚和西亚等地,新闻网络向中国、约旦和埃及等核心国家集聚;从产业链和新闻主题来看,对外合作行业和相关新闻主题更加多元化,印证了"中阿博览会"丰富了银川市产业的国际化门类,例如,所提及的行业合作领域更加丰富,由以农业种植、轻工食品和能源化工等传统产业为主转变为传统产业与新材料、新能源、新技术等新兴产业相结合,新闻主题也由经济领域扩展到政治领域,并进一步扩展到旅游、科技、医疗卫生等领域;阿拉伯国家新闻报道集中于能源化工等传统领域,欧美国家新闻媒体则比较关注科学技术、信息通信等新领域。

2)提升城市政治文化影响

"环湖赛"和"中阿博览会"都存在一定的政治影响,西宁、银川两个举办地提高了自己在国内的政治地位和国际影响。中国是政治大国,政府掌握了大量的资源。受访的多数人都认同,政府是地方发展包括城市全球化的第一行动者或责任方,受到上层领导的关注和支持是城市全球化的基本条件或保障,如政治地位的提高能获得更多的经济资源。同时,一名受访者谈到,将"国际节事活动与生态文明、文化旅游深度融合,可以释放节事活动的功能、价值与联动效应",如利用体育品牌、文化特色打造城市品牌,"扩大城市国际知名度,推动城市的国际知名度",助推经济增长。其中,"中阿博览会"的政治影响更大。

实际上,"环湖赛"开幕式的文艺演出充满了民族气息和地域特色,出席前三届盛会的国家领导人有时任全国人民代表大会常务委员会副委员长铁木尔·达瓦买提、成思危、陈至立。而且,不断扩大的国际参赛队伍让"环湖赛"自举办以来一直受到世界各地的广泛关注,如亚洲、欧洲、非洲、北美洲、南美洲和大洋洲均有国家参与比赛,包括意大利巴尔洲际职业队、西班牙布尔戈队等多只国际自行车联盟(Union Cycliste International,UCI)洲际车队、职业队和洲际职业队等。从"环湖赛"参赛队伍所在的国家和地区来看,参赛车队的整体水平较高且多来自发达国家。比赛只接受国际自行车联盟(UCI)职业队报名,极大地增加了比赛的竞技性和观赏性。2019年,共有来自德国、法国、荷兰等51个国家和地区的队伍参与比赛。而且,"环湖赛"得到了国际自行车联盟和全球参赛车队的认可。同时,卫星电视和互联网将原来的"不可贸易品"转化为"可贸易品",如现场公路运动(Live Roadsport)、自行车新闻(Cycling News)、欧洲体育(亚洲)频道[Eurosport (Asia)]等多家网络境外媒体对"环湖赛"进行实时转播与宣传报道,在增加转播收入的同时提升了赛事在主流媒体中的影响力和到达地区的覆盖力,这使得这项比赛以及西宁市的国际影响力逐年加强。更为重要的是,西宁市基于"环湖赛"强化了城市外交工作,为国家总体外交战略服务,如西宁市迄今已与世界上35个城市缔结了友好关系,"打开了(这个内陆城市西宁)对外开放的门路"(一名受访者所言),包括韩国大田广域市中区、俄罗斯伊热夫斯克市、韩国全州市、尼泊尔帕坦市、英国普雷斯顿市等8个国际友好城市,逐步形成了中国城市外交中颇具代表性的"西宁现象"。诚如一名政府相关部门工作人员的认识:"环湖赛现在对于西宁人来说已经成了一个盛大的节日,同时也是世界自行车健儿的竞技盛宴。通过举办环湖赛事,越来越多的人认识了青海、认识了西宁。因此,我们一定要坚持把这个比赛高质量地办下去,确保多方位的协调,一点也不能马虎。"

然而,"中阿博览会"具有更强的政治影响。因为中国与阿拉伯国家的政治互信持续增长,"中阿博览会"成为中国和阿拉伯国家之间高级别的交流合作平台。例如,习近平总书记分别对2013年9月、2015年9月的"中阿博览会"发来贺信,约旦国王阿卜杜拉二世、毛里塔尼亚总统阿齐兹(时任)、科摩罗副总统穆哈吉(时任)等外国领导人和有关国际组织代表参加了2015年9月的"中阿博览会"。再从新闻媒体的报道来看,"中阿博览会"的政治影响力仍在提升(表3-1)。2013年、2015年、2017年和2019年"一带一路"沿线国家和地区媒体对"中阿博览会"进行新闻报道的数量占比分别为88.46%、84.84%、52.82%和81.10%,"中阿博览会"在这些区域的新闻宣传效果有较大提升,"一带一路"倡议在"一带一路"沿线国家和地区扩大了国际影响。

表3-1 世界各地区对"中阿博览会"的新闻报道情况

地区	2013年		2015年		2017年		2019年	
	新闻数量/篇	占比/%	新闻数量/篇	占比/%	新闻数量/篇	占比/%	新闻数量/篇	占比/%
北非	4	2.56	16	5.16	104	36.62	17	10.36
东亚*	56	35.90	50	16.13	81	28.52	86	52.44
西亚*	79	50.64	198	63.87	54	19.02	32	19.51
西欧	6	3.85	8	2.58	10	3.52	10	6.10
北美	6	3.85	10	3.23	8	2.82	—	—
大洋洲	2	1.28	7	2.26	6	2.11	1	0.61
东欧*	—	—	4	1.29	5	1.76	3	1.83
南亚*	3	1.92	5	1.61	5	1.76	5	3.05
东南亚*	—	—	5	1.61	4	1.41	3	1.83
西非	—	—	6	1.94	4	1.41	—	—
中亚*	—	—	1	0.32	1	0.35	4	2.44
东非	—	—	—	—	1	0.35	3	1.83
南非	—	—	—	—	1	0.35	—	—
合计	156	100.00	310	100.00	284	100.00	164	100.00
"一带一路"沿线	138	88.46	263	84.84	150	52.82	133	81.10

注:标*者为"一带一路"沿线国家所在区域。

3) 促进城市融入全球经济体系

"环湖赛"和"中阿博览会"促进了西宁、银川的城市经济逐步融入全球经济体系,提升了城市经济的全球化水平。一名受访者坦言:"'环湖赛'可拉动城市甚至青海省的旅游产业、体育产业(增长或直接消费),树立(打造)独特的赛事品牌,还有城市品牌,使我们(西宁市)能进入全球层面(体育产业的分工与合作)。"以旅游产业为主导产业之一,通过消费驱动,发挥市场效应,加速融入全球经济,推动内陆开放型经济的建设。通过全球体育节事、媒体报道、媒体广告及公关活动等,以及连续性赛事,赛事观赏性、观众忠诚度、市民认可度不断提升。西宁市提出的"夏都西宁"旅游品牌(2001年),"世界清凉城市"(cool city)(清凉之城、清净之城、"冷静"之城)(2014年)国际化、人性化和现代化的国际城市品牌形象,提高了城市旅游吸引力。因此,"环湖赛"可为西宁市带来消费拉动效应,即不再局限于赛事举办期间对现场观众消费的拉动,还包括对市民体育消费的影响;同时,现代化、多元化的境外媒体转播和国际运动员的参赛可增加旅游创汇并进一步深化西宁市风景、文化等在国外的传播,为西宁带来国内外体育爱好者的同时,也带来了未来的运动员、游客与商务旅行者,通过连锁效应为城市全球化发展创造更多可能(黄宝连,2017)。不过,对政府人员、企业的访谈结果表明,绝大多数人并没有感知到或认同"环湖赛"带来了进出口的增长或企业贸易的增加,但明确认为促进了旅游国际化。

事实上,"环湖赛"直接导致城市体育活动发生明显的全球化转向。利用社会网络分析法构建 2000 年、2005 年、2010 年、2015 年和 2019 年西宁市境外游客客源地网络图(图 3-7)。2000 年以来,西宁市境外游客数量不断增加,且在地理邻近性和文化相似性等因素的影响下,客源地主要以亚洲国家和地区为主,如日韩两国一直是西宁市入境旅游的主要客源地,且随着年份的增长其游客数量也一直在增加,两国游客之和所占市场份额比较稳定,约为 20%。不过,我国港澳台地区的游客虽仍是主力军,但所占比重逐年大幅度降低,由 2000 年的 70% 下降到 2019 年的约 11%,然而在绝对数量上我国港澳台地区的游客人数并未减少,这主要是因为西宁市境外游客的总数逐渐增多,尤其是我国港澳台地区以外的游客数量大幅度增加从而导致其占比减少。美洲、欧洲国家游客的市场份额逐年增加,如 2000 年欧洲国家的游客数不到 1 000 人,2005 年和 2019 年分别增至 2 209 人和 8 183 人;除新加坡、澳大利亚等经济水平较高的发达国家外,欧洲国家的游客比重越来越大,2019 年人数约占西宁市境外游客总数的 1/5。这与参赛车队主要来自欧洲国家,运动员及其团队或亲属来西宁市有关,这促进了商务旅行和外汇收入,形成了正向促进作用(Kulendran et al.,2000)。从西宁市境外游客客源市场结构来看(表 3-2),西宁市旅游全球化发展呈分散发展趋势,即西宁市境外游客首位客源地越来越不存在首位

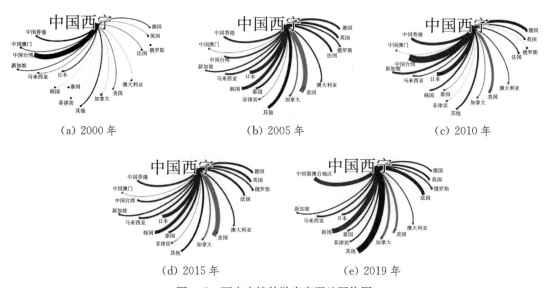

图 3-7 西宁市境外游客客源地网络图

注:2019 年未能查询到中国香港、澳门和台湾各自的游客人数,故做整体表示;网络中的联系强度主要指西宁市接待游客人数,用弧线的粗细表示。

表3-2 西宁市境外游客客源国家和地区的市场特征

类别	2000年	2005年	2010年	2015年	2019年
首位客源国家和地区依存度 R	0.494	0.271	0.235	0.150	0.142
客源国家和地区首位度 P	4.322	1.267	1.705	1.392	1.515
客源国家和地区分散化程度 D	0.724	0.840	0.884	0.922	0.927

顶端集聚现象,如2000年、2005年和2010年第一大市场为中国台湾地区,2015年变为美国,2019年为韩国;虽然西宁市境外游客首位客源国家和地区不断变化,但除2000年外,西宁市境外游客客源地的首位国家和地区与处于第二位的国家和地区的游客人数之比保持在1.5左右,属于低度首位分布;2000年以来,西宁市境外游客客源市场分散化程度指数越来越高。

迥异于"环湖赛","中阿博览会"着眼于国家全面对外开放战略,助力"一带一路"建设,推动中国与阿拉伯国家的合作共赢,有序推进了银川市内陆开放型经济试验区建设和宁夏全方位开放战略。"中阿博览会"由中国(宁夏)国际投资贸易洽谈会暨中国·阿拉伯国家经贸论坛(简称"宁洽会暨中阿经贸论坛")(2010—2012年)升级为"中阿博览会"(2013年至今),重要目的是借助"一带一路"倡议促进经济合作和贸易往来,扩大与其他国家的经贸合作,构建伊斯兰商业贸易圈,积极打造旅游休闲文化产业,使城市更好地融入全球生产网络。根据"中阿博览会"官方网站统计,自2013年起,四届"中阿博览会"(2013年、2015年、2017年和2019年)累计共有80多个国家、地区和国际机构,140多家大型商协会,7 000多家大中型企业代表,6万多名参展商参会参展,先后围绕投资合作、商品贸易、服务贸易、旅游合作、技术合作等主题共举办了164项会议论坛、展览展示活动,签订各类协议1 100多个,促成了涵盖能源、农业、旅游、科技、金融、卫生等多个领域合作。迄今,中国—阿拉伯国家经贸往来不断深化,如双方致力于搭建以能源合作为主轴,以基础设施建设和贸易投资便利化为两翼,以核能、航天卫星、新能源三大高新领域为突破口的"1+2+3"合作格局;技术引领互惠共赢,中阿技术转移中心、中阿农业技术转移中心等一批中阿多双边合作机构落户塞上;阿盟、沙特、约旦、阿曼、埃及等8个双边技术转移中心陆续创建;卫星导航、农业物联网、绿色智能控制节水等领域的科技合作项目顺利开展;中国—沙特(吉赞)产业园、中国—阿曼(杜库姆)产业园、中埃·曼凯纺织产业园先后落地,园区项目陆续开工建设,涉及石油化工、建材、纺织等多个领域。从国外订单和客户来看,大多数本地企业通过"中阿博览会"新增国外订单的金额为10万元以下,新增国外客户占比大多低于30%(表3-3)。

"中阿博览会"的重要活动就是展销活动。事实上,参加"中阿博览会"的国外企业数量有所增加,由主要来自西亚、南亚和东南亚等地区进一步扩展到非洲、欧洲和南美洲等地区,"一带一路"沿线国家的参展企业数量明显增多;参展国外企业所属的行业领域更加广泛,由以能源化工、冶金矿

表 3-3 银川市企业通过 2019 年"中阿博览会"新增订单和客户情况

国外订单 金额/元	企业数量 /家	占比/%	国外客户 占比/%	企业数量 /家	占比/%
0.0	6	14.64	0	3	7.32
5 000.0 以下	10	24.39	10 以下	7	17.07
5 000.0—10.0 万	16	39.02	11—30	21	51.22
10.1 万—30.0 万	7	17.07	31—50	9	21.95
30.1 万—60.0 万	2	4.88	51%以上	1	2.44

产为主扩展到医疗卫生、轻工食品、服装纺织、科学技术等多个领域。同时,参加"中阿博览会"的银川本地企业数量和企业规模均有所增加,企业价值链处于由一般产品生产向高端产品制造的转变过程中,少数企业参与了具有高附加值的服务环节;主要目的包括拓展销售市场、吸引投资和提升企业知名度等。同时,"中阿博览会"为银川市产业的结构转型升级提供了新动力,如一些参展国外企业不仅为本地企业发展带来了资金、技术、信息等资源,而且还为本地企业参与全球分工提供了契机,有利于本地企业高质量发展,推动银川市绿色发展理念的实践,如淘汰一批高耗能、高污染、高排放的企业,推动产业向高端化、智能化、绿色化方向发展。

一方面,相较于 2017 年,2019 年参展国外企业数量明显增加。2017 年参展国外企业主要来自西亚、南亚和东南亚地区,2019 年进一步扩展到非洲、欧洲和南美洲等地区;"一带一路"沿线国家和地区的参展企业明显增多(图 3-8)。根据《中国—阿拉伯国家博览会会刊》的企业简介,结合企业网站的信息,分析参展国外企业的行业领域,从产业链的角度反映"中阿博览会"参展企业的发展水平。根据行业划分标准,分别对 2017 年、2019 年参展国外企业的行业领域进行划分,可看出参展国外企业的行业领域发生了一定的变化,其中占比明显增加的是医疗卫生、轻工食品、服装纺织、科学技术等行业领域,占比明显下降的是金融服务、能源化工、冶金矿产等行业领域(图 3-9)。

另一方面,参加 2017 年"中阿博览会"的银川市本地企业数量为 88 家,2019 年增加至 125 家。从企业规模来看,2017 年参展的微型、小型、中型和大型企业数量占比分别为 42.04%、31.82%、19.32% 和 6.82%,2019 年的占比分别为 30.40%、32.00%、27.20%、10.40%。谈到"中阿博览会"对本地企业的影响时,一位清真食品生产加工企业负责人(高层领导)表示:"'中阿博览会'给我们企业提供了一个接触国际市场的机会,通过展售、合作洽谈等方式,将我们本地企业与国外企业联系在一起,越来越多的企业重视'中阿博览会',也希望'中阿博览会'能越办越好。"不过,银川市本地企业整体处于以一般产品制造为主的价值链低端环节,即价值链微笑曲线中附加值较低的生产加工环节,农副产品生产加工、食品生产、机械设备制造、化工产品生产等企业居多;但近年来,由于银川市加强科技型

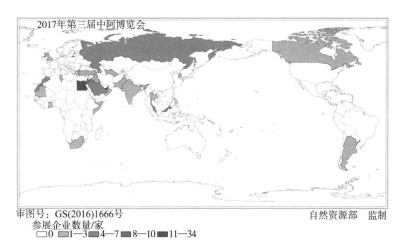

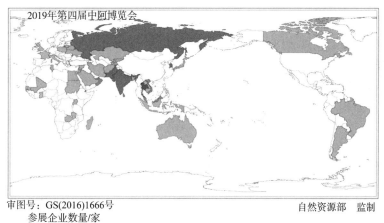

图 3-8 参加 2017 年、2019 年"中阿博览会"国外企业的空间分布

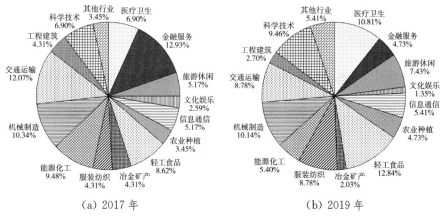

(a) 2017 年   (b) 2019 年

图 3-9 参加 2017 年和 2019 年"中阿博览会"国外企业的行业领域

企业培育,高新技术企业、科技型中小企业和各类企业研发平台的数量、规模有所扩增,因此参加"中阿博览会"的部分银川市企业处于价值链中附加值相对较高的高端产品制造环节,如宁夏荣光电节能科技实业有限

3 中国西部城市发展转型的全球化路径 | 105

公司、宁夏宇航智科科技有限公司、华盛龙环保科技(宁夏)有限公司等。此外,还有少数本地参展企业参与了附加值更高的服务环节,如为政府、企业、团体和组织提供信息技术服务的宁夏六德原科技文化有限公司,为宁夏医疗、医保等业务领域的信息化建设提供技术服务的银川方达电子系统工程有限公司,拥有现代化售后服务中心的宁夏劲海瑞诚汽车销售服务有限公司等。

银川市企业参加"中阿博览会"的目的可分为三个等级(图3-10):①主要目的,主要包括拓展销售市场、吸引投资和提升企业知名度。可以看出银川市企业希望通过"中阿博览会"吸引投资和提升企业知名度的同时,更多的是想借助这一国际平台开拓国内外销售市场。②次要目的,主要包括信息交流、打造企业品牌和技术合作。从侧面反映了"中阿博览会"是一个汇集信息和技术的平台,企业希望通过信息和技术的交流合作提升核心竞争力,从而打造具有影响力的企业品牌。③较不重要目的,主要包括增加对外投资、吸引人才、获取原材料、金融合作和其他。之所以会出现这样的情况,一方面企业自身发展有限,如企业对外业务较少、原材料需求较低、金融合作水平较低等,另一方面"中阿博览会"在推动本地企业"走出去"、吸引人才和金融合作等方面仍存在不足,正如一位葡萄酒生产企业的管理人员(基层领导)所言:"虽然说'中阿博览会'为咱们的企业提供了一个走向世界的平台,但是由于企业自身发展较差,一些企业与国外的联系还是很少。咱这的企业对外国投资的很少,企业竞争优势不明显,对外投资效益比较差……本来西部地区的人才吸引力就比较低,这不是一个博览会就能改变的……阿拉伯国家的伊斯兰金融受伊斯兰教义的影响,与其他国家进行金融合作存在较多困难,这就会影响企业的对外合作。"

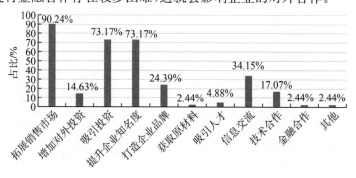

图3-10 本地企业参加"中阿博览会"目的统计

关于"中阿博览会对贵企业参与全球分工的影响"的相关问题,所有选项的平均得分低于4分(1分——非常不赞同,2分——比较不赞同,3分——一般,4分——比较赞同,5分——非常赞同),大部分选项的平均得分为2—3分,即企业受访者对大部分选项表示不赞同,只有少部分选项的平均得分超过3分。具体来看,平均得分超过3分的选项分别为"促进对外信息交流""提高国际知名度""打造国际品牌""拓展国外市场"等,反映出"中阿博览会"对参展企业的信息交流、提升国际知名度、建设国际知名品牌和扩大国际市场方面具有重要的促进作用。一位乳制品生产企业管理人员表示:"通过'中阿博览会'能够了解到世界乳业的行情和其他国家消费者的喜好,在此基础上调整企业的生产,能够尽快地占领更多市场,这当然有利于提升企业的品牌了。通过在'中阿博览会'上展销让更多的消费者了解我们品牌,这就是很好的宣传啊。"此外,关于"中阿博览会"对本地参展企业全球化的影响,接受问卷调查的41家银川市本地企业中有30家(占比为73.17%)参与了全球分工,其中2008年之前开展国外业务的企业仅1家,2008—2012年新增8家(占比为26.67%),2013—2017年再次增加了11家(占比为36.67%),2017年之后有10家企业开始参与全球分工。从企业国外销售额来看,国外销售额占总销售额比重少于20%的企业有16家(占比为53.33%),比重在20%—40%的企业有10家(占比为33.33%),仅有4家企业的国外销售额占比达到了总销售额的40%以上。从国外业务形式来看,主要以对外出口产品为主,其次为从国外进口原材料,在国外设立分支机构和对外承包工程的企业数量最少(表3-4)。

表3-4 调研企业的全球化特征

全球化特征	类型	数量/家	占比/%	全球化特征	类型	数量/家	占比/%
国外业务开始时间	2008年以前	1	3.33	国外业务形式	设立生产机构	2	6.67
	2008—2012年	8	26.67		设立销售机构	2	6.67
	2013—2017年	11	36.67		设立服务机构	3	10.00
	2017年至今	10	33.33		对外直接投资	6	20.00
国外销售额占比	<20%	16	53.34		对外承包工程	2	6.67
	20%—40%	10	33.33		出口产品	20	66.67
	41%—60%	3	10.00		进口产品	9	30.00
	>60%	1	3.33		其他	12	40.00

注:由于部分企业的国外业务形式多元化,因此国外业务形式的各类型占比加和大于100%。

从国外分支机构网络和进出口产品网络的角度对本地参展企业的全球化特征进行进一步分析,可看出本地参展企业参与全球生产网络的水平较低:从国外分支机构来看,本地参展企业国外分支机构的空间分布比较分散,并且类型主要为中游企业(提供生产、加工、组装等服务,产品附加值较低),占42.86%;从产品出口来看,银川市企业的产品出口市场主要为西亚和东南亚地区,产品类型以资源密集型产品为主,占55.81%;从产品进口来看,银川市企业的产品进口市场分散在亚洲、欧洲、大洋洲和北美洲等地,资源密集型、资本与技术密集型和全类型产品的占比分别为43.75%、31.25%和25.00%,进口产品仍以资源密集型为主。

运用李克特量表对本地参展企业参与全球分工的动因和效益进行量

化,以期探寻出企业参与全球化的驱动力量。结果所示,除"拓展国外市场"外,其余各选项的平均得分均低于 3 分(1 分——非常不重要,2 分——比较不重要,3 分——一般,4 分——比较重要,5 分——非常重要)(图 3-11),说明银川市企业参与全球化的驱动力量比较单一,主要为拓展国外市场,企业对外投资回报率和对外销售利润率均较低,企业的全球化效益较差。长期以来,由于地理、历史、政治、经济、思想观念等多方面原因,深内陆城市企业参与全球分工的能力一直较弱,企业吸引外部资源的能力较差,这又导致了参与全球分工的能力进一步弱化,产生了"弱者愈弱"的马太效应。一位银川市铸钢件制造企业负责人谈道:"大家都还是想把企业做大的,特别是近年来国内产能过剩问题严重,能够打开国外市场当然是一个好的解决途径。……咱这的企业啊,当然也想获得国外的技术、资金,可是人家不愿意来。咱这里的市场、技术、管理和人才等都不如人家东部地区,咱只能靠着自己的一点资源优势去打开国外市场。现在环保要求高了,企业也得转型,更需要先进的技术、设备和资金支持了。"

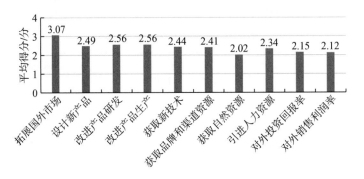

图 3-11 本地参展企业参与全球分工的动因和效益

一个值得关注的现象是,"环湖赛"和"中阿博览会"国际节事活动扩大了中国西部内陆城市的政治文化影响,但国际节事活动的"经济边际效应"在衰退。这意味着国际节事活动需要进一步创新,以增强经济活动的全球性影响。对比而言,"中阿博览会"的政治经济交流平台比"环湖赛"的体育赛事更能促进城市经济全球化。

经调研的政府官员和企业承认,"环湖赛"对西宁经济增长和全球化的作用十分有限。因为"环湖赛"与其他经贸活动并不同期举行,而且体育活动对旅游休闲产业影响直接,其他经贸活动对其的"感知"微弱或受到的影响比较间接。西宁市旅游外汇收入占旅游总收入的比重较低,除 2002 年外均低于 4%,且一直处于小幅度波动下降的态势,整体也远低于全国平均水平。此外,2002—2019 年西宁市境外游客数占总游客数的比重均小于 1%,也呈波动下降趋势,其旅游活动的全球化发展仍处于初级阶段。而且,2000—2019 年,西宁市进口贸易额大致呈不规则的倒"V"字形分布,2019 年的进口贸易水平竟低于 2010 年。具体来看,2000—2004 年整体呈稳步上升趋势,2005 年伊始略有幅度不大的下降,至 2014 年整体大幅度增加(由2005年的70 399万元增长至2014年的156 373万元),2015年出现大幅度下降,2016年后开始小幅度回升并逐渐趋于平缓。实际上,2015年后的大变化与金融危机、国际大宗商品价格大幅下跌、"一带一路"倡议和"新西部大开发"等相关政策有关,"环湖赛"的影响微弱。

与"环湖赛"相比,"中阿博览会"与经贸活动直接相关。参加"中阿博览会"的银川市本地企业数量和企业规模均有所增加,主要拓展了银川市企业在阿拉伯国家的进出口网络,但本地企业参与全球生产起步晚,海外销售份额较少,主要驱动力量是想拓展国外市场,主要以进出口原材料和产品为主,在国外设立分支机构和对外承包工程的企业较少,进出口产品类型均以资源密集型为主。因此,"中阿博览会"在促进企业对外投资、拓展国外原材料供应地、吸引国际人才、促进金融和劳务合作、推动设立国外分支机构、促进跨国并购和境外上市等方面的效果较差,不利于企业借助"中阿博览会"提升自身全球化水平,反映出"中阿博览会"的经济功能和国际影响力需进一步提高。多数企业受访者认为本地企业自身发展较差,参与全球分工的博弈能力较弱,尽管"中阿博览会"在一定程度上能够改善这一情况,但短时间内并不能从根本上解决问题。"中阿博览会"虽然为本地企业提供了一个对接国际的平台,但最终的合作效果在很大程度上取决于企业自身发展水平,如企业的规模、盈利能力、经营策略、管理水平、科技投入、产品结构等,正如一位新材料科技公司负责人所讲:"'中阿博览会'只能是'锦上添花',而不是'雪中送炭',根本的还是企业自己要好好发展,但是你也知道西部地区的企业发展困难重重,所以企业也应该好好珍惜'中阿博览会'提供的机会。"

当然,"中阿博览会"主要拓展了银川市企业在阿拉伯国家的进出口网络,对拓展其他地区进出口地的作用较弱。银川市企业通过"中阿博览会"拓展的进出口地较少,并且以阿拉伯国家为主,如41家受访企业中有16家企业通过"中阿博览会"增加了产品出口地,其中新增出口地在约旦和沙特的企业数最多;13家企业增加了原材料进口地,新增进口地在沙特和阿联酋的企业数最多。

4) 建立城市新国际空间

"环湖赛"和"中阿博览会"通过促进城市全球化设施建设,尤其是城市新国际空间,不断促进城市设施现代化,而且确立了城市空间新形象。

"环湖赛"国际性体育赛事的举办确实促进了城市基础设施现代化,而不断提升和完善的基础设施支撑了西宁市的全球化进程,如21世纪以来西宁市的基础设施建设规模不断扩大,航空、铁路、公路及通信网络的质量不断提高,明显降低了国际贸易成本(张鹏飞,2018)和提升了区域技术创新能力(张玲,2006)。某出租车司机感叹道:"从'环湖赛'举办以来,城市建设得越来越好,道路越修越宽、公园越来越多、空气越来越好,而且每年都会看到很多外国友人,我还自己主动学习了英文,这样就能和他们简单沟通了。"某市民骄傲地说道:"提起'环湖赛'我们市民可太骄傲了!它每年在西宁最美的季节举办,选手们不仅能感受到激烈的比赛气氛,而且能享受到这里的美丽景色,同时比赛还带动了景区的发展,以前的景区什么都没有,去那里玩上个厕所都麻烦,现在不光有干净的厕所,还提供旅游咨询、乘车引导等一系列服务,出行、游玩既舒心又放心。"值得关注的是,青海省,尤其是西宁市的"生态优先、文化特色"战略,即以生态、文化为导向的方略,有力支撑了"环湖赛"。虽然西宁市没有明确建设或形成针对"环湖赛"的新国际空间,如赛事的出发地西宁市中心广场,但沿途都有相应的宣传等。

与"环湖赛"有所不同,"中阿博览会"不但促进了城市基础设施现代化,而且新建了伊斯兰文化显著的新城市空间。为落实"一带一路"倡议和青海省政府内陆开放型经济试验区的目标,尤其是建立"中国—阿拉伯世界"沟通的"中国中心"——中阿合作的交流中心,银川市整个城市为之进行了"转型",以支撑"中阿博览会"的节事活动,如城市设施现代化和塑造"塞上湖城、回乡风情"的城市特色,以及城市建筑景观和空间格局的伊斯兰化转向明显和伊斯兰式公共工程的增加。尤其是,"中阿之轴"这个新国际空间的建设,表达了阿拉伯国家悠久的历史文化和中阿友谊源远流长。

我国西部城市和许多阿拉伯国家在自然环境、宗教信仰、文化源流、旅游资源方面有较多的共同性和较强的互补性,加之源远流长的历史关系、逐年增长的双边经贸活动和频繁的文化交流,为开展双边跨国旅游奠定了良好的基础,具有美好的前景。银川市作为"一带一路"西部地区的重要节点城市及国家向西开放的窗口,具有联结西亚及中东阿拉伯国家的天然区位优势和人文优势。银川市政府近年来实施了全面开放、全域开放、全方位开放战略,立足宁夏、面向全国、融入全球,提升银川在国家对阿合作中的枢纽地位,强化与东北亚、欧美等发达国家和地区的合作,拓展与东南亚、中亚等欠发达国家和地区的合作(牛梅莉,2016)。银川市政府通过筹办节事活动、打造旅游休闲文化产业、构建伊斯兰商业贸易圈、增加伊斯兰式公共工程建设等,正逐步将自己打造成为中阿合作的交流中心,即利用国家的支持性政策,积累新型的发展要素,发展未来产业,全面提升其现代化、国际化水平;加快内陆开放型经济试验区的核心区建设,在开放平台、开放经济、开放通道、开放环境等方面实现新突破,整个城市为之进行了"转型",如银川市作为"中阿博览会"的永久举办地,提供了中国对阿拉伯国家的最高开放合作平台。

"中阿博览会"自2010年举办以来,规模不断扩大,成果日益丰富,已成为中国与阿拉伯国家及穆斯林地区进行政策发布、经贸合作与文化交流的综合性战略平台,在推动中阿经贸关系发展方面发挥了重要作用。中阿经贸合作呈现出快速、多元的发展势头,中阿互为重要贸易伙伴的关系不断加深,中阿经济依存度进一步加强,合作空间更为广泛,已从传统领域扩展到绿色经济、新能源、金融合作、旅游等诸多方面。政府适时建设"中阿金融合作中心"和"中阿博览会信息中心",不仅是宁夏转型发展的需要,也是整个国家进一步深化对阿战略开放的需要。"中阿金融合作中心"为中国与阿拉伯国家及穆斯林地区贸易、经济发展提供了有力的金融支持,包括:①建设区域性资金聚散中心;②建设跨境人民币金融服务中心(包括建立中阿贸易结算中心和伊斯兰离岸投资中心);③建设人民币国际金融产品开发和交易中心;④建设特色金融产品和商品市场的交易中心;⑤创建金融后台服务中心(刘天明,2013)。作为西北重要的金融集聚区,建立金融合作中心可加深对周边城市的辐射,促进将宁夏打造成中国和海湾阿拉伯国家金融合作的先行区。"中阿博览会信息中心"由三个部分组成:①中阿博览会专题图书馆;②中阿博览会信息博览园;③中阿博览会数字图书馆,其秉承"中阿博览会"举办机制,尊崇"相互尊重、互惠互利、共建共享"的原则,实行中阿共建、行业联建和相关机构协建的机制,为用户提供信息服务、保存文化成果、传播中阿文明。通过此中心,提高文献资源的保障能力,实现图书馆作为社会信息公平和保障的价值功能,扩大与提升图书馆在国际社会活动中的影响力。同时,彰显不同文化主体的权利和责任,以利于不同文化互相借鉴,获得良性、健康的发展,维护世界文化生态平衡。"中阿金融合作中心"和"中阿博览会信息中心"对银川市在金融、文化等方面的转型发展意义重大。中阿之轴是以中国和阿拉伯元素打造而成的公共休闲空间。它位于阅海湾中央商务区(Central Business District,CBD),全长2.1 km,总宽度达90 m,由两个部分组成,中间是58 m宽的文化休闲区,两侧各有16 m的机动车道和人行道。中阿之轴分为三个相对独立的人文景观区,即中阿友好标志景观区、中阿文化交融景观区和中国回族文化景观区,表达了阿拉伯国家悠久的历史文化和中阿友谊源远流长。

3.4 河西走廊的出口贸易驱动

我国中欧班列运输的货源品类不断丰富,其中农副产品等初级产品主要运送至"一带一路"沿线国家(穆焱杰等,2021),属典型的终端产品出口类型。近3年针对甘肃、新疆部分地市的调研表明,借助于地方性的独特品质、差异化产品、价格优势等,如以蔬菜、瓜果、种子等绿色、特色、标志性农产品所产生的国际贸易是部分深内陆城市初创型的全球化路径。张掖是深内陆城市由国内到国际市场转型的农业全球化的典型案例。10余年来,张掖市政府投入了大量资金进行现代农业发展及其转型,其蔬菜、瓜果等农产品开始出口到中亚等国,并试图扩大其市场份额(曹宛鹏等,2020)。同时,针对张掖、武威、敦煌、乌鲁木齐等城市的实地调研发现,其主要的国际化路径是地方政府负责协调宏观层面的关系,如贸易信息、出口政策等;国际贸易公司独立或与各相关合作社合作,负责预订、收购、运输、出关、国外销售等相关环节。一方面,农户主要负责自己的生产或根据订单生产相应品质、数量的农产品,相关的国际贸易公司负责随后的系列工作。另一方面,针对中亚五国这一对外贸易主体国际市场的销售方式主要为批发给当地的相应批发商,而零售方式不被允许或仅被允许有比较小的销售份额。根据对地方政府相关负责人的访谈可知,中亚国家严格意义上并不想让我国的销售商进入和占据其农产品市场。

甘肃省河西走廊地区包括武威、金昌、张掖、酒泉、嘉峪关五市,这五市是典型的内陆欠发达城市。河西五市地处亚欧大陆桥战略通道,是"丝绸之路经济带"的核心地带,也是中国向西开放的重要门户,拥有"东亚陆上马六甲海峡"之称。

3.4.1 两类路径演化的基本过程及地方特征

河西五市对外出口的路径演化基本可分为两类。实地调研表明,嘉峪关和金昌主要以金属制品出口为主,出口产品种类单一且长期保持不变,2008年以来受国内外情势影响,出口形势严峻;酒泉、张掖以及武威早期主要以农产品出口为主,2013年后出口产品逐渐具有多样化趋势,出口路径开始分化。同时,对外贸易依赖度也显示(图3-12),2000—2012年,酒泉、武威和张掖三市的对外出口额与国内生产总值(GDP)的比值长期较低,但2013年后酒泉和武威的比值开始有所增加;嘉峪关和金昌的对外出口水平虽明显高于以上三市,但2008年以来已长期陷入衰落。因此,酒泉、武威和张掖处于从对外出口的初始路径创造到路径分化的探索阶段,而嘉峪关、金昌已进入对外出口路径锁定和需路径突破的新阶段。

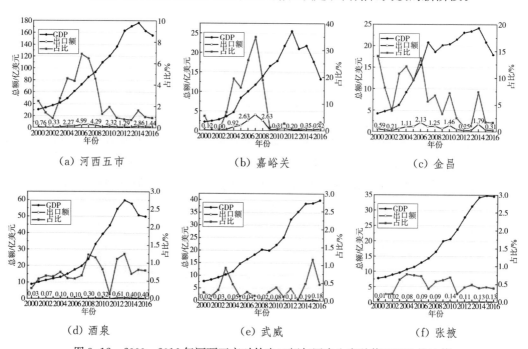

图3-12　2000—2016年河西五市对外出口额与国内生产总值(GDP)的比值

基于对外贸易视角,深内陆河西五市近20年的全球化路径演化大致可分为两个阶段:从对外出口的初始路径创造到路径分化的探索阶段;从对外出口初始路径创造、深化阶段到对外出口路径锁定和需路径突破的新阶段。事实上,嘉峪关、金昌等资源型城市逐渐陷入了产业路径锁定,而武威、张掖等非资源型城市,由于前期产业路径依赖性不强,反而进入从对外出口的初始路径创造到路径分化的探索阶段。嘉峪关、金昌两市的对外出口主要依赖少数大型国有企业,出口产品种类单一,但规模较大;而酒泉、武威、张掖的对外出口主要依赖在2000年后成立的中小型私营企业,这些出口的私营企业虽然数量相对较多,但规模较小;出口产品种类相对丰富,但技术含量较低[⑩]。

1) 从对外出口的初始路径创造到路径分化的探索:酒泉、武威、张掖

总体上,酒泉、武威、张掖三市的对外出口路径在2013年前大致处于前期演化的创造阶段,该阶段出口产品以初级农产品(蔬菜、种子等)和农副产品(菊粉等)等为主。之后,进入路径分化的探索阶段,出口产品开始逐渐向包括发电机、电器、汽车零部件等在内的技术密集型产品转变,出口产品空间开始尝试由"边缘区"向"核心区"跳跃。

2000—2007年,酒泉、武威、张掖的对外出口整体呈上升趋势,且主要出口产品为农产品。①酒泉和张掖增速相对平稳且较快,增长都主要依赖于集约边际和市场扩展边际(图3-13),出口产品以初级农产品为主,产品扩展边际变化不大。②武威在这一时间段内波动较大且主要受市场扩展边际和产品扩展边际的影响,而产品扩展边际的波动主要是受到了农产品种类变化的影响。如一位武威的企业管理人员说道:"2008年以前政策还可以,但是一些种子公司肆意压价,破坏市场。为了避免了直接竞争,我们公司培育了新的蔬菜品种投入市场。另外,市场重心也开始向东南亚国家转移。"

受2008年金融危机的影响,2008—2011年,酒泉、武威、张掖的对外出口出现波动,但波动受产品扩展边际的影响较小,以农产品为主的出口

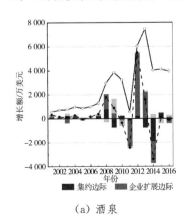
(a) 酒泉

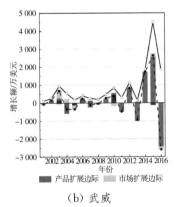
(b) 武威

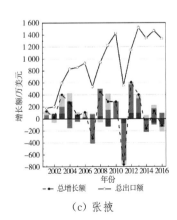
(c) 张掖

图3-13 酒泉、武威、张掖随时间动态变化的二元边际增长分解

产品空间未发生变化。①武威的对外出口以农副产品为主,企业规模小,技术要求低,在出口退税补贴政策及融资成本降低的刺激下,集约边际和企业扩展边际增加。②酒泉、张掖两市是国内乃至世界范围内制种、蔬菜生产的黄金地带,由于其出口产品(蔬菜、种子等)的异质性而难以被替代,出口成本的降低使其在海外竞争具有一定优势,即集约边际、企业扩展边际以及市场扩展边际得到增加。但是,金融危机之后,政府补贴力度降低,一些出口韧性不足的企业受制于自身实力,不得不退出海外市场,从而企业出口的边际效益大幅下降,出口规模也随之下降。

自 2013 年"一带一路"倡议提出以来,酒泉、武威和张掖的中小企业开始进入对外出口路径分化阶段,三市开始尝试由出口产品空间的"边缘区"向"核心区"跳跃,主要表现为出口产品开始由农产品逐渐向技术含量较高的产品(发电机、电器、汽车零部件等精密器件)转变。①酒泉对外出口产品的扩展边际增加,而集约边际和企业扩展边际大幅下降,主要原因是其增加了发电机、变流器、光纤等技术密集型产品的出口,而传统的农产品及其企业数量减少。正如一位酒泉的种子公司企业负责人所说:"就现在这形势来看,种子行业门槛低,国内外竞争都比较激烈,要想赚钱,搞技术含量高的产业才行。"②武威前期增加了大量资源密集型企业(主营瓜子、扁豆等农产品)、资本密集型企业(主营不锈钢及其制品、塑料产品等一般性工业产品)和技术密集型企业(主营手表、电器等精密器件),促进了企业扩展边际和产品扩展边际的增加。但是,难以满足市场需求的资本密集型企业及其产品迅速被大规模淘汰,而技术密集型企业和部分资源密集型企业得以保留。③张掖在 2013 年后对外出口产品开始由初级农产品(蔬菜、种子等)向农副产品(番茄酱罐头等)及技术密集型产品(耳机等)过渡,出口呈现小幅波动特点,波动平衡位置处于 2000 年以来的相对较高水平且主要受扩展边际影响,呈现出"产品—企业—市场"联动效应。

从产业转型升级来看,2000—2012 年,三市中仅有张掖、酒泉进行了小幅度、低速度的技术密集型产业转向及其探索。但自 2013 年伊始,三市都进行了技术密集型产业转向,且以武威最佳,代表转型升级速度的 α 值达到了 26.31°。分析可知,自 2013 年以来,随着国际市场的竞争环境日益激烈和国内市场相关制度的深化改革,对出口企业的技术创新要求有所提高。只有不断增强本地产业或技术的演化与更新能力,才能形成创造新技术、新产业的有利环境,加快产业转型升级。正如一位政府工作人员所言:"现在国外市场对产品质量、技术要求普遍比国内高,你的产品技术不进步,就达不到人家的要求,你就更难走出去。"

2) 从对外出口初始路径创造、深化到对外出口路径锁定和需路径突破:嘉峪关、金昌

总体来看,嘉峪关、金昌的对外出口产品主要为金属制品(如普通钢铁热轧条、杆,未锻轧的非合金镍等),产品类型单一且长期保持不变。2000—2007 年两市的金属制造业及其制品开始逐步深入参与全球化市

场,是对外出口初始路径创造、深化阶段;2008 年以后,受国际金融危机和企业行为惯性影响,两市的国际市场参与度逐步降低,出口路径开始陷入锁定(图 3-14)。

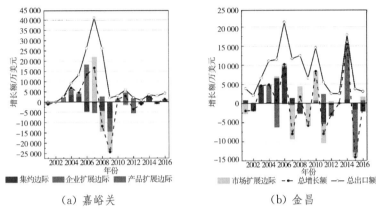

(a) 嘉峪关　　　　　　　　(b) 金昌

图 3-14　嘉峪关、金昌随时间动态变化的二元边际增长分解

2000—2003 年,是嘉峪关、金昌两市产品对外出口初始路径的创造阶段,金属制品开始逐步迈入国际市场。20 世纪我国的"三线建设"为西部欠发达地区积累了一定的技术、知识、人才结构,嘉峪关和金昌"邻矿设企,因企设市",成为重要的资源型工业城市。改革开放后,尤其是中国加入世界贸易组织(WTO)和西部大开发战略实施以来,嘉峪关和金昌开始加速出口。嘉峪关和金昌的对外出口额分别从 2000 年的 1 172 万、5 941 万美元提升到 2003 年的 2 499 万、6 674 万美元,且嘉峪关的出口增长主要来源于企业扩展边际的增长,金昌主要来源于集约边际的增长,但两市受产品扩展边际的影响均较小。这主要是由于两市的出口产品以普通钢铁热轧条、杆,未锻轧的非合金镍等金属制品为主,产品单一性强。如 2003 年,嘉峪关和金昌的金属制品出口额分别达到 2 497 万、6 627 万美元,分别占两市的对外出口总额的 99.92%、99.30%。但是,从产业转型升级来看,2000—2003 年,两市都没有进行技术密集型产业转向。

2004—2007 年,嘉峪关、金昌两市进入产品出口的路径深化阶段,以金属制品为主的出口产品空间结构进一步深化。该阶段,金属制品出口额的增加加速了两市的对外出口进程。两市对外出口总额由 2004 年的 20 326 万美元增加到 2007 年的 52 708 万美元,年均增长率达 37.39%。其中,两市金属制品的对外出口总额由 2004 年的 20 280 万美元增加到 2007 年的 52 617 万美元,分别占两市当年对外出口总额的 99.77%、99.83%。在此过程中,政府政策也起到了一定的引导作用,如 2006 年甘肃省第十届人民代表大会通过的《甘肃省国民经济和社会发展第十一个五年规划纲要》提到,"提升河西综合经济实力。依托武威、金昌、张掖、酒泉、嘉峪关等城市现有基础,以酒(泉)嘉(峪关)要素资源整合为重点,加快区域中心城市的培育和发展。""积极开发多元化的国际市场。大力发展对外经贸合作,调整进出口结构,扩大进出口总量,提高对外贸易效益。积极引进先进技术、设备和短缺资源,努力扩大农产品、机电产品、高新技术产品出口。"但是,嘉峪关在这个阶段没有进行产业转型与升级,金昌虽进行了技术密集型产业转型,但速度相对较慢,这可能导致后期出现"贫困化增长"。

2008—2016 年,嘉峪关、金昌两市以金属制品为主的出口产品空间结构仍未动摇,对外出口路径陷入锁定。2008 年世界金融危机爆发,面对突发的外部冲击,嘉峪关和金昌的对外出口原有路径被打破,集约边际、市场扩展边际以及产品扩展边际总体下降。2008—2012 年,两市的出口总额由 2008 年的 38 758 万美元下降到 2012 年的 4 558 万美元,年均下降 41.44%。其中,两市的金属制品对外出口总额由 2008 年的 38 450 万美元下降到 2012 年的 4 324 万美元,年均下降 42.09%。

中国政府为应对此次金融危机,实施了量化宽松的货币政策,并加大了出口退税补贴力度。对于嘉峪关、金昌而言,一方面量化宽松的货币政策降低了企业融资成本,另一方面提高商品出口补贴、退税率甚至取消部分钢铁产品的出口关税[①],降低了企业出口成本。但是,由于两市出口产品以金属制品为主,可替代性较强,市场依赖性大,面对动荡的海外市场,仍难以遏制集约边际、产品扩展边际和市场扩展边际的下降。同时,国内基础建设的大力推进,对钢材等建筑材料的内需增加,部分出口产品开始转向内销,进一步加剧了产品扩展边际的萎缩。但由于两市对外出口以大型国有企业为主,企业网络结构稳固,企业不易进入和退出,因此企业扩展边际受到的冲击相对较小。

自 2013 年"一带一路"倡议提出以来,中国开辟了国际区域经济合作新模式,但嘉峪关和金昌受企业行为惯性的影响而逐渐陷入"刚性专业化"的陷阱。两市对外出口产品空间仍以金属制品为主,如 2016 年,金属制品出口仍占两市总出口额的 99.01%,故两市产品的扩展边际变化不大。从产业转型升级水平来看,两地技术密集型产业超前系数均不超过 1,但资源密集型产业和劳动密集型产业的占比增加,已陷入"贫困化增长"。主要原因可能是在路径形成过程中,两市企业不断强化已有技术,使企业网络结构、专业知识等进入"刚性专业化"的陷阱,从而导致地方产业技术停滞,区域发展进入消极的路径依赖效益,在一定程度上诱发了功能性锁定、认知锁定、政治锁定,故始终处于出口产品空间的"边缘区"而难以向"核心区"跳跃。如金昌的一位企业管理人员所言:"现在企业发展进入了瓶颈期,原有的产品、技术竞争力下降,但是新技术研发也跟不上,导致不仅国外竞争难,国内也难。"

3.4.2 对外出口路径演化的影响因素及其驱动机制

通过对企业和政府的问卷调查与半结构访谈进行分析发现,河西五市的对外出口路径演化受政府政策作用影响显著。同时,技术创新、贸易壁垒、信息网络、交通网络对河西五市对外出口路径演化也有重要影响。

(1)政策的调控和引导作用:访谈资料表明,政府的战略决策和地方资源禀赋可决定大型国有企业的空间分布,而大型国有企业对地方出口二元边际具有显著影响,故而可对地方对外出口路径演化产生重要影响。嘉峪关于20世纪50年代发现铁矿资源,遂成立"酒泉钢铁公司",并成为国家"一五"重点建设项目,70年代初脱离酒泉市管辖,成为独立的省辖市。金昌城内富含镍矿资源,于20世纪50年代末成立大型国有企业"金川集团有限公司",先后隶属于张掖、武威管辖,在80年代调整为省辖市。嘉峪关、金昌的行政区划调整,通过影响代表先进技术和优秀人才的大型国有企业的空间分布,对地方的知识、技术和人才积累产生影响,从而对地方出口二元边际产生作用,也即影响了随后的地方产业演化进程。同时,环境保护与产业转型升级政策通过影响企业扩展边际和产品扩展边际来影响地方对外出口路径的演化。针对内陆地区的生态环境更为脆弱和原有的粗放型发展道路难以为继,西部城市政府制定了一系列的环境保护与地方产业转型升级的发展政策。这会促使地方经济、社会、生态环境全面进行绿色转型,从人类经济社会发展与生态环境相背离的发展范式向相协调的发展范式转化(侯纯光等,2018)。政府环保力度的加大在短期内虽会约束地方企业的发展和生产能力,但同时也会倒逼企业进行技术转型与升级。因此,对企业、产品要求的转变势必会对企业扩展边际和产品扩展边际产生直接影响,进而影响产业演化进程。在访谈资料中,嘉峪关的一位企业管理人员谈道:"最近几年政府也在抓环保,环保不达标直接就让你停产了,我们企业现在也很重视技术升级和环保。"

问卷调查结果也支持了政策通过影响出口二元边际进而引导对外出口路径演化这一论点。调研发现,64.71%的企业出口规模相较于2013年前有所增加,平均增加了58.64%。究其原因(图3-15):①出口产品种类增加、出口市场数量增加是企业出口规模增加的主要直接因素,占比分别为40%、35%。②企业自身产能提升、政府扶持力度增大是企业出口规模增加的关键根本因素,占比分别为40%、30%。结合访谈可发现,创新导向型政策与出口导向型政策相结合,有利于企业研发新产品(产品扩展边际增加),潜在出口企业向在位出口企业转变(企业扩展边际增加),进而开拓新的国际市场(市场扩展边际增加),已有的在位出口企业也会加大海外市场份额(集约边际增加)。

(2)贸易壁垒的外部制约力:国际贸易壁垒通过影响集约边际和市场扩展边际来制约对外出口路径的演化。调研发现,35.29%的企业出口规模在2013年以后有所下降,平均下降了55.50%。究其原因,出口市场竞争强度增加、出口市场经商环境不良均显著影响了企业出口规模,占比分别为33.33%、11.11%。分析可知,随着中国国际贸易地位的不断提升,相关国家均频繁利用反倾销措施高筑贸易壁垒,使中国出口产品的成本增

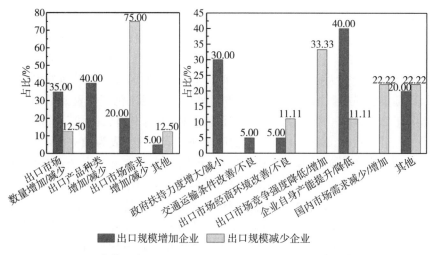

(a) 直接因素　　　　　　　　(b) 根本因素

图 3-15　2013 年以来在位出口企业出口规模的影响因素

加,从而大幅影响集约边际和市场扩展边际,阻碍企业深刻融入全球生产价值链,从而削弱技术、知识的溢出效应,最终影响产业演化进程。但是,政府补贴、退税等政策可削弱贸易壁垒的负面影响。一位武威的企业负责人表示:"最近几年外部贸易环境有恶化趋势。……出口的话就会有很多其他阻碍,有些国家制定了保护本国同类产品发展的政策,我们想要进入就很难。……出口成本太高的话就需要政府补贴或者减税,要不然还不如在国内销售。"

(3) 技术创新的内部驱动力:技术创新通过促进二元边际全面增长来驱动对外出口路径的演化进程。问卷数据显示,国内外市场对于产品的侧重点不同,国外市场更看重产品质量,国内市场更看重产品价格(3-16)。为了进一步打开国外市场,提升产品的质量,出口企业主要采取了技术引进和自主创新的产业升级方式,占比均为 37.04%。究其原因,技术创新是一个发展、震荡、自我改造、自我组织的过程,企业通过"干中学"和"技术诀窍"等打破"技术路径依赖",推动产品结构转型升级,使自己与其他同类企业在竞争过程中表现出优越性,从而有利于在海外市场的竞争中占据有利地位,进而促进出口二元边际增长,推动地方产业演化进程。而那些技术创新能力较弱的企业则逐渐被淘汰(企业扩展边际降低),市场范围缩小(市场扩展边际降低),优势产品种类减少(集约边际、产品扩展边际降低)。另外,需要强调的是,企业在技术引进、自主创新的过程中也离不开政府的政策支持,政府通过对新技术的补贴促进了企业内部的技术升级与企业间的技术交流。

一位酒泉的农机公司负责人表示:"我们公司是集研发、制造和生产为一体的,每年技术研发投入比例也很高,技术不升级就卖不出去,就要被淘汰。……最近几年政府也有一定的政策扶持,加快创新型企业的成长与发展。"

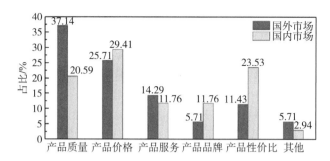

图 3-16 国内外市场产品要求侧重点

(4) 信息网络的必要推动力:完善的市场信息网络有利于促进扩展边际增长,进而加速对外出口路径的演化。对潜在出口企业的出口意愿进行调查后发现,平均出口意愿达到 83.16 分(百分制),但仅有 31.58% 的企业制定了进入国外市场的企业发展规划。究其原因(图 3-17),不了解国外市场信息成为进入国外市场的主要阻力,占比为 26.32%。分析可知,企业决策者掌握市场信息的多寡会直接影响企业的战略决策,从而影响地方产业的演化进程。潜在出口企业向在位出口企业转变(企业扩展边际),研发新的出口产品(产品扩展边际),新的海外市场开拓(市场扩展边际),无一能够离开市场信息的支撑。而扩展边际的增长,在促进企业走出去的同时也有利于先进技术、知识的引进,从而推动地方产业的演化进程。要强调的是,政府政策对于市场信息网络的建设也会有推动作用。一位酒泉的种子公司负责人表示:"我们公司想出口,但是没经验,没门路,你不了解国外市场情况,怎么出口?公司自己出国调研的话,代价和风险也比较大。如果政府能组织出国考察或者参加国外的展销会,我们肯定参加。"

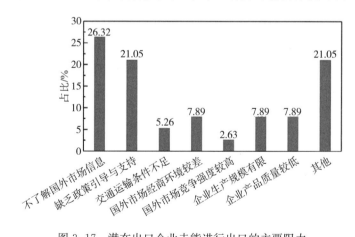

图 3-17 潜在出口企业未能进行出口的主要阻力

(5) 交通网络的重要保障力:良好的交通网络可保障扩展边际的增加,从而影响路径演化过程。在访谈过程中,多位受访者表示政府加大了对交通网络建设的投资力度,提高了交通通达度,增强了本地企业进入海外市场的可能性,如有5.26%的潜在出口企业被调研人员将自家企业未能出口归为交通运输条件问题(图3-17)。金昌的一位食品加工企业负责人表示:"我们生产的是豆制品,它保鲜期较短,要求能尽快到达市场才能保证产品的口感。现在交通发达了,产品运输的问题不大,所以我们也想着等企业规模再扩大一点就认真考虑一下海外市场。"总之,各级政府对于交通网络建设的日益重视,提升了企业的国际贸易便利度,交通运输条件已难以构成企业进入国际市场的障碍,即良好的交通条件有效保障了潜在出口企业向在位出口企业的转变(企业扩展边际增加)、新的海外市场开拓(市场扩展边际增加)以及对交通运输条件较高的产品向外出口(产品扩展边际增加)。扩展边际的增加,有利于地方深入参与全球化进程,促进技术、知识的学习、积累和应用,加速地方产业演化。

整体来看,政府政策与技术创新、信息网络、交通网络、贸易壁垒之间相互影响,共同构成"五位一体"的驱动机制,并且政府政策起到核心的引导、调控作用。创新导向型政策和绿色转型政策会推动企业进行技术的转型与升级;出口导向型政策会促使政府建立更为完善的出口市场信息网络;强烈的出口意愿会使地方政府加强对外交通联系;政府的出口补贴、退税政策也有助于弱化贸易壁垒阻力。同时,技术创新会推动政府创新导向型政策的制定和完善;市场信息网络的构建有利于政府为出口企业制定更为合理的出口导向政策;交通"贫困"问题会推动政府制定相关政策以提高对外交通通达度;贸易壁垒也会倒逼政府实施更大范围、更大力度的贸易补贴、退税政策。

对比来看,河西五市两大类路径演化的驱动机制有所不同。"三线建设"、行政区划调整等宏观政策通过影响大型国有企业的空间分布来影响技术、知识和人才的空间分布,从而造成酒泉、武威和张掖三市的对外出口初始路径创造明显滞后于嘉峪关和金昌。继而,受西部大开发和中国加入世界贸易组织(WTO)等宏观政策的影响,嘉峪关和金昌凭借良好的工业基础,对外出口路径不断深化。直至2008年世界金融危机爆发,嘉峪关和金昌原有的出口路径被打破,并由于企业行为惯性而陷入"刚性专业化"的陷阱,出口路径陷入锁定,出口产品空间长期处于"边缘区",出口趋向停滞。而酒泉、武威和张掖则在不断探索有效的对外出口路径,并于2013年"一带一路"倡议提出后积极进行技术转向,开始尝试由出口产品空间的"边缘区"向"核心区"跳跃。

河西五市对外出口路径演化的驱动机制与东部地区相比也明显不同。已有研究认为,对外联系越强、区域溢出效应越强、社会文化越开放、市场化程度越高,越有利于促进区域突破现有发展路径,创造新的发展路径(周沂等,2019)。相较于内陆地区,中国东部地区具有显著的产业发展要素禀赋优势,整体处于中国对外出口产品空间的"核心区",其更有能力基于现有产品进行多样化发展,即依托技术关联推动产业结构转变,促使城市向其具有比较优势的产业演化(贺灿飞等,2016;Hausmann et al.,2011)。

对比来看,中国东部地区对外出口路径演化受技术关联影响显著,而以河西五市为代表的中国内陆地区受政策影响更为显著,这体现了中国内陆欠发达地区对外出口路径演化的特殊性。

第 3 章注释

① 课题组运用调研访谈和社会网络分析方法,在全球生产网络 2.0(GPN 2.0)和全球价值链理论的基础上,采用 2010 年、2015 年和 2019 年金川集团股份有限公司对外投资和上中下游产品属地以及实地调研相关数据,探讨了金川集团股份有限公司自 2009 年进入国际化经营最新一个阶段的生产性投资及其全球生产网络在全球的空间演化与发展模式,并分析其国际化经营的动力机制。

② 本部分主要整理自曹宛鹏、杨永春、史坤博等:《中国内陆河西五市对外出口的路径演化》,《地理研究》2020 年第 7 期。

③ 本部分的资料来源:a. 敦煌市的实地调研与深度访谈信息。访谈对象包括市政府(外事办公室、发展和改革委员会、中国人民政治协商会议敦煌市委员会、办公室、市民中心)、文体广电和旅游局、敦煌研究院、文化博览局、文博会展事务中心、大景区管理委员会、月牙泉镇政府、文旅集团有限公司、中国国际旅行社等工作人员及本地居民。录音文稿与笔记作为一手材料。b. 敦煌市相关统计数据与规划文本,如统计年鉴(2010—2019 年)、国民经济与社会发展统计公报、敦煌研究院年鉴(2005—2017 年)、"十三五"规划、历史文化名城保护规划及专题报告等。

④ 市属旅游资源指敦煌市除莫高窟以外的旅游资源,旅游收入由市政府调配。国家规定,莫高窟直属于中央政府与甘肃省政府管辖,设立敦煌研究院作为文物保护机构,旅游收入由甘肃省政府调度。

⑤ "一会"以丝绸之路文化博览园为载体,开展丝绸之路沿线各国历史文化的展览推介与文化商品展示、交流、交易,举办丝绸之路旅游商品交易会与文化产业大会;"一节"在每年 8 月份,围绕丝绸之路商业贸易路线,通过各种主题及节会 43 项活动推动敦煌旅游与相关产业的融合发展;"一坛"是由甘肃省政府邀请丝绸之路沿线各国政要、知名企业家、文化界名人、学术团体参与,总部设在敦煌,每年选择一个主题,分为主旨论坛与分论坛,包括丝绸之路沿线国家首脑峰会、城市市长论坛、企业家文化论坛、丝绸之路世界文化遗产地圆桌会议等。

⑥ "国际敦煌项目"是大英图书馆发起的国际性项目,目标是使敦煌及丝绸之路东段考古遗址出土的写本、绘画、纺织品以及艺术品的信息与图像能在互联网上自由获取,并通过教育与研究项目鼓励使用者利用这些数据。旨在将大英图书馆收藏的敦煌文献数字化,将数字化后的敦煌文献放在互联网上供人免费查阅和使用。项目自 20 世纪 90 年代开始实施,敦煌研究院于 2005 年经国家文物局批准也加入国际敦煌项目(IDP),计划将敦煌研究院收藏的 600 余件敦煌文献数字化。

⑦ "数字敦煌"项目自 20 世纪 80 年代由樊锦诗院长提出,90 年代开始研究应用,旨在利用先进的科学技术,对敦煌石窟及文物进行数字化采集、加工和存储,建立敦煌石窟文物数字化数据库,通过互联网向全球分享,实现敦煌文物的永续保护利用。

⑧ 2. HC 级中的"2"指多日赛;HC 即 Hors Catégorie,指超级坡。此级别的环湖赛是亚洲顶级自行车公路多日赛,也是世界上海拔最高的国际性公路自行车赛。

⑨ 资料来源可分为三类:一是各类相关的统计数据。主要来源于统计年鉴(2000—2020 年)、青海省/西宁市、宁夏回族自治区/银川市的统计局官网、经济性预测系统

(Economy Prediction System，EPS)全球统计数据分析平台及中国知网上的统计数据，包括外商直接投资合同外资额、进出口贸易额、国内生产总值(GDP)等统计数据；进出口贸易数据主要来源于中国海关贸易数据库，包括企业名称、企业所在地、产品名称、原产国/起运国、海关编码(HS 编码)、数量、金额等；相关的企业数据主要源于工商管理局企业注册信息行子公司基础资料等，其中企业的行业类型以《国民经济行业分类》(GB/T 4754—2017)为依据进行划分。二是根据"天眼查"企业信息平台和各企业官网，统计参展银川市本地企业注册地址、主营业务、进出口和企业关系等，主要包括企业地址、企业性质、成立日期、行业领域、进出口情况、企业关系和人员规模等内容。同时，获取了 2017 年、2019 年《中国—阿拉伯国家博览会会刊》，主要收集了 2017 年、2019 年"中阿博览会"参展企业名称、所属国家、产品服务等信息。三是实际调研信息与访谈资料。采用质性研究方法，包括面对面访谈方式，主要的调研对象包括政府部门的相关人员、部分企业负责人及民众等人群。在前期阶段，调研人员专门走访了宁夏回族自治区商务厅、博览局和银川市商务局、统计局、投资促进局等政府相关部门，进行了至少 10 人次的访谈。同时，主要针对参加 2019 年"中阿博览会"的银川市本地企业进行问卷调查和访谈，包括企业概况、企业参与全球化的情况、"中阿博览会"对企业的影响三个部分，问卷中关于企业参与全球化的动因、效益和"中阿博览会"对其全球化影响的部分采用李克特五级量表进行量化。研究组于 2019 年 11 月进行预调研，然后对预调研问卷进行了修订，并于 2019 年 12 月至 2020 年 1—3 月进行了正式调研。后来，研究组于 2020 年 7 月 20—8 月 15 日和 2021 年 7 月对西宁市进行了实地调研。研究组主要进行了 12 次以上的访谈，访谈对象主要分为政府相关部门(包括旅游部门、统计部门、规划部门、招商引资部门、宣传部门及其他)。此外，还针对城市居民进行了相应的访谈。其中，半结构访谈主要针对市民群体，深度访谈主要针对政府和企业两类主体。

⑩ 文中采用动态二元边际分解法等(Bernard et al.，2009)分析产品的出口路径。产业转型升级水平主要由产业转型升级方向和速度两个维度进行测度(干春晖等，2011)，分析方法参考了马洪福、郝寿义(2017)文中的方法。

⑪ 参见《国务院关税税则委员会关于调整出口关税的通知》(税委会〔2008〕36 号)。

4 绿色转型下干旱区绿洲城市张掖的生态城市建设

生态城市建设可以改变西部城市的落后地位,发挥后发优势,促进绿色发展,成为城市发展转型的基本动力。地处大西北戈壁滩上的古城张掖,依靠"一城山光、半城塔影、连片苇溪、遍地古刹"的特色,以旅游休闲产业等促进城市绿色发展。

4.1 系统化全域转型

张掖市地处青藏高原和内蒙古高原的接壤地带,甘肃省西北部和河西走廊中段,西汉元鼎六年(前111年)设郡,自古就是丝绸之路重镇、边关锁钥及世界贸易的重要中转站[①]。张掖南依祁连山,黑河贯穿全境,是在祁连山国家级自然保护区和黑河湿地国家级自然保护区两大国家级自然保护区之上的城市。该城处于西北干旱半干旱地区,属大陆性荒漠草原气候,气候干燥,常年盛行西北风。甘州区是张掖市的主城区,位于张掖市的中心位置。因此,张掖市拥有南部祁连山水源涵养区、中部黑河湿地、北部荒漠三大生态系统,冰川雪山、湖泊湿地、森林草原、荒漠戈壁、丹霞丘陵等多种地貌类型在此相间分布,使得张掖市的生态类型具有独特且多样化的特点(陈克恭,2012),即处于丰富多样的自然生态景观线和灿烂多彩的丝绸之路文明带的交汇处,有"连片苇溪"的自然风光和"半城塔影"的历史风貌,形成了"一山一水一古城"的鲜明特色,是名副其实的山水之城。1986年,张掖市被誉为"国家级历史文化名城"、2006年被国家旅游局命名为"中国优秀旅游城市"、2008年被誉为"甘肃绿化模范城市"。

张掖自古就有"塞上江南"和"金张掖"的美誉,是典型的绿洲城市。时任市委书记的陈克恭于2008年提出了"转型张掖"的思路,张掖市政府随之明确了转型的战略方向,提出把发展生态经济作为城市经济转型的根本途径,把建设生态经济功能区作为经济结构战略性调整的主攻方向。因此,张掖市以生态文明为引领,突出特色塑造,坚持建设生态城市,提出了"张掖市生态城市基本框架":①生态城市圈,以张掖历史文化名城为中心,加上经济技术开发区、国家湿地公园、滨河新区、国家绿洲现代农业试验示范区、国家沙漠体育公园五个新型功能区组成"1+5"生态城市圈。②生态城市带,以黑河为轴线分别将黑河流域的甘州区、临泽县、高台县打造为宜居宜游的生态城市;努力打造以祁连山为依托的山丹县、民乐县、肃南裕固族自治县生态城市延伸片,建设环境宜人、个性鲜明、充满活力的特色城市。其中,将甘州区的湿地公园打造为城市的空气净化器,高台县结合大沙河流域治理实现景城一体化,高台县依托湿地景观,建设"黑河水乡城市"。③生态城市片,以祁连山为依托将山丹县、民乐县、肃南裕固族自治县建设为高原生态特色城市,如将山丹县塑造为"五彩山丹",民乐县搭建城市生态平台,肃南裕固族自治县结合民族风情打造旅游胜地。④田园城镇群,以城乡统筹为纽带建设田园城镇群,如推广"生产专业化、生活社区化、环境田园化、农民知识化"的新农村建设模式,培育县城、乡镇、村庄三层级网络化发展的田园城镇群。

张掖市生态城市建设主要由政府主导,企业落实,公众参与起促进作用。政府、公众和企业三大作用主体对张掖市生态城市建设的作用方式与三大主体之间的相互关系如图4-1所示。

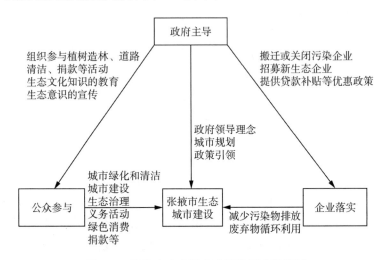

图4-1　张掖市生态城市建设作用主体机制

1) 政府主导

政府是张掖市生态城市建设的主导力量。问卷调查结果显示,有92%的受访者认为张掖市生态城市建设是由政府主导的,市民基本认同"张掖市生态城市建设是由政府主导的"这一观点②。在政府的各项推动因素中,受访者认为"政府主要领导(2009年以来的书记和市长等)"对张掖市生态城市建设的推动作用相对最大,其次为"城市规划(如'1+5'生态城市格局)"因素,而"政府的宣传教育"因素的推动作用相对最小。可见,生态城市建设理念是政府意志的体现,因此政府决策是生态城市建设的根源。城市规划作为政府实施生态城市建设理念的公共政策,是将理念从政策落实到空间的根本途径;政府的宣传教育作为落实生态城市建设的一种辅助手段,具有加速和促进作用。

2) 企业落实

发展生态工业是建设生态张掖的必然要求,生态工业是生态产业支撑的重要组成部分,是连接生态农业和第三产业的枢纽。企业的配合与落实对生态城市建设具有十分重要的作用。

张掖经济技术开发区管理委员会某负责人表示:"好多企业,如昆仑联合能源有限公司在2009年以前采用老工艺,而且是耗水企业,排放水量比较大。然后它自己修了污水处理厂,把烟尘、燃煤、锅炉整个全部改造,改造以后它在大气排放监测的时候就不会产生二氧化硫之类的排放,COD(化学需氧量)、BOD(生化需氧量)全部都处理掉,自己的水大部分能浇灌了就浇灌掉,尽量减少排放,它把生产工艺改造以后就实现了节能减排。还有像大弓农化(有限公司),它在建企业之前就必须要配套污水处理设施,然后大气排放也是全部治理了。"

"一般是淘汰落后的产能,比如造纸纸浆企业;糠醛厂,环保不达标排放污水什么的;水泥厂,根据国家政策是淘汰落后的,城区的水泥企业全部要搬迁到冶金建材产业园等,项目上马时所有生产工艺必须符合国家政策……纸浆企业是在2012—2013年左右关停的,水泥厂也是,都是在2000年以后逐步关停的,尤其在2012—2013年比较集中……现在污染企业基本上都关停了,我们现在要求处于黑河流域保护区、湿地保护区范围内的企业全部关停或搬迁,进入我们另一个园区——巴吉滩农产品产业园。2011年开始,所有企业都出城入园……以前环保上达标的比例可能是10%—20%吧,现在可能能达到80%—90%了。尤其今年以来,由于治理得非常严格,应该是达到100%了。"

3) 公众参与

调查结果显示,只有31%的市民参与过生态城市建设,参与程度较低。市民参与的活动主要有城市绿化和清洁、城市建设、捐款、生态治理、义务活动、绿色消费等[3]。市民参与生态城市建设的活动有以下几个特点:①市民参与最多的活动为植树造林和道路清洁,表明张掖市政府在提高城市绿化率、治理环境卫生等方面的工作力度很大;②大部分活动如城市绿化和清洁、捐款等都是政府组织市民参与的;③城市建设、生态治理等活动通常是由从事规划、建筑工作的市民参与的,大部分市民并没有参与过该类活动;④购物时自带购物袋等市民自行参与的活动与个人的受教育程度、环保意识等息息相关,参与人数较少。因此,目前公众参与尚处于政府组织参与的初级阶段,还未达到市民出于自身意愿而去参与的高级阶段,未来主要推动力应从政府逐渐转向公众,即由自上而下的政府推动逐渐向自下而上的公众参与转变。

2010年以来,国家、甘肃省、张掖市三个层面陆续出台了有关生态城市建设、生态文明示范工程试点、生态文明建设、生态环境保护规划等政策文件。张掖市政府提出建设生态文明大市的意见,提出强化生态功能屏障、加快发展生态经济、改善生态环境质量、繁荣生态文化、不断创新制度建设等目标。2010年以来,又陆续颁布了《中共张掖市委 张掖市人民政府关于建设现代农业大市的意见》《张掖市国家生态市建设规划》《张掖市宜居宜游城市发展规划纲要》《中共张掖市委 张掖市人民政府关于加快生态工业发展的意见》《张掖市人民政府关于贯彻落实〈甘肃省加快转型发展建设国家生态安全屏障综合试验区总体方案〉的实施意见的通知》等政策文件。

在城市尺度,张掖市以历史文化名城为中心的张掖市"1+5"生态城市格局,由20 km²的老城区、20 km²的经济技术开发区、20 km²的国家湿地公园、20 km²的滨河新区、20 km²的国家绿洲现代农业试验示范区、20 km²的国家沙漠体育公园构成。中心是老城区,北面是经济技术开发区、国家湿地公园,西面是滨河新区,国家绿洲现代农业试验示范区、国家沙漠体育公园在南面,六个功能区组成六大产业集群。为保护历史文化名城,张掖市政府组织拆除了大佛寺景区周边商业住宅楼的顶部三层,以使大佛寺景区有更好的观览效果;搬迁了张掖宾馆,建成西夏国寺玉石刻文化广场;搬迁了原区委、区政府所在地,建成博物馆、文化馆和图书馆;建成以大佛寺文化广场为中心的文化带(图4-2)。

图 4-2 张掖市甘州区生态景观示意图

4.2 产业的绿色转型

张掖市通过发展现代农业、生态工业、文化旅游业实现产业转型,促进生态经济建设。对于第一产业,政府主要通过提供政策扶持、项目资金、财政资金、金融资金、招商引资、补贴政策、以奖代补、企业家培训、开拓市场、技术培训等来促进现代农业的发展;对于第二产业,政府主要通过税收返还、贷款贴息、专项资金、以奖代补、奖励制度、金融支持等方式支持生态工业的发展;对于第三产业,政府主要以政府先行、招商引资、扶持政策、编制规划、专项资金、奖励政策、重奖制度等方式大力发展文化旅游业,将旅游业发展为张掖市的支柱产业。作为粮食主产区和河西农产品商品化加工产业带,张掖市立足全省空间产业布局框架和地处河西走廊中部的区位优势,积极主动融入河西新能源基地建设,着力培养水能、风能、太阳能、生物质能等清洁能源产业和特色农副产品加工、优势矿产资源等新型工业,以新能源产业、矿产品精深加工为重点,大力发展生态工业,拓展发展空间。张掖市坚持把工业园区建设作为撬动经济发展的"杠杆",整合资源,重大项目和现有企业"出城入园",实现错位、循环发展,高标准打造一个千亿级的生态工业园区,为高原腹地加工和国内外产业转移搭建平台(田青华等,2014)。

农业在城市有十分丰厚的基础和天然的发展优势。张掖市国家绿洲现代农业试验示范区以改造传统农业、转变农业发展方式为目标,先后开展了200多个品种对比、农作物肥效对比、不同模式的高效节水等试验,是张掖市发展现代农业新技术、开发新品种的示范基地。其中,甘州区是甘肃省唯一的国家级现代农业改革与建设试点示范区。甘州区现代农业的三大主导产业为玉米制种业、草食畜牧业和绿色蔬菜业。

1) 玉米制种业

玉米制种业已成为全市产业化程度最高、农民收入比重最大、农民效益最显著的支柱产业。张掖市是国家级玉米制种基地,甘州区是全国最大的县级玉米种子生产基地,被国内外专家称为"天然玉米种子生产王国"。据张掖市农业局统计数据显示,张掖市玉米制种业的面积多年来始终稳定在100万亩左右,约占全市耕地总面积的25%;其中,甘州区的制种面积为60万亩,占全市制种面积的一半以上。国家级玉米制种基地的项目资金主要来自国家投资和市政府项目资金整合。为了解决耕作土地碎块化、不利于机械化耕种的问题,国家对张掖市国家级玉米制种基地投资了1.7亿元,主要从机械化耕作、土地平整、道路等基础设施配套、滴灌节水四个方面进行建设,投资额平均为每亩地1 200元。此外,张掖市政府通过整合各类项目资金,满足建设国家级玉米制种基地的资金需求。

张掖市农业局某领导表示:"每亩地实际建成需要大概4 000元,因此,市政府要整合项目资金,把农业上的国家级玉米制种基地、水务利产的高效农田节水、国土整治等好多项目整合起来,才能达到高标准农田建设的需要。"

从玉米制种业的发展来看,农民的收益在一定程度上得到了提升。

张掖市农业局某领导表示:"比如以去年为例,制种的生产方式是这样的,种子公司给农民包产值,就是说这一亩地比如是2 500元的种子,像去年的收益水平大概能达到60%,就是农民自己干能拿到1 500元;如果说要再雇工的话,能达到50%左右。这样做的好处在于,第一通过这个改良能够增加机械使用而减少劳动力的使用;第二通过滴灌、水肥一体化等基础设施的配套来节约成本,成本下降则收入增加,也就是通过机械化运用提高了劳动生产率,降低了成本,节约了水肥、劳动力等,从而相对地就增加了收入,农民也有了稳定的收入源。"

2) 草食畜牧业

畜牧业为张掖市甘州区农业的主导产业,是农民增收与农业增效的重要手段。据甘州区畜牧局调查资料显示,2017年甘州区的畜牧业总产值为17.36亿元,占农业总产值的44%,农民人均畜牧业纯收入达3 216元。2010—2015年,甘州区畜牧业已进入传统畜牧业逐渐转向现代畜牧业的发展阶段。政府通过政府扶持、项目建设、金融资金、招商引资等方式推动畜牧业的大力发展:①政策扶持。2008年以来,甘州区被列为全省牛产业大县,甘州区政府制定了《甘州区肉牛产业发展规划》;2011年以来,甘州区提供财政资金累计3 500万元,在疾病防控、标准化规模养殖、基础母牛保护等方面对畜牧业进行重点扶持。此外,政府实施农户小规模养殖贷款贴息、养殖小区以奖代补、动物"零费用免疫"等扶持政策。②项目建设。据甘州区畜牧局调查资料显示,2011—2015年,向上争取畜牧业项目共125个,到位国家无偿资金10 978.8万元,撬动民间资金20亿元,促进了畜牧业的项目建设。③金融资金。政府积极搭建融资平台,促进银行和企业的对接,提高了企业发展畜牧业的融资水平。④招商引资。政府积极向外招商引资,建成沅博活畜交易市场、甘肃牧沅清真肉食品有限公司等6个大型招商引资项目,特别是自2013年以来,先后引进东银发展(控股)有限公司3万头肉牛养殖场建设、北京中地种畜有限公司2万头奶牛场建设、甘肃亚盛实业(集团)股份有限公司2万头奶牛场建设等重点招商引资项目,总投资近50亿元,对甘州区的畜牧业发展起到了极大的推动作用。

3) 绿色蔬菜业

张掖市为全国五大蔬菜生产基地和"西菜东运"的主要基地之一,也是面向丝绸之路沿线国家的农产品出口创汇基地。据张掖市农业局统计资料显示,目前张掖市的蔬菜种植面积共80万亩左右,甘州区的蔬菜种植面积约为60万亩,占张掖市蔬菜总种植面积的75%左右;张掖市年产蔬菜约270万t,总产值为27亿元左右。

在资金扶持方面,张掖市政府投放"双创"资金4 000万元扶持蔬菜产业发展,张掖市现代农业投资股份有限公司先后对10多家蔬菜、食用菌重点企业采取直接借款、担保贷款、贴息贷款等方式进行了扶持。在绿色蔬菜的生产过程中,政府也有一定程度的干预。

张掖市农业局某领导表示:"陈书记说的要建'绿色农产品蔬菜基地'嘛,生产环节通过行政干预来禁止农药的使用等。高浓度的农药被禁止了,浓度较低的可以适当使用。还有比如要有间隔期,有的允许打,但有机蔬菜上就不允许使用。"

张掖市蔬菜业主要有两大市场：一是向西面的哈萨克斯坦等中亚国家出口；二是我国东南沿海地区。

张掖市农业局某领导表示："西面的哈萨克斯坦是主要的出口市场，因为他们的农业技术装备相对比较薄弱，夏季能够生产蔬菜，但冬季生产量小，因此我们可以出口一些西红柿、茄子、马铃薯、洋葱等蔬菜；夏天的菜则主要运往我国东南沿海地区，因为沿海地区夏季雨水较多，生产蔬菜不便，我们这边的兰州高原夏菜、金张掖夏菜等就向东南沿海地区出售。""中亚地区需要反季节蔬菜，需求量大体上在 50 万 t，价格比国内平均价格高三倍左右。关于利润，举个例子，西红柿一公斤运费和关税加起来 4 元，收购价一公斤大体 2 元，成本约为 6 元，到那边平均卖 10—14 元，最后利润大概在 2—6 元。"

城市夏季出售的蔬菜量占当季蔬菜产量的 60%—70%，其中销往东南沿海地区的占 56%—60%，其他主要销往青海、新疆等周边市场。国家和市政府对张掖市蔬菜产业提供了一定的补贴政策。国家在生产、运输等环节提供了价格不等的补贴，且主要以项目的形式下达。其中，生产环节的补贴为 20 万—30 万元不等，运输环节如冷库的补贴为 40 万—60 万元不等。张掖市政府则主要通过以奖代补的形式对成长型企业提供支持。

张掖市农业局某领导表示："比如市政府拿出 500 元对企业贴息，就是认为这个产业有前途，现在政府想要将它慢慢做大，市政府就会出台相关政策对其贴息。对于成熟型企业，各县区政府针对基地建设、设施建设、品牌认证、绿色认证等出台相应的补贴标准，补齐企业各自的短板。"

此外，张掖市政府十分重视对企业家的培养，每年会组织企业家去深圳、上海、浙江等现代农业发展先进的省市进行培训与学习。龙头企业对产业具有极大的带动作用，企业家队伍是发展现代农业的关键动能。

张掖市农业局某领导表示："从我们的产业来看，哪种产业的企业队伍比较大，那么哪种产业的发展就比较快。就种子产业来说，我们的龙头企业群体比较庞大，有 70 多家玉米种子的生产企业，这些企业的注册资金都在 3 000 万元以上，还有 100 多家生产蔬菜、小品种的种子企业，这样共计有 150 多家种子企业，因此种子企业才能发展起来。在蔬菜产业中，发展得比较好的都是公司实力比较强、企业家素质比较高，而真正靠农民来发展现代农业，可以说是发展不起来的，农民只能提供土地和简单的体力劳动，发展现代农业最重要的动能还是靠企业家队伍。而从我市的现状来看，我们简单地对比一下临泽县和甘州区，甘州区的现代农业发展程度，我总结为它已经到了靠龙头企业带动型的发展阶段，而临泽县还处于靠政府扶持的初级阶段。"

生态工业是以自然环保生态和人居环境为核心，以节约资源、清洁生产、废弃物循环利用为主要特征，张掖市选择走向了生态工业的道路。张掖经济技术开发区作为城市发展生态工业的主阵地，旨在促进产业发展升级和服务经济，如鼓励和吸引国内外装备制造产业，促进装备制造产业高科技发展化，建立石油钻探机械、冶金设备、工程机械等产业基地，重点加强水资源、工业废弃物、废气、生活垃圾的循环利用系统构建，形成农副产品加工、有色冶金新材料、新能源及装备制造、生物制药化工和现代服务业五大支柱产业。张掖经济技术开发区成立于1994年，2006年5月定名为"甘肃张掖工业园区"。2006年以后，市、区政府先后规划建设了循环经济示范园和冶金建材产业园，并纳入张掖工业园区，形成了"一区三园"的发展格局。2013年3月，甘州区政府又将规划建设的光电产业园、风电产业园、种子及农副产品加工产业园纳入张掖工业园区，形成了"一区多园"的发展格局。2013年3月，张掖工业园区升级为国家级经济技术开发区，定名为"张掖经济技术开发区"，成为全省5个国家级经济技术开发区之一。开发区经济总量约占甘州区的2/3，已成为张掖市工业经济的重要载体和增长极。

（1）农产品产业园。该园位于甘州区巴吉滩，距市区10 km，重点发展种子及农副产品加工业，是中国金张掖玉米制种基地的重要组成部分和种子加工产业集聚地，辐射带动玉米制种面积30万亩。已有正大饲料有限公司等一批骨干企业入驻园区。

（2）循环经济示范园。该园位于城区以北13 km，主要发展循环经济产业，布局二类、三类工业项目，重点培育电力能源、生物化工、新型建材、矿产品深加工等产业。现已有张掖电投发电有限责任公司、大弓农化有限公司、瑞和祥生物科技有限公司、三益化工外贸有限公司、华西能源张掖生物质发电有限公司等一批骨干企业入驻。

（3）生态科技产业园。该园位于城区东北郊，以发展高科技产业和农副产品加工业为主，主要布局一类工业项目。已建成创巢、轻工厂房、标准化厂房，配套建设了较为完善的道路、供水、供电、排污、交通、天然气、通信等基础设施，绿化覆盖率达35%以上。现已有昆仑生物科技有限责任公司、华瑞麦芽有限责任公司、奥林贝尔生物科技有限公司、金鹰钢构有限责任公司、广泰药材有限责任公司等一批骨干企业入驻园区。

（4）冶金建材产业园，位于甘州区南面的西洞滩，距离市区24 km。它是以矿产加工、冶金冶炼、新型环保建材为主的产业园区。

园区内的循环一般分为两种形式：一种是企业内部的循环；另一种是企业与企业之间互为循环。开发区的企业内部，进行着积极的循环经济合作与循环经济产业链构建。如大弓农化有限公司是以生产农药除草剂为主的企业，在仲丁灵除草剂的生产过程中也会有废物的循环利用，如张掖市有年金龙（集团）有限责任公司把农产品加工业和生态农业相结合，形成了"资源—生产—产品—消费—废弃物再资源化"的清洁循环生产，既实现了各生产环节内的小循环，又实现了企业内部的中循环。

张掖市工业和信息化委员会某负责人表示："张掖市有年金龙[（集团）有限责任]公司，他们自己有农场、马铃薯加工生产线，原料他可以自己种一部分，然后向老百姓再收一部分，最后生产的马铃薯的废渣、废皮放在沼气池里发酵,再用沼气发电,沼渣、沼液再还原到地上当肥料。这就是典型的'吃干榨净'。"

再如张掖市宏金雁再生能源科技发展有限责任公司,是一家以废旧综合循环利用为主的节能环保型企业,以废轮胎、废塑料、废垃圾、废矿物油"四废"为原料,生产再生燃料油、工业炭黑和钢丝。而在开发区的企业之间,也有循环经济产业链的存在。甘肃电投张掖发电有限责任公司与火力发电企业和冶炼企业配套,甘肃电投辰旭生物科技有限公司和钧方新型建材开发有限公司利用火电厂余热供气和排放的粉煤灰开发了建材产业;泰鑫有色金属有限责任公司利用矿渣建成年产 20 万 m^3 的节能建材生产线;2015 年通过对废水、废渣的循环利用,开发区工业用水重复利用率达到 95%,工业固体废物综合利用率达到 92%。近年来,大部分污染型企业已被关闭或搬迁。

调查问卷也显示,有 94% 的受访者认为,张掖市污染性企业在 2009 年以后关停最多。其中,有 73% 的人认为在 2013 年以来关停最多。由此说明,在提出生态城市建设政策以来,张掖市政府在治理污染性企业方面确实做了较大努力。

2012 年以来,张掖市政府先后出台了《张掖市工业园区建设优惠政策》《中共张掖市委　张掖市人民政府关于加快生态工业发展的意见》《关于支持张掖经济技术开发区和民乐生态工业园区加快发展的若干政策》《张掖市推进生态工业发展考核奖励(暂行)办法》等政策,来加快推进张掖市生态工业的发展。在《张掖市工业园区建设优惠政策》中,张掖市政府对工业园区的发展在土地出让金、缴纳增值税、贷款贴息等方面给予了一系列优惠政策;在《中共张掖市委　张掖市人民政府关于加快生态工业发展的意见》中,提出"政府对生态工业项目给予财政支持、每年安排 2 000 万元的专项资金、鼓励金融机构加大对生态工业的资金支持力度、以奖代补扶持重点项目"等优惠政策。据中国张掖网新闻报道,2017 年,张掖市政府以总金额 449.87 万元的奖励金,表彰奖励了 2016 年主营业务首次突破 1 亿元和新晋为规模以上的工业企业。例如,对新晋为规模以上的甘肃巨鼎商贸有限公司等 28 家企业各奖励 10 万元等。

张掖市的文化旅游资源非常丰富,为发展文化旅游产业奠定了很好的资源基础①。依靠"一城山光、半城塔影、连片苇溪、遍地古刹"的城市特色,发掘开发出七彩、冰沟等丹霞地貌风景区以及芦苇湿地等风景公园,使城市渐渐吸引了众多游客,旅游城市的转型增强了城市的发展动力。据张掖市旅游局统计资料显示,2016 年,旅游业占张掖市国内生产总值(GDP)的 9% 左右,旅游业增加值占国内生产总值(GDP)的 5%,旅游业对财政的直接贡献率为 15%。第三产业的比重逐年提升,达到 46.9%,第三产业增加值占财政收入的 50%—60%。就景区数量来看,张掖市 4A 级旅游景区达 16 家。

张掖市把政府主导作为加快旅游业发展的突破口,先后制定出台了

《中共张掖市委　张掖市人民政府关于进一步加快旅游业发展的意见》《中共张掖市委　张掖市人民政府关于加快推进旅游大景区建设的意见》《中共张掖市委　张掖市人民政府关于促进旅游业改革发展的实施意见》《张掖旅游文化体育医养融合发展示范区建设规划纲要（2016—2020年）》等相关政策意见，明确了旅游业发展的主要目标；政府筹措资金5 000多万元，聘请专家编制了《张掖市宜居宜游城市发展规划纲要》、张掖市旅游业发展总体规划、旅游大景区建设规划和一批旅游景区景点开发建设规划；2010年以来，市县（区）财政落实旅游发展专项资金6亿元，撬动了旅游产业的投资；政府对旅游产业提供开发奖励扶持政策，实行4A级景区和四星级饭店重奖制度等，大力推动旅游业的开发与建设。目前，张掖市的旅游业已由政府引导推动转变为市场主导驱动。

政府以"旅游＋"为主要的发展策略，将文化、体育、医养、工业、农业等各方面均融入旅游产业的发展内涵，把各类产业都贴上旅游的标签。

张掖市旅游局某领导表示："比如说体育，现在我们的户外运动、经济赛事等，全是外地人来张掖一边旅游一边进行的；此外就是农业，现在农村里面的乡村旅游特色小镇，还有现代农业的采摘、观光，这些都已经和旅游融到了一起；文化就更不用说了，文化就是旅游的灵魂；还有医疗养生，现在利用中药材在做熏蒸、药浴、足浴、药膳等，感觉旅游的产业链条拉长了。"

开发建设大景区，是张掖市旅游业发展的重要路径。各级政府采取政府先行投入、边建设边招商、先建设再招商的模式对大景区进行快速投资建设，完成投资110多亿元，建成张掖宾馆、甘州府城、张掖国家湿地公园、张掖丹霞国家地质公园、焉支山—山丹皇家马场、中华裕固风情走廊、玉水苑和丹霞快速通道、丹霞景观大道、丹霞七彩镇等60多个投资上千万元的大景区建设项目。而大景区的建设，对张掖市的旅游业具有极大的龙头带动作用。

张掖市旅游局某领导表示："张掖丹霞是个大景区，通过开发建设大景区，带动了当地的餐饮业、住宿业等行业的发展；还有现在如牡丹等花卉开始在那里种植了，又带动了观光农业的发展；另外那个地方又通过低空观光发展通运机场，现在又带动了通航产业的发展，到时候无人机的组装要全部到那里做，航空的低空培训基地也要在那里设。所以，一个大景区无形中就可以带动很多相关产业的发展。"

景城一体化，是张掖市旅游业发展的另一个特色。景区既是一个旅游景点，带动了城市旅游业的发展，又可作为城市景观的一部分，提升了城市形象与城市品位。

张掖市旅游局某领导表示："比如说张掖的滨河新区，滨河新区实际就是我们说的生态环境治理，原来外面的采沙场经过治理，把过去的荒滩变成了现在环境非常好的滨河新区，现在成了张掖休闲游憩的好地方。紧接着滨湖广场周边的地产就盘活了，土地全部升值，一下子又带动了城市经济的发展。"

据"张掖市政府关于文化旅游发展方面开展的具体工作"的问卷统计显示,选择人数最多的前三项分别为"开发旅游资源""改善城市形象""加大宣传力度",其受访者人数分别是185人、176人和168人,远远大于选择其他选项的人数。这说明在文化旅游发展方面,张掖市政府在开发旅游资源、改善城市形象、加大宣传力度方面所做的工作与取得的成效是有目共睹的。

张掖市旅游局某领导表示:"在城市面貌上,以前我们这边的楼房,各式各样色的都有,从去年开始,所有沿街的铺面和楼都进行了改造,形成了统一的风格……再就是城区街道的清洁和治理力度也非常大,干净了许多,效果也很明显。"

第4章注释

① 主要选自袁田:《生态城市建设:张掖市发展转型分析》,硕士学位论文,兰州大学,2018。

② 对市民进行"您认为张掖市生态城市建设是否由政府主导"的问卷调查,在216个受访者中,有198个受访者选择"是",这说明市民基本认同"张掖市生态城市建设是由政府主导的"这一观点;在有关"政府主要领导、城市规划、政府的宣传教育对张掖生态城市建设的推动作用大小如何"的调查问卷中,分别有70.0%、69.7%、64.8%的受访者认为政府主要领导(2009年以来的书记和市长等)、城市规划(如"1+5"生态城市格局)、政府的宣传教育对张掖生态城市建设的推动作用较大或非常大。在政府的各项推动因素中,受访者认为"政府主要领导(2009年以来的书记和市长等)"对张掖生态城市建设的推动作用相对最大,其次为"城市规划(如'1+5'生态城市格局)"因素,而"政府的宣传教育"因素的推动作用相对最小。"1+5"的生态城市规划体系给张掖生态城市建设带来了较为直接的影响,如张掖国家湿地公园、滨河新区的新建为张掖城市的整体格局带来了翻天覆地的变化。

③ 市民的参与程度问卷调查结果显示,有66人表示参与过张掖的生态城市建设,有150人没有参与过,即只有31%的市民参与过生态城市建设。市民参与的活动主要有以下几类:城市绿化和清洁,主要包括政府组织市民植树造林、种植行道树、打扫道路卫生、处理城市垃圾等;城市建设,主要有建设滨河新区、治理黑河大坝、修建北二环路、规划修建玉水苑等;捐款,主要指的是政府组织市民为城市建设捐款,如为建设润泉湖公园进行捐款等;生态治理,如有市民作为黑河流域治理的管理人员,做过黑河流域综合治理及祁连山保护区张掖段减灾工作等;义务活动,如做义工、宣传文化旅游;绿色消费,如绿色出行、购物时自带购物袋等。

④ 从自然景观来看,张掖被很多专家认为是"中国少有的高品位综合旅游资源的富集区",除了海岛和大海,其他如冰川、雪山、森林、草原、湖泊、湿地、戈壁、沙漠等所有地貌类型在张掖都有分布,面积达3万亩的张掖国家湿地公园、150 km² 的平山湖大峡谷、张掖的七彩丹霞、被誉为"空中草原"的康乐草原、巴丹吉林沙漠等旅游景观等,都为张掖文化旅游的发展奠定了很好的资源基础。这些地貌类型都分布在以张掖历史文化名城为中心,半径在1—1.5 h的驾车距离范围之内。从历史文化来说,在公元前6000—5000年的原始社会后期,张掖的马英滩、大都麻和黑河沿岸等地发现了大量人类活动的痕迹。河西走廊的北面和南面,在历史上都是少

数民族聚居的地区,多民族融合的东西文化、南北民族在此交融,多个少数民族政权在此更迭。吐蕃、匈奴、月氏不断地到来,在此建立了大量的文化景观,佛教东渐也在这里留下了遗迹。在武威天梯山石窟被开凿之后,敦煌莫高窟和马蹄寺、金塔寺等石窟就被开凿了,之后佛教从这逐渐传向中原而开凿了龙门石窟、云冈石窟。现在留下的大佛寺、马蹄寺、文殊寺、金塔寺,特别是张掖大佛寺是张掖仅存的西夏皇家寺院,国内现存的西夏建筑已较为少见。《霓裳羽衣曲》就是由《甘州乐舞》和《婆罗门佛曲》改编形成的大唐乐舞,张掖、敦煌、西安三地为丝绸之路的必经地,因此丝绸之路文化在此积淀丰厚;另外,张掖还有民族文化、佛教文化、军旅文化。军旅文化比如王维的"征蓬出汉塞,归雁入胡天。大漠孤烟直,长河落日圆",陈陶的"可怜无定河边骨,犹是春闺梦里人",李白的"虽居焉支山,不到朔雪寒"等。隋炀帝公元609年打败青藏高原的吐谷浑后,从扁都口来到焉支山下,盟会西域27国君主使臣,史称"万国博览会",这也是历史上的第一届世博会。霍去病征战河西,汉朝建立了河西四郡,由此河西正式归入了华夏版图……张掖的历史积淀十分深厚。上述丰富的自然资源与历史文化资源,都为张掖发展文化旅游业奠定了十分优良的资源基础,同时也说明张掖发展文化旅游业是必然选择。

5 制造业企业迁移下的中国西部城市空间重构

在市场化制度、乡城迁移和全球化力量的共同推动下,制造业企业迁移成为中国西部城市空间扩张和空间重构的主导动力之一,这促使城市由计划化转向了市场化的空间组织模式。迄今,这个空间转型已完成,制度变迁效应已到了衰退期。

5.1 概念化模型

5.1.1 基本机制

西方发达国家已从等级化、标准化转到信息化、网络化和后现代的社会状态(Logan,2002)。全球化主要包含跨越边界、开放边界和超越边界三个层次(贺灿飞等,2015),实际上是生产方式从规模化(福特制)向后工业化(后福特制)转变条件下的地域空间的变化,即越来越自由的资本和权力的渗透,导致更多的城乡空间加入资本化进程中(王帅等,2015;余官胜等,2015)。在全球化时代,城市产业空间崛起与国家政策变革及治理回应相关联,需迅速地进行"在地制度调整"(魏成等,2009),推动部分城市功能向郊区、边缘区和次级城市中心的扩散(张庭伟,2006),如20世纪70年代起北美和西欧等发达国家城市的制造业大规模空间扩散和郊区化(Hanushek et al.,1978),先后经历了居住、工业、商业和办公等郊区化的"四次浪潮"(石忆邵等,1997;冯健,2001)。20世纪90年代中后期以来,通过引入演化经济学的"惯例""创新""选择"三个基本概念,可从企业的进入、成长、衰落、退出和迁移入手,解释区域经济以及城市空间的演化(贺灿飞,2018)。企业目前所处的区位会对企业的迁移决策和迁移目的地的选择产生很强的影响,即受到惯例和路径依赖的影响。一旦企业发生了迁移,其惯例也随着企业进入了迁入地,形成惯例的迁移扩散,同时启动了迁入地的惯例累积和循环过程(Mariotti et al.,2001),并随之影响城市空间扩张和功能重构。

改革开放以来,土地有偿使用制度(高菠阳等,2010)和市场机制的逐步建立促进了企业的趋利性流动、全球化背景下跨国公司的趋利性区位选择(贺灿飞等,2005)等,推动了中国制造业的郊区化扩散,解构了计划经济时期以"单位"为基本单元的"单中心"的制造业空间结构。企业空间动态表现方式主要为企业退出、企业进入和企业迁移。其中,企业迁移过程包括了企业退出和进入两个过程。在转型期,中国制造业的空间动态主要表现为去中心化、郊区化和重新聚集的特征。制造业空间演化会对城市空间结构产生重大影响(Shukla et al.,1991;Markusen,1994;Drucker,2011),而中国城市的发展及其空间结构的演变,在很大程度上是制度变迁的结果(胡军等,2005)。在计划经济时期,城市土地利用由政府划拨,生产、资源分配由政府规划,企业实行单位制运营,不自负盈亏,这就形成了单位制的生产组织方式和与之对应的由政府主导规划的城市空间。自改革开放以来,中国政治经济制度的改革路径采取了有限分权化、逐步全球化、渐进市场化的相互递进的轨迹(杨永春,2013),其对城市制造业空间重构产生了深远的影响。基于分权化、市场化和全球化的制度基础及其对应的影响因素,可构建企业空间动态作用下制造业空间重构的解释框架(李恩龙,2020)。

(1)分权化。分权化改革是中央与地方、地方各级政府之间权利重新分配和不断调整的过程,这个过程不断赋予了地方政府在城市开发过程中更大的权力(张京祥等,2009),使其成为城市空间重构的主要驱动者(He et al.,2008)。自1980年以来,中国开始实施分权制财政体制改革,相比于计划经济时期,地方政府拥有了更多的相对独立的经济利益,进一步确认和提高了地方政府发展城市经济的职责和积极性(Wong et al.,1995),使其表现出愈加明显的"企业化"倾向(Wu,2002)。城市政府通过规划调控和各种产业政策(如退二进三、出城入园等)鼓励制造业迁出主城区而导致了制造业的去中心化。在此过程中,不同所有制企业的区位变迁呈现出差异化的体制响应特征,行政机制对国有企业的区位选择具有更显著的影响(周蕾等,2016)。此外,地方政府在积极申请国家级开发区的同时设立了许多地方性经济开发区、工业园区等,其通过优惠政策和便利的基础设施服务等吸引国内外投资(He et al.,2008),促进以制造业为主的企业向各类园区集聚,是制造业郊区化和重新聚集的直接原因。同时,开发区的优惠政策鼓励主城区的机械设备产业和高新技术产业等制造业迁入园区,间接促进了制造业的去中心化。计划经济时期的土地资源分配方式主要以划拨为主,其不仅限制了土地的流动性,而且降低了土地的使用效率。土地有偿使用制度的逐渐建立将城市土地开发的权力从中央下放到地方政府,地方政府通过控制城市土地的供给方向、数量和时间等影响制造业空间动态方向(高波阳等,2010),可见,土地政策在塑造城市制造业空间格局中扮演了极其重要的角色(Lin et al.,2011)。同时,土地有偿使用制度促进了中国土地市场化的建立,使得级差地租成为制造业空间布局的重要影响因素(曾刚,2001)。产品本身附加值低、付租能力弱的都市型和基础型制造业等,在空间竞争中处于不利地位而迁出主城区(杨显明等,2016)。土地价格不仅是影响企业从市区外迁的主要因素(吕卫国等,2009),而且也是企业进入时区位选择的重要因子。

(2) 市场化。随着中国从计划经济向中国特色社会主义市场经济制度转轨,市场化改革放松了计划经济时期政府对企业的生产要素(资本、劳动、土地和企业家等)流动和产品的获取、交易等的管制,优胜劣汰的市场竞争机制逐渐发挥作用。相比于计划经济时期企业不自负盈亏,转型期企业的区位选择开始强调成本和比较收益,其自身的经营状况成为影响企业区位变迁和区位选择的核心因素之一(Airoldi et al.,1997)。企业经营必须通过降低成本或提高生产效率而获得更大利润才能生存,若制造业企业区位的利润不足以支撑其运营时,则会以倒闭或者搬迁等方式退出当前区位。制造业企业新成立或搬入时倾向于选择预期成本较低的城市边缘区或有优惠政策的开发区,从而促进了制造业的郊区化和重新聚集。集聚经济也影响着制造业活动的位置,其通过吸引企业的迁入而强化了园区的优势,成为制造业重新聚集的重要影响因素。

(3) 全球化。全球化背景下,为通过接近低廉的劳动力市场来降低成本和提高生产率(Dana et al.,2007),跨国公司在全球寻求最佳生产区位而导致了制造业的国际扩散,出现了新的国际劳动分工。新的劳动地域分工不仅通过福特制到后福特制生产方式的改进促进城市体系由垂直等级向网络联系转变,同时纵向一体到纵向分离的生产组织方式演进引起了企业空间活动的聚集与扩散(庞晶等,2012)。同时,外商直接投资和对外贸易的空间差异,必然带来经济增长的空间不平衡(王战和等,2005),在城市内部促成新的生产空间和改变城市内部结构(Wu,2000),如制造业外资企业的分散和集聚推动了北京、上海等大城市制造业的去中心化和郊区化重组(贺灿飞等,2005;赵新正,2011)。开发区以其人力资源、土地资源、政策等优势,成为大型跨国公司投资的首选区位(王战和等,2005),直接推动了制造业的重新聚集。

理论上,我国西部地区企业迁移与城市空间重构的相互作用模式总体上与东部沿海地区相比并无太大差异,即企业迁移基于分权化、市场化和全球化的制度基础及其影响因素促进了西部城市的园区发展和空间重构,园区建设和扩张促进了城市空间变迁,城市空间转型正向促进了这个演变过程(图5-1)。主要表现为制造业的去中心化、郊区化和重新聚集,打破了单位制的生产组织方式和生活空间组织模式及单中心的圈层式空间模式,促使城市中心区繁荣。制造业郊区化和重新聚集形成或建构了"大分散、小聚集"的新的城市空间结构,即制造业企业在城市郊区的重新聚集趋势,促使城市空间结构由单中心结构转变为以园区(尤其是国家级开发区)为次中心的多中心结构。城市园区通过优惠政策和便利的基础设施服务等吸引国内外投资,激励机械设备产业和高新技术产业等制造业迁入,是制造业郊区化和重新聚集的直接原因,并直接促进制造业的去中心化,留下的"真空"区域被商业空间、居住空间等所替代,促使城市中心区的繁荣。西部城市的园区区位模式仍可分为城中型园区、边缘型园区和远郊型园区

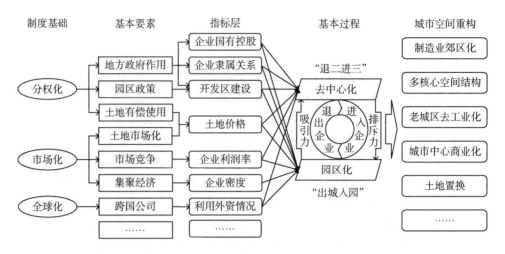

图 5-1 中国西部城市企业迁移与城市空间重构的概念性模型

三类,园区发展阶段可分为成型期、成长期、成熟期、后成熟期(复杂期)四个阶段。

不过,事实上"西部情形"存在地方特性:①基于全球化,跨国公司在全球寻求最佳生产区位而导致了制造业在西部(特)大城市的分布,而园区以其区位、引资政策、人力资源、土地资源等优势,成为大型跨国公司投资的首选区位。制造业占绝对优势的跨国公司主要通过西部城市的高新技术等园区将全球和西部地区联结起来,并多为成本推动型兼有市场扩张型的分支机构,即主要将同一产业的标准化乃至片段化的产品生产和部分销售环节迁移到西部大城市(园区)。同时,西部城市内部企业实际上整体迁入园区的比例更高,而异地企业在园区设立分厂更明显;西部城市园区的企业迁移主要为破产时的壁垒等被动或强制退出,少有主动或自觉退出壁垒;西部城市园区多为政府主导型,即政府成立园区管理委员会及相关部门,其履行地方政府的有关行政职能,但在市场对接等方面存在明显短板。②西部城市"超远"之"飞地"式园区效应确实欠佳,但确是城市空间"跳跃式"扩张的核心手段(Yang et al.,2016)。园区带动效应可分为"孤岛"和"飞地"阶段、缓慢增强阶段、显著增强阶段;当园区成为增长极后,促进了城市发展及其空间重构。③开发区的优惠政策鼓励主城区的机械设备产业和高新技术产业等迁入园区,促进了制造业的去中心化。④在政策层面,应制定加强市场对接、重视人力资源、提升引进产业的门槛、谨慎对待园区的外迁距离等园区政策,提升园区发展对企业迁移、城市空间重构的正向作用。

5.1.2 基本模式

企业的空间动态变迁对城市土地利用空间的影响主要表现为城市空间重组和城市空间扩张。企业退出作用下的制造业去中心化,不断打破中心区的空间结构,促使城市空间重组;企业进入作用下的制造业郊区化和重新聚集特点,促使了城市空间的扩张。因此,转型期企业空间的动态变迁对城市空间结构变迁的影响表现为,城市空间由计划经济时期单位制组织方式下的"大聚集、小分散"逐渐向"大分散、小聚集"的组织结构转变,由单中心区圈层式结构逐渐向多中心结构转变。

（1）制造业去中心化和郊区化导致的原有结构打破。在计划经济时期,统一规划和单位制组织方式促使城市形成了以单中心圈层式为主体的城市空间结构。同时,城市空间在单位制生产组织下逐渐形成了"大聚集、小分散"的特点。"单位"的土地由政府划拨获得,其生产任务由政府统一分配。"单位"不仅需承担生产功能,而且需具有解决单位职工的居住、基本生活服务等生活功能。"单位"就形成了一个集生产、生活为一体的"小城市单元",并且与其他"单位"、其他城市空间的生活、生产联系相对较少。这种组织方式使得城市空间由大大小小的相对独立的"单位"拼接而成,"单位"的分散布局使得城市不能形成明显的空间集聚区（或者城市功能分区）,而整个城市就是一个大的聚集区。城市空间结构相对简单,以单中心圈层式的结构为主。自改革开放以来,随着市场经济的引进以及城市土地分权、分税制改革等,城市单位制的生产组织方式逐渐被打破。一方面,市场机制逐渐成为企业生产分配的准则,企业需自负盈亏,其生产组织过程需通过降低成本、提高生产效率等方式增加企业盈利而生存;另一方面,土地市场化的逐渐建立为企业的空间流动提供了基础,在级差地租作用下,生产效率较低的企业需通过调整其空间区位而降低生存成本。在市场机制下,企业不仅要面临长期以来不追求盈利而导致的生产效率低下的问题,而且还要面对市场的同质化竞争,企业如果不能有效提高生产效率或错位转型发展,长期亏损会使其难以再继续生存。城市中心区由于其优越的地理区位而具有相对较高的地价,这就使得部分生产效率较低的企业难以在城市中心生存,转而退出城市中心区并迁向城市边缘区。大量国有单位的退出导致了原有单中心圈层式的城市空间逐渐被打破。

（2）制造业郊区化和重新聚集导致新的空间结构的建立。自转型期以来,制造业的去中心化打破了原有"大聚集、小分散"的空间结构,同时逐渐形成"大分散、小聚集"的新的空间结构。自改革开放以来,户籍制度和土地制度改革,城市化的进程加快,城市人口迅速增加,城市空间快速扩张。原有的老城区逐渐被包裹成城市中心区,市场化机制的引进促使城市中心的制造业企业的生产成本增加,加之单位制企业长期不自负盈亏,生产效率低下,市场化浪潮下促使企业退出城市中心区。因此,转型期制造业空间动态变迁作用下的城市空间重组过程主要包括两个方面:①制造业的去中心化,企业在城市中心区的退出（制造业去中心化）导致城市中心区生产空间减少,国有企业大规模的退出打破了计划经济时期所形成的单中心圈层式空间,因此为城市中心区"腾出"了新的发展空地。同时,制造业企业在城市边缘区寻求发展空间。城市边缘区因其土地价格和土地规模优势而受到制造业的青睐,新成立的企业或迁移企业在城市边缘区落户使得制造业呈现整体分散化趋势。同时,在市场机制下,新成立的企业或迁移企业为降低运输成本而寻求接近其上游企业或下游企业,以及其为共享基础设施、劳动力市场等寻求空间上的集中,在集聚经济作用下逐渐在城市边缘区形成产业聚集区。此外,园区由于其土地、税收、政策补贴等政策优势而降低了企业的生产成本促使企业进入园区,集聚效应也使园区成为企业进入的优先选择地,因此,园区也逐渐形成了新的聚集区,而园区多位于城市的边缘区,不仅促进了制造业的郊区化,而且促使其重新聚集。此外,部分园区就是在城市已形成的工业集中区的基础上批准设立的。②生活空间中心化,制造业退出后留下的区域被土地利用率更高的商业空间、居住空间等所替代,发展生活空间。因此,转型期中国制造业的去中心化并没有导致城市中心区的衰败,而是更进一步地促进了城市中心区的繁荣。

(3) 多中心城市空间结构的建立。制造业空间动态变迁对城市空间扩张的作用过程主要包括两个方面:①企业退出和企业进入共同推动下的制造业郊区化促使城市空间全方位扩张,城市中心区企业不断向郊区迁移。土地市场化逐渐建立,使得城市郊区相对于城市主城区具有更为优势的土地价格,土地价格优势降级了企业的边际成本曲线。在级差地租作用下,城市主城区的制造业向郊区迁移,新进入的企业在选址时更倾向于城市郊区,企业落户郊区促使郊区开发,促进城市全方位扩张。②在园区建设背景下,制造业郊区化和重新聚集共同塑造城市有方向的扩张。园区建设使得企业空间动态变迁更具有方向性,园区的优惠政策以及集聚效应进一步促使城市主城区的企业和新成立的企业流向或者落户园区,促使制造业在各类园区重新聚集,而这些园区大部分分布于城市的边缘区,这也促进了城市的空间扩张。因此,随着城市空间的进一步扩张,这些聚集区往往被城市包围,其中部分聚集区在发展生产空间的同时,也注重生活空间的建设,其不断发展壮大,逐渐成长为城市的次中心,在原有城市空间结构的基础上逐渐形成多中心的空间结构。因此,制造业企业在城市郊区的重新聚集趋势,促使城市空间结构由单中心结构转变为以园区(尤其是国家级开发区)为次中心的多中心结构。

与计划经济时期相比,转型期的制造业企业迁移要复杂得多(郭杰等,2012)。企业迁移表现为规模大、距离远的特点,企业迁移方式多以整体迁移为主,在空间上不同于简单的向心式集中或由中心向外围的梯度化扩散过程,而是中心向外围的跨越式再集中过程。西部城市产业空间布局在空间上表现为圈层结构,工业集中程度由高至低依次为城市近郊内缘、远郊内缘、中心区、近郊外缘和都市区。城市中心区仍为主要迁出地区,这一时期的企业迁移跨度较大、距离较远,企业迁移轨迹在地域空间上呈现放射状的发散迁移态势;各圈层的产业集中区成为这一时期迁移企业的主要"接收者"。其中,原料密集型轻工业和都市型制造业企业的迁移距离、迁移跨度最小,呈现中心—外围互迁模式,即中心区企业向近郊内缘转移的同时,近郊企业也向中心区外缘转移,在外围区则表现为就近迁移模式。高新技术和传统机械等高技术、高资金、低污染制造业的迁移跨度略大,距离稍远,总体上呈现向心集中模式,即中心区和外围区企业分别向中心区外缘和近郊内缘的人才、资金、技术优势区域集中转移,但外迁趋势大于内迁。石油化工与有色金属压延重工业企业的迁移跨度最大,属于外向型跨越式迁移模式,即中心区和近郊区企业向远郊区产业集中区转移。由此,西部城市制造业企业的迁移模式趋于复杂、多样化,表现为向心集中与对外扩散再集中,梯度式迁移与跨越式迁移模式共存的特征(郭杰等,2012)。这一时期,各圈层内均有企业的迁入与迁出,其中中心区、近郊内缘为主要迁出地,近郊外缘和远郊区是企业的主要迁入地(图5-2)。

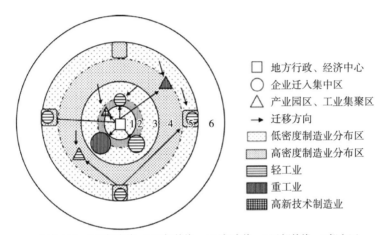

1.中心区;2.近郊内缘;3.近郊外缘;4.远郊内缘;5.远郊外缘;6.都市区

图 5-2 中国西部大城市的企业迁移与空间重构

西部大城市制造业企业迁移发展的一般性规律:由计划经济时期单一行政主导的"梯度式"迁移模式向转型期企业自主选择的"渐进式"迁移与政府先行主导的"跳跃式"迁移并存转变,大体上经历了向心式迁移、内外互迁、跨越式扩散再集中迁移三个阶段(郭杰等,2012)。经济体制转型、地方政府自主经营权下放等宏观环境的变化,对中国西部大城市制造业企业的区位选择具有巨大影响。一方面,土地制度改革盘活了土地的巨大价值,在价值规律导向以及地方政府的推动下,占据城市中心区土地收益率较低的工业企业逐渐向低地价外围区转移,这极大地促进了工业郊区化进程。另一方面,政府自主经营化以及业绩考核制度的实施,促使地方政府以增加财政税收、优化功能布局、改善城市形象为目标,联合房地产开发,撤、并、迁占据城市中心区高地价地区的工业企业。从地方层面来看,城市政策导向与城市空间重构、大型基础设施建设以及企业自身对经济效益的追求,也极大地刺激了新时期中国西部大城市制造业企业的空间迁移。

西安、乌鲁木齐、成都、西宁等城市的案例表明(王舒馨,2017;李恩龙,

2020)：①城市政府的用地政策、招商引资政策、园区政策对企业迁移的投资方向和区位选择构成了主导性影响，尤其是高新技术园区等的区位选择和相关政策的影响甚大。②外迁企业与园区发展相辅相成。以半开放性河谷型城市为例，西宁市主城区在2001—2007年总体占总扩展面积的比重最大，进入高速扩展期。其中，向东部扩展主要与2000年7月批准成立的东川工业园区基础设施的建设有关，向南部扩展主要与2001年建设的城南新区有关，向北部扩展主要与2001年成立的西宁北部综合批发城以及2002年批准成立的西宁经济技术开发区生物科技产业园的建设有关，向西部扩展主要是由于2006年政府决定对海湖新区进行开发与建设。这些园区几乎囊括了所有的制造业企业甚至部分服务业。③城市政府往往以园区的外迁建设为政策导向，拓展或重构城市的空间骨架。这种城市规划和建设的空间政策实际上也规定或影响了不同类型园区的区位选择和基本特征(Yang et al.,2016)。按照成都市不同类型居住用地的格局和演化过程，各类园区也是城市居住用地发展和空间扩张的动力因素，尤其是商品住房类型，即在产城融合发展阶段，居住用地伴随着开发区等相关园区的制造业、服务业用地而蓬勃发展(Yang et al.,2017)；④在城郊大型文化产业园的空间生产中，权力主导空间生产，引导并规范着资本、文化的参与，资本是重要的参与力量，同时积极寻求与权力的依附和合作，文化处于被生产的地位，但却是权力与资本依托的核心要素。因此，城市的文化产业园是城市空间生产和重构过程中的一部分(赵凯旭，2019)。

5.1.3 三大演化阶段

自改革开放以来，西部城市的制造业企业迁移模式由计划经济时期单一行政主导的"梯度式"迁移模式向社会主义市场经济体制时期企业自主选择的"渐进式"迁移与政府先行主导的"跳跃式"迁移相结合的模式过渡(郭杰等，2012)。经济体制转型、地方政府自主经营权下放等宏观环境变化，地方政策影响下的旧城更新、开发区建设、城市内外交通设施改善，企业自身由于外部环境变化和内在扩张需求等诸多因素的相互组合及综合作用，在一定程度上共同推动了中国西部大城市制造业企业的空间迁移活动，大体上经历了三个阶段。

(1) 内外力并重：波动式外迁时期(1979年至20世纪90年代)。1978年后，随着社会主义市场经济体制改革的深化，尤其是1992年后土地有偿使用制度的实施，大大推动了土地市场化进程。这样，城市制造业企业迁移不仅是政府统一规划和部署的结果，而且是企业自身为适应市场化进程，实现市场拓展、资源开发、优势延伸以及资本运作等多重目的而做出的空间区位调整以及城市政策、规划引导相结合的产物(郭杰等，2012)。在这种内力、外力的共同作用下，兰州市的制造业企业迁移数占年末企业总数的比重快速增加，并呈波动式快速跳跃上升态势。

(2) 内外力并重：跳跃式、大规模外迁时期（20 世纪 90 年代至 2010 年）。20 世纪 90 年代以后，土地有偿使用制度进一步严格实施，住宅的市场化和货币化政策的广泛实施，旧城改造和中央商务区（CBD）的建设以及城市政府"土地财政"的不断强化，城市用地结构加速转向市场化模式，城市空间重构进程加速，城市土地市场潜能被充分释放。一方面，西部大城市自身对产业升级的迫切需求，以及发展权力下放带来的地方政府对城市职能转换与产业发展的导向性，加快了城市制造业企业向郊区转移的步伐。另一方面，伴随着工业化和城镇化进程的加快，近年来城市中心区出现了诸多城市问题，进而刺激了城市中心区占地大、高耗能的制造业企业向中心区边缘地带和郊区转移（郭杰等，2012）。例如，20 世纪 90 年代中期以后兰州市的制造业企业迁移数占制造业企业总数的百分比呈现大高位稳定迁移态势。在转型期，各行业的迁移速度都开始加快，曲线波动幅度逐渐增大。1979 年至今，传统机械设备制造业、原料密集型轻工业和都市型制造业一直高于其他行业。2005 年以后，高新技术制造业和石油化工、有色金属压延制造业的迁移曲线斜率较大，成为新一轮企业迁移的重点行业。就迁移方式而言，部分迁移在多数情况下反映的是企业自身为应对内在与外在环境变化而做出的自主选择，而整体迁移则相对复杂，不仅包括企业在应对成本上涨、劳动力稀缺、环境压力以及交通通达性等一系列问题时而做出的区位决策，而且包括应对地区政策变化及规划导向而做出的反应（郭杰等，2012）。

(3) 内生动力为主：园区化、郊区化的集中时期（2011 年至今）。2010 年后，各种制度的改革刺激作用初步弱化，尤其是我国总体进入需求社会阶段，制造业的规模扩张阶段快速转向了质量提升阶段。因此，制造业在国家层面的迁移主要体现在一种梯度化的重组过程，但在城市空间尺度的迁移重点为基于制造业空间园区化、郊区化趋势下的内生化的重组过程——功能调整、用地消化、强度提升。实际上，我国西部城市的制造业空间仍在缓慢扩展，这是因为制造业总体上仍处于生产笨、粗、重等产品的中低产业层次的发展阶段。

5.2 实证分析

5.2.1 西安市

自改革开放以来，西安的城市[①]功能不断优化，用地结构趋于合理，但应适当提高商业服务业设施用地、公共管理与公共服务用地、城市交通用地，以及降低工矿仓储用地、居住用地、特殊用地（洪增林等，2014）。从一定意义上来看，企业空间的动态变化推动了城市空间重构。

1) 制造业的"去中心化""园区化"与制造业的空间演化模式

1998 年，西安市的制造业主要分布于主城区，呈现出圈层式的单中心空间分布模式。经过制造业的空间分散过程——去中心化、郊区化,如以都市型产业和基础性产业为主的空间退出过程,以及制造业新的聚集过程——重新聚集,制造业向开发区聚集,如高新技术产业主要向高新技术开发区聚集,机械设备产业主要向经济技术开发区聚集,即形成了以开发区为基础的多核心的制造业空间分布模式。2013年,制造业在空间分布上形成了高新技术开发区、经济技术开发区两个中心区以及沣东新城、曲江新区—航天基地、浐灞生态区—国际港务区三个次中心区。由此,西安市的制造业通过"去中心化",打破了传统"同心圆"式的制造业空间结构,重塑了全新的"多核心"空间结构模式,表现为制造业空间的"郊区化"趋势和制造业在城市边缘的重新聚集,且聚集区主要为开发区。根据1998—2013年制造业空间格局与演化特征,以及退出企业和进入企业的空间特征,可将西安市制造业的空间演化过程总结为"单中心—去中心化、郊区化和重新聚集—多中心"的过程(图5-3)。

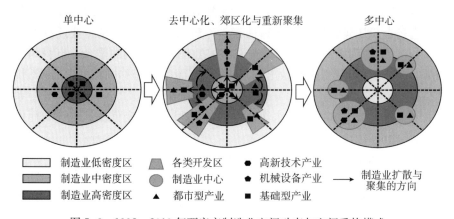

图5-3 1998—2013年西安市制造业空间动态与空间重构模式

2)企业退出特征

就企业退出数量而言,西安市主城区退出企业数最多(124个),郊区次之(67个),中心区最少(62个),主城区退出企业数占总退出企业的49%。但就企业退出率而言,西安市中心区的企业退出率最高(41.3%),主城区次之(38.8%),郊区最低(34.2%)。分行业来说,退出企业主要以都市型产业和基础型产业为主。可见退出企业主要集中于1998年制造业集聚区——中心区和主城区,说明1998年的制造业企业整体上从城市中心区、主城区退出,该区域的高企业退出率使其单中心空间格局被打破,去中心化特征明显(图5-4),即退出企业的高密度区主要集中在绕城高速以内,整体呈现圈层式的空间分布模式,边缘区退出企业的高密度区主要位于县城驻地。

1998—2013年,西安市规模以上制造业退出企业253家,企业退出率达38%,其中就企业退出数量而言,退出企业以都市型产业和基础型产业为主(分别为90个和73个),高新技术产业和机械设备产业都较少(分别

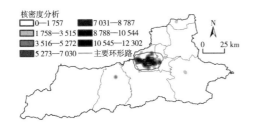

图 5-4 1998—2013 年西安市规模以上制造业退出企业的核密度分析

为 47 个和 43 个)。就企业退出率而言,同样以都市型产业和基础型产业为主(分别为 45.0% 和 39.5%),高新技术产业和机械设备产业都较少(分别为 34.6% 和 29.7%)。综合来看,西安市退出企业以都市型产业和基础型产业为主。都市型产业、高新技术产业、机械设备产业和基础型产业的核密度分析结果与 1998 年制造业空间格局呈现出显著的相关性,退出企业的高密度区都主要集中在绕城高速以内。其中,都市型产业主要集中于以纺织城为中心的主城区东部,高新技术产业集中于以三桥镇为中心的主城区西部,机械设备产业集中于主城区北部,基础型产业主要集中于主城区二环路南部。此外,根据统计分析,各个圈层在退出企业数量上都以都市型产业和基础型产业为主,而高新技术产业和机械设备产业都较少。

由此可见,不管整体还是分圈层来说,退出企业都以都市型产业和基础型产业为主,而高新技术产业和机械设备产业都较少。都市型产业和基础型产业这种低效率企业的高频率退出不仅重构了城市的产业空间,而且优化了产业结构(图 5-5)。

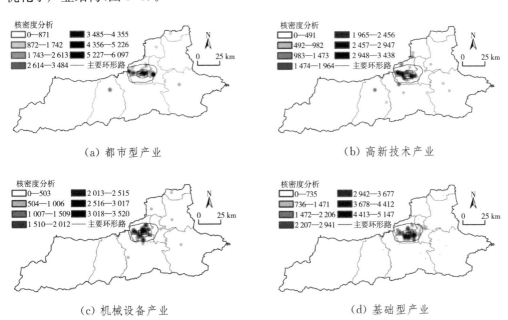

(a) 都市型产业　　　　　　　　(b) 高新技术产业

(c) 机械设备产业　　　　　　　(d) 基础型产业

图 5-5 1998—2013 年西安市规模以上制造业分行业退出企业的核密度分析

3) 企业进入特征

进入企业以机械设备产业和高新技术产业为主,且开发区的进入企业类型与其产业发展方向相一致。根据1998—2013年西安市规模以上制造业进入企业的核密度分析图(图5-6)可知,其基本空间格局类似于2013年规模以上制造业企业的整体空间格局,呈现明显郊区化的多中心分布模式,并且进入企业主要集中于城市开发区,形成了进入企业的重新聚集特征。

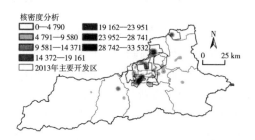

图5-6　1998—2013年西安市规模以上制造业进入企业的核密度分析

退出企业和进入企业的空间错位发展,共同构成了西安市制造业去中心化、郊区化和重新聚集的特征。相较于1998年制造业单中心圈层式的空间模式,1998—2013年进入企业已基本重新构建了2013年制造业空间格局,退出企业对原空间结构的打破和进入企业重新集聚建立的新空间结构共同重塑了西安市2013年郊区化的多中心的制造业空间格局。

就全市进入企业数量而言(表5-1),机械设备产业＞基础型产业＞高新技术产业＞都市型产业,而就企业进入率而言,基础型产业＞机械设备产业＞都市型产业＞高新技术产业。这说明进入企业总体上以机械设备产业和基础型产业为主,虽然2013年西安市的机械设备产业和高新技术产业的整体数量较多,但其在企业引进时并没有刻意避免引入基础型产业和都市型产业。

表5-1　1998—2013年西安市规模以上制造业分行业企业进入情况

类别	总进入企业/家	2013年企业总数/家	企业进入率/%
都市型产业	122	174	70.1
高新技术产业	161	234	68.8
机械设备产业	207	270	76.7
基础型产业	179	217	82.5
总计	669	895	74.7

根据分行业核密度分析结果(图5-7)可知,四类进入企业的空间呈现出"大分散、小聚集"的特点,其中集聚区主要分布于各开发区内部。都市型产业主要集中于经济技术开发区,高新技术开发区和沣东新城也集聚明显;高新技术产业高度集中于高新技术开发区;机械设备产业相对分散,主

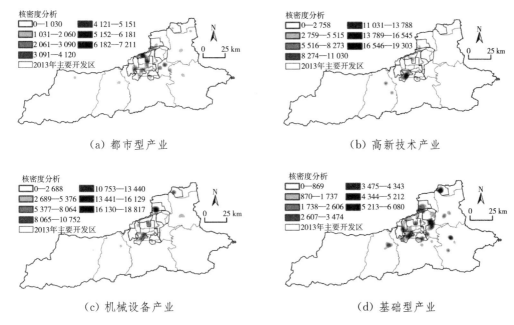

(a) 都市型产业　　　　　　　　(b) 高新技术产业

(c) 机械设备产业　　　　　　　(d) 基础型产业

图 5-7　1998—2013 年西安市规模以上制造业分行业进入企业的核密度分析

要集中于泾河工业园,在经济技术开发区、高新技术开发区以及航空基地也形成了次级集聚区;基础型产业更为分散,除了航空基地和国际港务区南部的集聚区,在高新技术开发区、沣东新城以及泾河工业园也集聚明显。

4) 影响因素

采用二进制逻辑(binary logistic)回归,首先建立三个模型分别分析分权化、市场化和全球化各要素对城市制造业去中心化、重新聚集的作用规律,再将各影响因子都纳入模型进行综合分析。结果表明,集聚经济、外资引入、高新技术产业、高速路网建设等因素促进了制造业重新聚集,尤其是园区化、土地市场化促进了制造业的去中心化和重新聚集。同时,政府政策促进了制造业的去中心化和园区化(李恩龙,2020)。

总体而言,随着市场竞争机制的引入,市场化对城市制造业去中心化具有显著的影响与促进作用,而分权化和全球化影响不显著。但是,制造业园区化是分权化、市场化和全球化共同作用的结果。分权化、市场化和全球化对制造业重新聚集都有显著的影响作用,共同促进了西安市制造业重新聚集(李恩龙,2020)。

5.2.2　兰州市

1) 基本模式

1979—1995 年,兰州市制造业企业以部分迁移作为主要迁移方式,占 86%。从制造业内部行业来看,除高新技术制造业整体迁移数与部分迁移数大体一致外,其他行业均以建立分厂或研发机构(部分迁移)作为其迁移的主要方式。1996—2010 年,制造业企业整体迁移与部分迁移数目大体持平,且与前两个时期的企业迁移数相比增幅显著;从制造业内部行业来看,除原料密集型轻工业迁移方式仍以建立分厂作为其主要迁移方式外,其余类型行业均转向以整体迁移为主(郭杰等,2012)。在市场经济初期(1979—1995 年)和市场经济深化时期(1996—2010 年),兰州市制造业企业迁移的平均距离分别为 5.8 km 和 11.7 km,增长态势明显,向中等距离(5—10 km)和远距离(10 km 以上)演变(图 5-8)。

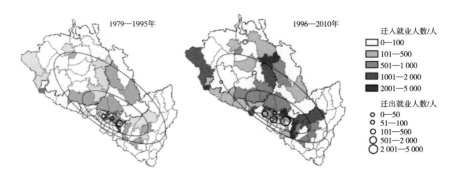

图 5-8　1979—2010 年兰州市制造业企业迁移量空间分布

1979—1995 年,兰州市的制造业迁移为中心—外围梯度式扩散阶段,其迁移方式中整体搬迁比重有所升高,但仍以建立分厂和研发机构为主;以短距离区内迁移为主,个别行业出现长距离跨越式迁移;主要在中心区和近郊区内缘沿西北、东南两个轴线迁移,在城市近郊外缘呈沿中心区环状布局;重点行业包括传统机械设备制造业、原料密集型轻工业、都市型制造业(郭杰等,2012)。1996—2010 年,兰州市的制造业迁移进入跨越式再集中扩散阶段,其迁移方式以整体搬迁、建立分厂两种方式为主,但整体搬迁已占据主导地位;短距离与中长距离迁移共存,但跨越式长距离迁移占主导地位;在空间上呈向西北 45°的"ψ"形状发展,其中东南、西北仍为主要方向;重点行业包括石油化工及有色金属压延制造业、高新技术制造业、传统机械设备制造业,主要是因为向兰州新区迁移的兰州石油机械厂等,以及兰州高新技术开发区在定远镇的大规模迁移性建设(规划面积大约为 30 km^2)。

2) 影响因素与机制

为突破诸多限制城市发展的瓶颈,城市政府颁布了一系列城市发展策略和建设法规,以旧城更新、新区与开发区建设、城市外围大型基础设施改造与完善为推动力,共同刺激城市中心城区的制造业企业向外围转移。此外,企业在宏观政策环境变动及自身对经济利益追求的双重驱动力下,逐渐将目光转向城市外围地价较低、基础设施完善、税收等政策相对优惠的产业园区内,以保证自身的竞争实力。而在市场经济时期,西部大城市制造业企业的迁移动力机制复杂,是政治意愿与规划行为、市场经济体制改革、企业自身意愿等多层面相互联系、彼此作用而形成的复杂机制(郭杰等,2012)。

(1) 经济体制转型：1978年以来市场经济体制在很大程度上刺激了市场活力，最为明显的就是土地使用制度改革对现代城市经济运行的影响。土地使用权与所有权分离，盘活了土地的巨大价值。20世纪90年代，兰州市政府出台了《兰州市城镇国有土地使用权出让和转让暂行办法》等相关政策法规后，刺激了土地市场活力。兰州市主城区根据不同的发展程度，按照交通要道分为"中心区""一般城区""郊区"，不同的地段地价也不相同，由中心区展开，呈现"对称扇形"状。受地价的影响，企业通常将原厂地或部分土地出让给效益更高的公共建筑和商品住宅，以获取企业发展资金，而由于企业内部扩张，土地存量不足的制造业企业则倾向于将新建部门建设在土地价格相对低廉的城市外围，尤其是土地价格相对低廉、政策优惠的产业集中区内。由于城市土地有偿使用制度的建立、城市交通通信等基础设施的建设及产业结构的空间调整，兰州市出现了城市中心区的工业外迁，进入绝对分散的阶段。

(2) 政府自主经营化：制度转型促进财税、金融、投资、企业管理等权限下放至地方，使其成为具有独立利益和行为目标的创业型政府。地方政府通过新增建设用地面积，出让其土地使用权，以获取地产税收的方式确保财政收入的基本稳定，同时也希望通过调整用地结构，优化产业空间布局，更新旧城形象，维护生态环境的可持续性。地方政府为优化城市产业布局，大力推进新区和开发区建设，通过实施土地税收等优惠政策，以及提供良好的基础设施和政府服务吸引企业投资，客观上为制造业企业外迁提供了方向。

(3) 地方层面：城市工业发展与国家的战略决策及城市发展政策密切相关。改革开放以后，特别是中央实施西部大开发战略后，为兰州提供了诸多发展机遇。随着城市经济迅猛发展，产业结构升级与城市转型的要求日益紧迫，2000年后为改善城市中心区功能布局混乱、交通拥挤、环境污染严重等一系列城市问题，兰州市政府提出"退二进三、出城入园"战略，并编制各项城市发展策略及建设法规，相继进行了旧城改造、中央商务区（CBD）建设、新区与开发区建设以及大规模的房地产开发。2002年，兰州市政府又针对城市空间发展受河谷地形的限制、盆地土地资源开发紧张的现状以及"蓝天工程"的要求，制定了"走出峡谷，西进东出，南拓北展，组合集团"的具体发展思路，提出城市资源应合理有序地向郊区疏散，重化工业向西迁移，高新技术产业向东、向北集中，装备制造产业向南扩展，初步形成了"西重、东高"的工业布局，郊区逐渐演变成兰州存量转移和增量发展所形成的制造业中心，成为大量技术—资本密集型产业的聚集地。这一时期，以城关区为代表的中心区为改善城市投资环境，更新城市形象，联合房地产开发，大规模撤、并、迁各类工业企业。同时，在城市外围地区建设不同级别的产业开发区，并提供补贴及减免税收，以吸引城区企业入驻。

(4) 大型基础设施建设：大型基础设施的新建与完善对企业迁移的影响也不容小觑。改革开放以后，兰州市先后建设了柳忠、连霍、巉柳等中心城区联系郊区的高速公路，市域和市内交通设施和网络日益完善，初步形成了放射状交通网络,极大地缩短了中心城区至外围地区的交通距离。这样,城市用地拓展与交通有着密切的关系,城市功能通常沿重要的交通轴线向外扩展,城郊之间交通设施的改善,促进了城市中心与郊区信息、资金的流通,对城市郊区化,尤其是工业郊区化的发展起到了一定的推动作用。而且,在城市外围大量建设产业集中区,改善了城市外部投资环境,有利于吸引中心城区企业落户。基于阻力最小原则,邻接主要交通干线的区县纷纷建设水、电、暖齐全的产业集中区,吸引中心城区的功能外溢。

(5)企业自身效益的追求:企业迫于城市产业结构升级、旧城改造、环境保护等一系列压力,逐渐将目光投向外围投资环境良好的产业集中区;同时,企业基于节约成本、保持竞争优势和确保市场竞争地位的考虑,搬迁至成本较低的目标区。同时,企业在不断发展的过程中,必然要经历技术升级、规模扩张阶段。为解决资金来源,也有不少企业将部分"原场地"的用地出让或租用给房地产开发商用以居住或商铺用地的开发。这样,土地转让金或租金不仅能够支撑企业购买城市外围区的低价土地,剩余资金还可用于产品研发和技术升级,这种优厚的利润刺激了更多的企业通过"变卖原场地"向低地价地区转移这种方式来盘活资本存量。企业既要应对外在宏观投资环境的变化,又要解决由于自身生产扩张而带来的资金、土地不足的矛盾。正是在这种双重压力下,部分企业不断调整其区位以寻找自身利益的均衡点。

5.2.3 乌鲁木齐市

乌鲁木齐地处天山山脉中段北麓,准噶尔盆地南缘,欧亚大陆腹地,毗邻中亚各国,是沟通东西商贸的重要枢纽,是第二座亚欧大陆桥中国西部桥头堡和丝绸之路经济带上的核心城市以及向西开放的重要门户。全市下辖7个区、1个县,总面积为14 216.3 km²(2019年)。城市的西南部和东北部均为山地,山地面积占总面积的50%;两侧山地之间为柴窝铺—达坂城谷地。北部为乌鲁木齐河与头屯河冲积平原,该部分面积仅占到总面积的1/10(张新焕等,2005;严姗,2014;于中原,2018)。城市林果业发达,石油天然气等传统能源丰富,风能、太阳能等新兴环保能源富集。随着中国和西亚的贸易合作水平加强,市场对流通加工、配送和增值服务需求大大增加,经济发展对乌鲁木齐市的运输业和仓储业保持着较强的需求(王炳天,2017)。

1)制造业分布及其迁移机制

2004—2013年乌鲁木齐市制造业格局呈现出中心城区去工业化、制造业郊区化和多中心化的趋势,企业区位逐渐向距离市中心较远的东北和西北方向扩散(图5-9)。制造企业的中心集聚程度减弱,分布范围不断扩大,尤其是产业园区的制造业集聚能力显著,逐渐形成了城市郊区次中心,多核心制造业空间结构模式形成。这表明产业外迁成为城市空间扩张的

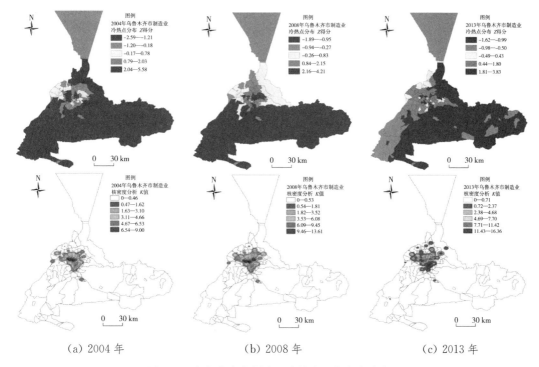

(a) 2004 年　　　　　　　(b) 2008 年　　　　　　　(c) 2013 年

图 5-9　乌鲁木齐市制造业冷热点和核密度演变

注：采用探索性空间数据分析中的空间"热点"分析[Hot-spot Analysis (Getis-Ord Gi*)]方法，将变量空间集聚程度的热点(高值区)和冷点(低值区)识别出来。用 Getis-Ord Gi* 来检验局部地区是否存在统计显著的高值和低值(孟德友等，2014)，用地区可视化的方法来揭示"热点区"和"冷点区"，通过计算 Z 得分和 P 值，得到高值或低值要素在空间发生聚类的位置。对于具有显著统计学意义的正的 Z 得分，其值越高，高值(热点)的聚类就越紧密；负的 Z 得分，其值越低，低值(冷点)的聚类就越紧密。核密度分析方法(Kernel Density Estimation, KDE)被用于计算要素在其周围邻域中的密度。通常认为在研究区域内的任何一点都有一个密度，而不仅仅是在事件点上，即地理现象可以发生在空间中的任一位置，但是不同位置发生的概率存在差异。通过统计一定区域内点事件的数量来进行核(kernel)估计，便可得到一个 K 值，K 值越高，表明该事件(如本书中的制造业)在空间上就越聚集。

主要动力因素，是城市空间重构的核心动力之一(王舒馨，2017)。显然，市场机制与政府政策调控的共同作用是制造业企业迁移的核心动力，如"退二进三"和"出城入园"的政策作用显著。

2004 年，乌鲁木齐市的制造业企业主要集中在中心城区，集聚程度最高的单元有新市区的经济技术开发区街道、北站东路街道、迎宾路街道、二工街道、三工街道、杭州路街道、南纬路街道和石油新村街道，沙依巴克区的西山街道和红庙子街道，水磨沟区的南湖北路街道、七道湾街道和苇湖梁街道等(王舒馨，2017)。2008 年，近郊区的部分街道和乡镇也成为企业集聚程度较高的地区，如米东区的芦草沟乡、铁厂沟镇、卡子湾街道，头屯河区的乌昌路街道等。2002—2008 年，建成区扩展速率达到了 21.017 km²/年，扩展强度指数为 11.796%，城市紧凑度指数由 2002 年的 0.049 上升到 2008 年的 0.055，城市产业发展受地租地价及城市发展规划的影响更加强烈，即通过工业企业"出城入园"等方式逐步对产业分工进行更加合理的布局,这一阶段城市产业集聚效果明显,城市中心区多为单位面积产值高的行业企业且现代服务业密集,城市空间形态对产业结构演替的响应程度不断下降(和伟康等,2017)。2013 年,制造业企业的郊区化趋势更为显著,城市远郊区的铁厂沟镇形成了较大范围的新的制造业企业核心区。综上所述,乌鲁木齐市中心城区逐渐成为制造业企业"回避"或"逃离"的区域,城市东北和西北方向的近远郊区成为制造业企业集中的新的区域。2008—2014 年,城市扩展速率和扩展强度指数分别下降到 14.488 km²/年和 4.762%,城市紧凑度指数略微升高,城市中心呈高度集约立体化发展,城市外部形态的发展已趋于稳定状态,内部填充效果明显(和伟康等,2017)。

以乌鲁木齐市人民广场为城市中心,以 105 个空间单元的中心坐标到人民广场的距离为半径,计算各距离范围的企业数量(图 5-10)。2004 年制造业主要分布在距市中心 3—30 km 范围内,并有两个明显波峰,在距市中心 3—7 km 范围内企业数量超过 150 家,在距市中心 11—16 km 范围内企业数量达到 300 家;2008 年制造业企业总数较 2004 年增多,主要分布在距市中心 7—30 km 范围内,有向外迁移的趋势,也存在两个明显的波峰,在距市中心 11—16 km 范围内企业数量达到 400 家,在距市中心 20—30 km

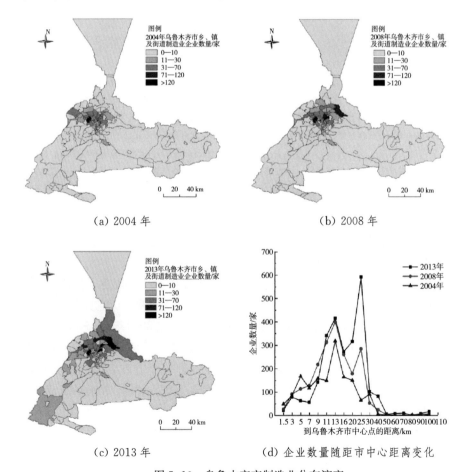

(a) 2004 年　　　　　　　　　(b) 2008 年

(c) 2013 年　　　　　　　　　(d) 企业数量随距市中心距离变化

图 5-10　乌鲁木齐市制造业分布演变

范围内企业数量接近300家;2013年制造业企业总数比2008年显著增多,主要集中在距市中心9—30 km范围内,并且在距市中心11—16 km和20—30 km范围内出现两个明显波峰,企业数量分别达到400家和600家。总的来看,乌鲁木齐市的制造业企业多年来基本上集中在距市中心3—30 km范围内,企业数量呈逐年增多趋势。2004—2013年,乌鲁木齐市的制造业企业逐渐从距市中心11—16 km范围内向距市中心20—30 km范围内集中,在距市中心30—40 km范围内制造业企业数量也有增加趋势(王舒馨,2017)。

2）制造业迁移的行业类型差异

2004—2013年,乌鲁木齐市制造业企业的集聚程度在逐渐增强,并表现为高新技术产业＞机械设备产业＞基础型产业＞都市型产业(图5-11)。这四大产业的空间演化特征差异较为明显,表明乌鲁木齐市的制造业空间结构朝着更为优化的方向发展,未来乌鲁木齐市更应以开发区和高新区为依托,对制造业企业进行合理布局,使产业呈集群式发展(王舒馨,2017)。

首先,都市型产业以向心集聚为主,分布范围有所扩大,并带有向外扩散的趋势(王舒馨,2017)。2004年,都市型产业主要分布在距市中心3—16 km范围内,并且在距离市中心5 km和13 km处企业数量最多,形成两个明显波峰。企业数量较多的街道有新市区的经济技术开发区街道和二工街道,水磨沟区的七道湾街道、水磨沟街道和六道湾街道以及米东区的卡子湾街道。2008年,距市中心3—9 km范围内企业数量较2004年有所下降,企业主要分布在距市中心9—16 km范围内,其中距离市中心13 km处企业数量最多,在距市中心20—30 km范围内企业数量有增加趋势,其中七道湾街道和经济技术开发区街道企业数量增加明显,都市型产业逐渐向城市外围扩散。2013年,在距市中心3—9 km范围内企业数量已明显减少,企业大规模分布在9—30 km范围内,同样在距市中心13 km处企业数量最多,并在25 km处形成了新的都市型企业集聚地,米东区的铁厂沟镇、地磅街道,沙依巴克区长胜东街道的企业数量都有明显增加。都市型产业多年来主要分布在距市中心13 km范围内,并逐年向城市外围扩散,2008年以后逐步形成了25 km新圈层。

其次,高新技术产业多年来主要集中于中心城区,区位变化并不明显(王舒馨,2017)。2004年、2008年和2013年城市的高新技术产业数量比较少,格局演化并不明显,主要呈向心集聚,也有一定向外蔓延的趋势。2004年,高新技术产业主要分布在距离市中心3—20 km范围内;在距市中心5 km和13 km处企业数量最多,形成两个明显波峰;企业数量最多的街道为新市区的经济技术开发区街道和高新技术开发区街道。2008年,高新技术产业主要分布在距市中心7—11 km和20—30 km范围内,在距市中心9 km和25 km处企业数量最多,新市区的高新技术开发区街道,头屯河区的乌昌路街道、王家沟街道等企业数量增加明显。2013年,高新技术产业主要分布在距市中心7—30 km范围内,在11 km和25 km处企业数量

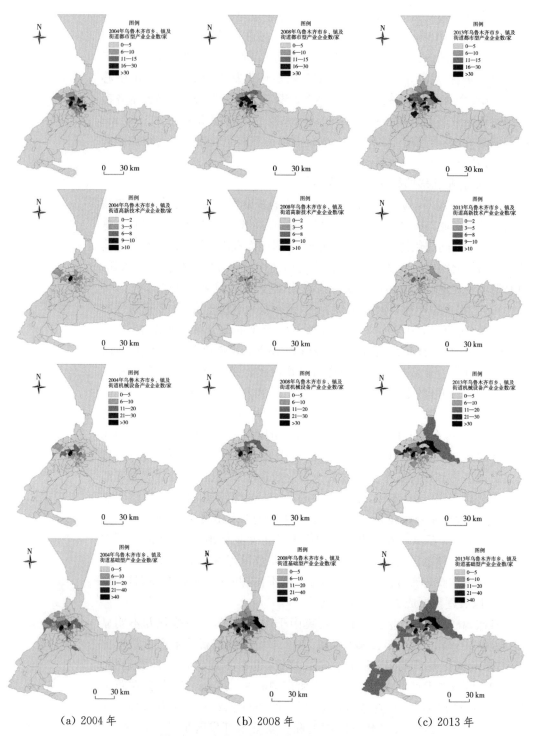

(a) 2004 年　　　　(b) 2008 年　　　　(c) 2013 年

图 5-11　乌鲁木齐市分类型产业分布演变

最多,新市区的长春中路街道企业数量增加最为明显。2004—2013 年,高新技术产业从距市中心较近的内圈层向外迁移了 6 km,从距市中心较远的外圈层向内集聚了 5 km,但并不十分显著,总体上都分布于中心城区。

再次,机械设备产业明显从中心城区向近郊区和远郊区扩散和迁移,是制造业格局演变的主要动力(王舒馨,2017)。2004年,机械设备产业主要分布在距市中心3—25 km范围内,并在距市中心5 km和13 km处形成两个明显波峰,在距市中心较远的30 km处也有少量企业分布。企业数量较多的街道有新市区的经济技术开发区街道、三工街道、迎宾路街道,水磨沟区的南湖北路街道等。2008年,机械设备产业主要分布在距市中心7—30 km范围内,其中在13 km处企业数量最多,且在25 km处形成新的企业集聚,在米东区的南路街道、古牧地镇和铁厂沟镇企业数量增加明显。与2004年相比,企业有向外迁移的趋势。2013年,机械设备产业主要分布在距市中心9—30 km范围内,分布范围明显扩大,在距市中心13 km和25 km处企业数量显著增加;在米东区的铁厂沟镇、地磅街道,新市区的经济技术开发区街道、地窝堡乡,水磨沟区的七道湾街道,头屯河区的乌昌路街道,该类型企业数量增加明显。2004—2013年,机械设备产业的企业数量显著增加,空间格局发生明显变化,从距市中心较近的5 km圈层向较远的13 km圈层聚集,到2013年已形成新的25 km圈层聚集地。

最后,基础型产业区位变化明显,从中心城区逐渐向近郊区和远郊区扩散和迁移,是制造业格局演变的主要动力(王舒馨,2017)。2004年,基础型产业主要分布在距市中心5—30 km范围内,分布相对均匀。在新市区的经济技术开发区街道和米东区的卡子湾街道,该类型企业数量最多。2008年,基础型产业的分布范围有所扩大,主要分布在7—30 km范围内,在13 km处和25 km处企业数量最多;水磨沟区的七道湾街道、米东区的铁厂沟镇和新市区的高新技术开发区街道增加了大量该类型企业。此外,乌鲁木齐资源型产业的集聚和发展主要分布在新市区、头屯河区和米东区,因为新中国成立后城市兴建的大批工业企业主要分布在这些区域,而且1978年后受大型工厂和重型企业外迁及产业园区建设的影响,资源型企业逐渐向头屯河区和新市区集聚;米东区的发展主要与工业用地调整、城市用地扩张需求及乌鲁木齐石油化工总厂和矿务局建设等因素有关(董雯等,2011)。2013年,基础型产业主要分布在9—40 km范围内,并且在25 km处企业数量最多;与2008年相比,距市中心13 km处的企业数量减少,而距市中心25 km处的企业数量显著增加,企业从内圈层向外圈层进行了迁移。在空间单元上表现为在米东区的柏杨河乡、三道坝镇和长山子镇,乌鲁木齐县的萨尔达坂乡和新市区的长春中路街道等,该类型企业数量明显增加。2004—2008年,基础型产业的企业数量明显增加,主要呈现为向城市的东北、西南方向扩散和转移。

第5章注释

① 本部分主要引自李恩龙:《转型期企业空间动态、园区发展与城市空间重构研究:以西安市为例》,硕士学位论文,兰州大学,2020。

6 园区发展驱动下的中国西部城市转型

与东部沿海城市类似,园区政策不但提升了中国西部内陆城市的社会经济发展水平,而且成为城市全球化的主要空间载体,推动了城市的发展转型,引导了城市空间扩展和功能重构。

6.1 园区发展与城市空间重构

6.1.1 园区空间分布

我国园区是由政府所主导,利用税收和土地等政策优惠吸引外部生产要素而实现发展的特殊地域,是一种典型的人为设计的制度"洼地",属于资本循环与城市空间重构的微观机制,体现了制度变迁、资本循环与空间重构三者之间所形成的复杂而精密的政治经济过程的一个组成部分(王慧,2006;Yeung,2015),促进了城市内部的空间生产、新城发展等,即"不断地实行空间扩张以追求资本的增殖"(武廷海等,2012)。随着全球化和信息化的加速推进,全球化、地方化的相互作用愈演愈烈,物流、人才流、信息流、资本流等各种"流"在规模、速度、方向和组织形式上都发生了根本性的变化,而开发区、工业园区作为城市空间的重要组成部分,与城市内外部不断联系和交流,形成了一种具有一定功能和结构特征的网络体系(张荣天,2017)。开发区、工业园区中的企业包括生产型企业和流通型企业,所涉及的从供应地向接受地实体流动过程的物流活动包括供应物流、生产物流、销售物流(潘裕娟等,2012a)。而且,交通设施、自然地理、产业结构、区域规模等区域条件奠定了园区空间格局的基本骨架,制度力量的影响也不可忽视。

自改革开放以来,园区在西部的分布广且不均衡,经历了"布点—扩张—集聚—填充—整合"的阶段性扩张过程,但在新疆和青藏高原仅零星分布在高原的东缘弧形地带和新疆的天山北坡地区(王宝君等,2018)。在西部,园区分布中心不断迁移,集聚中心及集聚尺度不断变动,总体呈现为多中心、多尺度、集聚式的动态空间格局。自改革开放之初,西部园区数量较少,且仅零星分布在陕西、甘肃、宁夏、四川、云南等省份的省会城市及部分重要城市。后来随着浦东新区的设立,西部的园区数量稳步增多且分布范围不断扩展,新疆、重庆、云南、贵州的园区数量激增,青海、西藏也设立了少量园区。1995年,各类园区已覆盖西部所有省份。同时,园区开始由省会城市向周围重要城市甚至县扩展。而且,园区集聚态势初显,初步形成了"多中心集聚"式的空间格局。自1996年以来,不断增加的园区进一步填补了各集聚中心之间的"空白"地带,且园区集聚中心进一步强化与整合,即西部园区集中分布于省会城市和部分工业基础较好的城市及周边地区,并在成渝、陕西中南部、兰州—白银、银川—中卫、河西走廊、新疆北部、云南北部、贵州中部等地形成了集聚区域。2010年后园区分布范围未出现明显拓展,变化仅体现在微观尺度上的充实和强化。

6.1.2 概念化模型

事实上,西部内陆地区的城市园区发展与城市空间重构的内在关系与东部沿海地区并无本质性的差异。改革开放以来,分权化、市场化、全球化的渐进式制度改革促使园区政策不断完善,可通过政策优势和区域优势等打造经济增长极,带动城市或区域发展。园区设立意味着政府对特定区域在税收、土地、奖励、审批程序等方面进行了一定的政策倾斜,从而促进生产要素和资源的流入,发挥园区的极化效应,并促进城市的空间扩张或重构(李恩龙,2020)。

(1)分权化:改革开放以来,土地有偿使用制度的建立、分税制改革等使得城市政府(地方政府)通过企业化运营来大力发展经济。土地市场化背景下的土地优惠政策、分税制改革背景下的税收优惠政策、企业化政府运营背景下的财政奖惩机制和基础设施建设等园区优惠政策,使得园区在这个特定的区域内形成了"制度洼地"。改革开放以来,土地有偿使用制度逐渐建立。因城市政府控制着土地的供给方向、数量和时间等(高菠阳等,2010),城市政府在城市规划与建设中具有重要的作用,这也为城市政府的园区土地优惠政策提供了基础。城市政府对土地资源的垄断不仅在土地供给上可以有所倾向,而且在土地审批、征地等方面都能给予大力支持;园区的土地优惠政策在一定程度上可以降低园区内企业的边际成本曲线,吸引园区周围和其他区域的企业入驻园区。而且,1994年以来的分税制改革,使地方政府有了一定的税收和财政自由,这成为地方政府实行园区税收优惠政策的基础,并在一定程度上降低了园区内企业的边际成本曲线(王伟兵,2013),吸引了新成立企业和迁移企业入驻园区。此外,税收分权使得地方政府具有一定的自由财政基础,这为实行园区的财政激励政策和基础设施建设提供了基础以及作为人口迁入尤其是高技术人才迁至园区的重要保障,而且政府补贴增加了园区内企业的边际效益曲线(王伟兵,2013),财政激励政策增加了园区高效率企业的收益,使其在市场竞争中具有更大的优势。可见,园区各项优惠政策,降低了企业的边际成本曲线,促使企业入驻园区。

（2）市场化：市场机制对园区的发展起到了重要的作用。园区在明显的政策优势下聚集部分企业，由于集聚效应的存在，园区内企业的上下游产业向园区集聚。此外，地理上的接近性也会促使企业的创新得到快速地扩散，促进了技术外溢，对园区内其他企业产生正外部性。由于园区基础设施和交通运输的便利性，不相关企业通过共享基础设施而在空间上集聚。级差地租不仅促进了企业在城市边缘区的发展，而且促进了居住地产和商业地产的发展。由于园区多位于城市的边缘区，边缘区廉价的土地价格优势促进了园区内房地产的大力发展，为园区发展进一步聚集了人力资源。此外，随着收入的增加，员工对生活环境和便利性的要求会更高，进而促进房地产开发商对居住地产和商业地产的开发（李恩龙，2020）。

（3）全球化：园区政策吸引跨国公司投入而引进先进技术和管理模式，扩大了城市的开放程度，吸引了外资，促进了地方的经济发展，建立或促进形成了全球生产网络。跨国公司入驻园区为园区内的企业提供了学习先进技术和管理模式的机会（张晓平，2005），刺激园区内企业学习与创新，并且由于其正外部性而吸引园区外相关企业进入，在园区发展初期强化了园区的极化效应；跨国公司通过在园区投资强化了其全球生产网络（张晓平，2005），使得园区内企业有了进入全球生产网络的机会，跨国公司的生产网络和运营机制也为园区发展外向型经济提供了参考基础。

因此，园区模式是突破国家制度限制的"急先锋"。园区因其税收优惠、场地条件、配套条件、市场准入、项目审批等成为产业发展的优势区位，实际上逐步演化为因政策倾斜支持后的"制度场高地"（李恩龙，2020）。高新技术产业开发区政策实施后，国家又陆续出台了经济技术开发区、保税区、工业园区、循环经济园区、大学城、新城区建设等政策。园区模式已逐步演化为地方产业发展的聚集地，更是地方政府突破国家制度性限制的有力工具，如行业准入、融资、建设用地指标等。其中，开发区的出现是为了扶持高新技术或具有发展前途的朝阳产业，为新型产业的集聚区，其根本性优势在于：①迅速、合法地取得建设用地指标；②合法的征地权利，利用模糊的土地所有权获得了相关权益；③有效利用或制订优惠政策进行招商引资；④利用政策扶持政府所青睐的行业或产业类型，外商直接投资（FDI）政策（Wong et al.，1995；Wu et al.，2005）。由此，因政策倾斜造成各级地方政府的"设区"冲动强烈。而且，开发区政策泛化，如"一区多园"或将部分开发区政策移植到一般性质的工业园区中。高新区正逐步演变为一个集商务、技术创新、高新技术发展、高尚生活区为一体的新的城市空间。

这些园区与新城建设成为实现城市产业扩张、空间扩张与功能重构的重要手段和途径（图6-1）（李恩龙，2020）。各类园区政策与新城政策至少在以下领域可促进城市实现发展（李恩龙，2020）：①利用国家关于开发区的税收等优惠政策，发展城市的新兴产业，改造传统产业，实现产业系统的转型和升级。而且，还可改善城市税收和财政收入，增加就业，实现城市社会职业结构和就业结构的多元化，促进城市社会收入、教育、技能等的分化和整合。②园区建设规模一般较大,或由小变大,最终成为城市新区或新城区,如兰州新区、白银西区等。园区和新城的区位选择在规划时综合考虑了城市的主要扩张方向和区域,诸如产业的职能空间重构、生态环境的要求、老城与新城的关系等因素,最终成为城市空间扩张和重构的最大"引擎",整合了产业体系,重组了城市的社会结构和空间结构。③开发区推动了城市土地改革、房地产市场的兴起和大规模的城市更新。④充分利用了现有或阶段性政策所赋予的权力和边界,争取政策优势的最大化,提升城市的竞争优势。

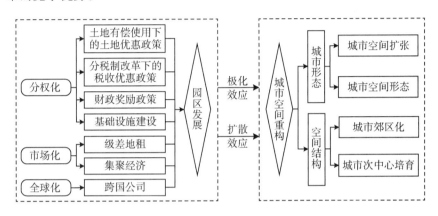

图 6-1 中国西部城市园区发展与空间重构的概念性模型

与东部城市类似,西部城市的园区发展对城市形态作用过程主要表现在促进城市的空间扩张和促使城市的空间形态发生变化(李恩龙,2020)。园区发展不仅促进了西部城市的经济增长,而且对城市的空间扩张也具有重要的作用。园区效应对城市空间扩张的作用主要表现在两个方面(李恩龙,2020):①园区的极化效应通过建设园区本身而促进城市的空间扩张。园区作为城市的一部分,其本身的扩张就是城市空间的扩张;其极化效应通过吸引生产要素进入园区而促使园区本身建设面积扩张,其中,城中型园区属于填充式扩张,边缘型园区和远郊型园区分别为半圆形扩张和多方向扩张(孙战秀,2017)。多数园区设立时位于城市边缘区,这不仅是因为园区需要接近母城获取资源,而且是因为城市边缘区有一定发展基础,最主要的是由于城市边缘区还有未开发空间,可以满足园区产业发展的需求(王慧敏,2007)。另外,园区的空间扩张在城市空间扩张中占有很大的比重,且其极化效应使得园区相比于其他方向上的城市边缘区具有更活跃的经济活动,其需要更大面积的发展空间,因此园区具有更快的扩张速度。而且,园区的扩散效应通过带动发展园区周边区域而促进城市空间扩张。②园区内经济活动的扩散通过带动发展园区周边区域而促进城市空间扩张。由于园区内企业的溢出效应,园区周边企业由于地理上的相对临近性,通过发展与园区内企业相配套的产业来促进园区周边区域的发展。园区作为城市经济的主要载体,其发展主要侧重于生产空间,而缺乏生活空间。园区周边区域由于其地理临近性,发展配套的居住区和购物商贸等生活空间具有更大的市场和优势。同时，园区通过发展经济带动整个城市的发展进而促进城市空间扩张。此外，园区发展促进了城市产业空间重组，使城市空间结构更加优化，这样可以提高城市整体生产效率，促使城市形成更好的投资环境和就业环境，进而也会推动城市化发展和郊区化扩散，促进整个城市的空间扩张。另外，园区除了促进城市空间规模上的扩张，园区有方向性的扩张也会促进城市空间形态的变迁。园区的极化效应促进了城市空间呈"触角式"生长，即以边缘型为主的园区就像在园区方向长出的"触角"，引导城市的空间沿"触角"方向快速生长；园区的扩散效应促使城市空间呈"填充式"生长，使市空间轮廓相对"圆滑"。为此，可将园区与城市空间结构演进模式总结为双核模式、连片带状模式和多极触角模式。

园区的极化效应促进城市制造业空间结构形成新的扩散和新的集中（郑国，2006）。其中，新的扩散加快了城市的郊区化进程；新的集中促使有潜力的园区空间逐渐成长为城市次中心，使城市空间结构由单中心结构向多中心结构转变。园区效应对城市郊区化的作用体现在两个方面：①园区的极化效应促使园区发展，园区的建设过程本身就是郊区化过程。园区主要分布于城市的边缘区，城市老城区更新后被土地利用效率更高的居住和商业所替代。初期的园区发展促进了制造业的空间分散与郊区化；随后，园区在发展生产空间的同时配套生活空间，使得房地产业大力发展，促进了人口和商业的空间分散，加快了城市郊区化进程。另外，园区的扩散效应促进了园区周边区域的发展，加快了城市郊区化进程（郑国，2006），如边缘型园区和远郊型园区带动了园区周边的空间发展，而周边区域的发展以及与其相联系的产业又促进了周边区域生产功能的发展，周边区域因其地理临近性为园区内的职工提供了如廉价的出租屋、餐饮、购物等生活服务支持。②园区效应对于城市次中心的培育。极化效应促进园区由生产空间为主向生产、生活功能共同发展的综合城市空间转变，如园区的转型升级形成了大城市郊区的次级中心城市，在产业结构上从工业主导向综合城市转变（程慧等，2012）。同时，扩散效应增强了园区及其周边区域的经济实力，充分发挥其作为增长极的服务能力，培育了城市次中心，如制造业中心和服务中心。

在现实中，我国西部城市几乎拥有了我国所有类型和行政级别的园区类型。其中，科技园区、高新区、创意产业园区等成为地方政府最新追求的主流。总体来看，对成都、西安、乌鲁木齐、西宁、银川等多个城市的分析表明，园区在西部城市的区位特征与东部沿海地区没有多大差异，如园区仍可分为远郊型、边缘型和城中型三类园区，距中心越近的园区发展得就越好或用地效率一般要高；园区发展过程可分为成型期、成长期、成熟期和复杂期；园区发展转型方向多为功能融合、产城融合等；成都、西安的园区发展水平在西部地区最高，尤其是高新技术产业园区（李恩龙，2020）。不过，在西部地貌复杂的城市，远程"飞地式"园区或新城建设因距城市中心远和城市综合实力有限，往往存在产业动力不足、集聚能力差等关键问题，如兰州新区等,但这也与决策的历史过程有关(Yang et al.,2016)。事实上,日喀则市的藏族居民也能明确认知园区及其特征(Yang et al.,2019;杨永春等,2019b)。

6.2 西安市实证:园区发展与城市空间演化

6.2.1 园区发展与城市空间形态

针对边缘型园区的空间扩张,分析其对城市空间形态演变的影响。西安的一些边缘型园区在设立之前已有建设基础,如浐灞生态区与航天基地等,但另一些园区在批准设立之前几乎没有建设,如"经济技术开发区"与曲江新区等。

1) 园区发展及对城市空间扩张的作用

西安市的边缘型园区位于主城区边缘,分别是西安高新技术开发区、经济技术开发区、曲江新区、浐灞生态区、航天基地、国际港务区和沣东新城等园区(图6-2)。园区建设大多并不始于园区中心,扩张方向也并非由中心向外围的圈层式扩张,而是从接近主城区(或连接主城区)的区域开始建设,其扩张方向主要和城市扩张方向一致,即沿城市向外扩张方向进行延续扩张,依托城市主城区,借助主城区扩张趋势,向城市外围地区扩张(李恩龙,2020)。可见,这些园区并非自身独立发展的,而是依托城市主城区进行扩张的,城市主城区对于园区的空间扩张具有重要的作用。

各园区面积整体呈增长趋势。其中经济技术开发区、浐灞生态区和航天基地的建设已相对成熟,其建成区面积已基本覆盖规划区;高新技术开

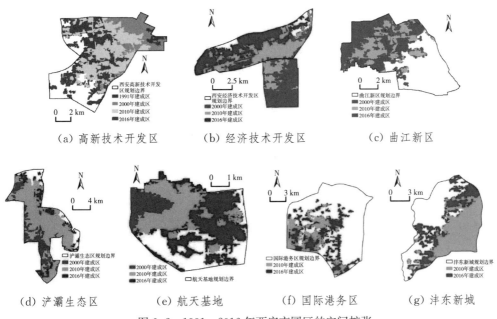

(a) 高新技术开发区　(b) 经济技术开发区　(c) 曲江新区

(d) 浐灞生态区　(e) 航天基地　(f) 国际港务区　(g) 沣东新城

图 6-2　1991—2016 年西安市园区的空间扩张

发区和曲江新区处于过渡期,其建成区面积已大部分覆盖规划区;而国际港务区和沣东新城的建成区面积相对于规划面积还有很大的发展空间,处于快速发展期。从园区扩张强度指数可以看出,各园区的扩张强度指数整体呈现下降趋势,即园区在批准设立之初其空间扩张速度最快,随着园区发展逐渐成熟,其园区的空间扩张速度逐渐减小(李恩龙,2020)。其中,高新技术开发区、浐灞生态区、航天基地和国际港务区在建设之初的扩张速度较快,其扩张强度指数也表现得较为明显,随着园区的进一步建设,其扩张速度都有所降低,由"粗放式"空间扩张转变为"精细式"空间扩张。

随着各种园区的不断设立,西安市边缘区基本被各种园区所包围。因此,园区的空间扩张基本构成了整个西安市的扩张,对整个城市的空间扩张具有很大的贡献率(李恩龙,2020)。此外,从扩张强度来看,2000—2010 年,高新技术开发区、经济技术开发区、曲江新区、浐灞生态区和航天基地的扩张强度都明显高于城市主城区的扩张强度,园区综合的扩张强度也远高于主城区的扩张强度,这也说明了 2000—2010 年园区的扩张速度远高于城市的其他区域;2010—2016 年虽然整体的扩张强度有所下降,除浐灞生态区,其余各园区以及园区综合的扩张强度也依然高于城市主城区的扩张强度,说明 2010—2016 年园区的扩张速度依然高于城市的其他区域(李恩龙,2020)。这都说明了园区的扩张对于城市的空间扩张具有很高的贡献率。

2)园区发展对城市空间形态的影响

西安主城区位于关中平原,其空间扩张过程并不符合完全的圈层式扩张,其扩张前期受自然环境因素(河流如渭河、灞河、沣河等,秦岭)的影响并不明显,而是受园区的设立与建设呈触角式扩张。总体上,西安市园区的发展在城市扩张过程中经历了"触角"的生长与被淹没的过程,可见园区导致了西安市主城区的触角式扩张(李恩龙,2020)。

1991—2000 年,城市在西南方向上和正北方向上扩张最快,城市主城区形状由"水平扁平状"变为触角式的"十字架"状,这是由于继 1991 年西安市在主城区的西南方向上设立高新技术开发区后,1993 年西安市在主城区的正北方向上设立经济技术开发区,且在 2000 年批准为国家级新区。此外,在西北方向上也出现了"触角"雏形,这使西安市主城区与其西北方向上的咸阳有着较强的经济联系,因此西安市主城区有沿道路西北方向扩张的趋势。

2000—2010 年,西安市城市空间由"十字架"状向"菱形"转变。除了在已有的西南和正北方向上继续呈触角式的扩张,西安市在正南、东北和西北方向也呈触角式扩张,而在这些方向上的"触角"都对应着园区的分布。其中,2003 年在主城区东南方向上设立的曲江新区和 2006 年在正南方向上设立的航天基地促进了主城区正南方向上"触角"的生成与发展,2004 年在主城区的正东和东北方向上设立的浐灞生态区以及 2008 年在东北方向上设立的国际港务区促使主城区东北方向上"触角"的生成与发展,2009年在西北方向上设立的沣东新城促进主城区西北方向上"触角"的进一步发展。因此,可见园区设立与建设对于城市空间扩张的影响显著(李恩龙,2020)。

2010年至今,城市在各个方向上都有所扩张,由"菱形"向东北—西南向的"椭圆状"转变。随着主城区的扩张,前两个时间段所形成的"触角"已经不明显,说明园区的扩散效应促使城市空间的全域扩张,也从侧面说明2010年城市扩张所形成的"触角"是园区快速扩张的结果(李恩龙,2020)。

6.2.2 园区发展与城市空间结构演变

1) 工业园区化

工业园区化是通过政府政策或企业行为促进生产要素向各类工业园区、开发区等集聚的过程,从而形成城市或区域的经济增长极,促进经济高效集约发展(李恩龙,2020)。相较于西方发达国家制造业重新聚集后形成的工业集聚区,中国的工业园区化更具有区域特色。

1998—2013年,西安市进入园区的企业数量为机械设备产业＞高新技术产业＞基础型产业＞都市型产业(表6-1),这说明机械设备产业的企业是1998—2013年西安市最主要的入驻企业。相比于基础型产业,园区更侧重于吸纳技术密集的高新技术产业。2013年西安市规模以上制造业企业在高新技术开发区和经济技术开发区两个园区分布较多,分别为182家和97家;同样的,进入企业也主要集中在高新技术开发区和经济技术开发区两个园区,分别为127家和72家,而航天基地和曲江新区相对较少,分别为15家和7家。就四种不同的制造业行业类型而言,高新技术开发区的进入企业类型主要为高新技术产业和机械设备产业,其中高新技术产业占园区同类型进入企业的55%;经济技术开发区的进入企业类型相对分散,都市型产业和机械设备产业的企业数量较多,其中前者占园区同类型进入企业的42%;沣东新城侧重于机械设备产业和基础型产业,曲江新区和国际港务区侧重于基础型产业,其中国际港务区的基础型产业企业占总进入企业的57%;浐灞生态区侧重于高新技术产业;航天基地侧重于高新技术产业和机械设备产业;航空基地进入企业侧重于机械设备产业和基础型产业;泾河工业园最主要的进入企业类型为机械设备产业,占总进入企业的70%(李恩龙,2020)。总之,进入企业类型基本和园区产业发展方向一致。此外,距离主城区较远的园区主要进入企业类型为机械设备产业和基础型产业,而距离主城区较近的园区其主要进入企业类型为高新技术产业和设备制造产业。

根据以上的分析可发现,西安市制造业倾向于进入园区,呈现明显的园区化特征,其对于城市空间结构尤其是产业空间结构具有重要的作用。

表 6-1 1998—2013 年西安市规模以上制造业企业各园区进入情况

类别	浐灞生态区	泾河工业园	沣东新城	高新技术开发区	国际港务区	航空基地	航天基地	经济技术开发区	曲江新区	总计	总进入企业	2013年企业总数
都市型产业/家	1	2	9	11	3	3	2	23	1	55	122	174
高新技术产业/家	6	6	5	58	2	5	5	18	1	106	161	234
机械设备产业/家	5	37	12	38	4	16	5	21	0	138	207	270
基础型产业/家	5	8	11	20	12	12	3	10	5	86	179	217
总计/家	17	53	37	127	21	36	15	72	7	385	669	—
2013年企业总数/家	24	58	47	182	30	49	20	97	7	514	—	895

2）城市次中心培育

自 1991 年设立西安市高新技术开发区以来,西安市的园区不仅在数量规模上进一步发展,而且也取得了显著成绩。如 2018 年,在百余家国家级高新技术开发区中,西安市高新技术开发区综合排名第四,在全国 219 家国家级经济技术开发区中,西安市经济技术开发区排名位居第 22 位,成为西北地区唯一进入全国 30 强的经济技术开发区。园区成为城市经济发展的增长极,促进城市经济快速高效发展。随着园区的进一步发展,城市发展规划进行资源整合,根据园区的专业性与发展定位将其打造成各具特色的城市增长极。根据《大西安(西安市—西咸新区)国民经济和社会发展规划(2017—2021)》可知,西安市以园区为主要载体重点打造城市的创新增长极、工业增长极、文化产业增长极、开放增长极和金融增长极,其中,以高新技术开发区核心,依托航天基地、沣东新城、沣西新城、大学城等优势科创资源发展创新增长极;以经济技术开发区为核心,依托高陵组团、临潼组团、航空基地等工业基地发展工业增长极;以曲江新区为核心,依托白鹿原、临潼景区等文化产业地发展文化产业增长极;依托国际港务区、空港新城、浐灞生态区等对外开放通道发展开放增长极;以高新科技金融区为核心,丝路经济带能源金融贸易区—曲江浐灞文化金融、新金融试验区为支撑发展金融增长极(李恩龙,2020)。

西安市加快了城市次中心的培育。《西安高新技术开发区国民经济和社会发展第十三个五年规划》确立了西安市高新技术开发区具有国际竞争力的先进制造业创新中心和"一带一路"创新之都的发展定位。《西安经济技术开发区国民经济和社会发展第十三个五年规划》中指出,西安市经济技术开发区的发展定位是丝绸之路经济带新起点、先进制造业高地、西安国际化大都市新中心。《西安国际港务区第"十三个"国民经济和社会发展规划》中指出,充分发挥国家级电子商务示范基地、陕西省融资租赁业聚集区和西安综合保税区政策先行优势,将西安国际港务区打造成现代物流商贸基地和临港型现代服务业基地。《西安浐灞生态区国民经济和社会发展第十三个五年规划纲要》中指出,在全面建成小康社会的基础上,在西安浐灞生态区内加快建成西北涉外领事馆聚集区、西安金融商务区、欧亚经济综合园区核心区和丝路国际会展中心。这些园区的发展规划都将其发展目标或者发展定位确立为重点产业发展中心,这些规划对于促进西安市的园区成长为城市次中心具有重要的引导作用。

6.3 西宁市实证:开发区的产业网络及其全球化

西宁市开发区涵盖了西宁市国家级经济技术开发区和国家级高新技术产业开发区,其下辖4个工业园区,即东川工业园区、甘河工业园区、城北生物科技产业园区和南川工业园区,开发区总面积为 108.78 km²。基于开发区资料、深度访谈和问卷调查,运用矢量数据符号和数理统计方法,以产业链为着眼点,刻画西宁市开发区企业投资来源的空间特征;同时,基于企业供应销售的物流方向,采用社会网络分析中的2-模网络,刻画了西宁市开发区企业供应销售物流网络结构特征以及对地区产业结构的影响(唐艳,2020)。

6.3.1 投资源结构

1)非地方化且非全球化的投资来源结构

按企业个数统计,西宁市开发区投资者来源总体呈非地方化、非全球化的基本特征,即资本来源以青海省外为主,国际投资者很少(唐艳,2020),具体表现为青海省外的资本流入有 75.67%,省内资金占 24.33%。其中,国际投资者仅占 4.44%,主要是美国和泰国。在国内的投资来源地中,江苏和浙江各约占 11.1%;福建和四川各约占 6.7%;安徽、甘肃、广东、山东、陕西、山西各约占 4.4%;辽宁、江西、河南各约占 2.2%。来源于西部地区的投资者占 42.22%,其中本省的投资者占 50% 以上,来自西宁市和海东市;东部地区占总投资者的 37.78%;中部地区占 13.33%,主要省份是安徽省;东北地区的投资者较少,占 2.22%。城北生物科技产业园区的青海省内投资者占 33.33%,青海省外流入占 66.67%,其中我国浙江省占 20%,我国安徽、江苏、河南、四川、广东、山东各省和泰国各约占 6.67%。东川工业园区的省内投资者占 31.25%,青海省外流入占 68.75%,其中我国江苏、福建、甘肃各约占 12.5%,我国陕西、山西、山东、安徽、江西各省和美国各约占 6.25%。南川工业园区的省内投资者占 20%,省外投资者占 80%,其中四川占 20%,福建、浙江、山西、辽宁、江苏、陕西各约占 10%。甘河工业园区的省外投资者占 100%,广东、浙江、江苏、山东各约占 25%。

投资者集中于制造业,批发和零售业,交通运输、仓储和邮政业,三个行业的投资分别占 64.44%、22.22%和 6.67%。在制造业领域,投资者以医药业、食品加工业、金属非金属加工业和装备制造业四大类产业为主,比重均超过 13%。其中,医药制造业达到了 24.14%,这明显与青藏高原独有的动植物医药资源有关,即表现出显著的投资选择的地方资源导向。

2) 产业链视角下的投资来源结构

西宁市开发区的上游企业、中游企业、下游企业和全产业链①分别占 6.67%、31.11%、26.66%和 35.56%(唐艳,2020)。其中,外来投资者集中在上游企业、全产业链、下游企业和中游企业的比重分别为 100%、87.5%、66.67%和 57.14%。具体来说:①上游企业的投资者均来自青海省外,如我国江苏人投资的青海中利光纤技术有限公司、美国人投资的亚洲硅业(青海)股份有限公司等企业,投资企业主要为光伏和光纤行业。对于光伏行业来说,青海拥有丰富的水电、光照资源,这为该行业原材料的生产提供了基础,如硅材料。对于光纤行业来说,企业毗邻西北最大的多晶硅生产基地,因此在利用当地具有价格优势和丰富的电力、天然气等能源的同时,还能方便地使用多晶硅生产基地的产品,实现了企业循环经济、持续发展的理念。②全产业链的投资者主要来自外地,东中西部均有分布,其中西部地区(除青海省外)的投资者占 31.25%,东部地区占 25%,中部地区占 25%,东北地区占 6.25%,投资多为食品和生物医药行业,如青海可可西里食品有限公司、青海三江雪食品饮料有限公司、青海圣烽生物技术开发有限公司、青海夏都医药有限公司、三普药业股份有限公司等企业。外来投资者主要利用青海省丰富的动植物资源,在此进行集种植或养殖、研发、生产、销售和服务于一体的全产业链。西部地区(除青海省外)由于地理临近等原因,投资者偏好在西宁市开发区投资建厂。③下游企业的投资者大部分来源于外地,尤其是经济发展较快的东部地区,占 41.67%,较为主要的区域是江浙一带和福建。这些地方的企业重点发展电子信息、精密机械等产业。因此,投资者多投资汽车销售、物流、日化百货等行业,如青海泰洲弘车辆销售有限公司、青海福茵物流有限公司、西宁齐心日化百货有限公司等企业。下游企业的投资者来源除本国外,还有外商直接投资,受益于政府"开发西部"的经济发展项目,投资行业为工程机械的销售和服务。④中游企业处于生产加工的环节,产品附加值较低,利润微薄,外来投资者占了大约六成,其中东部地区占 42.86%,投资多为食品、化工行业,如青海西宁娃哈哈启力饮料有限公司、力同铝业(青海)有限公司等企业。

受访的本地投资者源于西宁市和海东市(图 6-3),主要投资中游企业(42.86%),其次为下游企业(33.33%),最后为全产业链(12.5%)。这些中游企业主要集中于生物医药、纺织、钛材行业,如金诃藏药股份有限公司、青海瑞丝丝业有限公司、青海聚能钛业有限公司;下游企业集中于食品、医药、房地产行业,如西宁昌庆食品批发配送中心、青海省药材有限公司、青海首宏投资发展集团有限公司;全产业链则集中于食品和纺织行业,如青海天露乳业有限责任公司、青海雪舟三绒集团有限公司。中游生产加工型企业和下游销售服务型企业因对技术要求相对较低,加上西宁地处西北,企业管理制度、技术、人才等方面与其他地区存在较大的差距,所以投资者多选择投资对技术要求相对较低的生产加工型和销售服务型两个环节的企业。

图 6-3　本地投资企业所属产业链环节

总体来看,外来投资者投资上游和全产业链类型的企业较多,可提升地方的产业结构,在一定程度上可以促进地区经济发展。相对而言,本地投资者多投资中下游企业,实际上多为地方资源导向型,可促进地方化企业发展或者培养地方企业家,但对产业升级的影响较弱。

6.3.2　企业供应销售物流网络结构特征

1) 供应物流网络的结构特征

对西宁市开发区企业供应物流网络中的各节点进行中心度测量,结果发现这个供应物流网络在国内尺度大致呈"东西强,中部弱"的结构,即东西部省份在三项中心度指标的得分均大于中部省份(唐艳,2020)。中心度的测量结果显示,我国青海、上海、陕西、四川、江苏、广东、甘肃各省份和澳大利亚是供应物流网络的核心供应地,承担西宁市开发区企业主要供应商的角色;云南和新疆的三项中心度指标值最低,处于网络的边缘位置,与西宁市开发区的联系不大。在供应地的中心性测量结果中,三项中心度指标的趋势基本一致,即程度中心度高的点,其接近中心度和中间中心度也高。青海和上海在三项中心度指标的测量中位居前两位,我国陕西、四川、江苏、广东、甘肃各省和澳大利亚并列第三位。其中,青海的程度中心度、接近中心度和中间中心度的值最高,表明该地区是西宁市开发区企业供应物流网络最核心的供应地,掌握众多的货物资源,地方性优势突出,地位十分重要。从接收地一方的结果来看,三项中心度指标的趋势基本一致。青海普兰特药业有限公司(PLT)和青海绿草地新能源科技有限公司(LCD)的程度中心度的值相同,且为接收地中的最高值,接近中心度和中间中心度的值也相对较高,这说明这两个企业在接收地中处于核心地位;有众多企业的三项中心度指标值一致且为最低,如青海可可西里食品有限公司(KKXLSP)、青海明创光电实业有限公司(MC)、青海紫源宝沃汽车销售服务有限公司(ZY)等企业,处于网络的边缘位置。

结合企业供应物流网络的中心度分析,得到企业供应的货物流动总体呈地方化、非全球化的供应特征,即供应商来源以青海为主,国际供应商较少(图 6-4),这与我国东部沿海城市"货物供应以国外、省外城市为主的供应流格局"存在较大的差异(潘裕娟等,2012a)。具体表现为青海省内的供应商约占 53.33%,且主要为西宁市、海西蒙古族藏族自治州、海东市和玉树藏族自治州,接收地多为医药、食品、羊绒、化工等类型企业。青海地处青藏高原,独特的地理环境使其拥有丰富的资源,如太阳能、风能等资源;沙棘、枸杞等特色生物资源;铅锌铜等有色金属矿产资源;除此之外,还有丰富的动植物资源,青海拥有世界大约 30%的牦牛、全国大约 70%的名贵中药材——冬虫夏草。由此可知,青海属于资源强省,故能为接收地提供所需的原材料。相比而言,省外地域供应所占的比重较小,接收地的主要供应商来自东部地区的上海、广东和江苏,西部地区的陕西、四川和甘肃以及澳大利亚。长三角的上海和江苏主要为接收地供应食品、日化、蚕丝、金属等原材料;珠三角的广州、深圳等地为接收地提供半导体、食品等原材料;陕西提供药材、光导纤维等原材料;四川主要提供药材、蚕丝、金属、防水等原材料;接收地从邻省甘肃输入萤石、有色金属铝等资源;主要从国外进口羊毛,供应地为澳大利亚。

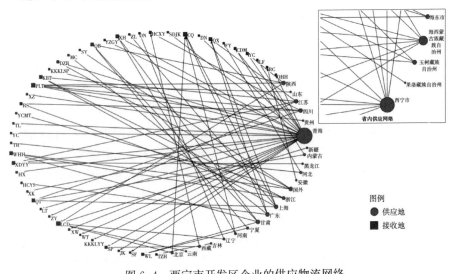

图 6-4 西宁市开发区企业的供应物流网络

注:因在调研时大部分企业要求保密,故采用了简写方式。下同。

2) 销售物流网络结构特征

对西宁市开发区企业销售物流网络中的各节点进行中心度测量,结果发现销售物流网络与供应物流网络相似,在国内尺度大致也呈现出"东西强,中部弱"的结构(唐艳,2020)。中心度的测量结果显示,我国青海、香港、陕西、上海、江苏等地和德国、美国是销售物流网络的核心销售地,与西宁市开发区的联系密切;河南、江西处于网络的边缘位置,与西宁市开发区的联系很弱。在销售地的中心性测量结果中,三项中心度指标的趋势基本一致,即程度中心度高的点,其接近中心度和中间中心度也高。青海的程度中心度、接近中心度和中间中心度的值最高,这表明该地区是西宁市开发区企业销售物流网络中最核心的销售地,反映出城市以省内的服务需求为主。从供应地一方来看,三项中心度指标的趋势基本一致。圣源地毯集团有限公司(SY)和青海信禾氟业有限责任公司(XH)的程度中心度的值相同,且为供应地中的最高值,接近中心度和中间中心度也相对较高,说明这两个企业在供应地中处于核心地位;同时也有众多企业的三项中心度指标值一致且为最低,如黄河鑫业有限公司(XY)、西部矿业股份有限公司锌业分公司(XK)、青海瑞丝丝业有限公司(RS)等企业,这表明他们处于网络的边缘位置,主要是因为他们的货物销售相对单一(图6-5)。

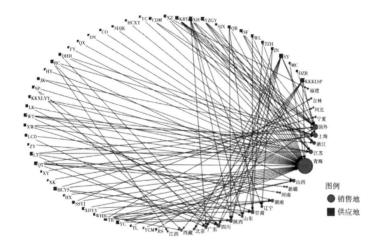

图 6-5 西宁市开发区企业的销售物流网络

结合企业销售物流网络的中心度分析,得到企业销售的货物流动总体呈地方化、弱全球化的销售特征,即产品主要销售至青海内部,同时国际销售也较多,这与我国东部沿海城市"以服务城市外部需求为主的销售物流活动"存在较大的差异(潘裕娟等,2012a)。具体表现为青海本地的销售商所占比重高达80.85%,且销售基本覆盖全省,其中西宁市、海东市、海北藏族自治州和海西蒙古族藏族自治州是主要的销售地,主要销售中藏药、绿色保健食品、藏毯、硅材料、新材料等产品(图6-6)。相比较而言,省外地域销售所占的比重较小,供应地主要销售商包括中国香港地区,东部地区的上海和江苏,西部地区的陕西,以及国外的德国和美国(图6-7)。企业主要销售地毯、光纤光棒、枸杞酒、羊绒等产品至中国香港地区;销售地毯、多晶硅、光纤光棒等产品至德国;销售地毯、羊绒、光纤光棒等产品至美国。由此可知,企业主要出口地方特色资源,如地毯、光纤光棒等;供应地企业主要销售地毯、中藏药、枸杞保健酒和沙棘油等健康产品,高原奶茶等被销售至东部地区的上海和江苏;销售至西部地区陕西的产品主要有地毯、中藏药、光伏玻璃、六氟化硫气体、钛锭等产品。

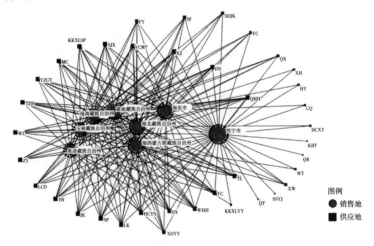

图6-6 西宁市开发区企业青海省内的销售物流网络

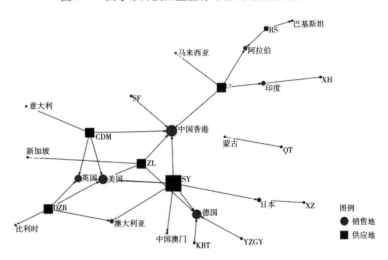

图6-7 西宁市开发区企业境外销售物流网络

3) 产业链视角下企业供应销售物流网络结构

产业链是指从最初的自然资源到最终产品到达消费者手中所包含的各个环节所构成的整个生产链条(张朝枝等,2010),可将其产品分为中间产品和最终产品。根据联合国的广义经济类别分类(BEC)和法国国际经济研究中心(CEPII)的划分标准,确定中间产品包括半成品和零部件,最终产品包括资本品和消费品(张鹏等,2016)。随着国际分工的不断深入,分工体系逐渐从以产业垂直分工为特征的"雁行模式"转向以价值链分工为主的形式,一个地区的产业竞争优势逐渐体现在产业链条中所占据的环节上。产业链研究的主体是行业,将企业按照所属行业进行划分,分为医药卫生、轻工食品、冶金矿产、服装纺织等行业。根据微笑曲线理论,参考孟浩等(2017)、卢明华等(2012)对产业链的划分,将上述行业在产业链中所处的阶段归为上游(核心零部件供应,附加值较高)、中游(加工制造的生产环节,利润微薄,产品附加值较低)、下游(营销环节或服务,附加值较高)和完整产业链(集研发、制造和销售于一体)。

在医药卫生和轻工食品行业,企业供应商主要来自本地,这明显与青藏高原独有的动植物医药、食品资源有关,即表现出显著的地方资源导向;销售范围涉及全国,但产品主要还是销售至本省,反映出企业以服务城市内部需求为主。从供应销售产品可知,医药卫生和轻工食品行业属于"供应原材料—深加工—销售最终产品"路径,产业链完整,这可以提升地区产业结构,在一定程度上对地区的生产技术和经济发展起到促进作用。

在冶金矿产行业,企业供应商主要来源于青海本省,销售至东部地区及亚洲的国外市场。产品路径可概括为"供应原材料—深加工—销售中间产品"。值得注意的是,该中间产品大部分指的是半成品,故可知该行业的大部分企业在产业链条中处于中游,即加工制造,这对产业升级影响较弱。如力同铝业(青海)有限公司(LT)属于生产加工型企业,该企业生产出来的铝壳被广泛应用于仪器仪表、电子、精密机械等行业;青海聚能钛业有限公司(JN)是一家钛及钛合金熔铸的加工生产企业,其生产出来的钛合金主要用于制作飞机发动机压气机部件。不同的是,亚洲硅业(青海)股份有限公司(YZGY)这个企业的产品路径虽然也可概括为"供应原材料—深加工—销售中间产品",但其中间产品指的是核心零部件,即该企业生产的中间产品——多晶硅是生产单晶硅的核心原料,同时也是当代自动控制、光电转换等半导体器件的基础材料。因此,该企业附加值较高,掌握核心零部件供应,在产业链中处于上游阶段。

服装纺织行业的供应产品主要来源于东部地区苏杭的蚕丝以及本省的西宁牦牛、羊驼绒毛,虽然国外进口的原材料羊毛不占主导地位,但服装纺织行业仍是所有行业中进口最多的行业;产品主要销售至欧洲和亚洲国外市场,服装纺织行业同时也是所有行业中出口最多的行业,反映出青海服装纺织企业参与全球纺织品服装贸易,在青海全省的出口贸易中处于支柱性地位(2017年出口额占全省总出口额的比重为42.40%)。从供应和销售产品可知,服装纺织行业属于"供应原材料—深加工—销售最终产品"的路径,是完整的产业链条,可提升地区产业结构,在一定程度上对地区的生产技术和经济发展起到促进作用。

石油化工行业的供应商来源较其他行业有所不同,其供应商主要来自西部地区,本省供应的产品较少,产品主要销售至东西部地区。产品路径可概括为"从外地引进原材料—深加工—销售最终产品",销售的产品虽然是最终产品,但企业较少掌握核心原材料的供应。因此,企业在产业链中还是处于中游阶段,对产业升级影响较弱。

机械电子电工行业的供应商主要来自西部地区及东部地区,产品主要销售至本省及亚洲其他国家、欧洲和北美洲,机电产品在青海全省的出口贸易中也是处于重要地位。产品路径可概括为"从外地引进原材料—深加工—销售最终产品"。机械电子电工行业和石油化工行业类似,虽然销售的是最终产品,但前提是该行业的企业需要花高成本去购买核心原材料,故企业在产业链中仍然处于中游阶段,对产业升级以及地区经济影响较弱。

交通运输行业的供应商主要来自东部地区,产品主要销售至西部,其中本省是重要的销售市场。产品路径可概括为"从外地引进最终成品—销售最终产品",此行业多为汽车销售及物流企业,因此它们属于营销或服务环节,附加值较高,该行业的企业在产业链中处于下游阶段。

综上所述,医药卫生、轻工食品以及服装纺织行业属于"供应原材料—深加工—销售最终产品"的路径,产业链完整,可提升地区产业结构,在一定程度上对地区的生产技术和经济发展起到促进作用;冶金矿产、石油化工以及机械电子电工行业在产业链中处于中游阶段,对产业升级影响较弱;交通运输行业多为汽车销售及物流企业,在产业链中处于下游阶段,在一定程度上能够促进产业结构的优化升级以及经济发展方式的转变。

6.4 银川市实证:园区的产业网络及其全球化

6.4.1 投资源结构

1) 地方化且非全球化的投资来源结构

按企业个数统计,银川市开发区的投资者来源总体呈地方化、非全球化的基本特征,即资本来源以宁夏回族自治区内为主,国际投资者很少(唐艳,2020)。具体表现为宁夏回族自治区内的资本流入有68.63%,区外资金占31.37%。在国内的投资来源地中,山东约占7.84%,浙江约占5.88%,江苏和四川各约占3.92%,河北、广东、黑龙江、河南和内蒙古各约占1.96%。来源于西部地区的投资者占74.51%,其中宁夏回族自治区的投资者占90%以上,且主要来自宁夏回族自治区的首府银川市及其下辖县级市灵武市;东部地区占总投资者的21.57%,主要省份是山东和浙江;中部地区和东北地区的投资者较少,各约占1.96%。在南区投资者中,宁夏回族自治区内的投资者占71.43%,区外流入28.57%,其中河北和广东均约占14.28%。在西区投资者中,宁夏回族自治区内的投资者占57.69%,区外流入42.31%,山东约占11.54%,江苏和四川各约占7.69%,黑龙江、浙江、河南和内蒙古均约占3.85%。在灵武羊绒产业园区的投资者中,宁夏回族自治区内的投资者占83.33%,区外投资者占16.67%,其中山东占5.56%,浙江占11.11%。

投资者集中于制造业、技术服务业、批发和零售业,三个行业的投资分别占 62.75%、23.53% 和 9.80%。在制造业领域,投资者以纺织服装服饰业、装备制造业和食品加工业三大类产业投资为主,比重均超过 12%。其中纺织服装服饰业最高,达到了 28.13%,这明显与宁夏是精品羊绒原料集约地的地域优势有关(夏合群,2012)。同时银川还具有土地、矿产、电力等比较优势发展装备制造业,即表现出显著的投资选择的地方资源导向(唐艳,2020)。

2)产业链视角的投资来源结构

上游企业、中游企业、下游企业和全产业链分别占 3.93%、29.41%、29.41% 和 37.25%。其中,外来投资者集中在上游企业、下游企业、全产业链和中游企业的比重分别为 100%、33.33%、31.58% 和 20%(唐艳,2020)。具体来说:①上游企业投资者均来自宁夏回族自治区外,企业所从事的行业为新材料。生产最大单晶硅棒、最大单体蓝宝石等项目,能进一步拉升银川经济技术开发区新兴能源产业链,对打造银川新材料产业集群具有十分重要的示范带动作用,将进一步提升银川乃至宁夏战略性新材料在国际与国内的地位。②下游企业中 1/3 的投资者来源于外地,尤其是经济发展较快的东部地区,占 60%,较为主要的省份是江苏和山东。投资者多投资在这些省份重点发展的行业,如科技信息、食品等行业。③全产业链小部分投资者来自外地,投资者全集中于东部地区,主要是江浙、山东等地,投资企业多处于食品、纺织、装备制造等行业。外来投资者主要利用宁夏的区位优势,如宁夏贺兰山的气候、土壤等条件非常适宜种植葡萄。所以,外来投资者偏好于在此进行集种植或养殖、研发、生产、销售和服务于一体的全产业链。④中游企业处于生产加工的环节,产品附加值较低,利润微薄,外来投资者占了两成,其中东部地区约占 67%,投资多为装备制造行业(唐艳,2020)。

受访的本地投资者源于银川市和灵武市,主要投资全产业链(37.14%),其次为中游企业(34.29%),最后为下游企业(28.57%)。全产业链主要集中于生物医药、装备、通信电子、纺织服装等行业;中游属于生产加工型企业,集中于装备制造、纺织服装、木材家具等行业;下游企业属于销售服务型企业,主要集中于信息产业。

总体来看,外来投资者投资上游和下游企业较多,在一定程度上可推动宁夏经济朝着结构优化、产业升级、动力转换、方式转变的高质量方向发展。相对而言,本地投资者多投资全产业链和中游企业,多为地方资源导向型,可促进地方化企业发展或者培养地方企业家,但中游企业相对较多,对产业升级的影响整体较弱。

6.4.2 企业供应销售物流网络结构特征

1)供应物流网络的结构特征

通过对开发区企业供应物流网络中的各节点进行中心度测算发现,供应物流网络在国内尺度上的强弱大致呈"西部＞东部＞东北部＞中部"的结构，即西部省份在程度中心度、接近中心度和中间中心度的指标得分之和大于东部省份，东部省份大于东北部省份，东北部省份大于中部省份；国际尺度呈现的特点是国际供应商较多，且主要来自蒙古和美国。在国内尺度方面，中心度测算结果显示，宁夏、广东和内蒙古是开发区企业供应物流网络中的核心供应地。西部地区的青海、甘肃和陕西，东部地区的江苏和上海以及中部地区的河南，这些省份的中心度指标值最低，表明其处于供应物流网络的边缘位置。从中心度测算结果可知，程度中心度、接近中心度和中间中心度的指标趋势大体一致，即程度中心度指标值较高的节点，其接近中心度和中间中心度的指标也较高。在三项中心度测算结果中，位居首位的是宁夏，其三项中心度指标值均是最高的，表明其在所有供应地中处于最核心的地位，地方资源丰富，可提供的货物资源较多；其次是东部地区的广东和西部地区的内蒙古。在国际尺度方面，中心度的测量结果显示，国外也是供应物流网络的核心供应地，在三项中心度指标的测量中位居第二位，具体包括蒙古和美国。从接收地企业一方的中心度测算结果来看，成丰农业科技开发股份有限公司（CFNY）和宁夏西部皮草有限公司（XBPC）的程度中心度指标值相同且最高，同时接近中心度和中间中心度的指标值也相对较高，这表明这两个企业的供应商来源较广，在接收地网络中处于最核心位置。相反，宁夏兴唐米业集团有限公司（XTMY）、宁夏国斌绒业有限公司（GBRY）、宁夏裕祯门业有限公司（YZMY）等企业的中心度指标值相同且最低，表明这些企业的供应商来源地较为单一，在网络中处于边缘位置。

结合银川市开发区企业供应地及接收地的中心度分析，再将企业的供应物流进行可视化，得到企业供应的货流网络总体呈地方化的结构特征（唐艳，2020），即企业供应商来源以宁夏本地为主（图 6-8），这与我国东部沿海城市"货物供应以省外城市为主的供应流格局"存在较大的差异，但与内陆高原城市西宁市的供应物流格局相似，同为资源强省。具体表现在宁夏回族自治区内的供应商约占 53.66%，且主要为银川市、石嘴山市以及中卫市（图 6-9），接收地企业主要从事装备制造、食品饮料、纺织服装、科学研究等行业（唐艳，2020）。宁夏煤炭、风能、钢铁、铝镁锰等资源较为丰富，有利于发挥煤炭采掘、数控机床、风电设备、起重机械等方面的优势，重点发展装备制造业；宁夏贺兰山东麓的日照、土壤、水分、海拔和纬度都有利于葡萄的种植，这为葡萄酒产业的发展提供了优越的自然基础；羊绒产业是宁夏区域特色优势产业，享有"世界羊绒看中国，精品羊绒在灵武"的良好美誉……这些优势条件和丰富的资源能为企业提供所需的原材料。相比较而言，省外区域的供应商所占比重较少，且主要来自东部地区的广东、北京和河北，东北地区的吉林和黑龙江，西部地区的内蒙古和新疆。广东为接收地提供技术等原材料；东北提供钢铁等材料；内蒙古、新疆主要为纺织服装行业提供羊绒等原材料。在国际上，企业供应的货物流动总体呈弱全球化的供应特征,即国际供应商较多(图6-10),但涉及全球化供应的企业仅占18%,因此,可知企业参与全球化供应较弱。供应商主要来自亚洲的蒙古和北美洲的美国,蒙古主要为纺织服装行业提供原材料,美国主要为企业提供机械设备,如为富邦印刷包装有限公司供应6色高速水墨印刷机。

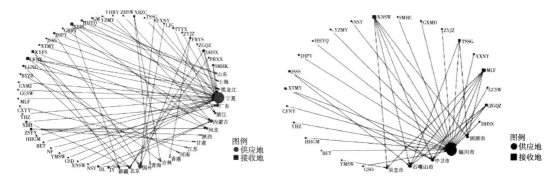

图6-8 银川市开发区企业的供应物流网络图　图6-9 银川市开发区企业的供应物流网络(自治区内)

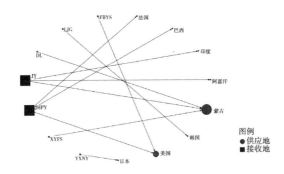

图6-10 银川市开发区企业的供应物流网络(国外)

2) 销售物流网络结构特征

通过对开发区企业销售物流网络各节点进行中心度测算发现,销售物流网络跟供应物流网络类似,在国内尺度上的强弱大致呈"西部＞东部＞东北部＞中部"的结构;国际尺度呈现的特点是企业参与全球化销售较强,主要销售至北美的美国、欧洲的德国和法国以及亚洲的菲律宾、马来西亚、阿联酋和柬埔寨(唐艳,2020)。在国内尺度上,宁夏、浙江、广东和陕西是开发区企业销售物流网络中的核心销售地;西部地区的四川、新疆和西藏,东部地区的福建和河北以及中部地区的安徽、河南、山西和江西,这些省份的中心度指标值最低,表明其处于销售物流网络的边缘位置。从中心度测算结果可知,程度中心度、接近中心度和中间中心度的指标趋势大体一致,即程度中心度指标值较高的节点,其接近中心度和中间中心度的指标也较高。在三项中心度测算结果中,排名第一位的是宁夏,其三项中心度指标值均是最高的,表明其在所有销售地中处于最核心地位,企业以服务自治区需求为主。从供应地企业一方的中心度测算结果来看,宁夏嘉源绒业集团有限公司

(JY)的程度中心度指标值最高,同时接近中心度和中间中心度的指标值也最高,这表明该企业的销售范围较广,在供应地网络中处于最核心位置。相反,宁夏昱辉绒业有限公司(YHRY)、宁夏光茂新能源科技有限公司(GM)、宁夏西部皮草有限公司(XBPC)等企业的中心度指标值相同且最低,表明这些企业的销售范围较窄,在网络中处于边缘位置(唐艳,2020)。

结合银川市开发区企业销售地及供应地的中心度分析,再对企业的销售物流进行可视化,得到企业销售的货流网络在国内总体呈地方化的结构特征,即企业生产的产品主要销售至宁夏回族自治区内(图 6-11),这与我国东部沿海城市"以服务城市外部需求为主的销售物流活动"存在较大的差异,但与内陆高原城市西宁的销售物流格局相似,都以服务城市内部需求为主。具体表现为宁夏回族自治区本地的销售商所占比重高达81.63%,且销售范围覆盖全省,其中银川市、石嘴山市和吴忠市是最主要的销售地(图 6-12),主要销售服装服饰、农副食品、软件和信息技术、机械设备、通用设备等产品。相比较而言,省外区域的销售商所占比重较少,供应地主要销售商包括东部地区的浙江、广东和上海,以及西部地区的陕西。企业主要销售机床、葡萄酒、蓝宝石晶体晶棒、植物饮品、牛羊肉、羊绒、地毯等产品至东部地区的浙江、广东和上海;销售航空飞行器、起重机、铁路货车轴承、服装服饰、羊绒等产品至西部地区的陕西(唐艳,2020)。在国际上,企业销售的货物流动总体呈全球化的特征,产品销售至国外的较多,涉及全球化销售的企业约占 33%(图 6-13),企业主要销售皮草、无毛绒、纱线、羊绒、矿机、机

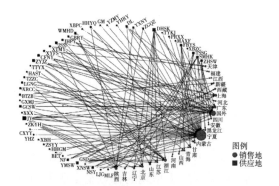

图 6-11 银川市开发区企业的销售物流网络

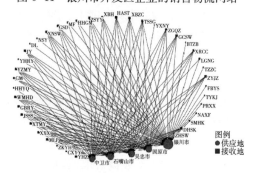

图 6-12 银川市开发区企业的销售物流网络(宁夏回族自治区内)

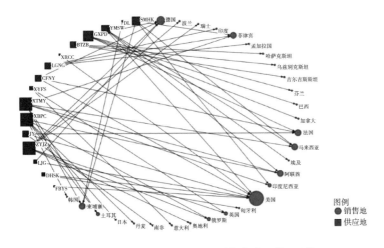

图 6-13 银川市开发区企业的销售物流网络(国外)

床、单晶硅等产品至美国;销售单晶硅、葡萄酒、矿机、皮草等产品至德国;销售皮草、无毛绒、纱线、羊绒、矿机等产品至法国;销售直升机、仪表、羊绒、纱线、饮料、大米、粮油等产品至东南亚国家(唐艳,2020)。

3) 产业链视角下企业供应销售物流网络结构

按所属行业划分,银川市开发区内主要行业有三类,即纺织服装行业、装备制造行业、食品行业。将上述行业在产业链中所处的阶段归为上游(核心零部件供应,附加值较高)、中游(加工制造的生产环节,利润微薄,附加值较低)、下游(营销环节或服务,附加值较高)和完整产业链(集研发、制造和销售于一体)。总体上,纺织服装行业、装备制造行业、食品行业的产业链较为完整,可提升地区产业结构,在一定程度上对地区的生产技术和经济发展起到促进作用(唐艳,2020)。

首先,纺织服装行业的供应产品主要来源于西部地区的山羊绒,尤其以内蒙古为主,内蒙古的羊绒产量最高,质量最好,因此,企业多愿意从内蒙古采购原材料;产品主要销售至欧洲和亚洲国外市场,产品销售至国外的企业占到纺织服装行业总企业的一半以上,这表明宁夏纺织服装行业的大部分企业参与全球纺织服装供应链的竞争,在全球市场中争取生存和发展空间。从销售产品可知,企业主要销售羊绒、纱线、无毛绒、皮草等一系列纺织服装所需的原材料产品,企业掌握着生产企业所需的资源,因此,该纺织服装行业属于"从外地采购原材料—深加工—销售中间产品",值得注意的是,该中间产品指的是零部件(原材料),故可知该行业的大部分企业在产业链条中处于上游,这对产业升级影响较大,可提升地区产业结构,在一定程度上对地区的生产技术和经济发展起到促进作用。

其次,装备制造行业的供应产品主要来源于宁夏本地,这明显与本地钢铁等资源丰富有关,有利于发挥数控机床、起重机械等方面的优势,重点发展装备制造行业,表现出显著的地方资源导向;产品销售范围基本覆盖全国,但主要还是西部地区以及国外的欧洲市场。产品路径可概括为"供应原材料—深加工—销售中间产品",该中间产品大部分指的是零部件,如宁夏宝塔化工装备制造有限公司(BTZB)生产的换热器,该产品既可作为一种单独的设备,如加热器、冷却器等,又可作为某一工艺设备的重要组成部分,充当其零部件,如氨合成塔内的热交器;又如宁夏银川大河数控机床有限公司(DHSK)生产的机床,数控机床作为"母机"被广泛应用于国防军工、石油化工、机械、汽车等数控机床的下游产业链行业,故可知该行业的大部分企业附加值较高,掌握核心零部件供应,在产业链中处于上游阶段。

最后,食品行业的供应商主要来自本地,产品主要销售至东部地区和亚洲的国外市场。从供应销售产品可知,食品行业属于"供应原材料—深加工—销售最终产品"路径,产业链完整,这可提升地区产业结构,在一定程度上对地区的生产技术和经济发展起到促进作用。

第6章注释

① 产业链是指从最初的自然资源到最终到达消费者手中的产品所包含的各个环节构成的整个生产链条(张朝枝等,2010)。随着国际分工的不断深入,分工体系逐渐从以产业垂直分工为特征的"雁行模式"转向以价值链分工为主的形式,一个地区的产业竞争优势逐渐体现在产业链条中所占据的环节上。根据微笑曲线理论,参考孟浩等(2017)、卢明华等(2012)对产业链的划分以及国家企业信用信息公示系统中企业的经营范围和现有的资料情况,我们将企业划分为上游企业(研发设计和核心零部件供应,掌握研发的核心技术,附加值较高)、中游企业(加工制造的生产环节,利润微薄,附加值较低)、下游企业(营销环节或服务,附加值较高)和全产业链(集研发、制造和销售于一体)。

7 中国西部城市的消费空间与文化空间

基于中国特色社会主义制度,中国西部中心城市空间功能的混合使用异常强烈。现代服务业建设紧跟时代步伐,尤其是顶级城市的消费空间、文化空间建设卓有成效,呈现高密度景观,推动了城市的发展转型和空间重组,提升了城市形象,推动了城市全球化。

7.1 概念性框架

7.1.1 西部城市的消费空间

作为一类具有现代性的社会环境,消费空间(spaces for consumption)是城市中"被消费活动渗透而改变的非消费空间",广义上"作为消费品直接参与消费过程的空间"(刘扬,2016)。后现代社会的消费空间概念区别于传统的商业空间,其不仅是购买和销售的地方,而且是充满各种各样社会表征的空间,是人际交往的公共空间和人们进行各种社会展示的场所。因此,当代社会的消费空间是一种权力地形图(朱金,2006),诚如鲍德里亚的观点,"消费是一种符号的系统化操控活动。物变成了系统中的符号,这种身份转换包含人与人之间关系的改变,从而形成了某种消费关系"(吴娟,2014)。"城市消费空间"既包括城市中的建筑、场所、建成环境等物质要素,也包括城市的结构与功能、文化与意向、社会空间等非物质要素(季松,2009)。随着经济全球化,社会财富迅速增加,在人们的生活中消费所占比重日益加大,消费逐渐占据了社会经济、政治的核心,推动了消费空间在世界范围内的迅速扩张(张晓旭,2017)。在此过程中,消费空间分层化是消费群体分层化在地域上的直接空间响应,各个消费阶层的消费能力与消费文化价值观在一定程度上影响了他们的消费行为,进而总体影响了整个消费空间的建构,尤其是"中产阶级"[①]的崛起。同时,消费空间的地域性选择结果是一种阶层分化的外在表征,文化空间建构等也是这种消费提升、分化和分层的响应或结果。

事实上,消费空间发生了文化转向,文化成为消费空间塑造的符号。在空间生产理论中,城市空间是社会生产关系的一种产品,必然带有消费主义的烙印(张京祥等,2009)。进入消费社会后,消费空间不单具有为商品提供物质空间的功能,还承担着一定的符号文化功能,成为消费者建构身份表征的载体。消费空间成为一个人们进行文化符号消费的空间,被赋予了某种象征意义。基于此,消费空间的文化转向使文化成为消费空间表征塑造的主要途径,即文化已成为塑造消费空间的主要符号(张晓旭,2017)。20世纪60年代后,西方国家出现了一种新的空间形态,即消费空间与文化符号相结合的形态,如纽约苏荷区及旧金山渔人码头的复兴等(张京祥等,2009)。新自由主义下的文化策略多偏向于将新的商业导向的文化设施与大事件作为城市更新的催化剂(Lin et al.,2009)。在去工业化(deindustrialization)背景下,文化导向的城市更新(culture-led regeneration)是城市解决其社会经济问题的重要策略,如西方城市政府以居住项目为主的翻新(Krivý,2013)、对工业遗存等废弃空间的改造和再利用等的城市更新和复兴战略等(Miles,2005;Zukin,1996b)。因此,文化在提升旧区的活力和品质、为地区发展赢得经济来源等方面具有重要作用(吴良镛,2009)。由此,地方空间在全球化进程中日益成为各种竞争开展的竞技场,被分割和包装后纳入城市品牌、形象推广和营销(Silk,2002;Maher et al.,2013;Main et al.,2014),如大部分资本主义国家经济已经经历了文化转向(Zukin,1996b),即城市生产文化的能力正被用作生产目的,以便创造出新的既能解决就业又能增加收入的地方化竞争优势(Scott,1997)。

改革开放以来,我国城市随着消费能力和层次的提升,大量同质性消费空间发生了改变。在全球化过程中,资本也从生产迅速转入空间的循环中,消费空间生产引起了更多关注。包括西部城市在内的中国城市,正处于一个由生产为主导的工业社会逐渐向消费为主导的消费社会的转型阶段。而且在全球网络化趋势下和大数据时代变化中的消费模式背景下,网络消费偏向大型化、综合化、专营化、网购化、体验化和文化享受化等(刘扬,2016)。由此,中国当前已全面转向了消费社会,消费空间分异与消费行为分层化趋势日益凸显,影响城市消费空间的因素也呈现出多元性、复杂化的态势。在中国经济结构转型和体制转轨的过程中,现代消费的"符号化""象征性"等特征同样加剧了消费阶层的分异,即在中西方文化冲突、交融后发生了"本土化"转变,消费分化与消费整合在消费空间建构中得以显现。现实中,消费已由原先社会精英独占的、奢侈的消费性资源转变为现代城市大众的、新型流行的生产性资源,但都离不开政策引导、空间分割的延承与实化分异、以人为本的消费主体的文化语境等。

中国西部城市的消费空间分异作为一种选择结果,不再是简单的地理空间中的消费现象,本质上是一个消费空间演变的路径沿承、权力与资本运作、消费能力与消费文化由思想到行动实现等各种供需要素间的相互博弈(刘扬,2016)。因此,消费分层化是借助操纵城市空间中的权力、资本运作和文化导向等消费供需制衡,从而影响居民群体性消费行为的过程。这样,消费分层化便在此背景下逐渐成为一种由权力、资本、文化、消费能力共同参与的消费空间的发展和实践,权力、资本的运作模式及消费群体本身的社会化分层决定着消费供需制衡,进而影响着城市消费空间分异(图7-1)。一方面,权力和资本在空间生产过程中提供了分化、碎化的消费空间。因为没有绝对平等的消费空间的供给,市场需求也是差异化供给的空间响应。设施供给和维护存在门槛效应、空间规划政策的差异性等都会导致空间消费区位的差异性。权力与资本相结合,在消费市场发展背景下,迎合消费者分层化的需要,实现其利润最大化,并导致消费空间进一步分化。另一方面,居民的消费经济能力、文化理念差异化形成了消费分化及其消费空间需求分化,这促进了消费空间的层级化分异。经济能力意味着其活动范围、消费场所的差异,而消费文化(追求、品味、规格、身份等)导致其对于消费场所的选择具有差异性(刘扬,2016)。而且,我国城市的消费文化与空间的关系日益密切,文化不再被完全视为空间中被动的构成,而是推动空间演化的重要力量。文化被不断作用于地方,并不断生产出新型文化空间(Krivý,2013),如当前地方政府为争取更多的利益,在城市开发中采取文化导向下的文化消费推动模式。据国家统计局统计,2011年我国人均国内生产总值(GDP)首次超过5 000美元,根据世界各国发展经验,这意味着我国文化消费快速膨胀,有学者断定目前中国已进入文化城市发展阶段(刘士林,2011)。

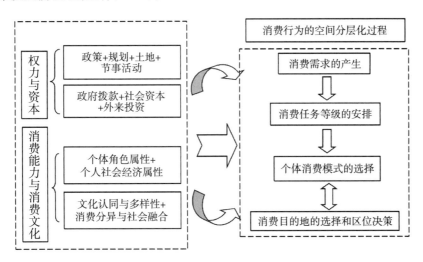

图7-1 中国西部城市居民消费分层空间化的基本机制

从业态和规模上看,中国西部城市新型消费空间的建构存在三大特征(刘扬,2016):①综合化和巨型化。新型的消费空间多采取综合化模式向消费者提供商品与服务,其通过提供丰富多样的商品与文化娱乐设施以及完善的服务来刺激消费者的消费欲望。这些消费空间多位于市中心的大型综合商业建筑群。而且,新型的消费空间向巨型化发展,包括以大面积停车场吸引客流的超级购物中心(super shopping mall)、大型仓储式超市(如麦德龙等)、以批发为主导兼顾零售的专业大卖场、大宗商品的品牌连锁专卖店等。这些消费空间多位于城市外围或郊区。②小型化、精准化、便利化和社区化。新型的消费空间多依托周边居住小区而发展，其经营模式灵活，规模较小，空间分布相对分散，服务对象定向化。③文化化和虚拟化。为迎合我国人民文化享受、精神文明建设的需要，文化空间建设日益强化，并日益呈现现代、后现代的双重特征。同时，通过电子购物、虚拟化，现代消费空间的建构日益成为实体和虚拟过程的结合。

7.1.2 西部城市的文化空间生产：三种基本模式

我国西部城市的文化空间生产可归纳为三种基本模式(刘润，2015)。资本、权力与地方在文化空间生产中起着不同的作用，往往需要共同协作完成文化空间生产，其中资本提供资金、技术等保障，权力可调动各项社会资源，地方提供相关生产服务与支持(刘润，2015)(图7-2)。

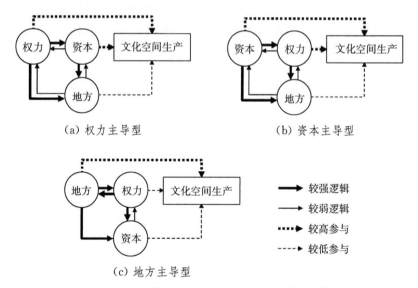

图7-2 我国西部城市文化空间生产的三种基本模式

(1) 权力主导型文化空间生产：为促进内城更新或城郊发展，城市政府根据规划，确定每一个地块的用地属性与功能，按照市场规则(招商引资，给予用地、资金等多方面的优惠政策)或指派方式选定资本(国有资本或社会资本)进行文化空间生产。对资本的选择有原则和条件限制，如资本的实力、技术、经验等。资本根据其自身发展利益考虑是否加入，这与政府存在利益的博弈。一旦加入后，权力与资本会邀请规划师、设计师、社会公众人物等专业技术人员共同确定生产方案。同时，权力与资本会对地方做动员工作，以获取地方的支持(如置换土地使用权或房屋建筑产权或为文化空间生产赢得良好的公众环境)。地方结合自身利益需求做出决策，但总体上地方在与权力、资本的博弈中，其能力较弱，处于不利地位。随着城市企业主义的增强，为了提高城市的竞争力，城市政府越来越重视城市各片区(甚至细化到地块)的发展(刘润,2015)。

(2) 资本主导型文化空间生产：随着政府对文化产业、旅游和休闲娱乐产业等发展的重视,资本积极根据其自身发展规划和出于对资本增值的需求,不断寻求城市内部潜在的投资机会与可能。但土地为城市政府管理,且政府是地方最有力的动员者,因此资本积极与政府商量其投资意向。政府为发展经济、增加政绩,也亟须引进各类资本,尤其是实力雄厚的资本,正如肖特(2011)的观点所述,政府政策对大规模资本的需求乐意给出更多的回应。因此,政府积极为资本提供各种洽谈会、贸易博览会等投资平台,设置了商务局、招商局、投资贸易促进局等政府部门。资本与权力达成共识后,资本、权力会动员地方参与,并对直接利益相关者提供货币补助、拆迁安置、再就业等优惠政策。地方结合自身利益考虑,决定是否参与文化空间生产(刘润,2015)。在这种模式下,资本为缩短生产周期,尽快实现资本回流,会尽快推动文化空间生产,但仍会受到一系列内外部环境的影响。

(3) 地方主导型文化空间生产：地方主体并不善于进行文化空间生产,但在适当的情形下,地方主体出于增加自身利益,会参与某一类的空间生产(刘润,2015)。文化艺术区是这种情况的典型代表,即文化艺术工作者或组织将居民的厂房或商铺租赁下来后,将其改造成文化艺术工作室。起初这种自发形成的文化空间,绕开了权力与资本的逻辑。但随着城市的深入开发,权力与资本开始关注这一文化空间,其结果有两种：第一,权力主体制度化这一文化空间,与地方一同将其打造为城市文化的重要名片;第二,权力主体与资本主体共同将其转变为房地产或商业项目(刘润,2015)。如面对城市工业的郊区化迁移和城市的郊区化扩张,很多郊区居民修建厂房用作仓储用地或商铺,以待被租用或拆迁获得拆迁补偿。其后这些空间被寻找文化艺术创作场所的文化艺术群体发现,这便掀起了文化空间生产。

7.2 西安市消费空间的实证

基于消费视角的社会分层来看,西安市"橄榄球"形人口结构中占比最大且数量不断壮大的中间阶层人群——中产阶级,标志着城市逐步进入消费社会[②]。在城市中,中层和中上层的人群占到48%左右,其收入水平与受教育水平均较高,思想意识相对活跃且开放性较强,自身既是消费文化的传播主体,也是符号消费的认同者与实践者；既是资本集团市场营销和广告宣传的主要对象目标,也是身体力行追求时尚与个性的"消费先驱"。中层收入人群的消费总量不一定最大,但在消费需求上越来越重视消费商品本身的符号表征与感官美学、消费行为的心理愉悦与体验感受、消费空间的氛围营造与文化品位等,并体现在消费举止态度与消费行为方式上,其消费理念与行径引领着消费潮流进而间接影响着其他阶层人群。

7.2.1 消费空间特征

从各类型消费空间布局可以看出,在西安市主城区商业空间中,分层聚类与离散化分散特征并存,碎化的土地利用形态转向了更加体现市场原则的多样化形态。整体上,小尺度商业用地破碎斑块在空间上呈聚集趋势,但大尺度受服务半径限制等呈排斥性分散,且个人私密性强化下的商住隔离、政策导向下的商圈打造使得隐私性边缘更加清晰化。从内部来看,斑块破碎化、单类型规模扩大化、复合化共赢、差异化互补等趋势明显。西安市主城区的消费空间,由中心向外围呈现出非均衡分布的层级化空间特征,且中高等级消费空间在局部地区呈极化分布;加之小规模附属商业斑块的集聚,形成了独特环绕型的组团式"空间分割",从而降低了消费空间的替代性。政策导向型且非均衡的商业用地拓展、多元产权结构与资本财团运作下的消费环境,以及不同权力主体控制下缺乏弹性的消费空间开发模式,共同导致了消费空间不均衡分割的布局态势(刘扬,2016)。

西安市消费空间可分为购物消费空间、服务性消费空间、特殊消费创新空间三种主要类型(刘扬,2016)。其中,购物消费空间包括(图7-3):①日用百货等零售商品消费空间。人口密度大的区域往往是大型超市和专业市场的聚集区域。此外,钟楼、小寨和科技路沿线等区域由于人口流动性大,商业发展程度较高,日用百货零售业受商业聚集性影响也出现了集中分布的现象。②服饰鞋帽等装饰性消费空间。此类空间既表现出集中的特点,又表现出分散的特征。③奢侈品消费空间。西安市的奢侈品消费相对集中,且大多数集中在传统的大型商业圈附近,如坐落于古城之中的钟楼商圈和位于南二环附近的小寨商圈。

西安市服务性消费空间包括(图7-4):①休闲娱乐空间。随着居民物质生活的不断改善,西安市居民的精神娱乐方式蓬勃发展,如年轻消费者热衷的酒吧、配有卡拉OK和电视设备的包间(KTV),运动爱好者喜好的健身房和运动场馆,学生消费者热爱的电影院以及职业白领休闲常去的咖啡厅等。这些消费活动场所都伴随着城市居民的生活、工作和娱乐遍布于西安市的大街小巷,繁荣着城市消费空间。②餐饮空间。随着生活习惯的

(a) 日用百货等零售商品消费空间

(b) 服饰鞋帽等装饰性消费空间

(c) 奢侈品消费空间

图7-3 转型期西安市的购物消费空间

(a) 休闲娱乐空间　　　　　　　　(b) 餐饮空间

图 7-4　转型期西安市的服务性消费空间

改变,城市居民的就餐和饮食不再局限于家中,更多的是走出家门,选择在外消费。西安人均餐饮消费额增长明显,2013 年达到了 65 元。餐饮消费类型也从传统的中餐扩大到了西餐、日韩料理、东南亚菜等"百家争鸣"的现象,即城市各类餐厅的空间分布呈中西混搭态势,整体呈分散性,但在核心商圈聚集趋势凸显,且复杂化、多样化特征显著(刘扬,2016)。

西安市的特殊消费创新空间主要是指以怀旧、文化艺术、历史遗迹等为主题的创意型消费业态,针对特定年代的人文风情、不同年龄段的人生经历或情感的专属阶段,以文化主题为主的创意消费空间具有别样的风情,成为城市独特的文化风景(刘扬,2016):①文化主题创意空间,如中式茶馆、怀旧餐厅、风情酒吧等;②旅游文化空间,如大唐不夜城、芙蓉园等唐文化商业街、回民街等。它们多依托于建筑遗留或文化传承集中地,集中分布于明城墙内。

7.2.2　消费空间分层化的路径

1) 等级化过程及商圈生产

随着消费活动在城市社会生活中的渗透,消费空间类型上的推陈出新,消费空间规模上的扩充以及消费空间形式上的多样化包装等,城市空间日趋商业化和消费化。在这个过程中,城市的消费差异是阶层不平等的表现,在一定程度上体现了城市空间结构与社会阶层结构的关系,并导致社会不稳定和矛盾的出现。随着 20 世纪 90 年代末以来的体制改革与社会主义市场经济的深入推进,西安市的消费空间生产加速,空间上呈现出由老城向城郊转移的趋势,并出现了制度化与非制度化的分化;功能上逐渐承担起提升城市形象、促进经济发展和吸引外来资本与人才等职责(刘扬,2016)。

西安市主城区现已形成以核心商业区、圈层区域商业中心、社区商业中心为代表的等级化消费空间(刘扬,2016)。最中心的商业区以钟楼为核心,是西方消费文化与本地文化冲突、融合的历史印记,以购物中心③、精品广场④、百货商场⑤及历史标志性建筑等为中心,整体上以新旧建筑对比、中西文化混合来表现时空跨度和文化差异的距离美感;同时,众多高品位的商家入驻,形成了一个集餐饮、购物、娱乐等功能于一体的国际化的休闲、文化和娱乐中心。其中,包括中式仿古建筑下的酒吧、咖啡厅、西餐厅、国际画廊、新概念电影中心等,都是历史街区的复兴改造与消费空间开发相结合的模式。除吸引周边居民及本地客流外,这个中心吸引了周边城市或全国的旅游者甚至境外游客。其次,圈层发展的城市空间结构使得在环线带状区域内,沿主干道及枢纽站点形成次级商业消费中心(即二级商业中心),多以传统连锁型的龙头百货⑥、购物中心为集聚点,空间分布相对分散,主要集中于居住密集片区,辐射范围相对固定(个别定位奢侈品或高端商场除外)且客源随距离衰减明显。最后,社区级商业中心主要吸引周围居民聚集消费,主要以综合超市、专业市场、仓储超市⑦为中心,结合住宅区底层(高层住宅的第一层、第二层)商业及便民商店构成消费网络的三级节点。

2) 消费分层空间化特征及趋势

西安市消费分层的空间等级化和圈层化显著。受服务半径、规模级别、交通限制等影响,城市消费空间斑块呈分层聚类与排斥分散并存、商住隔离导向下的隐私性边缘清晰化;而在消费空间内部,类型破碎化、单类型规模扩大化、复合化共赢、差异化互补等综合性加强(刘扬,2016)。

消费分层化和等级化差异主要表现在三个方面(刘扬,2016):①商品消费向服务消费的层级转变。随着居民主动性和个性消费意识的增强,期望在有限的时间内选择性价比更高的商品、获得更多的资讯、享受更好的服务,并使消费活动成为一个愉悦、惊奇和充满体验的过程,购物的便利和乐趣成为消费过程中被关注的重点。因此,消费活动由单一的购物行为逐渐成为一种多元的、舒适的、开放性的社会活动,超越了简单以购买和占有为特征的购物行为,延伸到休闲、娱乐、教育、旅游、文艺、健身等各种物质和精神的双重满足,以享用劳务(他人所提供的服务)和获得情感上的体验为主要特征。当代消费有一种趋势,"一种脱离商品消费、向着服务消费的转变——不仅是个人、企业、教育和健康服务,而且也进入了娱乐、表演、即兴表演和消遣的阶段"(哈维,2003)。西安市的商业与娱乐休闲空间日趋综合化和多样化,尤其是在商业中心区内各种购物中心、主题乐园等大型综合建筑和设施的出现,验证了这种消费转变趋势。同时,这些空间内更加便捷、舒适的服务,更加多样化的商品选择,高等级和综合性的体验式消费,亦具有更大的吸引力,使得购物与吃喝玩乐等各种活动环环相扣,将传统的物质性消费观念和模式扩展到更广阔的非物质性消费领域,并通过连锁反应有效地刺激了消费欲求的扩大。②消费空间层次的选择转变。根据人们的需求层次、参与度与主动性从低到高将户外活动分为三种层次:一是必要性活动;二是选择性活动;三是社交性活动(盖尔,2000)。随着居民生活水平的提高和商品经济的繁荣,以满足基本生活需求为目的的简单物质性且在不同程度上必须参与的必要性消费渐弱,而以注重商品的符号意义和消费空间环境品质的选择性消费已成为消费行为的主要内容,以自我价值的实现和认同为主要目的而发生消费行为的社交性倾向也日益明显。在受访居民中,有10%认为交新朋友、排解孤独是休闲消费的主要动机,而且年轻人和孩童、经商人员和自由职业者这种心理趋势更加突出。③消费地域选择的休闲化与复合化——"逛"。伴随生活态度和消费模式的转变,闲暇时间和可支配收入的增加,科技进步与社会福利制度的建立,人们正开始进入一个休闲时代。休闲以情感满足、自我实现为主要目的,是一种享受和获取自由、愉悦的体验过程,已成为人们在工作之外愉悦身心、培养兴趣、提高素质、促进社会交往与整合的重要途径,并有逐渐取代工作成为生活重心和主要价值旨趣的趋势。如今,"逛"已成为消费活动的代名词,这一独特的行为模式充分暗含了当代消费活动的各种特征,交织着行走、休憩、感受、交往、购买、娱乐等多重行为。因此,消费行为不一定具有明确的目的和周密的计划安排,更多的是一种选择性和社交性活动。外界环境的刺激和本身的情绪决定了是否消费和如何消费。许多消费空间通过营造优质的环境和氛围,提供多种消费选择和优良服务,并精心组织"逛"的游戏链接性,试图愉悦消费者并尽可能最大化地激发其消费欲求。消费除了对商品和服务的物质性消费,还是对形象、符号和景观的一种视觉消费,同时也是体验、休闲和感受快乐的时间消费。

从业态和规模上看,城市新型消费空间正面临着两极化发展的态势(刘扬,2016):①向巨型化、综合化的方向发展。以两种类型为主:一是位于市中心的大型综合商业建筑群,采取综合化模式向消费者尽可能多地提供各种丰富的商品与文化娱乐设施,并通过完善的服务使购买与娱乐、休闲与交流等活动在相互促进中带动消费的整体性增长,如钟楼的开元广场、小寨的赛格、百盛等商业建筑群等;二是位于城市外围或郊区,类似于国外市郊购物中心的形态,具有大面积停车场,集中客流,对市场需求能做出快速反应的超级购物中心,以大型仓储式超市(如电视塔附近的麦德龙等)、以批发为主导兼顾零售的专业大卖场(如北三环的大明宫建材市场、西三环宜家家居等)、大宗商品的品牌连锁专卖店(如东三环汽车4S店等),多基于"私人汽车一站式集中购物"(one stop shopping)的理念。②向小而精、便利型、社区化的方向发展,多依托周边居住小区,经营模式灵活,规模较小,空间分布相对分散,服务定向化。社区商业最早于20世纪50年代在美国出现,主要以购物中心形式出现。由于家庭汽车的普及和城郊新建的发达高速公路,城市居民大量向郊区扩散,由此产生了专门为郊区新建居住区居民服务的社区商业。购物中心是一种现代的零售业态,是一个由零售商店及其相应设施组成的商店群,作为一个整体进行开发和管理,一般有一个或几个核心商店,并有众多小商店环绕。购物中心有宽敞的停车场,其位置靠近马路,顾客购物来去便利。国外社区商业中心一般都实行开发和经营分离的做法,即开发商负责前期开发,经营商负责租赁经营,形成良性的运作机制。我国的社区商业还处于起步阶段,社区商业主要以沿街商铺为载体。这种商业形式是自然形成的,缺乏统一规划,业态档次普遍较低,社区商业功能不全。随着房地产业的发展,特别是商业房地产的逐渐成熟,社区商业得到了巨大的进步。国内出现了一大批

"购物中心""生活广场""娱乐休闲一条街"等众多社区商业项目。国内的社区商业设施正朝着成为一种综合建筑、景观、空间、声音的体验式场所，一种为社区居民创造的拥挤热闹的场所方向发展。总体来说目前国内的社区商业普遍带有浓厚的住宅底商特点，与国外成熟的社区商业模式相比还有很大差距。

西安市的消费分层化促进了消费空间的等级化分异。由于消费活动在城市生活中的全面渗透和拓展以及各种消费空间类型的不断创新，再加上快速城市化所带来的消费需求，过去由居住区、工厂、企业占绝对主导的城市传统格局正在被打破。无论是在市中心，还是在郊区，城市可供购物、休闲、娱乐、旅游的空间与场所都在不断增加。伴随商业空间的不断扩张，城市消费空间的等级化格局主要表现为以下三个方面（刘扬，2016）：

首先，原有商业核心区的扩张与升级（刘扬，2016）。受过去经济水平和消费能力的限制，城市原本的商业核心区无论是在商场数量、规模上，还是在服务档次和经营项目上，都已无法适应现代社会发展的需求。但由于老城区的居住人口密度依然非常庞大，同时汽车才普及不久，到市中心消费仍然是中国大部分城市居民的优先选择。因此，现阶段内聚优化的主要方向仍然是城市发展，通过中心店的聚集效应，西安城市的商业核心区得到了不断的优化和扩充。城市消费空间须不断升级和扩张才能满足不断增长的消费需求。聚集效应最强、配套设施相对完善、区位优良的城市，其原有的商业核心区无疑是消费空间聚集和扩张的最佳地点。同时，由于社会大众消费层次的提高以及消费需求更加趋于个性化和多样化，这就对消费空间提出了更高的要求。此外，在新的土地制度改革和商品房政策的刺激下，为了确保土地和空间利用效益和效率的最大化，原有的核心商业区必须不断地改善空间功能和优化环境质量才能适应现下的需求。比如在市场机制的作用下，核心区原有的居住区和低档商业用地都被经济效益更高的高档商业用地所取代。核心商业区的用地和建筑在功能上也更加强调混合利用，过去功能相对单一的业态被更加多样化和综合化的功能所取代，集零售与办公、商业、金融、娱乐、餐饮于一体的现代化商业体是发展的必然态势。再者，随着交通出行方式的改变，尤其是城市轨道交通的日益发展，为了提供更加便捷和舒适的消费环境，原有的商业区、住区实现人车分离，出现了商业区步行化和地上地下立体化的变革。消费环境的美化度对消费者的吸引力也日益提高，原有的商业核心区室内外环境的改善和美化成为吸引顾客的重要手段。环境优美、干净卫生、配套设施与服务齐全的空间无疑更能激发消费者的购物欲。

其次，消费空间结构由单中心向多中心网络化的转变（刘扬，2016）。伴随城市经济人口的发展和扩张，受出行距离的限制，城市原有的单中心商业结构越来越无法满足消费者的需求。各级商业消费中心以及商业街或形成规模聚集的沿街时尚小店的不断出现，使得消费空间在城市的扩展上出现多中心网络化的发展态势。传统的单中心向多中心结构演变，随之也出现了多个商业区中心。另外,城市各级商业中心正在由沿街的各种中小型消费空间向消费网络转变。伴随着国家产业结构升级的挑战,大量第一、第二产业的劳动力向服务业转移。尤其在商品经济快速发展的背景下,大街小巷的店铺如雨后春笋般的快速增加,再加上各级超市和连锁店的普及,现在的消费空间像蛛网状覆盖着城市,这使得大众可以更加便捷地进行各种需求的消费。

最后,邻里、社区、同城三级消费圈逐步完善(刘扬,2016)。伴随消费活动向日常生活的全面渗透,消费空间在城市中的布局和设置也相应地与市民的行为习惯和消费需求紧密地结合在一起。一般来说,消费出行距离的远近决定了消费空间的规模和等级:近距离出行的消费需求趋向于日常基本型,消费空间规模小、功能简单、服务等级也比较低;远距离出行的消费需求更趋向于综合化和享乐型,消费空间规模大、功能齐全、服务等级较高。随着便利店、超市、购物中心等新型消费空间的不断发展,从市民的消费需求和消费出行的结构来看,初步形成了邻里、社区、同城三级消费圈。0—2 km 的便利店、小零售店和农贸市场属于邻里消费圈,出行方式以步行为主;2—5 km 的综合超市、社区超市和中型商场是购物的社区消费圈,以自行车和公交出行为主;5 km 范围以外的购物中心、大型商场、仓储式超市、专业大型卖场则是同城消费圈,以公交车和小汽车出行为主。近年来,由于居民出行与交往范围的日益增大,社区和邻里的界限变得淡化和模糊,出现了邻里社区化或者社区邻里化的现象。这要求公共服务和商业资源最好兼具规模性和便利性。另外,各种商业业态之间的竞争加剧,在商业和服务范围上的互相入侵和重叠将体现得更加明显,这样使得邻里与社区消费圈更加交错,难以区分。调研显示,一是相对于中商业密度街区,受访居民显著倾向于选择高商业密度街区进行消费活动,这说明在休息日居民明显倾向于选择高密度的区域购物中心进行集中购物。二是距离对消费目的地选择的影响则更为显著。其中,居民选择在离家 2 km 以内消费的预期概率最大,其次是离家 4—6 km 圈层,其他圈层被选择的概率则相对很低,总体呈现距离递减规律。相比之下,离家距离变量影响的显著水平大多没达到 1% 的显著性水平,而在进行消费活动前距离对决策的影响则在 1% 显著性水平上显著。这说明消费目的地决策过程更多受到前一个活动地点的影响,而有可能不是传统的离家距离。

居民在选择消费目的地时,更在意消费地的距离,而不是消费地的商业密度和商业等级(刘扬,2016)。有驾照的人群更倾向 4—6 km 圈层的消费出行,比一般居民选择的出行距离更远。中低收入的居民都显著地选择离家 2—4 km 圈层进行消费,总体上说明中低收入家庭居住地周边的商业设施还没有满足居民休息日的消费需求。家人或朋友对消费目的地决策的影响只体现在人与人之间的相互作用因素,在消费活动中扮演被动或参与身份的居民更多地选择 2—4 km 圈层进行消费出行,不倾向到更远的地方消费,有家人或朋友陪伴的消费出行相比个人单独出行倾向于选择更远的距离,选择距离16—20 km的概率是选择距离0—2 km概率的2 000倍左右。

居住区位对消费目的地决策的影响也十分显著(刘扬,2016)。近郊居民明显倾向于选择在低商业密度的街区消费,也愿意选择更远的距离进行消费,如离家4—6 km和8—12 km圈层;中心区居民则更多地在离家2—6 km的圈层里消费,由于临近综合性和复合化的高密度商业区,总体上比其他地区居民的消费出行距离更近;交通方式与消费目的地选择也存在显著的相互作用,如使用步行、自行车等非机动车交通方式的消费出行更多地偏向中商业密度地区而不是高商业密度地区,而且非机动车交通方式在离家距离越远的地方使用的概率越低,而相对于非机动车和公交车两种交通方式,居民到离家8—12 km圈层内消费显著偏好使用小汽车。

综合考虑商业空间属性、消费者社会经济属性对消费出行的空间决策影响,包括消费空间选择的信息来源以及消费空间的可达性和消费心理等主观态度因素,以及消费地区位与居住地的距离、消费空间内商品价格和质量及种类的丰富程度等客观因素。家庭内部相互作用和决策层面要素对购物空间决策的影响比较显著;不同的社会经济属性和购物行为属性的人群具有空间聚类性的消费目的地选择;居民休息日的消费活动集中在离家5 km以内或者高密度商业中心;影响购物目的地选择的因素更多的是购物地距离和消费主体的自然社会经济属性,而非商业密度。从居民社会属性、经济支配、行为模式等方面,分类讨论西安市人群消费的社会化分层趋势,居民对消费目的地的选择体现了居民的消费空间需求,也反映了消费空间和个人特征对居民消费行为决策的影响。

7.3 成都市文化空间的实证

成都市日渐成为国际资本集聚节点,文化产业逐渐成为成都转型发展的支点。成都市自20世纪90年代末以来文化空间生产快速,呈现出由中心城区向城郊扩散的趋势;文化空间生产类型不断丰富,出现公共文化型、商业型、文化艺术型、文化产业型和主题旅游型等并存局面;参与文化空间生产的主体不断增多,由最初的政府部门逐渐向各类资本主体、地方主体扩展,涉及的利益关系趋于复杂;文化空间生产方式主要包括建设、改造和租赁(刘润,2015)。

7.3.1 文化空间生产格局与过程

20世纪90年代末及以前,成都市文化空间生产进程极为缓慢,主要分布于中心城区。自20世纪90年代末以来文化空间生产快速,呈现出由中心城区向城郊扩散趋势。其中,1998—2003年,文化空间生产较为初级,更多地依靠历史文化资源基础,以历史文化遗存丰富的青羊区为核心;2004—2008年,文化空间生产以中心城区为核心,开始向周边区县扩散,甚至延伸至偏远郊县,这表明文化空间生产能力显著增强;2009年至今,文化空间生产进入较高程度的发展阶段,城南地区成为主要的扩张方向,文化空间生产已成为成都市城市发展的典型空间现象(刘润,2015)(图7-5)。例如,根据《成都市国民经济和社会发展十二五规划纲要》,成都市的文化产业空间计划打造"一极七区"的空间框架。其中,"一极"指文化创意新城、文化创意产业增长极的成都东村;"七区"指以文化科技为主的高新区,以创意设计为主的锦江区,以数字音乐为主的成华区,以动漫设计为主的双流区,以文博旅游为主的青羊区、大邑县、都江堰市。

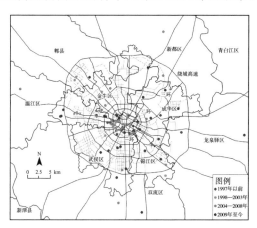

图 7-5 成都市文化空间生产演变

文化空间生产类型不断丰富,出现公共文化型、商业型、文化艺术型、文化产业型和主题旅游型等并存局面(刘润,2015)(图7-6)。其中,博物馆空间生产是近年来成都市文化空间生产最为迅猛的一类,这与其政策刺激、博物馆空间生产门槛较低和其他城市发展环境等因素紧密相关。除博物馆空间生产外,其他四类文化空间生产总体还呈现如下特征(刘润,2015):①时间上,1998—2003年以内城改造、更新为背景下的商业文化区空间生产为主;2004—2008年以文创产业园、旅游文化区等大型城市文

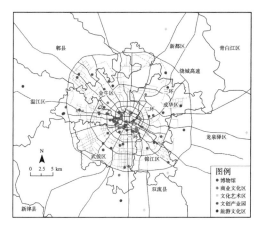

图 7-6 2014 年成都市文化空间生产类型

空间生产为主;2009年以来多种类型文化空间生产全面开展。②空间上,商业文化空间主要位于内城区,人口密度与人流量较大,潜在市场群体众多;文化艺术区基本上位于绕城高速外围,这些地方自然环境优良,房租低廉,符合文化艺术创作需求;文创产业园多位于东郊地带,因为城市产业结构调整导致较多厂房受限,为其生产提供了空间;旅游文化区处于成都市三环以外地区,因为地价相对较低,有大幅土地可供开发。

参与文化空间生产的主体不断增多,由最初的政府部门逐渐向各类资本主体、地方主体扩展,涉及的利益关系趋于复杂,权力、资本与地方关于文化空间生产的认识逐渐明晰:权力既从一批文化空间生产中退出,也强化了另一批文化空间生产;资本开始全方位介入,地方也慢慢渗透,总体形成了权力主导、资本主导、权资合作与地方主导的不同类型的文化空间生产(图7-7)。

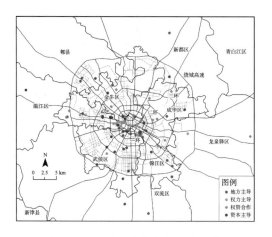

图 7-7　成都市文化空间生产主体

文化空间生产方式主要包括建设、改造和租赁(刘润,2015)(图 7-8)。其中,建设通常是为满足特定文化空间生产需求,因此具有较强的针对性,主要分布于二环以外的城区;改造即借助老建筑改建以最大化文化空间生产利益,实现集约化发展,集中于二环内的老城区和其他各区县的废弃厂房;租赁即短时间内通过租赁解决场所问题,实现文化空间生产,因此,相对具有一定的不稳定性,且受到场所限制较大。时间上,在20世纪90年代末以前建设占据主导地位,20世纪90年代末以后建设与改造显著增多,这与城市更新改造、拆迁建设这一大的宏观背景相关,租赁相对较少。地方与权力两类主体受资金限制,偏向于改造利用式的文化空间生产方式,资本主体由于拥有相对充分的资金保障,偏向于建设(图7-9)。

7.3.2　文化空间生产机制

文化空间生产一直伴随着权力、资本与地方三者逻辑展开,然而三者

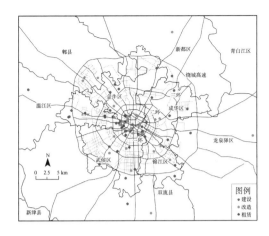

图 7-8 2014 年成都市文化空间生产方式

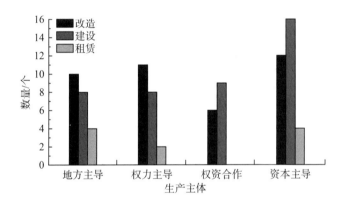

图 7-9 成都市文化空间生产主体与生产方式

逻辑形成于特定的社会环境中。自 20 世纪 90 年代以来,我国一直处于各项制度渐进转型中,如文化体制、市场经济、土地、财税、政府职能、国有企业等改革也同时进行,社会环境不断变化,这些构成了成都市文化空间生产的外部环境。此外,城市内部社会环境也正迅速变化,城市更新改造加速、城市郊区化加速(城乡统筹、集体农田流转)、产业结构升级、旅游与文化艺术经济迅速崛起等。正值制度转型时期的成都市,内外环境不断变化,权力、资本与地方之间的逻辑与关系也不断处于调整中,正是这三者及其相互关系始终决定着文化空间生产。

1) 资本逻辑

成都市文化空间生产的资本类型主要有地产公司、文化传媒公司、旅游开发公司、实业公司以及综合性集团公司等,其中以地产公司居多,其凭借雄厚的资金更擅长空间的分割、建造与销售。就资本属性而言,以国有及国有控股企业为主,民营企业亦占据重要地位;此外,随着资本市场的不断重组,股份制企业也越来越多(不能单纯以国有和民营的标准划分资本属性)(刘润,2015)。文化空间生产项目的获取方式包括政府指派、资本自发建设和政府招商引资等,一般具有重要意义的大型项目多为成都市政府指派,其他类型项目多通过市场放开。文化空间生产方式主要有改造、依附、仿造和新建,其中改造以充分利用原有建筑历史文化为基准,依附和仿造属于借鉴其他文化空间生产要素,新建则表现出无特定主题文化特色和风格。资本的文化空间生产动力可归纳为环境因素、发展因素与个人因素三个方面,根据对40家开发公司的问卷调查发现,总体呈现出外在环境压力高于资本自身发展需求与个人因素,环境因素以政府鼓励与支持为主,发展因素以资本发展战略为主,个人因素多为爱好或文化情结的结果(图7-10)。

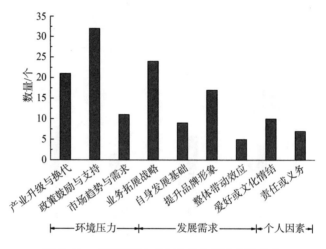

图7-10 成都市资本参与文化空间生产的动力

2) 权力逻辑

权力主体主要涉及成都市文化局和旅游局(现文化广电旅游局)、规划建设局(现规划和自然资源局)等不同政府部门,不同类型的文化空间生产归属不同的政府部门管理(刘润,2015)。权力等级包括市、区、县和镇等不同层级的政府,对应负责各自管辖区内的文化空间生产,权力之间存在合作或竞争,具体取决于不同层级权力的参与目的。权力参与文化空间生产的目的主要为利用文化空间生产来改善形象、增加知名度和促进社会经济发展,但也存在差异:市政府强调文化空间生产对全市旅游发展、城市品牌与形象建设的贡献;区、县和镇政府希望文化空间生产有助于提升其在全市范围的竞争和发展水平(刘润,2015)。

权力的文化空间生产动力包括环境压力(外部环境驱使)、发展压力(城市发展问题)与发展需求(权力实现自身发展的需求)三个方面。在环境压力上,城市竞争构成了最重要的外部驱动;在发展压力上,更强调社区生活改善;在发展需求上,以财政税收最为显著(图7-11)。文化空间生产方式有政策服务(各政府部门)、拆迁安置(房屋拆迁安置办公室)、基础设施建设(住房和城乡建设局)、资金支持(财政局)、规划编制与审核(规划和自然资源局)、招商引资(投资促进局)、对外宣传(市委宣传部)等。

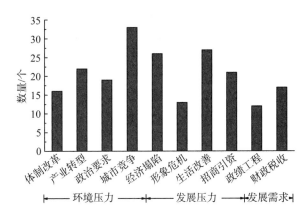

图 7-11 成都市权力参与文化空间生产中的动力

3）地方逻辑

地方主体主要包括社区居民、收藏家、文化艺术工作者及文化艺术组织、新闻媒体四类（刘润，2015）。不同的地方主体在文化空间生产中的角色和地位不同，社区居民、收藏家、文化艺术工作者及文化艺术组织属于基层利益相关者，多直接参与生产，而新闻媒体等相关组织机构则通过施加监督管理压力间接参与文化空间生产（刘润，2015）。地方参与文化空间生产的动力总体上分为自身利益、社会问题和个人因素三个方面，根据对40位地方主体的问卷调查发现，地方更多是出于对自身利益的维护，基于对社会问题和个人因素的关注相对较少，这便导致地方逻辑的相对分散与不统一（图7-12）。地方参与文化空间生产较为被动，也有些特殊的地方群体，如文化艺术工作者及文化艺术组织迫于对创造空间的需求主动参与文化空间生产，但很快就会被权力和资本察觉，迫使其生产的文化空间面临制度化与非制度化的选择。

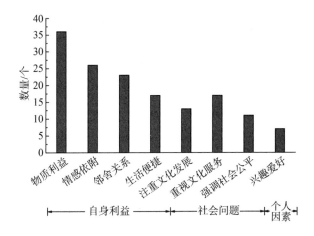

图 7-12 成都市地方参与文化空间生产的动力

地方参与文化空间的生产方式因地方主体而异（刘润，2015）：①社区居民通过出让房屋建筑或土地使用权参与,或通过自媒体行为参与媒介景观生产;②文化艺术工作者及文化艺术组织通过集资主导文化空间生产,或通过文化艺术创作参与节事活动和媒介景观生产;③新闻媒体通过新闻报道对其他主体施压进行文化空间生产。

7.4 西安市大型文化产业园的空间生产

西安市曲江新区的发展大致经历了起步探索期(1993—2002年)、初步成长期(2003—2006年)、加速发展期(2007年至今)三个阶段,每个阶段的权力、资本和文化都表现出不同的作用,形成不同的空间类型(赵凯旭,2019)⑧。

7.4.1 空间生产的过程与特点

旅游及文化产业成为西安市经济发展的重要动力。西安市是世界四大古都和中国七大古都之一,有大量优质的人文及自然旅游资源,是我国旅游及文化产业发展较早的地区。西安市的旅游及文化产业产值由2004年的54亿元增长至2016年的492亿元,年均增速为20.21%,高于同期西安市国内生产总值(GDP)增速的15.73%;占国内生产总值(GDP)的比重由2004年的4.9%增长至2016年的7.8%。同时,旅游及文化产业不仅在客观上促进了相关产业实体空间的发展,刺激了以曲江新区为代表的旅游及文化产业集聚区的发展,而且直接促进了西安市的空间扩张。西安市对周边区域的人口有巨大吸引力,常住人口由1984年的311.45万人增长至2016年的607.79万人,城市建设用地由1984年的210.8 km²增长至2016年的689.43 km²(雷璇,2014),空间扩张方向则主要由传统的碑林区、新城区、莲湖区的老城三区向新增加的未央、雁塔区、灞桥区、长安区的主城四区扩张,客观上为以曲江新区为代表的城郊区域发展提供了条件(赵凯旭,2019)。

曾作为皇家苑囿或公共园林的曲江经历过几次繁荣时期,其发展始于秦代,到唐代到达兴盛巅峰,之后开始衰落,直到近代才又重新引起人们的关注。作为西安市城郊特色文化区域的代表,曲江除了有着城郊所特有的优质环境风貌、廉价的土地等优势之外,还有独特的文化资源,包括历史文化遗存和历史文化典故两类:前者包括大雁塔遗址、汉杜陵遗址、唐天坛寰丘遗址、唐城墙遗址等(图7-13),后者则包括园林文化、宗教文化、饮宴文化、进士文化、节俗文化等文化类型(表7-1),且二者互有交融。与西安市其他区域相比,这些要素决定了曲江区域有着较好的比较优势和发展潜力(赵凯旭,2019)。

1) 生产阶段

结合曲江新区发展历程中所发生的重大事件(常洁,2017;雷璇,2014;郝文婷,2013),以及调研中曲江新区管理层对曲江新区发展的认知,下面

分三个阶段论述空间生产特征(赵凯旭,2019):

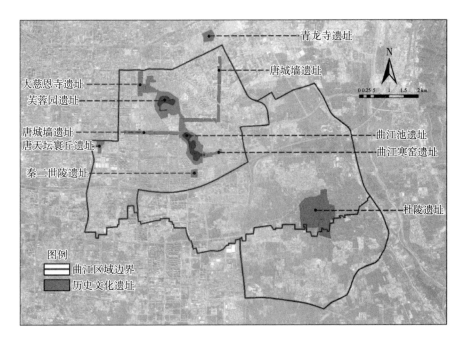

图 7-13 曲江区域历史文物古迹分布地图

表 7-1 曲江区域代表性特色文化

文化类型	文化源起
园林文化	曲江区域自然景观优美,经过历代发展,形成了皇家园林(芙蓉园)、公共园林(曲江池)、寺庙园林(青龙寺)三大类型
宗教文化	大慈恩寺是佛教唯识宗祖庭,青龙寺是佛教密宗的传播中心
饮宴文化	曲江是唐代举办各种文化艺术活动的主要地点,自玄宗逐渐形成了每年正月晦日、三月上巳、九月重阳三大节日,届时皇帝赐宴百官,载歌载舞,盛况空前
进士文化	唐时,全国才子齐聚长安参加科考,进士及第之后,便齐赴曲江举行一系列饮宴、游行活动以示庆祝,称之为"曲江大会"或"曲江宴",留下了曲水流饮、雁塔题名等风流传说
诗歌文化	曲江是唐诗重要的诵咏题材,《全唐诗》收录有关于曲江的诗歌约500首
节俗文化	唐代的曲江还是百姓游览的重要场所,逢上巳、中和、重阳等节日,到曲江祭祀、踏青、赏花、郊游是当时长安城重要的活动

(1) 起步探索阶段:1993—2002 年

1993 年,西安曲江旅游度假区成立,并于当年 1 月经陕西省政府批准升级为省级旅游度假区,是当时西北地区唯一的省级旅游度假区,并享受省级经济开发区的相关优惠政策。新成立的曲江旅游度假区辖区面积为 15.88 km^2,定位为"西安市城市中心区的重要组成部分,西安城市建设的重点区域",重点发展旅游景区、旅游产品、餐饮、购物、文化体育、康复保健、度假休闲及房地产。1996年,曲江旅游度假区管理委员会正式成立,在辖区内拥有市级经济管理权限,同时还成立了曲江旅游度假区发展有限公司,与管理委员会"一套人马,双轨运作"。该时期,曲江旅游度假区的发展思路是"度假区建设以外资为主,经营以外商为主,服务以外宾为主"(仲丛利等,2012),即西安市政府不会为开发区建设拨款,曲江旅游度假区采取的开发方式是将土地分割为52个商业项目(主要为旅游项目和房地产项目),然后逐一"招商引资",以期利用民间资本(尤其是我国港澳台地区资本)完成开发工作。但恰逢1997年东南亚金融危机爆发,有投资意向的外商纷纷撤走,并且引来了不少"投机商人"将开发区土地低价进高价出,有的甚至直接拿项目去套银行贷款,没有人认真搞开发建设。到2002年,曲江旅游度假区运营了将近10年,规划中的52个项目几乎全部瘫痪,曲江区域的建设毫无起色,审批下来的商业用地、旅游用地,土地价格低至每亩8万—10万元,而同一时期西安市的商业用地价格为每亩20万—30万元。2002年,曲江旅游度假区辖区内的大部分农村建设用地尚未拆迁,城市建设用地以教育和科研单位为主,占地面积较大的单位包括西安理工大学曲江校区、陕西省射击射箭运动管理中心、陕西省植物研究所、陕西医科学校、西安市委党校等。在其他类型用地中,居住用地多为单位家属院和零星的农村安置社区,商业服务业设施用地仅有零散的几处临街商业,绿地与广场用地仅包括陕西戏曲大观园和唐大慈恩寺遗址公园两处,工业用地仅有几处小型工厂,不成规模。

这一阶段,曲江旅游度假区建设几无起色,公共管理与公共服务设施用地、居住用地、绿地与广场用地主要被政府投资的项目占用,占总用地面积的77.4%①,私人资本投资的几处商业设施和工业项目用地仅占到总用地面积的22.6%。此阶段,权力与资本的关系表现出典型的"权力依赖资本",管理委员会本想通过招商引资以借助资本的力量完成区域的开发,但有实力的资本并未进入,却引来了"投机商人"将地皮炒来炒去,无人真正搞城市建设。这一时期,文化开始尝试进入空间生产,如规划中的定位包含了文化旅游景区、文化体育产业等功能及产业定位,而政府批出的52个项目也包含了多个文化旅游项目,包括"长安芙蓉园(后来的大唐芙蓉园)""海洋馆""情侣村"等(锁言涛,2011),但在实际操作中其文化价值并未真正体现出来。

(2)初步成长阶段:2003—2006年

前一阶段的曲江旅游度假区发展遭遇失败,发展资金匮乏,可开发的用地已经全部批出,曲江区域成了没有人愿意来投资的"烂摊子",急需转换发展思路来提振区域发展(赵凯旭,2019)。2002年7月,曲江开始尝试转换发展思路,提出了"曲江新城"的构想,同时确立了"文化立区,旅游兴区,产业强区"的发展理念。2003年,曲江旅游度假区正式更名为"曲江新区",行使市级管理权限,至此,曲江结束了作为度假区的"旅游度假区"时代,迎来了作为新城的"曲江新区"时代。曲江新区成立后,辖区扩大至 47 km²,定位为"西安市第四次总体规划城市中心区的重要组成部分",主要功能包括了旅游及休闲功能、教育及科研功能、行政及会展功能、居住功能,并将上述四大功能耦合形成了文化和旅游主导的八大区块,包括曲江水景旅游区、大雁塔宗教文化商贸、杜陵生态园林区、政务中心区、科技教育产业区、"乐游原"民风博览区、中央住宅区和农村安置区(郭捷,2005)。从两个阶段发展定位的比较可以看出,这一阶段的曲江新区更加关注对区域文化特色的挖掘,在几大功能板块中文化、旅游产业的地位更加突出,也更加多样化,已完全不同于前一阶段的"度假区模式"。

该时期,曲江新区的开发模式吸取了前一阶段"招商引资搞开发"的教训,转而实行"自建项目和招商并重"的开发模式,试图通过自建的示范项目和形象项目带动有实力的开发商进行大规模投资。具体操作过程:首先通过市场手段加行政手段收回了全部土地;其次政府通过银行融资和开发商前期投资,获取拆迁、重点项目和基础设施建设资金,并通过管理委员会下属的开发公司直接开发;再次待土地升值后,进行"招拍挂"售地以回收资金,此时回收的资金远多于直接出售土地所获得的资金;最后政府获得开发资金,开发商获得了项目土地,可进行进一步的城市开发。由此,在一轮轮的循环开发过程中,曲江区域价值一次次提升,文化的溢价效应不断凸显。该模式成功将曲江新区带入了良性发展的快车道,如地价从 2002 年的 8 万—10 万元/亩飙升至 2005 年前后的 200 万元/亩,三年间以地价衡量的区域价值跃升了约 20 倍。2006 年末,一期范围内的基础设施建设基本全部完成,建设用地变化最明显的是公园与广场用地、居住用地的增加,前者主要包括大雁塔、大唐芙蓉园、唐大慈恩寺遗址公园等项目,后者则包括泛美花园、曲江春晓苑、丰景佳园、汇景新都、芙蓉名座等十多个房地产项目。此外,商业服务业设施用地亦有所增加,主要是大雁塔两边的配套商业项目。公共管理与公共服务设施用地和工业用地则增长不明显。

这一阶段,曲江新区政府投资的项目主要集中在区域基础设施和文化旅游项目上,用地上是绿地与广场用地的增加,如由 2002 年的 14.9 hm² 增长至 2006 年的 94.86 hm²,由占建设用地的 5.5% 上升至 21.1%。此阶段,资本开始投资地产领域,居住用地面积由 2002 年的 66.03 hm² 增长至 2006 年的 120.96 hm²,由占建设用地的 24.4% 增长至 26.9%。权力与资本的关系表现出"权力约束资本",一方面体现在政府直接掌管的大型国有企业介入物质空间生产,摆脱了对民营资本的严重依赖;另一方面,政府加强了对土地资源的管控,亲自操作了大唐芙蓉园、大雁塔等系列重大文化旅游开发项目,通过渐进开发模式约束着资本的过度扩张。同期,文化的价值开始被挖掘并不断被放大,正式进入空间生产领域,政府在这一阶段正是通过对文化的挖掘以及形塑形成了巨大的文化吸引力,吸引了各类资本前来投资。

(3) 加速发展阶段:2007年至今

曲江新区进入加速发展阶段,注重由传统文化旅游产业向文化产业转型(赵凯旭,2019)。2007年,曲江新区荣获"国家级文化产业示范区"称号,并于当年编制的《西安曲江新区文化产业发展纲要》中提出重点发展影视演艺、文化旅游、出版传媒、会展创意四个核心文化产业领域。随后,2009年编制的《曲江新区扩区发展规划》又提出建设五大项目集群,包括主题旅游与文化商贸区、影视演艺与科教创新区、遗址博览与生态创意区、娱乐运动与休闲度假区、会展商务与传媒出版区。2014年编制的《西安曲江国家级文化产业示范园区总体规划》又将其细化,提出打造九大园区,包括当代艺术产业区、出版传媒产业区、数字文化产业区、曲江文化旅游区、国际文创产业区、国际会展产业区、影视产业区、康体休闲产业区、文化娱乐产业区。从历版紧密衔接的发展规划中可看出,这一阶段曲江新区文化产业的地位越来越重要,文化要素的价值已被充分认识并予以开发。曲江新区自身的城市价值愈加突出,地价一涨再涨,在2007年即超过300万元/亩,2018年初更以1 100万元/亩的价格创西安市土地市场的历史最高价。

2017年末,曲江新区一期建设用地已基本开发完毕,曲江新区二期的建设也正式启动。各类用地都有所增长,居住用地快速扩张,开发了大量的商品房,成为这一时期空间生产的"主角"。商业服务业、文化产业用地除了大唐不夜城、大唐芙蓉园周边的大型商业集群外,还拓展了雁南路文化产业集聚区、雁翔路文化产业创意谷聚集区、长安南路曲江国际会展中心,以及一系列配套的酒店、购物中心。在绿地与广场用地中,一期范围内"六园一塔一城"(六园:大唐芙蓉园、唐城墙遗址公园、寒窑遗址公园、曲江池遗址公园、唐大慈恩寺遗址公园、秦二世陵遗址公园。一城:大唐不夜城。一塔:大慈恩寺大雁塔)的旅游景观格局正式形成,曲江新区二期范围内的杜陵遗址生态公园、曲江文化运动公园、西安植物园、中国唐苑等文化旅游项目也建成落地。除此之外,公共管理与公共服务设施用地和工业用地也有所增长,但相对上述几类用地而言增长较为缓慢。

这一时期,居住用地、商业服务业设施用地、文化产业用地、绿地与广场用地为最主要的空间生产类型,四者用地面积之和占2017年总建设用地面积的84.02%。政府作用主要体现在优化区域投资环境和提供优惠政策上,直接投资的项目相对较少,主要反映在绿地与广场用地、公共管理与公共服务设施用地上,占总建设用地面积的26.79%。资本投资的项目类型较为多样,主要反映在居住用地、商业服务业设施用地、文化产业用地上,占总建设用地面积的66.29%。该时期,权力与资本的关系表现出"权资结盟":政府需吸引资本进入文化行业贡献税收和更多的资金来推动城市建设;资本希望获得政府政策支持和获取空间开发项目。基于强烈的利益相关,二者便会结盟。文化价值被充分挖掘,这不仅体现在文化旅游及文化产业领域,而且体现在城市物质空间的文化符号置入。但"权资结盟"未必总是好的。从目前的情况来看,曲江新区政府似乎正在沦陷于土地财政的"温床",对资本扩张一再妥协,最典型的表现即二期范围内开工的项目大部分为地产项目,文化产业项目推进缓慢,外界对其"文化搭台,地产唱戏"的质疑声也越来越高涨。在此背景下,曲江新区未来的发展思路有待进一步明晰。

2) 文化产业的空间生产

曲江文化产业空间呈现集群式分布,且集聚规模逐步扩大[⑩]。在2002年以前文化产业发展缓慢,空间上则是零星的文化产业用地的增长,仅曲江新区北侧就有西安电影制片厂、陕西军城大厦和培训大厦三处用地,南侧有两所文化艺术培训学校,用地面积为2.57 hm^2。2006年,大雁塔景区周边的文化娱乐业有所拓展,曲江文化产业集聚区也有一定发展,用地面积增至17.57 hm^2。2011年,文化产业发展较快,集群效应开始出现。大雁塔板块的曲江艺术博物馆、国际古玩城、西安美术馆等相继建成。曲江会展板块的国际会展中心和国际会议中心建成。曲江文化产业集聚区板块的曲江智慧大厦、曲江国际大厦等相继建成。此外,大唐芙蓉园周边的亮宝楼艺术博物馆、富陶国际陶艺博物馆、芙蓉街商业坊、曲江影视大厦等于同一时期建成。该时期文化产业用地面积增加至62.8 hm^2。2017年,大雁塔板块、曲江会展板块、曲江文化产业集聚区板块进一步成熟。此外,曲江中央文化商务区(Central Cultural Business District,CCBD)和雁翔路国家级文化产业聚集区(National Cultural Industry Cluster Area,NCICA)两大板块开始建设,中央文化商务区板块中的金辉环球中心、曲江369互联网创新创业基地建成开业,国家级文化产业聚集区板块中的曲江旺座城建成开业,文化产业用地进一步增加至176.2 hm^2。

根据曲江新区文化产业空间中各类投资主体的性质,将其分类为国有资本、民营资本、政府投资和社会投资[⑪]四类,通过对文化产业空间投资主体的讨论,反映权力与资本的空间生产特征(赵凯旭,2019)。国有资本和民营资本投资的空间占比最大,增长较快,但二者投资的空间类型略有区别;政府和社会投资的空间相对较少,增长缓慢。文化产业项目的盈利属性决定了资本作为其主要投资主体,曲江新区文化产业空间生产中的资本主体包括国有资本和民营资本两类,二者投资的文化产业空间由2002年的6处增长至2017年的56处,占地面积由2.6 hm^{2}增长至155.1 hm^2,占有数量上的绝对优势。但二者投资的空间在类型上略有区别,民营资本投资的项目主要以盈利为主,反映在空间类型上则以办公大楼和商业空间[⑫]为主,如规模较大的金辉世界城、曲江旺座城、万众国际等办公空间,芙蓉坊商业街、壹洋堂等文化购物空间;而国有资本除了投资上述一般营利性项目外,还投资了陕西大剧院、西安音乐厅、曲江书城等含公共服务性质的项目(表7-2)。相比之下,政府和社会投资的空间数量占比较小,2011年才出现了1处政府投资的空间(曲江国际会展中心)和1处社会投资的空间(西安市明清皮影艺术博物馆),占地面积分别为20.9 hm^{2}和0.1 hm^2,其后再无增加。

表 7-2 文化产业空间资本类型与对应的文化产业空间

资本类型	一般营利性文化产业空间	含公共服务性质的文化产业空间
国有资本	西安电影制片厂、曲江国际会议中心、秦汉唐天幕广场、雁翔文化产业创意谷、曲江TIME、大唐通易坊、大雁塔商业广场、曲江文化中心大厦、曲江文化产业大厦、曲江文化创意大厦、曲江文化大厦、曲江国际大厦	西安音乐厅、陕西大剧院、西安美术馆、曲江太平洋电影城、曲江富陶国际陶艺博物馆、曲江书城
民营资本	中海大厦、曲江369互联网创新创业基地、芙蓉坊商业街、曲江首座、曲江创客大街、曲江智慧大厦、万众国际、佳和中心、壹洋堂、曲江华润广场、曲江旺座城、金辉环球中心、金辉世界城、西安青卓美术文化学校、大西互联网文化创意产业园、曲江拿铁城、陕西军城大厦、欧凯罗国际古玩城	亮宝楼艺术博物馆、曲江艺术博物馆
政府投资	曲江国际会展中心	—
社会投资	—	西安市明清皮影艺术博物馆

事实上,政府权力在文化产业空间生产中同样发挥着重要作用,主要体现在曲江新区管理委员会下属的开发公司直接投资和编制文化产业扶持政策两个方面。曲江新区管理委员会下属的开发公司即曲江文化产业投资(集团)有限公司(简称"曲文投")[13],属曲江新区管理委员会投资设立的国有独资有限公司,管理委员会在辖区范围内的开发意图主要通过"曲文投"具体实施。在曲江新区开发的大部分时期,"曲文投"投资的文化产业空间数量和用地面积呈快速增长的趋势,由2006年的2处文化产业空间,用地面积为14.4 hm^2,增加至2017年的17处文化产业空间,用地面积为52.4 hm^2,占到了国有资本投资空间的较大比重。此外,政府权力作用还体现在编制文化产业扶持政策上,目前已形成了"文化基金+贷款担保+风险投资+财税补贴+房租减免+专项奖励+小额贷款"七位一体的文化产业扶持政策体系(表7-3),2017年累计发放专项扶持资金3亿元[14]。由此,曲江新区出台的系列文化产业扶持政策取得了一定的有益效果(姚景秋,2015)。

表 7-3 曲江新区发布的鼓励文化产业发展的政策文件(部分)

发布时间	政策文件名称	主要内容
2006年	《西安曲江新区关于加快影视产业发展的优惠政策》	主要包括租金减免、税收返还、补助奖励等12条优惠政策
2007年	《西安曲江新区加快会展业发展的优惠政策》	主要包括财政补贴、会展服务、融资担保等12条优惠政策
2010年	《西安曲江新区关于鼓励、扶持博物馆等文化场馆发展办法》	主要包括土地房屋优惠、税收返还、各种奖金奖励等12条政策

续表 7-3

发布时间	政策文件名称	主要内容
2010年	《西安曲江新区入区文化企业房租补贴暂行办法》	主要包括补贴对象、补贴办法、申请材料、办理程序4条内容
2011年	《西安曲江新区文化产业发展专项资金管理办法》	主要包括专项资金的适用范围、扶持方式、管理职责等36条政策
2011年	《西安曲江新区优秀影视作品奖励暂行办法》	主要包括奖励对象、奖励标准等11条内容
2013年	《西安曲江新区入区文化企业营业税增值税补贴暂行办法》	主要包括补贴对象、补贴标准、补贴期限、申请时间等9条内容
2015年	《西安曲江新区扶持入区企业创驰(著)名商标奖励资金管理办法》	主要包括奖励资金、奖励原则、奖励对象、奖励标准等10条内容
2016年	《西安曲江新区关于促进文化金融融合发展的若干政策》	主要包括鼓励中小企业"新三板"挂牌交易、融资性担保机构补贴、建立风险补偿奖励机制等6条政策
2018年	《西安曲江新区关于支持电竞游戏产业发展的若干政策(试行)》	主要包括办公用房补贴、现金奖励、游戏开发补贴等16条政策

文化要素在文化产业空间生产中同样发挥着作用,主要表现为文化产品或文化作品的形式。曲江新区文化产业经过多年的发展,在会展创意、影视演艺、出版传媒等文化产业领域皆有所建树(赵凯旭,2019)。在曲江会展创意产业领域,投资40亿元建设曲江国际会展中心,总用地为3 700亩,展览面积近16万 m^2,是西部地区规模最大、功能最完备、现代化程度最高的国际会展产业园区,集展览、会议、商务、酒店等各种配套设施于一体,组织策划了中国非物质文化遗产博览会、中国西部文化产业博览会等特色展会,在国内外有一定影响力。在曲江影视演艺领域,通过整合区域内得天独厚的影视资源,引进影视企业,成立影视企业联盟,建立影视创作、拍摄、制片基地。曲江影视集团提供4亿元资金,成立专门的发行院线、经纪公司、演员公司、剧务协会、联盟企业达90家,拥有先进的制作管理软件,技术、资金等实力雄厚[15]。在曲江出版传媒领域,主要依托旅游、影视、文化、会展产业市场,以创办大型品牌期刊、策划出版精品图书为主,编纂出版了《四部文明》《大秦帝国》《诗韵华魂》等大型文化书籍,力图将曲江新区建设成为西部地区最大的出版传媒中心(赵凯旭,2019)。

曲江的文化企业发展呈现"两极分化"。文化产业属于高投入、高产出、高风险的行业,投入产出周期也比较长,国有企业往往可依靠自身雄厚的经济实力而取得较好发展,而民营企业,尤其是中小企业则要承担更大的经营风险。当前,曲江新区已形成了曲江旅游、曲江会展、曲江影视、曲江演艺、曲江戏曲、曲江院线、曲江传媒出版等系列知名品牌,但这些品牌背后的企业无一例外都有"曲文投"的身影,即俗称"曲江系"。中小企业[16]则面临着生产压力大、创新能力弱等问题(赵凯旭,2019)。

政府推动的文化产业"集而不群"。在曲江新区文化产业发展过程中,政府规划建设了曲江产业集聚区、曲江中央文化商务区(CCBD)和雁翔路国家级文化产业聚集区(QCIC)三大集群板块,试图通过空间集聚的方式引导文化产业集群的形成,但事实上类似于曲江新区这种政府扶持的文化企业集群,企业自身发展能力差、龙头企业带动能力不足、企业彼此间联系不密切等原因造成文化企业"集而不群"的问题严重。

3) 文化旅游的空间生产

对于曲江新区而言,遗址类文化旅游空间[12]是其核心的空间类型。此外,在曲江新区建设过程中注重对生态游憩类文化旅游空间的塑造,建造了多个生态公园,因此将文化旅游空间划分为遗址类文化旅游空间和生态游憩类文化旅游空间,前者总计 27 处,共 269.88 hm^2,后者总计 15 处,共 183.96 hm^2(赵凯旭,2019)。

遗址类文化旅游空间为主要生产类型,依托文化遗址集中式扩张;生态游憩类文化旅游空间作为补充的生产类型,呈分散式增长(赵凯旭,2019)。2002 年以前文化旅游空间发展缓慢,遗址类文化旅游空间仅唐大慈恩寺遗址公园一处,生态游憩类文化旅游空间仅有陕西戏曲大观园一处,二者的总用地面积为 14.9 hm^2。2006 年,大雁塔景区、大雁塔南北广场、大唐芙蓉园等几个重大景区项目建成,遗址类文化旅游空间的用地面积增加至 80.98 hm^2。生态游憩类文化旅游空间仅增加了曲江海洋极地公园,用地面积增加至 13.88 hm^2。2011 年,遗址类文化旅游空间增长迅速,除呈面状分布的曲江池遗址公园、秦二世陵遗址公园、曲江寒窑遗址公园外,还包括呈带状分布的唐城墙遗址公园。此外,二期范围内的杜陵遗址生态公园也建成落地,遗址类文化旅游空间的用地面积迅速增加至 238.7 hm^2。相比之下,生态游憩类文化旅游空间增长较慢,二期范围内的德园、中国唐苑、石羊农庄、杜陵遗址生态公园先后建成,用地面积增至 114.5 hm^2。2017 年,大部分遗址类文化旅游空间已生产完成,完善了唐城墙遗址公园,建设了唐天坛寰丘遗址公园,用地面积增加至 269.88 hm^2。生态游憩类文化旅游空间扩张加速,一期范围增加了部分街头公园,二期范围则增加了西安植物园、曲江文化运动公园、金辉运动公园、曲江壹号公园,用地面积增加至 183.96 hm^2。

遗址类文化旅游空间增长先快后慢,投资主体以曲江新区管理委员会控股的国有资本为主。遗址类文化旅游空间主要依托历史文化遗址开发,由 2002 年的 1 处,共 8.96 hm^2,增加至 2011 年的 20 处,共 238.70 hm^2,随着大部分文化遗址开发完成,增长减缓,2017 年增加 7 处,共 25 处,用地面积增加了 31.18 hm^2,共 269.88 hm^2。投资主体主要是"曲文旅",投资遗址类文化旅游空间 23 处,占比达 92%,有 3 处主要为西安市政府和西安市文物局投资。可见,政府权力在遗址类文化旅游空间生产中占绝对主导地位,民营资本受到约束。生态游憩类文化旅游空间的增长相对稳定,投资主体以国有资本为主,还包括部分民营资本。生态游憩类文化旅游空间是补充的文化旅游空间生产类型,在整个时期增长较稳定,由 2002 年的 1

处,共 5.93 hm²,增加至 2017 年的 15 处,共 183.96 hm²。国有资本同样作为主要投资主体,由 2002 年的 1 处,共 5.93 hm³,增加至 2017 年的 10 处,共 139.43 hm²;民营资本则占比较少,由 2011 年的 3 处,共 33.99 hm²,增加至 2017 年的 5 处,共 44.53 hm²。国有资本的投资主体主要包括"曲江系"["曲文投"、曲江文化旅游(集团)有限公司、曲江建设集团有限公司、曲江大唐不夜城文化商业(集团)有限公司]以及西安市政府,民营资本投资主体则主要是大华集团有限公司、陕西万达实业有限公司等大企业。可见,政府权力在生态类文化旅游空间生产中同样处于主导地位,民营资本相对受到约束。另外,在文化旅游空间生产中,政府权力的作用还体现在编制空间规划上。文化旅游资源本身的价值是隐性的,必须通过空间规划、项目策划将其价值显性化,在这个过程中政府权力起着重要的作用。由曲江新区管理委员会牵头编制的《曲江新区一期控制性详细规划》(2003 年)、《西安曲江国家级文化产业示范园区总体规划(2014—2020 年)》都提出了对曲江新区景观体系、旅游体系的设计方案,前者提出打造大雁塔、芙蓉园、曲江池遗址公园、寒窑等几大景区,后者则提出塑造现代都市休闲、汉杜陵遗址度假、盛唐文化旅游、创意文化休闲四大片区和多个文化休闲景点、都市休闲景点、民俗体验景点和创意文化景点。在其后的建设过程中,两版规划的设计意图都得到了较好实施。

在文化旅游空间生产中,文化要素主要通过文化景区的形式体现。目前,曲江新区一期范围内重点形成了"六园一塔一城"的文化旅游景观格局,二期范围内重点包含了杜陵遗址生态公园、中国唐苑等文化旅游项目。其中,大唐芙蓉园位于唐代芙蓉园遗址以北,仿照唐代皇家园林样式重新建造,是中国首个全方位展示盛唐风貌的大型皇家园林主题文化公园。曲江池遗址公园位于唐代曲江池遗址之上,再造了曲江流饮、曲江南湖、黄渠桥、汉武泉等历史文化景观,是集历史文化保护、生态园林、山水景观、休闲旅游、民俗传承、艺术展示为一体的城市生态文化公园。寒窑遗址公园是以寒窑遗址[18]和在此发生的爱情故事为特色建造的中国首个爱情主题文化公园。唐大慈恩寺遗址公园坐落于唐代大慈恩寺遗址之上,是以佛教文化为主题的城市主题文化公园。秦二世陵遗址公园是围绕秦二世胡亥陵墓建设的遗址公园,是以秦亡警示文化、秦文明反思文化为内涵的秦文化遗址公园。唐城墙遗址公园位于唐城墙外郭遗址之上,是以书法雕塑、园林景观为表现手段,以唐诗人物和唐诗意境展示为主题的唐文化遗址公园。大雁塔是现存最早、规模最大的唐代四方楼阁式砖塔,是佛塔这种古印度佛寺的建筑形式随佛教传入中原地区,并融入华夏文化的典型物证,是凝聚了中国古代劳动人民智慧结晶的标志性建筑。杜陵遗址生态公园是在汉宣帝刘询陵墓的基础上建设的以生态园林为衬托、以文物遗址展示为核心的汉文化遗址公园。中国唐苑是集盆景、古树、奇石、民俗艺术品的栽培、收藏、展览、销售于一体的生态文化旅游公园。

除上述形式之外,文化要素还通过文化表演、文化剧目等观赏、体验的形式存在。目前,大唐芙蓉园、寒窑遗址公园都形成了自身固定的特色文化展演活动:大唐芙蓉园内每天多个景点都有固定的巡演,巡演节目包括皇家迎宾盛典、大唐鼓宴、杏园题诗、胡姬酒肆、大唐宫廷乐舞、梦回大唐等多个主题文化节目;寒窑遗址公园也将秦腔表演作为其固定巡演活动。

文化旅游空间成为资本增值的"温床"。城郊大型文化产业园在开发的过程中,由于处于城郊、开发不成熟、没有竞争优势等弊端,难以吸引以及留住资本。此时,政府往往需要通过一定手段来打造亮点,才能吸引资本参与,而区域内的文化旅游资源则是最好的亮点。在曲江新区的开发过程中,文化旅游空间开发的最初目的在很大程度上也是为了吸引资本投资,在后来的实践中也确实实现了这个目的。但其中又牵扯了一个公共资源的归属问题,文化资源属于典型的公共物品,应该为全民共有,而在曲江新区的开发过程中,资本却成了文化旅游空间开发的最大受益者,被外界笑话政府开发的文化旅游项目为资本"暖被窝"。

文化旅游空间存在被异化的危机。文化旅游景区发展中都会面临一个保护与开发的两难选择,景区的运营需要借助资本来维持,但注入了资本的文化空间往往潜藏着被异化的危机,文化保护成为难题。曲江新区在开发定位中既是文化旅游区,又是商业娱乐中心区,二者在空间上重合,文化旅游空间因此出现被异化的危机,其中最典型的要数大雁塔景区。目前,以"曲江模式"命名的文化遗产开发模式正在向整个陕西省推广,是对文化资源的保护性开发,还是属于政府与资本的"狂欢",值得深思。

4) 商业服务业的空间生产

在曲江新区发展的过程中,商业服务业也有了较好的发展,在推动曲江新区空间生产的过程中起着重要作用(赵凯旭,2019)。对曲江新区商业服务业空间生产进行分析发现,涉及商业服务业的空间共计 63 处,共 123.4 hm^2。商业服务业的空间扩张主要集中在成熟的一期区域,主要以大型商业服务业空间为主。2006 年以前曲江新区的商业服务业设施较少,扩展缓慢,规模较大的设施仅曲江宾馆一处,其他设施多为沿街小型商业,总占地面积为 27.9 hm^2。2011 年,商业服务业设施开始增长,主要围绕大唐不夜城进行生产,包括曲江银泰城、民生百货等几处大型商场及酒店,占地面积增至 57.4 hm^2。到 2017 年,商业服务业设施有了较大规模增长,部分规模较大的设施主要围绕大唐不夜城、大唐芙蓉园和曲江池遗址公园布局,用地面积增至 123.4 hm^2。

根据曲江新区商业服务业空间生产中各类投资主体的性质,将其分为国有资本、民营资本和社会资本三类(赵凯旭,2019)。民营资本和社会资本投资的空间占比最大,增长趋势先慢后快,国有资本投资的空间占比较小,且增长缓慢。在商业服务业空间生产的各个阶段,民营资本、社会资本投资的空间分别由 2002 年的 10 处 6.1 hm^2、6 处 3.3 hm^2 增长至 2017 年的 38 处 75.2 hm^2、20 处 23.5 hm^2,并且 2006 年之后的增长速度明显快于前一阶段。而国有资本投资的空间则由 2002 年的 2 处 15.2 hm^2 增长至

2011年的5处24.7 hm²,其后不再变化。与前述两类空间的生产特征不同,民营资本、社会资本的投资比国有资本表现得更为积极,且随着曲江新区开发的不断成熟,投资兴趣愈加浓厚。但同时也应看到,民营资本和社会资本投资的空间虽然在数量上占优势,平均规模却仅约为1.98 hm²和1.18 hm²,而国有资本投资的空间平均规模却为4.94 hm²,主要是西安新乐汇、曲江银泰城、曲江国际饭店和曲江宾馆几个大型项目,且投资主体主要是"曲文投"。可以看出,政府权力虽并未在商业服务业的空间生产中有所体现,但在一些大型商业服务业项目空间的投资中依然发挥着一定作用。

在商业服务业的空间生产过程中,文化主要通过建筑景观符号、商业文化活动等形式体现。相对于文化产业空间、文化旅游空间而言,文化要素在商业服务业空间生产中的表现乏善可陈,主要体现在建筑景观符号和商业文化活动之中。例如,大唐不夜城的商业空间主要通过在建筑、雕塑群、文化图形和文化活动四个方面的文化符号置入来体现文化性(张晓旭,2017)。而且,商业服务业的空间生产相对失衡。资本总是倾向投入高营利性领域,而退出低营利性领域,因而在空间上常出现一定的不平衡,令空间呈现马赛克形式(王春程,2015)。目前,曲江新区高营利性领域主要是房地产业和文化旅游业,表现出居住空间和文化旅游空间填满大部分区域。而作为利润率较低的商业服务业领域,则出现空间生产相对失衡,表现出在大唐不夜城、芙蓉园景区等成熟的景区周边商业服务业空间分布密集,且规模较大,而在东北部和东南部的综合居住区周边商业服务业空间分布较少。

消费者表现出对消费空间的反抗。文化符号通过塑造高品位的消费空间来提升商品附加值,商家一般会把这种效用最大化,表现出不断复制某种文化符号,出现所谓的空间规训。在这样的空间约束之下,消费者被不自觉地完成身份构建,以迎合符号化了的空间属性,即高档、国际、时尚、奢侈的空间定位,刺激消费者花更高的价格购买产品。但商家总倾向于将文化符号过度生产,再加上消费者自身日常生活习惯以及空间想象的影响,消费者也会表现出对消费空间的反抗(波德里亚,2001)。曲江新区典型的商业服务业空间即大唐不夜城,借助盛唐文化符号的置入,该区域的商业空间定位为高档、名牌、国际化,商品定价普遍较高,在吸引部分消费者的同时,还有部分消费者通过"不进去、不体验、不消费"的形式来表达自己对符号化了的消费空间的反抗。

5) 居住空间生产

居住空间在曲江新区空间生产中占有重要地位,目前占到已开发建设用地面积的54.28%,其重要性可见一斑。根据曲江新区居住用地类型特征,重点讨论商品房、单位家属院、安置小区三类居住空间的生产过程,共涉及居住用地226处,共1 402.82 hm²。商品房作为主要生产类型,迅速扩张,单位家属院、安置小区则作为兼顾的生产类型,增长缓慢。2002年以前曲江新区的商品房开发较少,到2002年时,区域内主要是单位家属院,位于曲江新区西北角与西安市城区接壤的区域,商品房仅有锦苑小区等 4 处,单位家属院的占地面积为 43.12 hm^2,商品房的占地面积为 10.32 hm^2。2006 年,商品房用地开始扩张,面积增长至 60.29 hm^2,单位家属院略有增长,面积为 48.06 hm^2。同时安置小区少量出现,占地面积为 12.59 hm^2。到 2011 年,商品房主要围绕大唐芙蓉园和曲江池遗址公园由内向外迅速扩张,用地面积增长至 321.63 hm^2。相比之下,单位家属院的用地增长缓慢,占地面积仅为 54.62 hm^2,商品房成为住宅地产空间生产的"主角"。此外,安置小区的用地有所发展,占地面积为 59.18 hm^2。到 2017 年,商品房爆发式增长,迅速填满了曲江新区一期的用地,并向曲江新区二期拓展,占地面积增加了 270.1 hm^2。安置小区也有了较大拓展,占地面积增加了 176.59 hm^2。单位家属院则增长缓慢,占地面积仅增长 2.48 hm^2,达到 57.1 hm^2(赵凯旭,2019)。

根据曲江新区居住空间生产中各类投资主体的性质,可将其分为国有资本、民营资本、政府投资三类。民营资本投资的居住空间快速增加,逐渐成为空间生产的主要类型,国有资本和政府投资的居住空间则缓慢增加,且占比逐渐减小。在曲江新区的整个发展阶段,民营资本投资的空间由 2002 年的 3 处 7.5 hm^2 增长至 2017 年的 136 处 970.5 hm^2,占居住用地面积的比重则由 11% 增长至 69%。国有资本和政府投资的居住空间则分别由 2002 年的 1 处 2.9 hm^2、30 处 55.7 hm^2 增长至 2017 年的 22 处 182.4 hm^2、68 处 249.9 hm^2,占居住用地面积的比重则分别由 4%、84% 变化至 13%、18%。可见,民营资本尝到曲江新区商品房开发带来的甜头,表现出从最初的"冷淡"到后来的"热情"。政府的作用则主要是兼顾社会公平,重点投资单位家属院、安置小区、保障性住房等居住空间,表现出较为稳定的增长趋势。此外,在居住空间生产中,国有资本并未表现出一定的优势,处于与民营资本公平竞争的地位,在三种资本类型中增长最为缓慢(赵凯旭,2019)。

在居住空间生产中,文化要素的参与性并不突出。学界、业界对文化要素在居住空间中的作用及表达做过探讨,认为文化要素能够提升居住项目的价值,可通过楼盘名称、建筑风格、开发理念、景观塑造、物业服务、社区文化等置入文化要素(庄宁,2004)。在曲江新区的居住空间生产中,文化要素发挥了一定作用,表现出靠近大唐芙蓉园和曲江池遗址公园的楼盘房价普遍高于外围区域,以及楼盘名称中多带有"曲江、芙蓉、唐、湖、池、苑、园"等明显的区域特色指向性词汇(约占楼盘总量的 60%),如曲江观唐、曲江南苑、中海观园、金地湖城大境等。但除此以外,文化要素其他的表现形式并不突出(赵凯旭,2019)。

权力与资本过于亲密,有过度生产的倾向。在城郊大型文化产业园的空间生产中,政府与资本往往更容易在居住空间的生产中结成利益联盟(赵凯旭,2019)。但资本的本性是贪婪的,会有无限扩大的趋势,政府这时如果对其不加以约束,甚至政府自身沦陷于"土地财政",居住空间则会出现过度生产的倾向,挤压其他类型空间。目前,在曲江新区的空间生产中,居住空间已经占到已开发城市用地面积的 54.28%,而房地产销售额占国内生产总值(GDP)的比重则长期保持在 142%—378%,空间生产表现出对"房地产经济"的严重依赖,出现居住空间过度生产的趋向。现阶段,曲江新区二期范围内批出的项目,大部分还是以居住空间为主,但随着可出售的用地越来越少,如何实现空间生产的可持续,成为曲江新区需要慎重考虑的一个问题。

不同主体间表现出居住空间的分化。城郊大型文化产业园的居住主体主要涉及两类,一类是购房者,一类是原住民,二者在居住空间生产中出现不同的后果。对于购房者来说,经济实力雄厚,有体面的工作,住在花园式的小区里,是社会精英的象征。对于原住民来说,土地被征,工作难有着落,住在安置小区内,很容易沦为社会的弱势群体。曲江新区开发的商品房定位层次都比较高,房价也高,对于这里的很多购房者而言是第二套、第三套投资性房产,是西安市所谓的"富人区"。有的住户甚至只在周六或周日才会来此居住,这也是造成区域活力不足的原因之一(赵凯旭,2019)。与此形成对比的是,安置小区的环境整体较差,部分原住民还因为拆迁失去了土地和原有的社会关系,而在曲江新区内找不到归属,出现所谓的文化"失忆"。

7.4.2 空间生产的驱动机制

政府权力、资本、文化参与下的曲江新区空间生产过程相对复杂,各种要素相互交叉糅合,共同驱动了曲江新区的空间生产(赵凯旭,2019)。显然,曲江新区的空间生产是多种动力共同驱动下的结果,即政府权力通过规划安排、发展策略以及城市营销驱动空间生产。资本参与空间生产主要体现在"资本三级循环"的过程中。在初级循环中,资本进入文化旅游、影视演艺、会展创意、出版传媒等文化产品生产领域,推动了曲江新区的文化产业发展;在次级循环中,曲江新区进入文化旅游空间、商业服务业空间、居住空间等生产领域,推动了曲江新区建成环境的发展。文化作为重要因素全面融入空间生产,主要体现在通过打造文化产品及文化景区形成的文化经济动力和文化符号置入空间刺激空间消费,推动空间生产。

1) 规划安排指导空间生产

我国现有的管理体制深受之前计划经济体制的影响,土地开发之前都需要编制规划以合理安排空间,而经政府审批通过的规划方案通常具有一定的强制约束力,能够指导空间生产。曲江新区自 2003 年成功启动建设以来,政府为了更好地实施开发意图,先后编制了多版规划,而在政府强有力的推动下,大部分规划项目都得到了较好的实施。

《曲江新区控制性详细规划》(2003 年)提出"以保护与展示唐代历史文化为特色,以旅游度假休闲娱乐为主导,集商贸、会展、科教、居住为一体的综合性城市发展新区"的发展定位,同时提出"一带六区"的规划结构,"一带"为贯穿杜陵遗址保护区—曲江池遗址公园—大雁塔—陕西省博物馆的休闲旅游楔形绿带,"六区"包括西北方向的大雁塔旅游商贸区、中央商务区(CBD)辐射服务区,东北方向的科教产业区、综合居住区,西南方向的综合居住区,东南方向的杜陵遗址保护与森林公园区。目前,从空间生产的结果来看,曲江新区一期范围内的大唐不夜城商业板块、大雁塔旅游休闲板块对应了规划中的大雁塔旅游商贸区,科教文化板块、会展商务板块分别对应了规划中的科教产业区、中央商务区(CBD)辐射服务区,杜陵遗址生态公园对应了规划的杜陵遗址保护与森林公园区,该版规划既定的发展目标大部分已实现。

2007年编制了《西安曲江新区文化产业发展纲要》,确定了文化旅游、影视演艺、会展创意、出版传媒等核心文化产业领域。在2009年编制的《曲江新区扩区发展规划》则将该版规划的产业发展设想予以空间上的安排,提出"双轴合力、五区联动"的布局模式,"双轴"为生态发展轴和产业发展轴,"五区"为主题旅游与文化商贸区、影视演艺与科教创新区、遗址博览与生态创意区、娱乐运动与休闲度假区、会展商务与传媒出版区。目前,从空间生产的结果来看,曲江新区一期范围内的大唐不夜城商业板块、大雁塔旅游休闲板块对应了规划中的主题旅游与文化商贸区,科教文化板块对应了规划中的影视演艺与科教创新区,会展商务板块对应了规划中的会展商务与传媒出版区,杜陵遗址生态公园对应了规划中的遗址博览与生态创意区,综合居住区则对应了规划中的娱乐运动与休闲度假区,该版规划既定的规划设想在空间生产中得到了实现。

通过对上述两版规划文本与实施情况的对比可以发现,曲江新区管理委员会所确定的几版规划实施情况较好,没有沦为所谓的"规划规划,纸上画画,墙上挂挂",规划方案的效用得到了较好发挥,指导了曲江新区的空间生产。

2)发展策略引导空间生产

相较于西方,我国政府的城市发展策略更具有引导性,是资本决定是否进入城市空间生产的重要参考(刘润,2015)。此时,政府制定什么样的发展策略以及发展策略的正确与否就显得格外意义重大。曲江新区在空间发展历程中经历过三次重大的发展策略转变,引导了曲江新区空间生产经历了一次次的方向性改变。

首先,政府对文化遗址的保护思路由静态保护转向保护性开发。西安市域范围内遍布众多历史文化遗址,其中很大部分处于城市建成区内,如何在文化遗址的保护中寻求城市发展,一直是西安市面临的重大难题。文化遗址静态保护的思路并不利于城市的发展,带来了极大的财政负担和发展阻碍,于是保护性开发成为西安市政府对待文化遗址的新思路。也正是因为这样,当时位于城郊的曲江才重新引起人们的重视,为其发展带来契机。

其次,开发思路由度假区模式转向新城模式,由招商引资转向政府主导与招商引资并重。在曲江新区的发展历程中,2003年是个重要的转折点。之前,规划方案沿用1992年提出的旅游度假区开发模式,"度假区建设以外资为主,经营以外商为主,服务以外宾为主",重点发展旅游产品和房地产业,但并未给曲江空间生产带来成功;之后,曲江新区转变发展思路,重新确定了新的发展定位,即建设成为集旅游、娱乐、休闲、购物、居住为一体的、面向世界、面向未来、面向大众的新型旅游城区。事实上,当时作为内陆腹地的西安并没有太多的对外市场,1992年提出的发展策略并没有起到正确引导空间生产的作用,反而是2003年提出的新城发展策略将曲江定位为城市新区,注重功能的综合性及复合性,更适合当时的曲江,后来的发展也证明其有效性。同时,曲江新区在2003年转变了招商模式。之前,曲江新区采用将项目打包后分别招商引资的模式,但吸引来的却是一批"投机商",经历10年发展毫无起色;之后,转向了政府主导和招商引资并重,由政府主导的自建示范项目带动招商投资项目,事实证明此法有效,招商很快有了起色。

最后,产业发展由文化旅游业转向文化旅游业与文化产业并重。文化旅游产业的开发需要依托物质性文化资源,对于曲江新区来说,历史上遗留下来的文化资源是其最大的开发优势,借此形成的文化旅游业得到了较好发展。但物质性文化资源开发受其资源规模的限制,且旅游产业带来的利润有限,因此由文化旅游业转向利润更大、产业链更长的文化产业成为曲江新区的必然选择。2007年始,曲江新区确定了包括文化旅游产业、影视演艺、会展创意、传媒出版等在内的文化产业体系,注重引入及培育文化企业。这样,在曲江新区的空间生产中,文化产业空间数量一再增加,成为空间生产的重要类型之一。

在我国目前的政治体制下,政府发展策略或称开发意图对于区域空间生产而言往往能起到非常强烈的引导作用,曲江新区发展历程中的三次政府发展策略的转变可以说是曲江新区"由死转活"的三个转折点:第一次策略转变为曲江新区的空间生产带来了机遇;第二次策略转变为曲江新区的空间生产指明了方向;第三次策略转变则为曲江新区的空间生产注入了新的内容。

3) 城市营销促进空间生产

现代城市发展早已不是简单的"硬实力"的比拼,更多地体现为"软实力"的较量。在此过程中,政府多通过城市营销来提升城市的对外知名度,以令自身拥有获取更多资源的机会。由于区域内文化遗址众多,曲江新区的开发过程吸引着社会各界的关注,其本身就具有较大的话题度,相关新闻报道时常见诸报端,比如陕西本地报纸《陕西日报》和《西安日报》累计对其报道14次和578次,一些国家级媒体,如新华社、《人民日报》《新闻联播》和中央电视台《对话》栏目等也多次对其报道,客观上促进了曲江新区对外知名度的提升。曲江新区管理委员会在运营过程中也十分看重曲江新区的宣传工作,擅长借助媒体为自身发展造势,最经典的即 2002 年以后连续多年在《西安晚报》上发表专题文章,包括《曲江宣言》《曲江路线》《曲江报告》《文化曲江》《曲江模式》等。这些文章通过散文的形式,向社会各界公布曲江的目标、规划、任务和计划,向社会昭示了曲江的信念、决心和力量,对外公布工作计划的同时巧妙地为曲江品牌做了广告,提升其在大众心中的知名度。除此之外,曲江新区还积极承办各种类型的活动、赛事(表 7-4),推行"事件营销"策略,进一步提升了曲江新区的对外影响力。

表 7-4 曲江新区近年来举办的部分活动

活动日期	活动名称	主办单位
2011 年 7 月 8 日—8 月 20 日	第二届中国西安曲江国际青年音乐旅游节暨西安遗址公园主题音乐节	西安市政府
2012 年 5 月 1—8 日	中国西安第二届曲江国际光影艺术节	中华文化促进会、中国艺术科技研究所等 5 家单位
2013 年 10 月 24—28 日	西安首届全国图书交易博览会	陕西省委宣传部、陕西省新闻出版局
2013 年 9 月 14—15 日	第二届曲江遗址公园音乐节	曲江新区管理委员会
2013 年 7 月 26 日—8 月 23 日	2013 年西安曲江国际青年音乐节	大唐芙蓉园景区管理分公司
2013 年 7 月 12 日—8 月 18 日	百威 2013 年中国西安啤酒美食节	西安市商务局、西安市文化和旅游局等 3 家单位
2013 年 6 月 9—14 日	西安曲江国际青年音乐旅游节	曲江新区管理委员会
2013 年 5 月 31 日—6 月 3 日	第三届中国(西安)动漫游戏文化节	陕西省文化厅、陕西共青团
2013 年 3 月 28—31 日	2013 年中国旅游曲江论坛	西安市旅游局、西安曲江新区管理委员会
2018 年 11 月 10—25 日	荷兰最美图书中国巡展西安站	荷兰王国驻华大使馆、荷兰最美图书基金会
2018 年 5 月 22 日	全球 INS 大会 2018	西安市委市政府

4)资本全面参与空间生产

哈维(Harvey)指出,剩余价值和利润的不断增加在于资本的不停循环和周转,在城市空间生产领域则体现为"资本三级循环"(杨宇振,2009),资本正是在不断进入更高生产利润领域的过程中,客观上推动了城市空间生产。曲江新区在其发展过程中,即有着资本的全面参与。

首先是资本的初级循环,即资本进入文化产品生产领域。在 2007 年,曲江新区明确了文化旅游、影视演艺、会展创意、传媒出版等领域的产业发展方向,相对于西安市其他区域而言,文化产业的利润率更高,差异化竞争优势明显,于是不断吸引资本进入,也推动了文化产业空间的生产。这一特征反映在数据上,2002 年之前入园企业仅 12 家,文化产业增加值很低。

随后,入园企业和文化产业增加值开始了较大程度的增长,到 2016 年入园企业已达 6 858 家,文化产业增加值达 52.26 亿元,二者分别增加了约 571 倍和 5 倍。反映在空间上,则是文化产业空间从 2002 年的 2.57 hm^2 增加至 2017 年的 176.2 hm^2,增长了约 68 倍,正在形成曲江文化产业园集聚区、雁翔路国家级文化产业聚集区(QCIC)和曲江中央文化商务区(CCBD)三大文化产业集群板块。可见,资本在曲江新区的初级循环在较大程度上刺激了文化产业空间的生产。

其次是资本的次级循环,即资本进入曲江新区城市建成环境领域,包括住宅地产、商业设施、文化娱乐设施等。对于现阶段的曲江新区来说,处于城市近郊而有着主城区潜在的消费市场,拥有良好的风景环境以及文化溢价效应,这些都决定了在城市建成环境领域的投资利润率相对更高,其中又以住宅地产的利润率为最高,吸引了大量资本进入,在较大程度上推动了城市建成环境的生产。反映在数据上,曲江新区固定资产投资从 2005 年的 32 亿元增长至 2013 年的 566 亿元,增长了近 17 倍,而后稳定在每年 360 亿元左右的水平,房地产销售额占国内生产总值(GDP)的比重则长期保持在 142%—378%。相应地,商业服务业空间和居住空间则分别由 2002 年的 24.6 hm^2、66 hm^2 增长至 2017 年的 123.4 hm^2、1 402.8 hm^2,分别增长了约 4 倍和 20 倍。足以见得,资本进入曲江新区城市建成环境领域刺激了其空间生产,其中又以房地产领域的资本投资最为突出。

最后是资本的三级循环,即资本进入科技孵化、教育培训、卫生以及社会福利等领域。资本的三级循环由于投入大、见效甚微本来难以吸引资本进入,但为了维持既得利益关系和提升区域整体价值,资本也会尝试进入三级循环。对于目前阶段的曲江新区来说,文化产业发展尚不成熟,城市建成环境还在发展,资本在初级、次级循环的流动还在持续创造利润,因此资本的三级循环尚不明显。当前,三级循环中相关领域的空间生产主要依靠曲江新区政府投资来完成。在科技孵化领域,出台了产业扶持政策及成立产业孵化基地。在教育培训领域,完善区域基础教育服务,规划建设了 19 所中小学;搭建了平台来促进企业的交流创新,如曲江影视投资(集团)有限公司在 2008 年曾举办过为期 16 天的"曲江影视编剧高级研习班",当时在国内算是创举。在卫生以及社会福利领域,则引入了西安妇女儿童医院。但即使如此,曲江新区内的资本还是冒出一定的进入三级循环的趋向,如中海地产集团有限公司、紫薇地产开发有限公司等出现的所谓"买房送上学名额"的做法即表现出资本有进入教育领域的苗头。可以预见,随着资本在曲江新区内初级、次级循环的不停流动,资本主体间的竞争逐步加剧,为了在竞争市场中更好地营利,资本的三级循环必然会启动。

5) 区域文化融入空间生产

在我国向消费社会转型的背景下,文化借以商品与符号的形式融入城市空间生产(李和平等,2016),文化资源开发也逐步成为城市空间生产的要素与工具,而以文化消费为导向的符号经济也因此成为推动城市空间发展的重要动力。在曲江新区的空间生产中,文化即作为重要因素融入其中,推动了曲江新区的空间生产,主要体现在以下两个方面:首先,体现在通过打造文化产品及文化景区形成文化经济动力,推动空间生产;其次,体现在通过文化符号置入空间刺激空间消费,推动空间生产(赵凯旭,2019)。对于前者,从前文的分析中已经得知,曲江新区经过多年的发展,在文化产业、文化旅游业方面已取得了较大进展,文化产业增加值从2007年的10亿元增长至2016年的52.26亿元,文化旅游综合收入则从2007年的5.4亿元增长至2016年的35.12亿元,相应的文化产业空间和文化旅游空间则分别从2002年的2.57 hm²、14.89 hm² 增加至2017年的176.2 hm²、453.84 hm²,文化经济动力推动空间生产得到了较好体现。对于后者,经过前文的分析可知,文化符号刺激空间消费的作用表现得更为全面和淋漓尽致,在曲江新区多种类型的空间生产中都有发挥作用。在文化产业空间中,文化作为存在于文化产品中的"文化意义";在文化旅游空间生产中,文化作为空间中唤醒历史记忆的"文化手段";而在商业空间和居住空间中,文化则是作为消费者身份被构建的"强迫性工具"(赵凯旭,2019)。

需要说明的是,文化本身是被动的,并不能独立完成空间生产,往往依附于政府权力或资本,因此在曲江新区空间生产的过程中文化表现出与政府权力、资本密不可分的关系,但不能因此否认文化动力的存在及其重要性。事实上,在曲江新区的空间生产中,区域文化中的盛唐文化和园林文化(大唐芙蓉园、唐城墙遗址公园、曲江池遗址公园、唐天坛寰丘遗址公园)、宗教文化(大雁塔景区、唐大慈恩寺遗址公园)、秦文化(秦二世陵遗址公园)、陕西地方文化(陕西戏曲大观园)、汉文化(杜陵遗址生态公园)、爱情文化(曲江寒窑遗址公园)等都在空间生产中得到了体现,并推动了实体空间的生产(赵凯旭,2019)。

第7章注释

① "中产阶级":目前普遍所采用的是框定在经济范畴的模糊名称"中等收入阶层",包括白领阶层、中小规模企业的商业精英阶层(企业家)、一定层次的政府官员(政治精英)、专业人士(智力精英)、新型文化人等。
② 主要选自刘扬:《转型期西安市居民消费分层化下的消费空间研究》,博士学位论文,兰州大学,2016。
③ 又称shopping mall,指多业态、多业种、多店铺的全客层消费场所,多设在市区中心或城乡结合地带。
④ 经营国际一线和二线服装、箱包、皮具、饰品、鞋帽、手表……重视产品质量及品牌,又称"质贩"卖场,多为高单价国际知名品牌,选点多在市中心精华地段,对物业品质及购物环境要求极高,锁定金字塔顶端客群。
⑤ 指在一个建筑物内,按不同的种类和品牌,由若干个专业的商铺向顾客提供多种类、多品种商品及服务的综合性零售形态。
⑥ 主要是以零售品项(即销售服务)为主,目前转型、升级中的百货商店会适当新增一些餐饮、休闲等业态。

⑦ warehouse store,又称货仓式商场,1968年起源于荷兰,最具代表性的是"麦德龙",大多选址于郊区交界处,是一种集商品销售与储存于一体的零售形式。

⑧ 城郊大型文化产业园应具备如下特征:处于城郊,距离主城区较近,类似于城市近郊的开发区,政府在其开发过程中发挥重要作用;具备一定规模,少则几平方千米,多则上百平方千米;功能类型丰富,包含了文化产业、文化旅游业、房地产等产业类型,以及居住、游憩、办公、交通等城市功能;文化特色突出,可依托区域历史文化底蕴塑造文化特色,也可以通过置入文化地标塑造文化特色。目前,国内比较知名的城郊大型文化产业园包括西安曲江新区、长沙天心文化产业园、成都东村文化创意产业园、郑州国际文化创意产业园、福州闽台文化产业园、内蒙古(国际)文化产业新城等。

⑨ 事实上,此处居住用地中有三处共4.12 hm²的用地是由资本投资的商品房,但仅占居住用地面积的6.2%,不影响居住项目主要由政府投资结论的正确性。其他用地类型同理。

⑩ 文中文化产业空间主要依据《文化及相关产业分类(2018)》中的文化产业类型确定,包括文化办公场所、博物馆等文化营业场所,会议展览等文化服务业场所及部分文化商业空间,如曲江书城等。每一处空间通过上述产业分类标准及现场调研确定其类型。本书涉及了文化产业空间58处,占地176.15 hm²。为详细论述文化产业空间生产过程,将生产过程划定为2002年、2006年、2011年和2017年,后文文化旅游空间生产、商业服务业空间生产和居住空间生产采用同样的划分方法。

⑪ 政府投资项目主要指政府财政拨款开发的项目,以区别于政府通过控股的国有企业投资的项目。本书所指的社会投资项目主要是指社会个人或团体投资的小型项目。

⑫ 曲江新区文化产业项目主要以文化批发和零售业、文化服务业为主,体现在空间上主要是办公大楼、商业区、博物馆、音乐厅、会展会议中心等空间类型。

⑬ 西安曲江文化产业投资(集团)有限公司属于曲江新区管理委员会投资设立的国有独资有限公司,成立于1995年,注册资本为83亿元。目前,集团总资产超450亿元,年营业收入近百亿元,由其控股或参股的各级子公司近百家,连续7年入选"全国文化企业30强",连续8次入选"中国服务业企业500强",名列中国旅游投资企业百强榜第15位。

⑭ 数据来源于曲江新区管理委员会官网。

⑮ 成功举办了"曲江国产电影新人新作展""曲江电影论坛""曲江影视高级编剧研修班"等重大活动,先后制作了《武则天》《大唐芙蓉园》《龙飞凤舞》《老港正传》《大明宫》《法门寺》《大秦帝国》等多部优秀影视剧作及大型纪录片,得到了社会良好的反馈。曲江文化演出(集团)有限公司则是具有国际化水平的巨型演出集团,从2007年起,先后成功举办了"人文奥运·盛典西安"、大型秦腔交响诗画《梦回长安》、大型秦腔诗乐舞剧《杨贵妃》、世界经典音乐剧《猫》、舞剧《大河之舞》、大型舞台剧《印象·西安》、陕北民歌《兰花花》,以及中国国内外明星演唱会和音乐会等一批国际国内一流的演艺精品。

⑯ 曲江新区引入的企业以中小企业为主,2016年入园企业近7 000家,但规模以上企业仅115家。

⑰ 本书中的文化旅游空间主要是指曲江区域基于物质性文化资源(文化遗址)和非物质性文化资源(历史传说、文史典故)而形成的具有典型文化属性的旅游空间。

⑱ 寒窑是以记录王宝钏、薛平贵忠贞不渝的爱情故事为主线的西安著名旅游景点,建于清朝后期,内设王宝钏祠堂。1954年杨虎城之母孙一莲捐资修葺,1984年6月当地乡政府又出资修建,1985年2月28日正式向游人开放。

8 中国西部城市未来发展的基本导向与政策建议

基于国家支持,以绿色发展和深度开放为引领,中国西部计划于2035年基本完成从欠发达状态到中国式的现代化状态。西部城市需做出战略性选择,落实国家政策,升华地方特色,保障我国生态、国防、资源等的安全和对外开放、产业升级、社会和谐等国家战略的顺利实施。

8.1 一个西部情景的发展逻辑

至2035年甚至2050年,中国西部紧随国家步伐将实现中国式现代化。这意味着西部未来发展将至少有两大核心任务:一是探索中国式西部现代化的基本路径,即继续推动新型工业化和城镇化进程,尤其是探索绿色发展模式,助推高质量发展;二是在实现现代化的过程中,需同步落实国家战略和保障国家安全。因此,西部未来发展转型的核心是绿色发展和落实国家战略。

首先,西部是我国国家安全的战略后方和基地,在百年一遇的大变局中更加重要。显然,西部是国家可持续发展、资源保障、生态安全、国防安全等的战略后方,即基于国家安全,西部未来发展应落实或考虑生态安全、生存安全、生活安全、生产安全的特定内涵(杨永春等,2021)。事实上,西部的生态地位极其重要但生态系统总体又很脆弱,国防意义重大但当前形势又严峻,多民族区域集聚但发展又较缓,经济整体落后但又特色突出。故此,西部未来的发展转型应逐步建立基于国家战略需求和安全需要的生态格局、生产格局、开放格局、安全格局等,确立适合未来发展需要的生态空间、生活空间、生产空间等,建立一个合理的区域性、综合性的宏观结构和空间格局。

其次,基于"一带一路"倡议、双循环战略和双碳目标等国家战略,契合国家安全和生态保障等战略需求,通过绿色发展,推动新型工业化和城镇化进程,形成绿色生产方式,推进生态文明,建设美丽西部,实现社会现代化转型。这个新发展过程的核心在于深度挖掘地方资源,升华地方特色,有所为地契合智能工业革命,引入绿色技术和理念,推动高质量发展。同时,西部从地区到社区不同空间尺度的增长不平衡(Golubchikov et al., 2014)也应控制在一定的范围内。因此,产业升级的核心在于科技化和绿色化,经济发展的核心在于绿色化和文化化(文化经济化),社会转型的核心在于社会主义原则下的绿色理念普及与和谐社会建设。此外,西部各省区需重视极化发展阶段中竞争背景下的区域性战略合作,如生态系统修复、区域大市场形成和维护等。值得关注的是,21世纪是文化消费时代和全球旅游休闲时代,也是智能社会和高速流动社会时代,这个时空压缩的情景赋予了西部融入和消费的新机遇,即等级日益丰富,人性化、高端化和智能化的消费人群催生了一系列的新型高端服务需求和智能消费,如生产性服务业、技术交易市场、碳汇市场、绿色消费、智能技术和消费等。基于此,中国西部虽有可能无法进行大规模的产业升级和技术革新,快速从边缘位置进入半边缘或次中心位置,但可基于资源型产业、国有重工业、特色工业化、绿色产业化及旅游休闲产业等,在力所能及的领域进行绿色发展模式的探索,积极融入全球产业分工,实现高质量的经济增长。

最后,西部的绿色发展转型和保障国家战略安全两者是一种相互递进的内在逻辑。一方面,绿色发展有力提升了西部的可持续发展水平,保障了国家的生态安全。另一方面,国家战略安全的前提之一是绿色发展,这是未来新工业革命和可持续社会建设的本质。因此,生态安全是我国乃至亚洲可持续发展的基础和保障,国防安全是国家安全和生态建设的基石;政治稳定与社会和谐又是国家安全的根基,而基于绿色转向的高质量发展是我国可持续发展的基本保障,并最终成为生态安全、政治稳定与社会和谐的基本条件,保障国防安全。这种西部化的未来发展逻辑,可提升西部的综合竞争力,保障国家的长治久安,助力中国式现代化,保障我国"两个一百年"战略目标的实现,助力世界和平(图8-1)。因此,未来西部及其城市发展应结合当地综合性的发展基础及资源禀赋,利用尺度生产和尺度重构等策略,建立各自地方化的优势产业和有竞争力的产业体系(袁航等,2018;孙焱林等,2019),重构区域空间,推动新型城镇化,促进"共同富裕",维护民族团结和社会稳定。

8.2 西部未来发展的基本导向

我国西部未来发展的基本导向是绿色增长和高水平保护,两者相辅相成。一方面,处于欠发达状态的西部在未来一定时期需要维持一定速度的经济增长(理论上应高于全国的增长速度),而且这个经济增长是基于绿色转向的增长。这其实是高水平保护的基础。另一方面,基于国家需求,利用国土空间规划,西部应达成高水平保护的战略目标,这又是经济绿色增长的基础和条件。这个跨越式的发展转型虽然难度大,但确实是西部未来发展的基本导向。

1) 坚守生态底线,优化生态格局

西部生态环境脆弱,生态承载力相对低下,生态问题相对突出,应重视区域生态保护与建设,重构大区域的生态空间。基于主体功能区要求,融

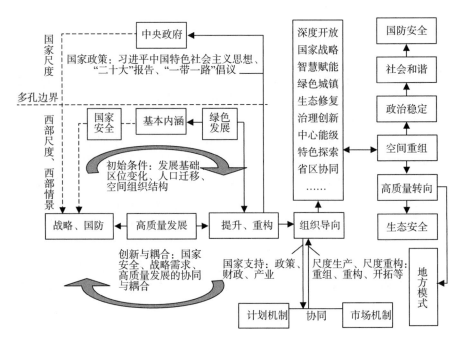

图 8-1 中国西部未来发展转型的基本逻辑

入新发展理念,继续支持人口从不适宜生存地区持续迁出,减少人类活动干扰,完善自然保护区、生态敏感区、水源保护区、生态恢复区等的建设,建构生态保护区系,推动生态文明建设,保障生态安全。

我国西部主要有青藏高原、云贵高原、黄土高原、沙漠脆弱区四大生态保护与建设区。《全国生态脆弱区保护规划纲要》和《全国生态保护与建设规划(2013—2020年)》对以上四个区域给予了具体的建设要求(刘纪远等,2013):青藏高原包括西藏、青海、四川、云南、甘肃、新疆 6 个省(区)201 个县(市),是我国重要的生态安全屏障,自然生态系统保存较为完整但极端脆弱。生态保护与建设的重点是保护高原自然生态系统和特有生物物种,修复草原生态,合理利用草原;加强有害生物防治和天然草场、江河源头植被保护,增加林草植被,提高水源涵养能力;实施退牧还草、禁牧休牧、划区轮牧,治理沙化土地;加强河谷农区的水土流失治理,实施保护性耕作;加强自然保护区建设,严格保护高原河湖湿地、高寒特有动植物与水生生物及其生境,维护高原生物多样性[①]。云贵高原的石漠化土地面积为 12 万 km^2,主要分布在贵州、广西和云南。生态保护与建设的重点是加强源头区和河流两岸的防护林建设,提高林草植被质量,防控山洪地质灾害,强化生物多样性保护;开展石漠化和山洪地质灾害易发区的陡坡耕地退耕还林,修建雨水积蓄设施,发展集雨农业;修复退化森林、湿地、草原生态系统;加强天然林、自然湿地、野生动植物保护和自然保护区、森林公园建设。黄土高原应加强原生植被保护,增加林草植被,控制水土流失和沙化扩展,合理调配水资源。在水土流失严重的地区,加强陡坡耕地退耕还林、坡耕地改造和沟道治理,积极开展封山禁牧和育林育草,建设高标准旱作农田;在风沙严重的区域建设乔灌草相结合的防风固沙林体系,开展围栏封育、草地改良,优化种植方式和制度,实施保护性耕作;加强黄河源区的水源涵养和保护。以培育林草资源、保护生物多样性、防止水土流失、减缓山洪地质灾害为重点,实施天然林保护和森林经营,建设黄河上中游防护体系;加强退耕还林、岩溶地区石漠化综合治理、淤地坝建设和坡耕地改造,实施保护性耕作,建设高标准旱作农田;加强野生动植物保护、保护区能力建设和森林公园体系建设。沙漠脆弱区是最脆弱的陆地生态系统。可通过造林种草、合理调配生态用水,增加林草植被,加快风沙源区和沙尘路径区的治理步伐;通过设置沙障、砾石压砂等措施固定流动和半流动沙丘;通过保护性耕作、水土保持、配套水源工程建设等设施,减少起沙扬尘;通过禁止滥樵、滥采、滥牧,促进荒漠植被的自然修复,遏制沙化扩展;应通过人工造林、封沙育林育草等措施,加快塔里木盆地和准噶尔盆地周边的防沙治沙,促进对石羊河流域的防沙治沙及生态恢复。

2) 落实主体功能区、国土空间规划,建立合理的点—轴体系,重构区域空间格局

基于中国特色社会主义市场机制和国家大力支持,西部可采取"适度集中,合理分散"的基本原则,推动区域社会经济的绿色发展和空间重构,即秉持"集中开发与有机保护相结合,中心集聚与合理分散相结合"的方针,契合对外开放和城市全球化过程,培育研发中心,重点支持区域增长极和点—轴空间体系的成长和优化,重构和完善区域未来空间格局。

西部地区基于主体功能区,依据国家国土空间规划纲要和各省区的国土空间规划,耦合新型城镇化和新型工业化进程,现代化和全球化相互促进,优先支持重点区域的绿色发展和全球化进程,尤其是点—轴空间结构的加速成长和优化,提升区域整体的集散功能和辐射能力。西部面积辽阔,经济和人口密度低且地区差异明显,应选择若干重点地区,有步骤地推进西部的绿色发展。在西部这个欠发达地区,进行开发时应遵循增长极理论和陆大道院士的"点—轴系统"理论,有计划、有步骤、递进式地推动区域的产业发展,加速重点地区的产业空间重构,充分发挥比较优势,促进经济区、经济带的形成,推动区域整体高质量发展。在需要增长的未来,西部应确立和支持以国家级中心城市(重庆、成都、西安)和省会城市为核心,以都市区、(七个)城市群(成渝、关中、兰西、黔中、滇中、天山北坡、宁夏沿黄)为区域性增长极,以西陇海—兰新线、呼包—包兰—兰青线、西成—成渝—渝贵昆线为轴线,形成"七点三线"的大"F"形空间格局,建立区域未来20—30年高质量发展的空间格局。

当前,城市群越来越体现出功能高端化[②]、结构等级化、分工合理化、城乡一体化、交通网络化、发展动态化(王茉琴,2010)等基本特征。事实上,西部七大城市群常住人口总体增加(孔伟艳等,2019),2021年常住人口占西部常住人口的比重约为70%。未来,西部地区内的人口仍存在进

一步向城市群集中的增长趋势。西部城市群依托逐渐发展和完善的交通通信等基础设施网络和功能日益强大的中心城市,基于城市差别和功能互补,谋求城市间经济、社会、文化、生态、治理、空间协调发展的途径,通过发展要素的有效聚集和有效扩散,达到高度协作和区域网络化的目标。

(1) 成渝城市群(双城经济圈):国家级城市群,包括重庆 27 个区县和 2 个区县的部分地区,四川省的成都、自贡、泸州、德阳、绵阳、遂宁、内江、乐山、南充、眉山、宜宾、广安、达州、雅安、资阳等共计 15 个城市,大致位于宝成、成昆铁路沿线以东,成达铁路以南,襄渝、渝黔铁路沿线以西,长江沿岸以北的区域内。目前,成渝城市群总人口过亿,发展定位为国家城乡统筹综合配套改革试验区,全国重要的高新技术产业、现代服务业和先进制造业基地,区域金融中心、商贸物流中心和综合交通枢纽,西部重要的人口、经济密集区,西南地区的科技创新基地。成渝城市群可采用"节点均衡成长式"——重庆、成都两市间的相互作用模式,即城市间一体化大多表现为首脑协商层面,着力减缓交通成本、促进要素流通及空间增长等环节,构建城市产业梯度格局和促进城市功能互补(方创琳等,2014)。

(2) 关中城市群:国家级城市群,主要地处陕西省关中平原,处于亚欧大陆桥的沿线,是西部智力资源最密集的地区,也是我国重要的高新技术产业带、先进制造业基地和农产品生产基地。关中城市群以西安为中心城市,范围涵盖咸阳、宝鸡、渭南、铜川、商洛等地级城市及杨凌示范区,面积为 10.71 万 km²。关中城市群的发展定位为中国新亚欧大陆桥中段重要的节点城市群,西北重要的科技创新基地,全国重要的历史文化基地,全国重要的高新技术产业和先进制造业基地,西部重要的经济中心、商贸中心和综合交通枢纽。未来,关中城市群可建设成为西北的发展龙头,新丝绸之路经济带上的心脏和西部大开发的桥头堡。关中城市群可采取单核多点融合式(方创琳等,2014),即以西安为核心,与咸阳、宝鸡、渭南、铜川、商洛等城市相互依托、优势互补、共同发展,建构局部都市区网络体系,增强城市竞争力和争取国家的政策资源,力图避免多个毗邻辅城同时竞争核心城市溢出要素而造成空间发展无序的格局。其中,西安和咸阳一体化可采用边缘生长模式,即通过西咸新区的建设,促成新的空间"结节点"——两市共同建设和提升的核心空间载体,即通过边界的中介效应和边缘节点的变异增长,整体上放大了两个城市一体化空间整合的域面,支撑关中—天水经济区发展[③]。

(3) 兰西城市群:地处甘、青两省交界地区,地处黄河上游多民族地区,是我国西北重要的水电、有色金属和粮食生产基地。兰西城市群以兰州和西宁为中心城市,还包括白银、定西、临夏和海东等地级市。自然资源特别丰富,其中矿产资源、天然气、水资源等均位列西部地区前列,且城镇较为集中密集,人口稠密,劳动力资源十分丰富,同时农业条件也较好,是西北重要的水电、有色金属和粮食生产基地。兰西城市群的发展定位为:黄河上游多民族地区的核心城市群,全国重要的循环经济示范区,西北地区的商贸物流中心和交通枢纽,国家重要的新能源和特色农产品加工产业基地,区域性的新材料和生物医药产业基地。兰西城市群可采取"遥望互动模式",即兰州、西宁两个城市之间,可通过战略联盟或以两市共同签署的"一体化协议"为标志,在环境保护、基础设施和社会事业方面着手推进城市一体化,人流、物流、信息流在城市之间的联系加强,单个城市呈现以市中心为核心的内聚式整合(方创琳等,2014)。

(4) 黔中城市群:地处贵州中部,以贵阳为核心,包含遵义、都匀、安顺、凯里等城市①。黔中城市群处于我国"两横三纵"的城镇化战略格局中沿长江通道横轴和沿包昆通道纵轴的交汇区域,区内有多条国家级的高速公路和铁路,交通路网十分完善,发展前景十分广阔。黔中城市群的发展定位为中国西南重要的节点城市群、区域性商贸物流中心,全国重要的能源原材料基地和以航天航空为重点的装备制造业基地,全国重要的烟草工业基地以及旅游和绿色食品基地。黔中城市群可采用首位定向成长式,即以贵阳为核心,采用首府都市区一体化的组织模式(首府城市对各种职能和要素的不断集聚),组织、支配区域功能体系、产业分工和资本积累,并通过遵义、都匀、安顺、凯里等城市之间相互依托、优势互补、共同发展(方创琳等,2014)。

(5) 滇中城市群:位于云南省内,以昆明为中心城市,还包括曲靖市、玉溪市和楚雄彝族自治州及红河哈尼族彝族自治州北部的蒙自市、个旧市、建水县、开远市、弥勒市、泸西县、石屏县七个县市组成,国土面积为 11.46 km²,占云南省的 29%。滇中城市群的发展定位为中国面向东南亚区域合作的重要城市群,连接东南亚、南亚国家的重要交通枢纽,以化工、冶金、生物产业为重点的区域性资源精深加工基地,全国重要的旅游、文化和商贸物流基地。滇中城市群可采取"单核多点融合式",即以昆明为核心,与曲靖、玉溪和楚雄等城市相互依托、优势互补、共同发展,建构局部都市区网络体系,并力图避免多个毗邻辅城同时竞争核心城市溢出要素而造成空间发展无序的格局;为增强城市竞争力,通常通过捆绑方式增加参与竞争的能力,争取国家的政策资源(方创琳等,2014)。

(6) 天山北坡城市群:位于新疆维吾尔自治区天山北坡中段和准噶尔盆地的南面,地处亚欧大陆的腹地,承担着联通中亚和西亚地区的通道和西北产业集聚区的重任,是全国重要的进口资源国际通道及西北重要的国际商贸中心和物流中心,也是重要的纺织业基地和石油化工基地。以乌鲁木齐为核心城市,还包括石河子、克拉玛依、昌吉、奎屯等城市,呈条带状分布,总面积约为 9.54 万 km²,占整个新疆总面积的 5.7%。该城市群所在区域是新疆经济最为发达的地区,承担着联通中亚和西亚的通道和西北产业集聚区的重任。天山北坡城市群的发展定位为中国面向中亚五国合作的陆桥型城市群、面向中亚地区开放的重要门户和陆路交通枢纽、全国重要的进口资源国际通道、西北重要的国际商贸中心和物流中心、重要的纺织业基地和石油化工基地。天山北坡城市群可采用首位定向成长式,即以乌鲁木齐为核心,采用首府都市区一体化的组织模式,组织、支配区域功能体系、产业分工、资本积累,并通过昌吉—乌鲁木齐—吐鲁番的一体化整合,形成城市群的核心轴线,推动城市群发育(方创琳等,2014)。

(7)宁夏沿黄城市群：以银川为中心,还包括沿黄河干流和包兰铁路线连接起的吴忠、中卫和石嘴山及部分县级市,占宁夏国土面积的43%和总人口的57%。这个带状城市群位于我国"两横三纵"城镇化战略布局中沿包昆通道纵轴的北部,是全国重要的清真食品和特色农产品加工基地。宁夏沿黄城市群的发展定位为中国面向伊斯兰国家合作的特色城市群、全国重要的清真食品和穆斯林用品基地、重要的新材料基地以及特色农产品加工基地以及区域性商贸物流中心。宁夏沿黄城市群可采用"节点均衡成长式",即银川、吴忠、中卫和石嘴山四个城市一体化发展的模式；这种初始规模均衡是一种低发育程度的均衡,表现为首脑协商的层面,主要针对减缓交通成本、促进要素流通及空间增长等环节,同时积极构建城市产业梯度格局和促进城市功能互补(方创琳等,2014)。

与此同时,西部未来可强化区域的轴线——重点经济带建设。重点经济带是指沿基础设施通道建设的、具有较强大的经济实力且具有较密切的经济和社会联系、具有基本一致的对外经济合作方向、具有一个或两个能发挥组织功能的一级中心城市(甚至城市群)的综合地域社会经济体系。未来,西部可重点建设以下三个重点经济带：

(1)西陇海—兰新线经济带：连接中国和中亚国家,是在丝绸之路概念基础上形成的一个新的经济发展区域。这是新丝绸之路经济带的主轴——东起陕西潼关、西到新疆的阿拉山口,是欧亚大陆桥的一部分,包括西安、兰州、乌鲁木齐、宝鸡和奎屯等沿线城市。该经济带是丝绸之路经济带中国段的战略高地,是从中国东海岸连云港到达西欧沿岸鹿特丹的第二亚欧大陆桥的必经之地以及国际能源安全大通道。西陇海—兰新线经济带又可分为以西安为中心的关中—天水经济区、以乌鲁木齐为中心的天山北麓经济区以及以兰州为中心的甘肃陇中—河西经济区。作为西部参与全国和全球经济的主要网络节点,应着力发展关中—天水经济区和天山北麓经济区,使其成为西部经济的主要聚集地和增长极。

(2)呼包—包兰—兰青线经济带：涉及内蒙古、宁夏和青海三个省区,主要包括呼包银—集通线经济带和以兰州为中心的黄河干流上游地区。该经济带是以可再生资源开发等新技术应用产业为先导,以能源与高耗能工业、畜牧业及其毛纺—奶肉制品工业、商贸服务业等为支柱,应加速相关产业的转型升级,延长产业链,提升产品价值。其中,呼包银—集通线经济带的主要经济流向是环渤海经济区,是西部大开发的东向轴线。这个经济带东起呼和浩特,沿京包—包兰铁路经银川到兰州,再西延至西宁。该经济带可构筑以可再生资源开发与稀土精深加工等新技术应用产业为先导,以能源与高耗能工业、畜牧业及其毛纺—奶肉制品工业、商贸服务业等为支柱的产业结构。

(3) 西成—成渝—渝贵昆线经济带(可连接至广西):涉及陕西、四川、重庆、贵州、云南五个省市,主要包括西安、重庆(市区、万州区和涪陵区)、成都、贵阳、昆明等城市。其中,成渝经济区是西部经济实力最强的经济中心、全国重要的现代产业基地、深化内陆开放的试验区、统筹城乡发展的示范区和长江上游生态安全的保障区,应充分发挥龙头作用,积极发展交通、商贸、金融、信息等综合服务业,扩大与长江中下游地区的各项交流与合作。这个经济带应积极发展交通、商贸、金融、信息等综合服务业,加快发展食品、装备制造、电子、中药和生物制药、旅游等产业,充分发挥现有工业基础的作用,加快国防科技工业的调整、改革和发展;发挥农业优势,推进农业产业化经营和现代化进程;充分利用沿江、沿路的区位条件,促进市场发育;加快发展成渝地区、攀枝花—成都—绵阳地区、长江三峡地区;通过建设西电东送等重大工程,扩大与长江中下游地区的经济技术交流与合作。贵昆经济区西起昆明,沿贵昆线和黔贵线至贵阳,可加强与我国华南地区以及国外东南亚地区的经济联系,扩大经济技术交流与合作。沿西南出海通道,这个经济带应以南昆铁路、重庆至湛江公路等交通干线为依托,发挥南宁、贵阳、昆明等中心城市的枢纽作用,支持滇黔桂地区的经济开发。加快城市基础设施建设,完善城市功能,发展交通、商贸、旅游等产业,改造提高机械、电子、航空工业,加快利用水能、有色金属、磷矿石、煤炭等资源,建设西南地区的水电开发和东输功能,积极开发热带、亚热带生物资源。加强与我国华南地区以及国外东南亚地区的经济联系,扩大经济技术交流与合作。

3) 提升国际通道能力,建设新产业基地,建立国家战略性的储备基地

我国西部可连通亚欧非三大洲,应重点提升其国际通道能力,使其成为我国国际陆路通道,保障我国战略资源供应。基于此,西部应建设国家级新产业基地,尤其是战略性的资源产品,成为我国战略性资源和产品的储备基地。通过资本、技术等的聚集,培育特色产业,形成新的增长动力,挖掘增长空间,释放增长潜力(白永秀等,2014)。

中国西部是连接世界、支撑国家现代化的国家资源供给和产业基地(之一),迄今已成为我国全球化进程中的资源供给及初级产品加工的"供给地"。至少,西部未来需考虑保障我国(至少在战时)重要资源的供给、生产等问题,如国家级(新)能源、(新)材料基地和研发基地的建设。基于包容性全球化,西部应在互赢互利原则下建立国际贸易枢纽、中心,优化全球网络,承载中西通道功能,建设国家战略资源储备。基地根据国家统计局测算可知,2012—2020年西部矿产资源与采掘业在多数年份占全国同类产业的比重超过了30%,甚至接近50%。近20年来我国一直试图将一些全球化产业链(或部分)转向东南亚、印度、南美和非洲国家和地区,这更强化了西部在我国高质量发展和全球化进程中的战略地位。西部地处可获取欧亚大陆甚至非洲等地资源的陆上核心地带,其不仅是我国的矿产、能源和农产品等资源供给地,而且在"中欧班列"日益密集、成熟的支撑下已

成为我国资源进出口的中转基地乃至加工基地,如石油、天然气、有色金属和农产品等。因此,西部今后仍是国家资源供给基地和战略后方。此外,西部在国家层面的资源型产业,以国有大企业为代表,有色金属、能源、农产品和医药等资源型产品的研发和技术进步有目共睹,如尖端产业所需的稀土和有色金属等稀缺资源,在我国出口产品中的竞争力不断提升。这意味着西部至少可依托地方特色资源,内蒙古、甘肃、贵州和新疆等地可集中攻关和跟踪技术进步,形成地方性产业集群和产业链,甚至个别产品有跨越式发展之潜力。如以金川集团有限公司为代表的西部国有大企业集团就通过对外投资等企业全球化行为来保障国家的战略需求。因此,通过国有企业改制和体制改革以及股权配置和资本合作等,优化企业的全球生产和流动配置,推动技术交流和攻关协作,在全球和国家尺度同步延伸和扩展产业链,形成西部高质量、特色化、地方化的产业集群和产业链,如以军工、资源型企业为主体,依托当地资源和全球资源,持续发展以高技术产业为核心的资源型产业,这有助于推动地方形成特色的全球化路径,尤其是在资源型城市和区域中心城市。

西部基于扁平化和网络化机遇,建立全球产业分工的新产业基地[5]。在这个日益扁平化的网络社会时代,西部在新时代完全有可能逐步发展基于全球分工的新产业或新链条,形成具有一定影响力的新产业基地。因此,利用自身的优势和域外资源,西部城市直接与世界各国尤其是全球城市等产生联系,融入发达国家和地区。而且,西部可选择有能力突破的产业门类或链条进行攻坚,逐步形成少数尖端产品的全球水平分工,如少数高端产品跟踪、多数地方化产品不断提升的产业升级战略,促进经济结构转型。同时,西部也可通过对外投资实现产业优化和全球化,提升全球的产业分工能力。基于此,西部应制定相关产业规划及政策制度,以重点地区为基本单元,支撑重点产业发展,重视区域性的产业分工导向,分层次建设重点区域,推动发展与当地优势产业紧密结合的高新技术产业、特色产业、绿色农产品及其相关领域,如以军事工业为主体、军民两用相结合的现代机电工业,以农业产业化为核心的特色农业基地与轻工业体系,依托当地资源优势、有相对比较优势的资源型产业(如能源原材料),以及以旅游、现代服务业的物流和金融等为先导的现代服务业等。

在加强全球贸易和对外开放的基础上,我国西部至少应成为重点资源及其初级加工产品保障和储备的战略基地,尤其是农产品、能源、矿产和水等战略性资源。我国西部国际通道事实上直接或间接增加了我国矿产、石油等资源的供给弹性和保障率,与"一带一路"沿线国家开始建立产业分工和经济合作关系。因此,西部需完善陇海—兰新、青藏、川藏、西成、兰渝贵昆、环塔里木等关键线路,包括在西安、成都、重庆、兰州、贵阳、昆明、乌鲁木齐、西宁、拉萨、银川、榆林等重点城市建设和完善这些储备和运营设施。此外,与国际大通道体系建设相协同,采取大集中和小分散的思路,西部应逐步建立和优化满足国家战略需求的国土空间新结构,尤其是点—轴空间结构体系。在这个集聚—分散的统一又对立的过程中,航空、铁路和高速公路三大交通系统不断延伸、网络交织和网络融合,改变了不同层级区域的交通通达度和可接近性,合理促进了区域增长极和增长带的形成,加速了这种空间再组织过程,保障了生态安全和社会稳定,提升了全球化能力。

这样,西部未来应进一步强化全球通道,支持大型、重点基础设施(新基建)和服务设施的建设,促成网络化的设施体系。西部应进一步优化和完善自身的线路和站点设施等。国家中长期规划应关注西部这个国际大通道的建设、畅通和利用,积极打通影响全球—地方连接的痛点,尤其应关注枢纽城市与全球城市的连接。因此,西部应从战略层面整体统筹、妥善安排、全面支持事关我国国防安全的新、旧战略设施的安排和建设,保障国防需求或国家安全。这些战略设施包括铁路、公路、航空等的交通运输体系,第五代移动通信技术网络(5G网络)/互联网/物联网/数据中心/特高压等新型基础设施,重大水利设施和生态环保工程,有利于边防的城镇/村镇体系等(杨永春等,2021),如新疆、广西边境区县人口为净流出(孔伟艳等,2019)。这需要将国际通道建设和区内的空间体系调整紧密结合在一起。依托"一带一路"倡议,西部至少应有连通世界的大通道,如陇海—兰新—中亚—欧洲,兰新/西格—南疆—南亚—印度洋—欧洲/非洲,成贵—贵昆—东南亚/南亚、陇海线—青藏线—尼泊尔,成拉线—尼泊尔和内蒙古—蒙古—俄罗斯。一方面,我国需和相关国家协同建设、提升和保障相关基础设施和贸易运行,如中哈吉跨国铁路建设就是中国—中亚国际运输体系的一部分;推动巴基斯坦境内核心线路的建设或提升其公路等级,因为其当前的运输能力比较低,影响了中巴双边贸易的规模。同时,我国还要重点开辟和逐步建设新的国际通道,即在向西开放的东西向地理通道不断完善的基础上,逐步考虑和建设纵贯亚洲中部的南北向通道,即俄罗斯(西伯利亚)—蒙古(西部)—中国内蒙古西(阿拉善盟)—中国甘肃(河西走廊)—中国青海—中国西藏—南亚陆上大通道。因此,若将中蒙铁路("策克—西伯库伦"口岸铁路)延伸到乌兰巴托,对接俄罗斯的西伯利亚大铁路,以及将中尼铁路经吉隆口岸延伸至加德满都,并连通印度和孟加拉国到印度洋。这将很可能使西部成为连接极地到印度洋的又一战略通道。同时,进一步完善西部对外贸易的枢纽地或中心城市建设,如相关城市及其"陆港""保税区""边境口岸"(城市)等的建设,提升通关能力和完善服务设施。总体来看,西部未来应关注面向南亚的口岸和线路建设,提升与巴基斯坦、尼泊尔和阿富汗等国通关和境外运输的通行能力。

4)深化体制改革,提升研发和技术能力,促进绿色发展

西部应落实国家政策,破解包括劳动力、土地在内的资源要素自由流动的限制(吴丰华等,2015),积极探索体制改革,建立技术中心,提高研发能力,助力产业升级、生态修复和国土整治,促进绿色发展。

(1)强化攻关能力。依托地方特色资源,西部可集中攻关和跟踪先进的科学技术,强化技术进步,形成地方性的产业集群和产业链。西部的各

主要增长极或中心城市,应形成合理的分工,如西宁、拉萨可建立藏医药等特色产业的研发中心等。

(2) 国有企业先行。西部可重视和利用大型国有企业的良好基础,进行技术攻关,提升产业的技术能力。西部在国家层面的资源型产业以国有大企业为代表,有色金属、能源、农产品和医药等资源型产品的研发和技术进步有目共睹,如尖端产业所需的稀土和有色金属等稀缺资源,在我国出口产品中的竞争力不断提升。

5) 关注空间优化与社会和谐,助力国防安全

在生态文明、多民族融合、乡村振兴等理念的指导下,推动绿色城镇化建设,西部应支持我国边疆地区的长期稳定与繁荣,保障国家安全。具体来说,需在满足可行性的前提下安排用地指标,继续支持边疆地区的交通、通讯、水利、生态等重点设施的建设,尤其是规划建设由内陆连接边境线的国防交通要道。同时,西部应引导边疆地区的人口分布,即应在允许范围内对边境地区以及重点交通枢纽或沿线的城镇或村寨建设用地、建设项目等予以特殊支持。特别是新、藏、滇边境(尤其是中印边境线)以及兰新线(兰州—乌鲁木齐沿线)、北疆线(乌鲁木齐—阿拉山口沿线)、南疆线(乌鲁木齐—喀什沿线)、青藏线(西宁—格尔木—拉萨沿线)、川藏线(成都—拉萨沿线)、新藏线(喀什—拉萨沿线)等战略线路,应对其给予特殊政策支持。而且,西部应有条件地支持边民在沿线从事低强度生产、生活活动,引导边民树立国防意识,合理参与边防预警体系,补充边疆的防卫力量。

西部可依托主要交通线,以核心城镇体系为空间组织脉络,重点选择自然条件和发展基础良好、人口相对集中的平原、河谷、川地、盆地等地区,尤其是城镇群和区域性中心城市所在地,积极推动绿色城镇化进程,促进多民族融合发展。因此,基于生态文明建设、国防要求和社会稳定,尤其是国家战略的需求,国土空间规划应在西部尺度制定跨省区、跨流域的关于西部人口布局与迁移、城镇体系、重点区域建设等规划,科学布局西部的生活空间(杨永春等,2021),其要点是与生产空间重构相协同,在遵循提升劳动生产率、保护和恢复生态系统、保障国防安全的前提下合理安排西部的人口分布,进一步改善住区环境,提升宜居性和文明程度,并基于人口城镇化通过多民族的"混居"和持续的社会交往强化区域的社会融合度。

8.3 政策建议

基于西部情景的发展逻辑和未来发展的基本导向,西部未来针对高质量发展的政策建议主要涉及以下七个方面:

1) 有效平衡,治理创新

西部发展应改变以前的一种串联式思维而应以系统式思维追求多要素的同步协调,达到统筹、综合、稳定的协同结构和状态。因此,西部未来发展转型需达成两类平衡:一是增长与保护的平衡;二是效率与公平(共同

富裕、公平公正)的平衡。实际上,西部需保持一定的经济增长率才能为现代化提供基础,而这个增长又需达成绿色发展和社会主义原则的目标。因此,西部各级政府需深入考虑系统化的政策设计,在坚持社会稳定、民族团结的前提下,以绿色发展达成中国式现代化目标的实现。

我国政府坚持社会主义应遵循的基本原则,如空间平衡法则。中央、省级政府不断通过转移支付、产业政策、国家项目(如基础设施布局)、市场准入限制、欠发达地区的福利补贴、乡村振兴政策、环境保护和生态补偿政策、空间政策等,积极平衡市场机制的区域空间非均衡的负面影响,提高国家增长的整体和远期效率。因此,西部各级政府(尤其是省市两级)应在落实国家相关政策的基础上,积极寻求制度创新探索,摸索新时代地方化的治理模式,寻求市场和政府的平衡机制。然而,在西部各地区尤其需关注平衡,否则欠发达效应就会得到强化,如日益增长的不平衡现象、人口流失、资本流出、生态损失等。因此,西部经济增长的过度极化效应需被关注甚至被遏制,过高的恩格尔系数要降低,社会阶层收入过高的基尼系数应得到关注,这关系到西部的社会稳定和绿色发展。这样,西部应深化体制机制改革,强化重点领域改革系统集成,促进资源要素高效配置,深化城乡融合发展,探索形成更多的创新成果和改革经验,打造重大改革先行地。例如,通过体制创新,西部可强化自身的"尖端产业"与传统产业的内部整合,如打破军工、国有等技术水平高的产业与相对低水平的民营、私有产业的内部壁垒,延伸和整合产业链条,即建立大整合的战略思维,提升西部整体的产业发展水平,保障地方"尖端产业"的培育和发展。

另外,西部在今后可预见的时期,倘若外部发展条件和个人工作待遇没有明显提升,在国家尺度下其仍将大致处于人才、技术等高端发展要素不断流失或难以引入的状态。因此,应继续加大西部的外部投资规模和质量,提高人才待遇,推动适应智能时代需求和技术进步的新型工业化和新型城镇化,以促进西部的高质量发展。

2) 基于地方可持续,探索人地关系新模式

西部地域广袤,生态系统差异大,且存在不同特色的中小尺度的生态系统。因此,西部需严格落实宏观层面的主体功能区和国土空间规划的要求,保护生态本底,如控制人口规模、优化空间分布⑥。而且,西部更需要探索地方性的人地关系的系统设计,如预测、分析和模拟。至少,不同尺度的生态系统的承载阈值应被探明和确认。人类需明确不同空间尺度、生态系统的最大承载力,这是对主体功能区、双评价的真正的科学支撑。

在小流域或小区域尺度,可利用城镇化的人口迁移趋势,降低人口对山区/土地的开发压力。以智慧农业、高科技农业、科学管理为导向,发展节水农业等,摸索人地和谐的生产方式,有效解决草地过载等问题,总结适合地方可持续发展的人地关系模式,如关注"生态碎片化"趋势,在已形成的生态保护区体系和生态修复区的基础上,利用生态移民和退耕还林还草成果,提升生态体系的"连通性",提高流域、山地、丘陵生态系统的自然化

和系统化水平。关注平原、河谷、绿洲等重点区域的用地冲突和基本矛盾的解决,因为这些地区虽是西部的精华地带但人地冲突仍在加剧。

3) 维护国家安全,建设新时代"大三线"

改革开放始于我国东南沿海地区,这固然有东部市场经济发育程度高、基础设施更完善、海运更为廉价等客观原因和人力资源向东部流动等主观因素(段小梅等,2015)的共同作用,但却造成了我国"东强西弱,海强边弱"的格局。"一带一路"倡议给西部带来了良好的战略机遇。未来,国家可确立和进行新时代的"大三线建设"——西部"环青藏高原重点建设带",以应对后疫情时期有限全球化和"双循环"的可能的国家安全需求(杨永春等,2021)。

西部应以区域中心城市、重要的资源开采加工区、农业专业化生产基地等为基本的规划、建设单元,将城市群作为新时代"大三线建设"核心,构建新时代国家级的"环青藏高原重点建设带",重构区域的生产力空间,以应对未来国家安全的战略需求(杨永春等,2021)。

4) 国土空间规划,重视地方特殊性

国家应考虑跨省区国土空间规划层级的设立。西部地域广阔,需考虑国土空间规划的尺度连接,在大区尺度统筹考虑如何落实国家战略、生态保护、绿色发展、对外开放等。因此,建议在国家国土空间规划纲要与省区国土空间规划之间设立国家四大板块的国土空间规划层级(是对国家国土空间规划纲要的细化,介于纲要和规划之间),或开展跨省区的若干专项规划,如流域性或跨流域的以生态区为规划单元的生态安全规划、自然资源保护和开发规划、国防安全规划等,实现生态安全、生活安全和生产安全等基本目标。此外,西部应坚持"留白"理念,即在气候暖期做"战略性留白",如整体增加自然保护区的面积和潜在的"耕地开发区";在人口城镇化趋势下,各自根据生态需求和战略需要确定预留区及其面积。

关于建设用地的指标分配,国家和西部应提倡战略性的引导,如根据主体功能区、发展战略的需求等,设计建设用地指标的分配导向,提出相关的基本原则。

(1) 支持"大区集聚,局部分散"的城镇化、工业化发展原则:优先支持国家级(部分省级)的重点设施、中心城市、城镇群、边防城镇的用地指标。

(2) 重视城乡聚落形态的科学性和成本—收益控制:不能因为耕地、生态保护等刚性要求缺乏韧性和灵活性,而导致聚落形态不合理和长期成本过高。

(3) 集中进行城镇开发建设,重点完善城镇功能的区域边界:遏制无序蔓延,倒逼集约高效发展;进行发展权重构,有机集中和统一,提高建设的效率和公平性。

5) 提升创新能力,推动城市全球化

第四次工业革命将催生新的产业体系。全球化、信息化、多极化、区域化的新时代⑦将导致城市的产业组织模式、创新模式、资源利用方式等发生新的变化,西部城市发展进入战略机遇期。然而,发展转型的关键在于创新——新思路、新理念和新举措,如紧凑城市、精明城市、低碳城市、生态城市、创意城市、宜居城市、智慧城市等都可成为西部城市发展转型的目标。

西部应重点基于地方资源建设全球化城市。进入21世纪,全球的生产、价值和消费等网络日益由"等级化"趋向"扁平化",这意味着低等级节点与高等级节点之间乃至同等级节点之间可直接产生联系,大大弱化了中间节点的中心地功能。根据国家统计局测算,虽然2012—2020年西部地区的高新技术产业占全国的比重几乎都低于10%,但地区生产总值、服务业产值等所占比重基本稳定,文旅业所占比重超过了20%,具备了经济发展"有所为"的根基。因此,西部城市未来可直接进行对外交流,融入发达国家和地区,利用自身的优势和域外资源来探索跨越式路径。也就是说,西部可学习新型工业化国家的城市,不是表现在高级生产性服务业的全球组织上(李仙德,2012),而是以制造业为主,以全球价值链分工为基础,与世界城市形成制造业研发、生产、代工服务等联系(Gereffi et al.,2016),即表现为一大批传统的地区性城市(中低等级)已通过全球价值链分工与总部所在的世界城市发生联系,形成了具有全球性功能且正在全球化的专业化城市。

(1) 强化西部顶级城市的国际化功能

重庆、成都、西安三市是未来西部重点发展的区域性全球城市。西部在这种基于创新社会建设的赶超战略下,虽然整体处于落后状态,但仍存在跨越发展和跟踪发展的机会和条件,如西部是我国军事等部分尖端产品和高新技术产品的生产地和研发地,可选择有能力突破的产业门类或链条进行攻坚,逐步形成少数尖端产品的全球水平分工、部分高端产品跟踪、多数地方化产品不断提升的产业升级战略,促进经济结构转型,最终实现定位转变。因此,立足国家层面的尖端产业门类,重点发展芯片、互联网、软件、生物技术和文化产业等产业部门,如航空(如以C919和运20为代表的大飞机)、电子、生物、医药、环保和新能源等产业集群,西部城市可直接融入全球生产网络。事实上,这三个城市一直是西部接纳和发展新产业的中心,科技力量和产业基础雄厚,完全有能力发展水平分工的新产业门类或链条,有助于部分打破从东部沿海到西部内陆的渐进发展格局。

(2) 特色化的全球化城市

以旅游休闲、生态文化产业为核心,适度将文化、生态资源资本化,构建国际旅游休闲目的地和文化体验地、交流平台,塑造全球化功能。西部具有独特的自然条件和生态环境,如地处第一级、第二级阶梯,有多样化的生态系统,干旱半干旱、高寒等气候特征显著,是我国生态安全"高地",如西部地区的园地、林地、草地和湿地的总面积占全国的比重均值自2013年以来保持在50%左右。同时,西部拥有分布最多且多元化的民族文化风情、深厚的历史积淀,形成了地方独特的人地关系。因此,西部具有丰富多样的自然生态和地方文化资源,这不但可以为(后)现代化的新产业提供良好条件,而且也可适度通过生态和文化资源的开发建立国际交流平台,从而促进区域全球化进程。一方面,这满足了新时代我国人民日益提升的消费需求,可享受多样化的生态环境和文化体验;另一方面,这适应了西部参与全球化进程的需求。

西部以旅游休闲、生态文化产业为核心的全球化行为,尤其是依托特色地方性资源,目的是着力构建国际旅游休闲目的地和文化体验地、交流平台,将文化资本、生态资本等同于投资资本,逐步提升文化、生态的资本化与工具化功能,生产或建构典型的文化空间和生态空间等,塑造全球化功能,以适应现代和后现代的消费需求。例如,以银川、西宁和敦煌为代表的西部城市自2000年以来探索文化、旅游服务型的全球化路径,即以定期的旅游休闲、体育赛事和文化交流等产业或平台,促进城市社会经济转型,融入全球体系,参与全球分工,形成基于地方旅游、文化及生态资源的全球化路径。其中,敦煌依托莫高窟与敦煌文化、国家的改革开放政策,由一个传统的农业县转型为现在的国际旅游城市与"一带一路"节点城市。实际上,敦煌的全球化路径表现出政府主导与干预下的资源资产性、集权化与国有企业驱动特性,包括征召机制、动员与行动机制、管治机制与城市营销机制。

西部是我国的传统农区,现阶段有庞大的种植业和农区畜牧业,农业商品化的生产规模日益扩大,集约型品质的农畜产品的生产潜力巨大。西部在粮食生产、优质农畜产品供应与出口生产及社会稳定方面具有重要的保障作用,推动了现代(休闲)农业及其加工业的快速增长,尤其是绿色、生态化的特色农产品的研发和生产,塑造品牌,延伸、整合生态友好型的产业链,推动了农产品出口,如甘肃省河西走廊的张掖、酒泉等城市的蔬菜、瓜果等农产品对中亚国家的出口。

(3) 专业性的全球化城市

以省会城市等为核心,建设西部专业化的全球化城市,如兰州、乌鲁木齐、昆明等作为贸易枢纽型的综合性贸易基地,喀什作为国际贸易中转中心,金昌等作为资源导向型的国际矿产资源型城市。

6) 落实国家批复,加速都市圈建设

在未来的10—20年,西部将处于都市圈建设的关键时期,这也是增长极成长和区域一体化的必然结果。重庆、成都、西安三市都已加速建构各自的都市圈,并且其都市圈规划都已得到了国家批准[8]。

(1) 西安都市圈

2022年3月,《西安都市圈发展规划》正式获国务院批复。西安都市圈范围涵盖4市1区25个县(区、市),包括西安市全域(含西咸新区),咸阳市秦都区、渭城区、兴平市、三原县、泾阳县、礼泉县、乾县、武功县,铜川市耀州区,渭南市临渭区、华州区、富平县,以及杨凌农业高新技术产业示范区,面积为2.06万 km^2,2020年底常住人口为1 802万人,地区生产总值约为1.3万亿元,接近陕西省的1/2、西北五省的1/4。西安都市圈将进一步汇聚城市空间、人口、资源和政策上的优势,成为引领区域高质量发展、推动区域协同一体化的样本。西安都市圈地处我国"两横三纵"的城镇化战略格局中,陆桥通道横轴和包昆通道纵轴的交汇处,是关中平原城市群的核心区域,是西部重要的经济中心、文化中心、科技创新中心、对外交往中心,是西部地区发展条件最好、经济人口承载能力最强的区域之一,在社会主义现代化国家建设大局和构建新发展格局中具有重要地位。西安都市圈发展的核心是发挥西安国家中心城市辐射带动周边城镇联动发展的作用,推动基础设施互联互通、产业分工协同协作、公共服务共建共享、生态环境共保共治。西安都市圈的发展目标为:到2035年,现代化的西安都市圈基本建成,圈内同城化、全域一体化基本实现,发展品质、经济实力、创新能力、文化竞争力迈上更高水平,全面建成具有全国影响力和历史文化魅力的现代化都市圈。

西安都市圈的空间规划范围集中体现了"一核两轴多组团"的发展格局。其中,"一核"即西安市中心城区、咸阳主城区以及西咸新区沣东新城、沣西新城组成的都市圈核心区,国土面积为1 923 km^2,占都市圈规划面积的9.3%。核心区是都市圈的人口、经济和创新平台、科教资源密集区,是引领都市圈高质量发展的动力源。核心区建设的主要任务是推动西安中心城区瘦身健体,全面提升西安辐射带动能力,加快西安—咸阳一体化,推进都市圈核心区率先实现同城化,带动全域一体化发展。"两轴"即东西方向依托陇海、南北方向依托包茂等交通大动脉形成的都市圈两条经济发展轴,既聚集了都市圈主要的产业集群,也贯穿了横纵两条城镇带,构成了都市圈人口经济分布的主要形态。"多组团"主要是着眼于都市圈整体性功能布局,积极推动重点毗邻板块的一体化协同发展,打造一批产城融合、功能完备、职住平衡、生态宜居、交通便捷的都市圈特色功能组团,形成都市圈经济、生活、生态、安全等不同功能单元,多点支撑都市圈发展。多组团包括富平阎良组团、高陵泾河新城三原组团、空港新城咸阳经济技术开发区组团、临渭华州组团、耀州组团、杨凌武功周至组团、乾县礼泉组团,这些都是都市圈特色功能单元和产业发展承载区。例如,空港新城咸阳经济技术开发区组团以发展临空经济为重点,杨凌武功周至组团聚焦现代农业,等等。

(2)成都都市圈

2021年11月,《成都都市圈发展规划》正式获国务院批复。成都都市圈以成都市为中心,与联系紧密的德阳市、眉山市、资阳市共同组成,主要包括成都市,德阳市旌阳区、什邡市、广汉市、中江县,眉山市东坡区、彭山区、仁寿县、青神县,资阳市雁江区、乐至县,面积为2.64万km^2,2020年常住人口为2 761万人。规划范围拓展至成都、德阳、眉山、资阳全域,总面积为3.31万km^2,2020年常住人口约为2 966万人。成都都市圈的发展目标为:到2035年,成都都市圈的同城化体制机制改革创新走在全国前列,高效基础设施全域同网,优质公共服务均衡共享,城乡环境美丽宜居,人民生活富庶安逸,高端要素集聚运筹能力大幅提升,形成一批世界级产业集群、全球型企业和国际知名品牌,在支撑国家重大战略实施、参与全球竞争合作中发挥更大作用,基本建成面向未来、面向世界、具有国际竞争力和区域带动力的现代化都市圈。

成都都市圈提出要优化都市圈发展布局、加速推进基础设施同城同网、协同提升创新驱动发展水平、共建现代高端产业集聚区、提升开放合作水平、促进公共服务便利共享、推进生态环境共保共治、深化体制机制改革八大任务。因此,在优化都市圈发展布局上,以同城化发展为导向,强化成都作为中心城市的辐射带动作用,发挥德阳、眉山、资阳的比较优势,增强小城市、县城及重点镇的支撑作用,构建极核引领、轴带串联、多点支撑的网络化都市圈空间发展格局,在都市圈率先实现大中小城市和小城镇的协调发展。

成都都市圈在加速推进基础设施同城同网上,聚焦"外建大通道、内建大网络、共建大枢纽",打造成都都市圈立体交通体系,推进能源、市政、水资源等基础设施对接成网,为高质量发展提供有力支撑;在协同提升创新驱动发展水平上,加强高能级创新平台建设,增强创新资源集聚转化功能,建设成德眉资创新共同体,打造高质量紧密型创新生态圈,共同构建科技创新中心的重要支撑;在共建现代高端产业集聚区上,坚持"强链条、育集群、建体系",推动产业创新融合发展,提升产业链供应链的现代化水平和优势产业的核心竞争力,构建高端切入、错位发展、集群成链的现代产业体系;在提升开放合作水平上,积极融入"一带一路"建设、长江经济带发展、新时代推进西部大开发形成新格局等重大战略,主动服务新发展格局,深化开放合作,共建链接全球的内陆改革开放新高地;在促进公共服务便利共享上,从群众急难愁盼问题入手,突出均衡化、便捷化、人文化、品质化导向,推动基本公共服务覆盖全部常住人口,整体提升优质公共服务水平,共同打造城乡融合的优质生活圈;在推进生态环境的共保共治上,构筑多层次、网络化、功能复合的"一心一屏三网三环多片"生态空间格局,开展生态共建、环境共治,探索生态价值转化有效路径,重塑天府之国茂林修竹、美田弥望的大美城市形态;在深化体制机制改革上,强化重点领域改革系统集成,促进资源要素高效配置,深化城乡融合发展,开展同城化综合试验,推进经济区与行政区适度分离改革,探索形成更多的创新成果和改革经验,打造重大改革先行地。

(3) 重庆都市圈

2022年8月,《重庆都市圈发展规划》正式获国务院批复。重庆都市圈是中西部第一个跨省域都市圈,包括重庆市主城都市区21个区和四川省广安市全域,即重庆市渝中区、大渡口区、江北区、沙坪坝区、九龙坡区、南岸区、北碚区、渝北区、巴南区、涪陵区、长寿区、江津区、合川区、永川区、南川区、綦江区—万盛经济技术开发区、大足区、璧山区、铜梁区、潼南区、荣昌区21个区和四川省广安市。2020年,重庆都市圈的常住人口约为2 440万人,总面积为3.5万 km^2,其中平坝面积约为0.31万 km^2、丘陵面积约为2.14万 km^2、山地面积约为1.05万 km^2。重庆都市圈的发展目标为:到2025年,重庆都市圈发展能级迈上新台阶,同城化发展取得重大突破,特色优势更加彰显,区域带动力和国际竞争力明显增强,初步建成国际化、绿色化、智能化、人文化现代都市圈。

重庆都市圈将加快构建现代基础设施网络,如构建重庆都市圈立体交通系统,共建轨道上的重庆都市圈,即有序构建周边城市与中心城区互联互通、便捷通勤的轨道交通网络。同时,加快建设成渝中线、渝昆、渝万高铁、重庆至黔江的高铁,积极推进干线铁路规划建设,逐步实现1小时成渝双核直连、3小时毗邻省会互通、6小时北上广深通达。

重庆都市圈的高质量发展有利于充分发挥重庆在推进西部大开发中的支撑作用,充分发挥重庆在推进共建"一带一路"中的带动作用,推进长江经济带的绿色发展,深入推动川渝合作。因此,推动重庆都市圈可充分对接川黔区域经济布局和"一区两群"协调发展布局,向六个方向对外辐射、协同联动。其中,在西北向,依托成渝中线高铁、成渝高铁、渝遂铁路等交通廊道,联动遂宁、内江、资阳等地一体化发展,推动重庆都市圈与成都都市圈的高效衔接;在北向,依托兰渝铁路、渝西高铁等交通廊道,联动南充、达州、巴中等地一体化发展;在西南向,依托长江黄金水道、渝昆高铁、成渝铁路等交通廊道,联动泸州、自贡、宜宾等地一体化发展;在东北向,依托长江黄金水道、沿江高铁和渝万铁路等交通廊道,联动垫江、梁平、丰都、忠县等地一体化发展;在南向,依托渝贵高铁和渝贵铁路等交通廊道,联动遵义等黔北地区一体化发展;在东南向,依托重庆至黔江高铁、渝怀铁路、乌江航道等交通廊道,联动武隆等周边区(市、县)一体化发展。

7) 建设宜居环境,探索绿色城市

绿色城市是在遵循生态伦理的前提下建立一个和谐平衡的城市。绿色城市应该是一个碳排放量为零的城市,可使用太阳能和氢能来降低污染。西部城市可逐步减少碳排放,以低碳经济为发展模式,节约和集约利用能源,试图建立一个人、环境与资源等和谐共生的生态系统和宜居环境,探索适合地方环境的绿色城市。

低碳城市的目的是在城市化的进程中实现低能耗、低排放建设,同时带动经济发展的多元化和多功能化,即通过零碳和低碳技术研发及其在城市发展中的推广应用,节约和集约利用能源,有效减少碳排放。生态城市是城市生态化发展的结果,即以自然系统和谐、人与自然和谐为基础的社会和谐、经济高效、生态良性循环的人类住区形式,自然、城市、人融为有机整体,形成互惠共生结构(黄光宇等,1999),而低碳生态城市是基于可持续发展理念的一种城市发展新模式,是依据生态文明理念,按照生态学原则建立的经济、社会、自然协调发展,物质、能源、信息高效利用,文化、技术、景观高度融合的新型城市,是实现以人为本的可持续发展的新型城市,是人类绿色生产、生活的宜居家园(李景源,2012)。低碳生态城市是可持续发展思想在城市发展中的具体化,兼顾自然、社会、生态效益的和谐(关海玲等,2012),是低碳经济发展模式和生态化发展理念在城市发展中的落实。

未来,西部部分城市可构想使用节能的技术,通过减少碳排放量等建设绿色城市,如学习澳大利亚南部城市阿德莱德的绿色城市建设计划(Martinot,2004)等。

(1) 提倡在大型公共基础建设中使用绿色住宅技术,如在学校、医院等机构,博物馆、美术馆、图书馆等公共场所使用太阳能。

(2) 商业楼有效利用能源,星级按能源有效利用程度评定。

(3) 推动房屋、交通运输等的二氧化碳实现零排放。建造生态房屋,如使用太阳能可节约90%的能源。

(4) 尝试改变耕作的方式,降低碳排放量。

(5) 积极生产绿色产品,提倡绿色消费,让民众建立绿色理念。

第8章注释

① 根据《青藏高原区域生态建设与环境保护规划(2011—2030年)》可知,国家根据不同地区的地理特征、自然条件和资源环境承载力,将青藏高原划分为生态安全保育区、城镇环境安全维护区、农牧业环境安全保障区、资源区和预留区等,制定实施相应的管理措施。生态安全保育区是指构成青藏高原生态安全屏障的核心地区,包括严格保护区域和重点生态功能区,总面积约为151万km^2。城镇环境安全维护区是指城市化水平较高、产业和人口集聚度较高的区域(万人以上城镇),包括中心城市、次中心城市和节点城镇,总面积约为1.9万km^2。农牧业环境安全保障区是指农牧业生产条件较好的地区,包括农区、半农半牧区和牧区,总面积约为63.6万km^2。其他地区是指除上述三类区域以外的高海拔山区、雪山冰川区和戈壁荒漠区等区域,划分为资源区和预留区,总面积约为31.3万km^2。同时,生态安全保育区以大型河流为廊道,以主要湖泊湿地为节点,形成点、线、面结合的自然生态体系,保障青藏高原生态安全屏障功能的持续稳定。城镇环境安全维护区以主要城镇为中心,引导人口和产业合理聚集,减轻生态环境压力,加强环境污染防治,防范环境风险,确保饮用水安全,合理调控产业发展,实施清洁生产,发展循环经济,推进环境基础设施建设,促进地区经济与环境协调发展。农牧业环境安全保障区存在超载放牧、水土流失、土地沙化和养殖污染等问题,以保障粮食和畜牧产品的环境安全为目标,增加有机、绿色及无公害产品种植面积,提高畜禽养殖废物和秸秆综合利用水平,加强水土流失治理和农田林网建设,合理开发水能和矿产等资源。资源区和预留区等其他地区存在少量的资源开发活动,基本保持自然状况,应对资源开发活动进行科学全面的环境影响论证,制定与经济社会发展水平相适应的环境政策。此外,在进行生态保护建设时要以三江源、祁连山等10个重点生态功能区为重点,强化草地、湿地、森林和生物多样性保护,推进沙化土地和水土流失治理,加强土地整治和地质灾害防治,提高自然保护区的管护水平。发展环境友好型产业,引导自然资源科学、合理、有序地开发,促进经济发展方式转变。提出加快传统农牧业的生态转型,积极稳妥地推进游牧民定居工程,实施传统能源替代。

② 城市群多集外贸门户职能、现代化工业职能、商业金融职能、文化职能等于一身,空间密集程度较高,成为政治、文化、经济核心区,是连接国内、国际要素流动和资源配置的节点及科学技术创新孵化器和传输带,有不可替代的中枢支配作用。

③ 关中—天水经济区是中国内陆经济开发战略高地,包括陕西的西安、铜川、宝鸡、咸阳、渭南、杨凌、商洛(部分区县)和甘肃的天水,面积为7.98万km^2;地处亚欧大陆桥中心,处于承东启西、连接南北的战略要地,是西部经济基础好、自然条件优越、

人文历史深厚、发展潜力较大的地区。这个经济区直接辐射陕南的汉中、安康,陕北的延安、榆林,甘肃的平凉、庆阳和陇南,是我国西部智力资源最密集的地区,仅关中地区就有4个国家级开发区和2个省级开发区,集中了3个国家级星火技术密集区和13个省级星火技术密集区。因此,该经济区的产业发展方向是我国重要的高新技术产业带和先进制造业基地,其重点发展产业是集约化农业技术、航空航天工业、电子信息技术、新材料技术、光机电一体化和先进制造技术以及生物医药技术等。《关中—天水经济区发展规划》的战略定位为:全国内陆型经济开发开放战略高地、统筹科技资源改革示范基地、全国先进制造业重要基地、全国现代农业高技术产业基地、彰显华夏文明的历史文化基地。

④ 根据中国社会科学院倪鹏飞主编的2013年中国城市竞争力蓝皮书中对于黔中城市群空间范围的划分和界定,并结合贵州省发展和改革委员会所发布的相关文献和规划,本书界定出黔中城市群的范围。

⑤ 在支持政策上,中央政府支持西部产业发展的顺序应当为:与当地优势产业紧密结合的高新技术产业及其相关领域;以军事工业为主体、军民两用相结合的现代机电工业;以农业产业化为核心的特色农业基地与特色轻纺工业体系;依托当地资源优势开发的产业(具有相对比较优势的能源原材料工业);以旅游业为支柱、以现代服务业(物流和金融)为先导的新兴经济增长点。

⑥ 西部的大规模开发需慎重,大规模的移民应理性。关于胡焕庸线两边是否可大规模移民的"总理之问",答案是大规模的移民计划不可取,因为这是自然法则和经济规律的宏观性限制。

⑦ 在人类第四次工业革命的浪潮中,各国都提出了自己的设想。为推动制造业的革新,德国的工业界、政府和学界在2011年就提出并引领"工业4.0",即在政府的大力资助下,多家企业和大学从事新技术的开发;以物联网为核心,充分借助机器人、三维打印(3D打印)等新技术,将公司内外联成一体——建设"一体化工厂"。新产业体系以信息通信产业、计算机产业、新材料、技术研发、创意设计、绿色环保产业等新兴产业为主体,具有智能化、数字化、创新性、融合性、绿色化等特征。印度试图打造"印度制造"和"数字印度",而"物联网"是两者的桥梁。作为信息技术(Information Technology,IT)巨人的美国,其目标是保持全球的"制造业大脑",并试图在半导体、软件、网络、未来汽车、产业设备等领域保持领先。霍斯珀斯(Hospers,2003)总结出创意城市可分为四种类型:技术创新、文化智力、文化技术和技术组织。紧凑城市即在城市规划建设中主张以紧凑的城市形态来有效遏制城市蔓延,保护郊区开敞空间,减少能源消耗,并为人们创造多样化、充满活力的城市生活的规划理论,主要倡导高密度开发、混合的土地利用和优先发展公共交通等。精明城市:美国学者波珀夫妇(Popper D E,Popper F J)首次提出了"精明收缩"的概念,并将其定义为"为更少而规划:更少的人口、更少的建筑、更少的土地利用"。智慧城市指利用各种信息技术或创新概念,将城市的系统和服务打通、集成,以提升资源运用的效率,优化城市的管理和服务,以及改善市民的生活质量。

⑧ 截至2022年,国家已批复了南京、福州、成都、长株潭、西安、重庆、武汉7个国家级都市圈。

参考文献

·中文文献·

《贵阳年鉴》编辑部,1997. 贵阳年鉴:1997[M]. 贵阳:贵州人民出版社.

《贵阳市综合农业区划》编写组,1988. 贵阳市综合农业区划[M]. 贵阳:贵州人民出版社.

安虎森,季赛卫,2014. 演化经济地理学理论研究进展[J]. 学习与实践(7):5-18.

白桦,谭德庆,2018. 内陆国家级中心城市经济发展路径研究:基于内陆自贸区视角[J]. 经济问题探索(10):115-121.

白永秀,王颂吉,2014. 丝绸之路经济带的纵深背景与地缘战略[J]. 改革(3):64-73.

波德里亚,2001. 消费社会[M]. 刘成富,全志钢,译. 南京:南京大学出版社.

蔡美彪,2012. 中华史纲[M]. 北京:社会科学文献出版社.

蔡翼飞,2014. 我国陆地边境口岸县设市研究[J]. 西部论坛,24(5):90-100.

蔡运龙,叶超,巴恩斯,等,2016a. 马克思主义地理学及其中国化:规划与实践反思[J]. 地理研究,35(8):1399-1419.

蔡运龙,叶超,马润潮,等,2016b. 马克思主义地理学及其中国化:"跨国、跨界、跨代"知识行动[J]. 地理研究,35(7):1205-1229.

曹海英,2008. 西部地区工业化的历史进程和现状分析[J]. 北京政法职业学院学报(4):94-98.

曹宛鹏,杨永春,史坤博,等,2020. 中国内陆河西五市对外出口的路径演化:类型、过程、特征及驱动机制[J]. 地理研究,39(7):1490-1510.

曹玉红,宋艳卿,朱胜清,等,2015. 基于点状数据的上海都市型工业空间格局研究[J]. 地理研究,34(9):1708-1720.

常洁,2017. 西安曲江新区治理模式研究[D]. 西安:长安大学.

常校珍,1996. 人才春秋[M]. 兰州:甘肃教育出版社.

陈芳森,2013. 区域荒漠化演变机制的六元法研究[D]. 北京:中国农业大学.

陈婧,2009. 二重开放路径与制度转型模式:两大三角洲的比较研究[D]. 杭州:浙江大学.

陈克恭,2012. 转型张掖:生态经济之路[M]. 兰州:甘肃文化出版社.

陈克恭,2014. 让生态经济成为发展的新增长点:张掖转型发展的实践[J]. 中国生态文明(3):27-31.

陈万灵,杨永聪,2014. 全球进口需求结构变化与中国产业结构的调整[J]. 国际经贸探索,30(9):13-23.

陈秀山,张可云,2003. 区域经济理论[M]. 北京:商务印书馆.

陈彦光,2017. 城市形态的分维估算与分形判定[J]. 地理科学进展,36(5):529-539.

陈彦光,刘继生,2007. 城市系统的内部—外部复杂性及其演化的Stommel图

[J]. 经济地理,27(1):26-29,21.

陈艳华,韦素琼,陈松林,2017. 大陆台资跨界生产网络的空间组织模式及其复杂性研究:基于大陆台商千大企业数据[J]. 地理科学,37(10):1517-1526.

陈寅恪,1945. 隋唐制度渊源略论稿 唐代政治史述论稿[M]. 重庆:商务印书馆.

程慧,刘玉亭,何深静,2012. 开发区导向的中国特色"边缘城市"的发展[J]. 城市规划学刊(6):50-57.

程仕瀚,2021. 国际节事视角下中国深内陆城市银川市的全球化路径研究:以宁夏中国—阿拉伯国家博览会为例[D]. 兰州:兰州大学.

程仕瀚,杨永春,2020. 国际节会对中国深内陆城市银川市全球化的影响研究:基于居民对宁夏中阿博览会的感知[J]. 资源开发与市场,36(11):1273-1279.

重庆市市中区城市建设管理委员会,1994. 重庆市市中区城市建设志:1840—1990[M]. 重庆:重庆出版社.

戴其文,2017. 全球化、地方化与西部欠发达地区发展不平衡:以广西为例[D]. 上海:华东师范大学.

邓慧慧,2009. 贸易自由化、要素分布和制造业集聚[J]. 经济研究,44(11):118-129.

丁立群,2000. 文化全球化:价值断裂与融合[J]. 哲学研究(12):8-14.

丁瑶,2008. 内陆地区推进开放型经济面临的问题及其对策建议[J]. 改革(6):87-91.

董琦,甄峰,2013. 基于物流企业网络的中国城市网络空间结构特征研究[J]. 人文地理,28(4):71-76.

董雯,邓锋,杨宇,2011. 乌鲁木齐资源型产业的演变特征及其空间效应[J]. 地理研究,30(4):723-734.

豆晓,杨永春,2013. 渐进式改革背景下基于县域差异的中国区域整合研究[J]. 甘肃科技,29(12):91-94.

杜德斌,刘承良,胡志丁,等,2020. "亚洲水塔"变化对中国周边地缘政治环境的影响[J]. 世界地理研究,29(2):223-231.

段进军,成涛林,宋言奇,2004. 对我国城市化进程的再认识:以内蒙古、上海为例[J]. 城市发展研究,11(6):17-20.

段小梅,黄志亮,2015. 新常态下西部经济发展的新机遇、挑战及趋势[J]. 西部论坛,25(3):66-74.

樊杰,2016. 我国国土空间开发保护格局优化配置理论创新与"十三五"规划的应对策略[J]. 中国科学院院刊,31(1):1-12.

樊杰,刘汉初,2016. "十三五"时期科技创新驱动对我国区域发展格局变化的影响与适应[J]. 经济地理,36(1):1-9.

方创琳,张永姣,2014. 中国城市一体化地区形成机制、空间组织模式与格局[J]. 城市规划学刊(6):5-12.

冯端翊,2001. 生态城市及其内涵[J]. 绿化与生活(4):4.

冯健,2001. 我国城市郊区化研究的进展与展望[J]. 人文地理,16(6):30-35.

冯健,2004. 转型期中国城市内部空间重构[M]. 北京:科学出版社.

冯健,刘玉,2007. 转型期中国城市内部空间重构:特征、模式与机制[J]. 地理科学进展,26(4):93-106.

冯友兰,2006. 中国哲学史[M]. 北京:商务印书馆.

弗林特,泰勒,2016. 政治地理学:世界—经济、民族—国家与地方[M]. 刘云刚,译. 北京:商务印书馆.

符天蓝,杨春,2018. 市场转向与产业升级路径分析:以珠江三角洲出口导向型家具产业为例[J]. 地理研究,37(7):1460-1474.

付宏,毛蕴诗,宋来胜,2013. 创新对产业结构高级化影响的实证研究:基于2000—2011年的省际面板数据[J]. 中国工业经济(9):56-68.

盖尔,2000. 户外空间的场所行为:公共空间使用之研究[M]. 陈秋伶,译. 台北:田园城市文化事业有限公司.

干春晖,郑若谷,余典范,2011. 中国产业结构变迁对经济增长和波动的影响[J]. 经济研究,46(5):4-16.

甘肃省地方史志编纂委员会,甘肃省人事志编纂领导小组,1992. 甘肃省志(第五十七卷):人事志[M]. 兰州:甘肃人民出版社.

甘肃省人民政府,2006. 甘肃省国民经济和社会发展第十一个五年规划纲要[EB/OL]. (2006-01-20)[2023-03-30]. http://www.doc88.com/p-3028242615058.html.

高菠阳,刘卫东,诺克利夫,等,2010. 土地制度对北京制造业空间分布的影响[J]. 地理科学进展,29(7):878-886.

高春秋,1999. 营造城市森林 创建绿色城市[J]. 探索与求是(11):31.

高煜,赵培雅,2019. 差异还是趋同:经济高质量发展下区域技术进步路径选择:基于东中西部地区要素禀赋门槛的经验研究[J]. 经济问题探索(11):1-13.

格鲁塞,2011. 草原帝国:记述游牧与农耕民族三千年碰撞史[M]. 李德谋,曾令先,译. 南京:江苏人民出版社.

耿磊,2009."绿色城市"目标下规划理念的变革[J]. 江苏建材(3):53-56.

龚炯,李银珠,2021. 中国与"一带一路"沿线国家贸易网络解析[J]. 经济与管理评论,37(2):27-37.

顾朝林,1992. 中国城镇体系:历史·现状·展望[M]. 北京:商务印书馆.

顾磊,2016. 城市发展与转型,交织的流动空间:中国西部城市水景变迁与空间转型[D]. 兰州:兰州大学.

关海玲,孙玉军,2012. 我国省域低碳生态城市发展水平综合评价:基于因子分析[J]. 技术经济,31(7):91-98.

关皓明,张平宇,刘文新,等,2018. 基于演化弹性理论的中国老工业城市经济转型过程比较[J]. 地理学报,73(4):771-783.

郭鸿懋,江曼琦,陆军,等,2002. 城市空间经济学[M]. 北京:经济科学出版社.

郭杰,杨永春,冷炳荣,2012. 1949年以来中国西部大城市制造业企业迁移特征、模式及机制:以兰州市为例[J]. 地理研究,31(10):1872-1886.

郭捷,2005. 曲江大略[M]. 西安:陕西人民出版社.

郭来喜,1994. 中国对外开放口岸布局研究[J]. 地理学报,49(5):385-393.

郭琪,朱晟君,2018. 市场相似性与中国制造业出口市场的空间演化路径[J]. 地理研究,37(7):1377-1390.

国家发改委国地所课题组,肖金成,2009. 我国城市群的发展阶段与十大城市群的功能定位[J]. 改革(9):5-23.

国家发展和改革委员会,外交部,商务部,2015. 推动共建丝绸之路经济带和21世纪海上丝绸之路的愿景与行动[N]. 人民日报,2015-03-28(004).

哈维,2003. 后现代的状况:对文化变迁之缘起的探究[M]. 阎嘉,译. 北京:商务印书馆.

哈维,2009. 新帝国主义[M]. 初立忠,沈晓雷,译. 北京:社会科学文献出版社.

韩宇,李素英,2008. 波士顿产业转型研究[J]. 城市问题(10):81-85.

郝文婷,2013. 文化传承视角下的西安曲江新区空间发展研究[D]. 西安:西安建筑科技大学.

何君,2006. 坚定不移贯彻中央援藏工作方针 努力推进日喀则实现跨越式发展[N]. 青岛日报,2006-09-11(001).

何雄浪,毕佳丽,2014. 我国西部地区资源型城市发展与新型城镇化路径研究[J]. 当代经济管理,36(8):67-72.

何则,杨宇,刘毅,等,2020. 面向转型升级发展的开发区主导产业分布及其空间集聚研究[J]. 地理研究,39(2):337-353.

何紫云,孙艳芝,潘峰华,等,2022. 基于APS企业金融合作关系的世界城市网络特征:以中国内地企业赴港IPO为例[J]. 经济地理,42(2):134-142.

和伟康,苏向辉,马瑛,等,2017. 乌鲁木齐市产业结构与城市空间形态耦合及响应关系研究[J]. 中国农业资源与区划,38(9):98-105,121.

贺灿飞,2018. 区域产业发展演化:路径依赖还是路径创造[J]. 地理研究,37(7):1253-1267.

贺灿飞,陈航航,2017a. 参与全球生产网络与中国出口产品升级[J]. 地理学报,72(8):1331-1346.

贺灿飞,董瑶,周沂,2016. 中国对外贸易产品空间路径演化[J]. 地理学报,71(6):970-983.

贺灿飞,胡绪千,2019. 1978年改革开放以来中国工业地理格局演变[J]. 地理学报,74(10):1962-1979.

贺灿飞,金璐璐,刘颖,2017b. 多维邻近性对中国出口产品空间演化的影响[J]. 地理研究,36(9):1613-1626.

贺灿飞,梁进社,张华,2005. 北京市外资制造企业的区位分析[J]. 地理学报,60(1):122-130.

贺灿飞,毛熙彦,2015. 尺度重构视角下的经济全球化研究[J]. 地理科学进展,34(9):1073-1083.

贺颖,2018. 生态经济视角下的西部地区城市竞争力影响因素分析[J]. 生态经济,34(7):99-103.

洪俊杰,商辉,2019. 中国开放型经济的"共轭环流论":理论与证据[J]. 中国社会科学(1):42-64,205.

洪增林,翟国涛,张步,2014. 西部城市土地利用结构优化研究:以西安为例[J]. 地球科学与环境学报,36(2):121-126.

侯纯光,任建兰,程钰,等,2018. 中国绿色化进程空间格局动态演变及其驱动机制[J]. 地理科学,38(10):1589-1596.

胡超,2019. 全面开放新格局下中国边境经济合作区转型升级研究[J]. 西部论坛,29(5):65-74.

胡国建,陈传明,金星星,等,2019. 中国城市体系网络化研究[J]. 地理学报,74(4):681-693.

胡军,孙莉,2005. 制度变迁与中国城市的发展及空间结构的历史演变[J]. 人文地理,20(1):19-23.

扈万泰,2011. 1949年以来的重庆城市化进程与城市规划演变:兼谈城市意象转变[C]//中国城市规划学会. 转型与重构:2011中国城市规划年会论文集. 南京:东南大学出版社.

黄宝连,2017. "大事件"效应与城市国际化进程[J]. 中共浙江省委党校学报,33(1):88-92.

黄光宇,陈勇,1999. 论城市生态化与生态城市[J]. 城市环境与城市生态,12(6):28-31.

黄幸,2011. 中国西部城市的绅士化研究[D]. 兰州:兰州大学.

黄志勇,2015. 中国沿边开放新阶段新特征及广西沿边开放新站位[J]. 东南亚纵横(1):63-71.

季松,2009. 从空间到文化 从物质到符号:消费文化对中国城市空间发展的影响因素与机制研究[D]. 南京:东南大学.

江涛,2014. 技术性贸易壁垒的技术效应研究[D]. 杭州:浙江大学.

江涛,周骏一,2011. 乐山生态城市建设的若干思考[J]. 中国城市经济(23):43-44.

蒋海兵,祁毅,李传武,2018. 中国城市高速铁路客运的空间联系格局[J]. 经济地理,38(7):26-33.

蒋天颖,史亚男,2015. 宁波市物流企业空间格局演化及影响因素[J]. 经济地理,35(10):130-138.

蒋小荣,2018. 全球贸易网络研究及对中国地缘战略的启示[D]. 兰州:兰州大学.

蒋小荣,汪胜兰,2017a. 中国地级以上城市人口流动网络研究:基于百度迁徙大数据的分析[J]. 中国人口科学(2):35-46.

蒋小荣,汪胜兰,杨永春,2017b. 中国城市人口流动网络研究:基于百度LBS大数据分析[J]. 人口与发展,23(1):13-23.

蒋小荣,杨永春,汪胜兰,2018. 1985—2015年全球贸易网络格局的时空演化及对中国地缘战略的启示[J]. 地理研究,37(3):495-511.

蒋小荣,杨永春,汪胜兰,等,2017c. 基于上市公司数据的中国城市网络空间结构[J]. 城市规划,41(6):18-26.

蒋忠诚,罗为群,童立强,等,2016. 21世纪西南岩溶石漠化演变特点及影响因素[J]. 中国岩溶,35(5):461-468.

金凤君,陈琳琳,杨宇,等,2018. 中国工业基地的甄别与演化模式[J]. 地理学报,73(6):1049-1064.

金利霞,李郇,曾献铁,等,2015. 广东省新一轮制造业产业空间重组及机制研究[J]. 经济地理,35(11):101-109.

康江江,张凡,宁越敏,2019. 苹果手机零部件全球价值链的价值分配与中国角色演变[J]. 地理科学进展,38(3):395-406.

孔伟艳,赵玉峰,2019. "一带一路"下西部人口流动问题研究[J]. 宏观经济管理(10):59-64.

雷璇,2014. 西安曲江文化产业示范区发展模式及规划策略研究[D]. 西安:西安建筑科技大学.

冷炳荣,杨永春,李英杰,等,2011. 中国城市经济网络结构空间特征及其复杂性分析[J]. 地理学报,66(2):199-211.

冷炳荣,杨永春,谭一洺,2014. 城市网络研究:由等级到网络[J]. 国际城市规划,29(1):1-7.

冷炳荣,杨永春,谭一洺,等,2013. 结构动力机制视角下的城市网络解释框架[J]. 地理研究,32(7):1243-1252.

李程骅,黄南,2014. 新产业体系驱动中国城市转型的机制与路径[J]. 天津社会科学,5(2):80-87.

李丹,董琴,2021.全球经济治理体系改革的东亚方案与中国作用[J].国际经贸探索,37(11):101-112.

李恩龙,2020. 转型期企业空间动态、园区发展与城市空间重构研究:以西安市为例[D]. 兰州:兰州大学.

李帆,李效顺,卞正富,等,2019. 基于城市流和引力模型的我国西部地区能源输送格局研究[J]. 生态与农村环境学报,35(7):836-844.

李方一,刘思佳,程莹,等,2017. 出口增加值对中国区域产业结构高度化的影响[J]. 地理科学,37(1):37-45.

李国平,赵永超,2008. 梯度理论综述[J]. 人文地理,23(1):61-64,47.

李国政,彭红碧,2010. 西藏共享型经济发展方式的路径选择:基于"全国援藏"的视角分析[J].当代经济管理,32(8):65-70.

李和平,杨宁,张玛璐,2016. 后消费时代城市文化资本空间生产状况解析[J]. 人文地理,31(2):50-54.

李建华,2015.充分发挥中阿博览会的重要平台作用 为国家"一带一路"建设做贡献[N].人民日报,2015-08-27(016).

李建新,2018. 中国制造业规模、结构高级度及其协调发展的时空格局[D]. 兰州:兰州大学.

李建新,杨永春,蒋小荣,等,2018a. 1998—2013年中国地级单元制造业规模与结构高级度协调发展的时空特征[J]. 地理科学,38(12):2014-2023.

李建新,杨永春,蒋小荣,等,2018b. 中国制造业产业结构高级度的时空格局与影响因素[J]. 地理研究,37(8):1558-1574.

李建新,杨永春,梁曼,2021. 中国西部大城市开发区企业投资决策的驱动因素:以成都、西安高新区为例[J]. 地域研究与开发,40(1):50-54,66.

李健,2008. 从全球生产网络到大都市区生产空间组织[D]. 上海:华东师范大学.

李景源,2012.中国哲学要观照时代的发展:在"中国哲学论坛(2011)"闭幕式上的讲话[J]. 哲学动态(3):5-8.

李力行,申广军,2015. 经济开发区、地区比较优势与产业结构调整[J]. 经济学(季刊),14(3):885-910.

李刘军,2014. 资源型城市经济转型的经验对阳城的启示[J]. 现代工业经济和信息化,4(15):5-7.

李鲁奇,孔翔,2019."双十一"期间中国快递流通的时空结构与效率:基于时间地理学视角[J]. 地理研究,38(8):1891-1904.

李伟伟,2013. 城市与区域发展规划及外资利用,转型期中国利用外资格局及其演化动力研究[D]. 兰州:兰州大学.

李仙德,2012. 基于企业网络的城市网络研究[D]. 上海:华东师范大学.

李仙德,2014. 基于上市公司网络的长三角城市网络空间结构研究[J]. 地理科学进展,33(12):1587-1600.

李贤珠,2010. 中韩产业结构高度化的比较分析:以两国制造业为例[J]. 世界经济研究(10):81-86.

李晓江,2012."钻石结构":试论国家空间战略演进[J]. 城市规划学刊(2):1-8.

李晓文,杨帆,薛德升,2021. 行动者网络视角下的资源型城市动态转型研究:以德国多特蒙德市为例[J]. 世界地理研究,30(5):913-924.

李旭,2010. 西南地区城市历史发展研究[D]. 重庆:重庆大学.

李雪玲,王发曾,夏为丽,2008. 开封城市绿地空间布局的优化[J]. 安徽农业科学,36(36):15851-15853.

李奕,2018. 基于全球价值链分析的中国制造业升级路径及测度方法研究[D]. 上海:上海社会科学院.

李震,杨永春,2010. 基于GDP规模分布的中国城市等级变化研究:等级结构扁平化抑或是等级性加强[J]. 城市规划,34(4):27-31.

李震,杨永春,乔林凰,2008. 改革开放以来西部省(区)及城市GDP增长和城市化差异研究[J]. 中国人口·资源与环境,18(5):19-26.

李宗善,杨磊,王国梁,等,2019. 黄土高原水土流失治理现状、问题及对策[J]. 生态学报,39(20):7398-7409.

廖从健,2013. 中国东中西部城市扩展遥感监测、驱动因素及效应比较研究

[D]. 杭州:浙江大学.

廖元和,2018. 重庆四十年改革开放历程与未来发展趋势[J]. 西部论坛,28(6):15-23.

林毅夫,2017. 新结构经济学的理论基础和发展方向[J]. 经济评论(3):4-16.

刘承良,管明明,段德忠,2018. 中国城际技术转移网络的空间格局及影响因素[J]. 地理学报,73(8):1462-1477.

刘春香,王新刚,2013. 宁波市制造业产业转移现状及对策研究[M]. 武汉:武汉大学出版社.

刘刚,张昕蔚,2019. 欠发达地区数字经济发展的动力和机制研究:以贵州省数字经济发展为例[J]. 经济纵横(6):88-100.

刘纪远,邵全琴,樊江文,等,2013. 中国西部地区生态保护建设路径的探讨[J]. 中国人口·资源与环境,23(10):38-43.

刘家旗,茹少峰,2019. 西部地区经济增长影响因素分析及其高质量发展的路径选择[J]. 经济问题探索(9):82-90.

刘建军,2007. 对口支援政策研究:以广东省对口支援哈密地区为例[D]. 乌鲁木齐:新疆大学.

刘举科,2013. 生态城市是城镇化发展必然之路[N]. 中国环境报,2013-06-20(2).

刘清,杨永春,蒋小荣,等,2021. 基于全球价值链的全球化城市网络分析:以苹果手机供应商为例[J]. 地理学报,76(4):870-887.

刘润,2015. 资本、权力与地方:成都市文化空间生产研究[D]. 兰州:兰州大学.

刘润,马红涛,2016. 中国城市休闲化区域差异分析[J]. 城市问题(10):30-36.

刘润,杨永春,任晓蕾,2017. 1990s末以来成都市文化空间的变化特征及其驱动机制[J]. 经济地理,37(2):114-123.

刘珊,梅国平,2014. 公众参与生态文明城市建设有效表达机制的构建:基于鄱阳湖生态经济区居民问卷调查的分析[J]. 生态经济,30(2):41-44,61.

刘士林,2011. 文化城市与中国城市发展方式转型及创新[J]. 江南大学学报(人文社会科学版),10(4):57-58.

刘天明,2013. 建设宁夏"中阿金融合作中心"的思考[N]. 宁夏日报,2013-08-28(14).

刘卫东,2016."一带一路"倡议的认识误区[J]. 国家行政学院学报(1):30-34.

刘卫东,2017."一带一路":引领包容性全球化[J]. 中国科学院院刊,32(4):331-339.

刘卫东,宋周莺,刘志高,等,2018."一带一路"建设研究进展[J]. 地理学报,73(4):620-636.

刘文宇,赵媛,2013. 中国省际煤炭资源流动的集中程度与位序—规模变化[J]. 资源科学,35(12):2474-2480.

刘晓聪,2014. 西宁市主城区建设用地扩展动态及驱动力分析[D]. 西宁:青海师范大学.

刘晓瑜,2008. 重庆市主城区社会空间结构及规划实证研究[D]. 重庆:重庆大学.

刘扬,2016. 转型期西安市居民消费分层化下的消费空间研究[D]. 兰州:兰州大学.

刘雨埔,2013. 西宁城市空间结构发展研究(1840—2010)[D]. 西安:西安建筑科技大学.

刘云刚,2017. 地理学评论(第8辑):中国政治地理学:进展与展望[M]. 北京:商务印书馆.

刘云刚,叶清露,2013. 区域发展中的路径创造和尺度政治:对广东惠州发展历程的解读[J]. 地理科学,33(9):1029-1036.

刘镇,邱志萍,朱丽萌,2018. 海上丝绸之路沿线国家投资贸易便利化时空特征及对贸易的影响[J]. 经济地理,38(3):11-20.

刘志高,张薇,2016. 演化经济地理学视角下的产业结构演替与分叉研究评述[J]. 经济地理,36(12):218-223,232.

楼嘉军,李丽梅,刘润,2015. 基于要素贡献视角的城市休闲化水平驱动因子研究[J]. 旅游科学,29(4):1-13.

卢汉龙,吴书松,2009. 社会转型与社会建设[M]. 上海:上海社会科学院出版社.

卢明华,李丽,2012. 北京电子信息产业及其价值链空间分布特征研究[J]. 地理研究,31(10):1861-1871.

陆大道,2003. 中国区域发展的新因素与新格局[J]. 地理研究,22(3):261-271.

陆林,张清源,许艳,等,2020. 全球地方化视角下旅游地尺度重组:以浙江乌镇为例[J]. 地理学报,75(2):410-425.

陆梦秋,陈娱,陆玉麒,2018. "一带一路"倡议下中国陆海运输的空间竞合格局[J]. 地理研究,37(2):404-418.

陆铭,刘雅丽,2019. 区域平衡发展:中国道路的"空间政治经济学"思考[J]. 广西财经学院学报,32(4):1-10.

陆雄文,2013. 管理学大辞典[M]. 上海:上海辞书出版社.

吕怀涛,2009. 生产性服务业与制造业互动发展的经验及对辽宁的启示[J]. 当代经济(23):96-101.

吕卫国,陈雯,2009. 制造业企业区位选择与南京城市空间重构[J]. 地理学报,64(2):142-152.

吕炜,2006. 经济转轨理论大纲[M]. 北京:商务印书馆.

罗海平,2011. 源自中国模式的特区模式:兼论转型经济研究范式的形成与转换[J]. 中国经济问题(4):3-9.

罗家德,2005. 社会网分析讲义[M]. 北京:社会科学文献出版社.

马红涛,楼嘉军,刘润,等,2018. 中国城市居民休闲消费质量的空间差异及其影响因素[J]. 城市问题(9):65-73.

马洪福,郝寿义,2017. 产业转型升级水平测度及其对劳动生产率的影响:以长江中游城市群26个城市为例[J]. 经济地理,37(10):116-125.

马交国,杨永春,2004. 生态城市理论研究综述[J]. 兰州大学学报(社会科学版),32(5):108-117.

马景月,1999. 加强城市绿化 建设绿色城市[J]. 城乡建设(5):34-36.

买合普拉,杨德刚,2012. 物流地理学研究进展与展望[J]. 地理科学进展,31(2):231-238.

满姗,杨永春,2022. GVC视角下中国西部制造业上市公司跨境投资网络比较研究[J]. 经济地理,42(11):103-113.

满姗,杨永春,曾通刚,等,2021. 中国西部跨境城市网络空间结构与影响因素[J]. 地理科学,41(4):674-683.

毛汉英,2017. 京津冀协同发展的机制创新与区域政策研究[J]. 地理科学进展,36(1):2-14.

孟德友,李小建,陆玉麒,等,2014. 长江三角洲地区城市经济发展水平空间格局演变[J]. 经济地理,34(2):50-57.

孟浩,王仲智,李建豹,等,2017. 基于加工产业链的泛长三角纺织业空间格局演化[J]. 经济地理,37(6):107-113.

苗长虹,2007. 欧美经济地理学的三个发展方向[J]. 地理科学,27(5):617-623.

莫辉辉,胡华清,王姣娥,2017. 中国货运航空企业发展过程及航线网络演化格局[J]. 地理研究,36(8):1503-1514.

牟凤云,张增祥,2008. 城市扩展与空间形态演化动力机制的研究进展[J]. 重庆交通大学学报(自然科学版),27(5):826-830.

穆焱杰,2022. 2000年以来西宁市经济全球化及其路径分析[D]. 兰州:兰州大学.

穆焱杰,杨永春,2021. 中国西部城市国际货运班列的线路特征、货物类型及货源组织[J]. 世界地理研究,30(4):769-780.

倪玲霖,王姣娥,胡浩,2012. 中国快递企业的空间组织研究:以顺丰速运为例[J]. 经济地理,32(2):82-88,159.

宁越敏,武前波,2011. 企业空间组织与城市—区域发展[M]. 北京:科学出版社.

牛爱啟,2017. 资源枯竭型城市转型与发展:以玉门市为例[D]. 昆明:云南师范大学.

牛梅莉,2016. 银川打造"一带一路"倡议节点城市发展战略研究[J]. 大陆桥视野(21):63-65.

欧阳林,罗文智,2006. 乐山绿心环形生态城市规划与实践[J]. 城市发展研究,13(6):42-45.

欧阳书剑,2013. 新中国成立以来成都城市职能演变研究[D]. 成都:西南交通大学.

参考文献 | 245

帕巴公觉,张泽,陈清泰,等,2003. 政协委员同党和国家领导人共商国是[N]. 人民政协报,2003-03-05(B02).

潘秋晨,2018. 全球价值链嵌入对中国装备制造业转型升级的影响研究[D]. 上海:上海社会科学院.

潘裕娟,曹小曙,2012a. 广州批发市场的供应物流空间格局及其形成机制[J]. 地理学报,67(2):179-188.

潘裕娟,曹小曙,2012b. 广州批发市场的销售物流网络空间研究:基于基本—非基本经济活动视角[J]. 人文地理,27(1):92-97.

庞晶,叶裕民,2012. 全球化对城市空间结构的作用机制分析[J]. 城市发展研究,19(4):50-54.

彭建交,李雪莲,张金辉,2007. 生态危机及其根源[J]. 科技信息(科学教研),(11):169,105.

彭丽,2006. 欠发达地区高校人才流失问题研究[D]. 成都:西南财经大学.

彭晓春,李明光,陈新庚,等,2001. 生态城市的内涵[J]. 现代城市研究,16(6):30-32.

齐元静,金凤君,刘涛,等,2016. 国家节点战略的实施路径及其经济效应评价[J]. 地理学报,71(12):2103-2118.

綦晓萌,2015. 重庆渝中半岛城市形态及其演变:基于重要城市规划文本的研究(1949—2014)[D]. 重庆:重庆大学.

乔欣,2015. 从"输血"到"造血":援藏篇[J]. 新理财(政府理财)(11):65-66.

乔玉强,2019. 从资本到人类命运共同体:对全球治理的反思、批判与超越[J]. 河南大学学报(社会科学版),59(5):7-15.

邱薇,2015. 新经济下的西部地区产业发展与结构升级[J]. 时代金融(1):84-85.

屈新平,2010. 生态城市导向的张掖市城市总体规划调整研究[D]. 兰州:兰州大学.

全毅,王春丽,2019. "一带一路"倡议与我国沿边开发开放新格局[J]. 边界与海洋研究,4(2):89-102.

阮元,1980. 十三经注疏[M]. 北京:中华书局.

桑瑞聪,刘志彪,王亮亮,2013. 我国产业转移的动力机制:以长三角和珠三角地区上市公司为例[J]. 财经研究,39(5):99-111.

陕西周原考古队,1979. 陕西岐山凤雏村西周建筑基址发掘简报[J]. 文物,(10):27-37.

佘娇,2014. 重庆市主城区社会空间结构及其演化研究[D]. 重庆:重庆大学.

申庆喜,李诚固,孙亚南,等,2018. 基于用地与人口的新城市空间演变及驱动因素分析:以长春市为例[J]. 经济地理,38(6):44-51.

沈建法,2006. 中国城市化与城市空间的再组织[J]. 城市规划,30(S1):36-40.

沈骏,2003. 绿色城市:可持续发展的新概念:由徐家汇公园建设想到的[J]. 国土绿化(2):18.

石敏俊,2017. 中国经济绿色发展理论研究的若干问题[J]. 环境经济研究, 2(4):1-6,92.

石敏俊,杨晶,龙文,等,2013. 中国制造业分布的地理变迁与驱动因素[J]. 地理研究,32(9):1708-1720.

石崧,2005. 从劳动空间分工到大都市区空间组织[D]. 上海:华东师范大学.

石忆邵,张翔,1997. 城市郊区化研究述要[J]. 城市规划学刊(3):56-58,65.

世界知识产权组织,2018. 2017年世界知识产权报告(WIPR)[EB/OL]. (2018-01-16)[2023-03-31]. https://www.useit.com.cn/thread-18319-1-1.html.

司马迁,1959. 史记[M]. 北京:中华书局.

司增绰,周坤,仇方道,等,2018. 中国对"一带一路"沿线国家出口增长的边际特征时空变化[J]. 地理科学,38(11):1777-1787.

宋美娜,2017. 制度变迁视角:2000年以来中国城市发展转型及其与政府因子的相关性[D]. 兰州:兰州大学.

宋同清,彭晚霞,杜虎,等,2014. 中国西南喀斯特石漠化时空演变特征、发生机制与调控对策[J]. 生态学报,34(18):5328-5341.

宋亚君,2011. 干旱区绿洲背景下乌鲁木齐城市空间结构及演化研究[D]. 北京:中国科学院新疆生态与地理研究所.

宋玉祥,丁四保,2010. 空间政策:由区域倾斜到产业倾斜[J]. 经济地理,30(1):1-5.

宋周莺,刘卫东,2013. 西部地区产业结构优化路径分析[J]. 中国人口·资源与环境,23(10):31-37.

苏建军,徐璋勇,赵多平,2013. 国际货物贸易与入境旅游的关系及其溢出效应[J]. 旅游学刊,28(5):43-52.

苏立君,王俊,谭清译,2018. 经济全球化条件下生产链和价值链的碎片化:基于世界投入产出模型[J]. 经济学家(7):34-44.

苏维词,2000. 贵阳城市土地利用变化及其环境效应[J]. 地理科学,20(5):462-468.

孙立锋,徐明棋,2018. 全球生产网络构建下的中国民营跨国公司成长机制:基于吉利集团的案例分析[J]. 财会月刊(11):86-91.

孙焱林,李格,石大千,2019. 西部大开发与技术创新:溢出还是陷阱:基于PSM-DID的再检验[J]. 云南财经大学学报,35(6):51-62.

孙阳,张落成,姚士谋,2017. 基于快递企业总—分机构的中国城市网络空间结构[J]. 中国科学院大学学报,34(5):591-597.

孙战秀,2017. 沿海经济园区成长与依托城市的交通区位关系研究[D]. 大连:大连海事大学.

锁言涛,2011. 西安曲江模式:一座城市的文化穿越[M]. 北京:中共中央党校出版社.

谭一铭,2013. 转型期兰州市民族间居住空间格局与居住分异研究[D]. 兰州:兰州大学.

谭一洺,杨永春,冷炳荣,等,2011. 基于高级生产者服务业视角的成渝地区城市网络体系[J]. 地理科学进展,30(6):724-732.

唐杰,蔡增正,2003. 渐进式改革的博弈分析:兼论从经济体制改革到渐进式政治体制改革[J]. 南开经济研究(4):28-35.

唐艳,2020. 中国西部深内陆城市开发区的企业投资与供销物流网络研究:以西宁市和银川市为例[D]. 兰州:兰州大学.

唐艳,杨永春,程仕瀚,2020a. 企业视角:西宁市开发区的投资来源与影响因素[J]. 兰州大学学报(自然科学版),56(5):615-622,628.

唐艳,杨永春,程仕瀚,2020b. 西宁市开发区企业的供应销售物流网络结构特征[J]. 经济地理,40(3):129-140.

陶锋,杨文婷,孙大卫,2018. 地方产业集群、全球生产网络与企业生产率:基于双重网络嵌入视角[J]. 国际经贸探索,34(5):19-34.

陶一桃,2013. 从沿海开放到沿边开放:开放拓展战略的意义及喀什经济特区发展应该注意的几个问题[J]. 深圳大学学报(人文社会科学版),30(1):88-93.

滕明政,2018. 习近平的国家治理现代化思想研究:推进国家治理体系和治理能力现代化[J]. 大连理工大学学报(社会科学版),39(1):1-8.

田青华,强成江,殷丽霞,等,2014. 张掖市加快宜居宜游建设步伐,率先实现转型跨跃的研究报告[J]. 陇东学院学报,25(6):96-98.

屠启宇,2018. 21世纪全球城市理论与实践的迭代[J]. 城市规划学刊(1):41-49.

汪晓华,王梦敏,2000. 山东援藏工作激活了日喀则地区经济[N]. 西藏日报,2000-12-04(2).

王宝君,杨永春,史坤博,等,2018. 中国西部园区时空格局及其影响因素[J]. 地域研究与开发,37(5):6-12.

王炳天,2017. 丝绸之路经济带背景下中国西北地区中心城市建设对策研究:以西兰乌为例[D]. 西安:西北大学.

王博祎,李郇,2016. 深港边界地区的尺度重组研究:以前海地区为例[J]. 人文地理,31(3):88-93.

王成金,2008. 中国物流企业的空间组织网络[J]. 地理学报,63(2):135-146.

王成金,张梦天,2014. 中国物流企业的布局特征与形成机制[J]. 地理科学进展,33(1):134-144.

王春程,2015. 古村落空间的生产与消费研究:以苏州陆巷村为例[D]. 苏州:苏州科技学院.

王菲,2011. 中国西部民族地区低碳生态城市发展模式探析[C]//中国自然资源学会,新疆自然资源学会. 发挥资源科技优势 保障西部创新发展:中国自然资源学会2011年学术年会论文集(上册). 乌鲁木齐:中国自然资源学会.

王宏光,杨永春,刘润,等,2015. 城市工业用地置换研究进展[J]. 现代城市研究,30(3):60-65.

王慧,2006.开发区发展与西安城市经济社会空间极化分异[J].地理学报,61(10):1011-1024.

王慧敏,2007.上海工业开发区建设和发展的空间效应研究[D].上海:上海师范大学.

王俊松,2014.长三角制造业空间格局演化及影响因素[J].地理研究,33(12):2312-2324.

王开盛,2013.我国资源型城市产业转型效果及影响因素研究[D].西安:西北大学.

王立,薛德升,2017.世界城市跨国空间研究的分野与合流[J].人文地理,32(5):69-75.

王立,薛德升,2018.解绑—嵌入:广州天河北全球化空间的跨国生产[J].地理研究,37(1):81-91.

王立平,彭继年,任志安,2006.我国FDI区域分布的区位条件及其地理溢出程度的经验研究[J].经济地理,26(2):265-269.

王茉琴,2010.区域协调发展背景下城市群发展研究:以陕川渝西三角城市群为例[D].西安:西北大学.

王溥,1955.唐会要[M].北京:中华书局.

王秋玉,尚勇敏,刘刚,等,2018.跨国并购对全球—地方创新网络演化的作用研究:以中国工程机械产业为例[J].经济地理,38(2):1-9.

王如松,2010.城市生态文明的科学内涵与建设指标[J].前进论坛(10):53-54.

王莎莎,江峰,王文鹏,2014.基于相对决策熵与加权相似性的粗糙集数据补齐方法[J].计算机科学,41(2):245-248.

王舒馨,2017.2004—2013年乌鲁木齐市制造业空间格局演变及其影响因素[D].兰州:兰州大学.

王帅,席强敏,李国平,2015.北京制造业企业对河北投资的空间特征与影响因素[J].经济地理,35(4):90-98.

王素军,2011.中国资源型城市转型路径研究:以甘肃典型资源型城市为例[D].兰州:兰州大学.

王涛,2012.西宁市产业集群发展研究[D].西宁:青海师范大学.

王伟兵,2013.促进开发区产业集聚的财税激励政策研究[D].北京:财政部财政科学研究所.

王祥,强文丽,牛叔文,等,2018.全球农产品贸易网络及其演化分析[J].自然资源学报,33(6):940-953.

王欣,吴殿廷,肖敏,2006.产业发展与中国经济重心迁移[J].经济地理,26(6):978-981.

王兴平,崔功豪,高舒欣,2018.全球化与中国开发区发展的互动特征及内在机制研究[J].国际城市规划,33(2):16-22.

王雪然,2017.对"三驾马车"拉动我国经济增长结构性突变的实证分析[J].时代金融(32):12-14.

王雅静,2016. 霍尔果斯在丝绸之路经济带"中哈经济走廊"建设中发挥互联互通作用的优势凸显[J]. 大陆桥视野(15):44-47.

王亚博,2017. 1978—2009年甘肃省人才流动研究[D]. 兰州:西北师范大学.

王亚明,2011. 城市更新视角下的资源型城市转型实证研究:以玉门(老市区)为例[D]. 兰州:兰州大学.

王玥,2018. 基于全球生产网络视角下的零售供应链升级与转型:以鲜奶和大豆油为例[J]. 地理研究,37(7):1435-1446.

王战和,许玲,2005. 高新技术产业开发区与城市经济空间结构演变[J]. 人文地理,21(2):98-100.

魏成,陈烈,2009. 制度厚实、制度空间与区域发展[J]. 人文地理,24(2):67-72.

魏后凯,2003. 产业转移的发展趋势及其对竞争力的影响[J]. 福建论坛(经济社会版),1(4):11-15.

魏农建,2009. 物流营销与客户关系管理[M]. 2版. 上海:上海财经大学出版社.

魏修建,吴刚,班斓,2021. 西部地区工业转型升级能力评测分析:基于高质量发展的视角[J]. 宁夏社会科学(1):111-119.

魏徵,1973. 隋书[M]. 北京:中华书局.

温军,2001. 民族与发展:新的现代化追赶战略[D]. 北京:清华大学.

吴丰华,白永秀,2015. 以丝绸之路经济带促动西部发展:现实基础、重大意义、战略举措[J]. 人文杂志(12):35-42.

吴娟,2014. 论鲍德里亚消费社会的城市文化观[J]. 改革与开放(6):82.

吴良镛,2009. 中国建筑与城市文化[M]. 北京:昆仑出版社.

吴志强,1998. "全球化理论"提出的背景及其理论框架[J]. 城市规划汇刊(2):1-6.

武前波,2010. 企业空间组织和城市与区域空间重塑[D]. 上海:华东师范大学.

武前波,宁越敏,2012. 中国城市空间网络分析:基于电子信息企业生产网络视角[J]. 地理研究,31(2):207-219.

武廷海,张城国,张能,等,2012. 中国快速城镇化的资本逻辑及其走向[J]. 城市与区域规划研究(2):1-23.

西部君,2017. 衰落的兰大背后,是失落的兰州[EB/OL]. (2017-06-05)[2023-03-31]. 西部城事.

西藏自治区地方志编纂委员会,西藏自治区日喀则市地方志编纂委员会,2017. 日喀则市志[M]. 北京:方志出版社.

夏合群,2012. 宁夏建设中国精品羊绒产业基地的集群竞争优势分析[J]. 内蒙古农业大学学报(社会科学版),14(1):92-94.

夏丽丽,阎小培,2008. 基于全球产业链的发展中地区工业化进程中的产业演进:以珠江三角洲为例[J]. 经济地理,28(4):573-577.

肖特,2011. 城市秩序:城市、文化与权力导论[M]. 郑娟,梁捷,译. 上海:上海人民出版社.

许静,杨永春,2021."一带一路"背景下中国西部城市经济全球化水平的空间演化[J].经济地理,41(7):20-29.

许学强,周一星,宁越敏,2009.城市地理学[M].2版.北京:高等教育出版社.

薛德升,黄耿志,翁晓丽,等,2010.改革开放以来中国城市全球化的发展过程[J].地理学报,65(10):1155-1162.

薛德升,邹小华,2018.基于中资商业银行全球空间扩展的世界城市网络及其影响因素[J].地理学报,73(6):989-1001.

薛梅,董锁成,李宇,2009.国内外生态城市建设模式比较研究[J].城市问题(4):71-75.

严姗,2014.乌鲁木齐市城市空间结构演变研究[D].乌鲁木齐:新疆大学.

颜京松,2004.城市生态工程[C]//中国生态学学会.生态城市发展方略:国际生态城市建设论坛文集.宁波:中国生态学学会.

阳立高,谢锐,贺正楚,等,2014.劳动力成本上升对制造业结构升级的影响研究:基于中国制造业细分行业数据的实证分析[J].中国软科学(12):136-147.

杨亮洁,2017.企业联系视角下的中国西部城市网络研究:世界500强和中国500强的对比分析[D].兰州:兰州大学.

杨亮洁,杨永春,潘竟虎,2019.中国西部城市参与全球和全国竞争的时空格局及网络结构演化[J].经济地理,39(10):43-53.

杨蔚清,张京祥,2010.简论我国低碳生态城市规划建设的策略[J].江苏建材(3):64-66.

杨显明,焦华富,2016.转型期煤炭资源型城市空间重构:以淮南市、淮北市为例[J].地理学报,71(8):1343-1356.

杨晓光,樊杰,赵燕霞,2002.20世纪90年代中国区域经济增长的要素分析[J].地理学报,57(6):701-708.

杨艳琪,2018.河南省汽车产业升级研究:基于全球生产网络的视角[D].开封:河南大学.

杨永春,2003.中国西部河谷型城市的发展和空间结构研究[D].南京:南京大学.

杨永春,2011.突变生长:中国(西部)城市转型的多维透视[M].兰州:兰州大学出版社.

杨永春,2012.河流文明:河谷型城市生长与建设原理:兴起·布局·演化·规划[M].兰州:兰州大学出版社.

杨永春,2013.中国模式:渐进制度转型与地理空间演变[M].兰州:兰州大学出版社.

杨永春,2015.中国模式:转型期混合制度"生产"了城市混合空间结构[J].地理研究,34(11):2021-2034.

杨永春,2022.我国资源型城市转型发展的类型分析与路径选择:以迁移—分离模式为例[J]. 国家治理(6):43-46.

杨永春,冷炳荣,庞国锦,2009. 中国西部城市的边缘化风险[J]. 城市问题(8):11-18.

杨永春,冷炳荣,谭一洺,等,2011. 世界城市网络研究理论与方法及其对城市体系研究的启示[J]. 地理研究,30(6):1009-1020.

杨永春,李建新,2017. 地方化与全球化:我国西部典型高新开发区的发展转型:以成都高新区为例[J]. 江西师范大学学报(哲学社会科学版),50(1):113-124.

杨永春,穆焱杰,张薇,2020. 黄河流域高质量发展的基本条件与核心策略[J]. 资源科学,42(3):409-423.

杨永春,宋美娜,史坤博,等,2016. 渐进制度变迁模式下中国城市转型测度的空间分异[J]. 地理科学,36(10):1466-1473.

杨永春,孙燕,李建新,等,2019a. 藏、汉对比视角下的城市空间环境认知研究:以中国西藏日喀则市为例[J]. 地理科学,39(2):334-341.

杨永春,孙燕,王伟伟,2019b. 1959年以来日喀则市发展与空间演化的尺度逻辑[J]. 经济地理,39(12):48-61.

杨永春,许静,王雨萱,2023. 新时代地缘视角下中国西部发展的全球地位及核心战略路径[J]. 经济地理,43(2):22-32.

杨永春,张薇,曹宛鹏,等,2021. 国家安全视角下的我国西部国土空间规划:体系完善与基本导向[J]. 自然资源学报,36(9):2264-2280.

杨永春,赵鹏军,2000. 中国西部河谷型城市职能分类初探[J]. 经济地理,20(6):61-64.

杨永春,赵四东,李伟伟,2013. 文化转型:中国文化规划研究:内容·层系·方法·案例[M]. 兰州:兰州大学出版社.

杨宇振,2009. 权力、资本与空间:中国城市化1908—2008年:写在《城镇乡地方自治章程》颁布百年[J]. 城市规划学刊(1):62-73.

杨振超,2010. 国内外资源型城市转型理论研究述评[J]. 上海经济研究,22(6):67-73.

姚景秋,2015. 城市文化产业示范区扶持政策研究:以曲江新区为例[D]. 西安:西北大学.

姚康,2010. 基于企业视角的兰州市制造业地理集中与集聚研究[D]. 兰州:兰州大学.

姚士谋,陈振光,2006. 对我国城市群区空间规划的新认识[J]. 现代城市,1(4):17-20.

姚作林,涂建军,牛慧敏,等,2017. 成渝经济区城市群空间结构要素特征分析[J]. 经济地理,2017,37(1):82-89.

叶磊,段学军,2016. 基于物流企业的长三角地区城市网络结构[J]. 地理科学进展,35(5):622-631.

叶士琳,曹有挥,王佳韡,等,2018. 长江沿岸港口物流发展格局演化及其机制[J]. 地理研究,37(5):925-936.

叶章胜,王列军,刘务民,等,2003.创建绿色城市是十堰市实现可持续发展的必然选择[J].郧阳师范高等专科学校学报,23(5):29-32.

叶振宇,2017.中西部和东部地区老工业基地振兴发展的五种模式与解构[J].改革(8):94-99.

易中天,2014.秦并天下[M].杭州:浙江文艺出版社.

尹洪妍,2008.国外生态城市的开发模式[J].城市问题(12):90-92.

游玲环,2018.重庆市产业结构与就业结构的协调性分析[D].重庆:重庆理工大学.

于涛方,顾朝林,李志刚,2008.1995年以来中国城市体系格局与演变:基于航空流视角[J].地理研究,27(6):1407-1418.

于中原,2018.基于"一带一路"倡议背景下的乌鲁木齐市城市空间发展研究[D].大连:东北财经大学.

余官胜,林俐,2015.企业海外集群与新晋企业对外直接投资区位选择:基于浙江省微观企业数据[J].地理研究,34(2):364-372.

余建辉,李佳洺,张文忠,2018.中国资源型城市识别与综合类型划分[J].地理学报,73(4):677-687.

袁丰,魏也华,陈雯,等,2010.苏州市区信息通讯企业空间集聚与新企业选址[J].地理学报,65(2):153-163.

袁航,朱承亮,2018.西部大开发推动产业结构转型升级了吗:基于PSM-DID方法的检验[J].中国软科学(6):67-81.

袁玲燕,张玥,2018.旅游与全球化关系研究进展及启示[J].世界地理研究,27(6):115-126.

袁懋栓,2009."绿色北京":文明城市建设的新实践[J].城市问题(12):92-96.

袁田,2018.生态城市建设:张掖市发展转型分析[D].兰州:兰州大学.

袁田,杨永春,史坤博,2018.2001年以来中国非国有经济发展的空间特征分析[J].世界地理研究,27(2):95-105.

袁田,杨永春,史坤博,等,2009.中国经济制度转型对制度供给的时空响应:基于非国有经济视角[J].地域研究与开发,37(3):1-6.

袁晓慧,徐紫光,2009.跨境经济合作区:提升沿边开放新模式:以中国红河—越南老街跨境经济合作区为例[J].国际经济合作(9):44-49.

岳丹,2007.成都市城市结构调整与城市更新[D].成都:西南交通大学.

曾刚,2001.上海市工业布局调整初探[J].地理研究,20(3):330-337.

曾璐,2018.水资源跨域治理中的政府责任研究[J].经济研究导刊(8):178-179,196.

曾全声,2011.解读鲍德里亚消费概念的符号学特点[J].职业(S1):74.

张朝枝,邓曾,游旺,2010.基于旅游体验视角的旅游产业价值链分析[J].旅游学刊,25(6):19-25.

张城铭,翁时秀,保继刚,2019.1978年改革开放以来中国旅游业发展的地理格局[J].地理学报,74(10):1980-2000.

张德利,2016. 城市发展与转型,政府、企业、单位、市民:成都市居住用地变迁模式研究[D]. 兰州:兰州大学.

张国玲,2008. 科学发展观、和谐社会呼唤绿色思维[J]. 生态经济,24(10):87-90,108.

张恒,2016. 转型期银川城市景观的伊斯兰特征变迁[D]. 兰州:兰州大学.

张恒,杨永春,史坤博,2017. 转型期银川市建筑景观伊斯兰化的空间格局及其驱动机制[J]. 人文地理,32(2):37-45.

张红梅,2004. 当代中国少数民族经济发展政策研究:兼论西部大开发战略对民族经济政策的完善和发展[D]. 北京:中央民族大学.

张红卫,夏海山,魏民,2009. 运用绿色基础设施理论,指导"绿色城市"建设[J]. 中国园林,25(9):28-30.

张京祥,邓化媛,2009. 解读城市近现代风貌型消费空间的塑造:基于空间生产理论的分析视角[J]. 国际城市规划,23(1):43-47.

张丽君,2016. 中国西部民族地区生态城市发展模式研究[M]. 北京:中国经济出版社.

张利,雷军,张小雷,等,2012. 乌鲁木齐城市社会区分析[J]. 地理学报,67(6):817-828.

张利国,鲍丙飞,杨胜苏,2019. 我国农业可持续发展空间探索性分析[J]. 经济地理,39(11):159-164.

张亮靓,孙斌栋,2017. 极化还是均衡:重塑大国经济地理的战略选择:城市规模分布变化和影响因素的跨国分析[J]. 地理学报,72(8):1419-1431.

张玲,2006. 城市基础设施建设与区域经济发展研究[D]. 大连:东北财经大学.

张鹏,王娟,2016. 中国产业产品内国际分工对技术进步影响:基于27个中国制造业面板数据的实证研究[J]. 科学学研究,34(9):1326-1335,1359.

张鹏飞,2018. 基础设施建设对"一带一路"亚洲国家双边贸易影响研究:基于引力模型扩展的分析[J]. 世界经济研究(6):70-82,136.

张荣天,2017. 长三角城市群网络结构时空演变分析[J]. 经济地理,37(2):46-52.

张庭伟,2001. 1990年代中国城市空间结构的变化及其动力机制[J]. 城市规划,25(7):7-14.

张庭伟,2006. 当代美国规划研究与芝加哥经济转型[J]. 国外城市规划,21(4):1-5.

张卫红,2010. 产业转移的动力机制及评价指标分析[J]. 学术论坛,33(11):130-133.

张卫华,2020. 创新链数字化全球化的转型机制与路径:以柳工集团嵌入全球创新链为案例[J]. 改革与战略,36(4):25-32.

张卫锴,2003. 甘肃高校层次人才流失原因及对策研究[D]. 兰州:西北师范大学.

张晓平,2005. 跨国公司在开发区的投资模式及区域影响[J]. 地理研究,24

(4):631-640.

张晓旭,2017. 基于空间生产理论的历史文化型消费空间形成机制研究:以大唐不夜城为例[D]. 西安:西安外国语大学.

张欣,王茂军,柴箐,等,2012. 全球化浸入中国城市的时空演化过程及影响因素分析:以8家大型跨国零售企业为例[J]. 人文地理,27(4):63-72.

张新焕,杨德刚,陈曦,2005. 乌鲁木齐近50年城市用地动态扩展及其机制分析[J]. 干旱区地理,28(2):263-269.

张豫芳,杨德刚,张小雷,等,2006. 天山北坡绿洲城市空间形态时空特征分析[J]. 地理科学进展,25(6):138-147.

张志斌,袁寒,2008. 西宁城市空间结构演化分析[J]. 干旱区资源与环境,22(5):36-41.

张洲,2007. 周原环境与文化[M]. 修订本. 西安:三秦出版社.

赵昌文,许召元,朱鸿鸣,2015. 工业化后期的中国经济增长新动力[J]. 中国工业经济(6):44-54.

赵建吉,王艳华,苗长虹,2019. 区域新兴产业形成机理:演化经济地理学的视角[J]. 经济地理,39(6):36-45.

赵凯旭,2019. 城郊大型文化产业园空间生产研究:以西安曲江新区为例[D]. 西安:西北大学.

赵渺希,刘铮,2012. 基于生产性服务业的中国城市网络研究[J]. 城市规划,36(9):23-28.

赵书杰,2018. 全球价值链重构视角下美国制造业回流影响研究[D]. 保定:河北大学.

赵伟,2011. 工业化—产业集聚与制度演化:浙江模式再思考[J]. 社会科学战线(1):46-53.

赵新正,2011. 经济全球化与城市—区域空间结构研究:以上海—长三角为例[D]. 上海:华东师范大学.

赵新正,李秋平,芮旸,等,2019. 基于财富500强中国企业网络的城市网络空间联系特征[J]. 地理学报,74(4):694-709.

赵新正,宁越敏,2012. 经济全球化视野下的中国城市网络研究:以长三角为例[M]. 北京:商务印书馆.

赵晔,1999. 吴越春秋[M]. 徐天祜,音注. 南京:江苏古籍出版社.

甄峰,王波,陈映雪,2012. 基于网络社会空间的中国城市网络特征:以新浪微博为例[J]. 地理学报,67(8):1031-1043.

郑国,2006. 经济技术开发区对城市经济空间结构的影响效应研究:以北京为例[J]. 经济问题探索(8):48-52.

郑蕾,宋周莺,刘卫东,等,2015. 中国西部地区贸易格局与贸易结构分析[J]. 地理研究,34(10):1933-1942.

郑智,刘卫东,宋周莺,等,2019. "一带一路"生产网络及中国参与程度[J]. 地理科学进展,38(7):951-962.

钟惠芸,黄建忠,2018. 中国在全球生产网络中的角色演进:基于解耦争论的研究[J]. 亚太经济(3):97-103.

仲丛利,李晓,2012. 曲江新区城市运营模式的启示[J]. 中国经贸导刊(20):19-21.

周蕾,杨山,王曙光,2016. 城市内部不同所有制制造业区位时空演变研究:以无锡为例[J]. 人文地理,31(4):102-111.

周沂,贺灿飞,2019. 中国城市出口产品演化[J]. 地理学报,74(6):1097-1111.

周兆军,李晓东,2009. 乌鲁木齐市城市空间结构演化分析[J]. 山西建筑,35(32):18-20.

周振华,2007. 全球城市区域:全球城市发展的地域空间基础[J]. 天津社会科学(1):67-71,79.

朱汉清,2010. 要素转移与产业转移的比较研究[J]. 经济学家(12):58-63.

朱慧,周根贵,2017. 国际陆港物流企业空间格局演化及其影响因素:以义乌市为例[J]. 经济地理,37(2):98-105.

朱江丽,李子联,2014. 异质性企业归类效应与地区差距[J]. 当代经济科学,36(4):37-46.

朱金,2006. 城市文化[M]. 张廷佺,杨东霞,谈瀛洲,译. 上海:上海教育出版社.

朱磊,罗格平,许文强,等,2008. 干旱区绿洲城市土地利用变化及其生态环境效应分析:以乌鲁木齐市为例[J]. 干旱区资源与环境,22(3):13-19.

朱晟君,王翀,2018. 制造业重构背景下的中国经济地理研究转向[J]. 地理科学进展,37(7):865-879.

朱士光,1995. 论周秦汉唐文化对我国古代都城规制之影响[J]. 陕西师范大学学报(哲学社会科学版),24(3):52-53.

朱士光,2004. 中国古都与中华文化关系研究[J]. 陕西师范大学学报(哲学社会科学版),33(1):26-31.

朱士光,肖爱玲,2005. 古都西安的发展变迁及其与历史文化嬗变之关系[J]. 陕西师范大学学报(哲学社会科学版),34(4):83-89.

朱文晖,张玉斌,2004. 改革开放以来中国区域政策的四次调整及其研判[J]. 开放导报(1):37-42.

朱晓华,李加林,杨秀春,等,2007. 土地空间分形结构的尺度转换特征[J]. 地理科学,27(1):58-62.

朱涯,黄玮,李蒙,等,2018. 云南省山洪地质灾害分布特征及致灾因子分析[J]. 灾害学,33(3):96-100.

朱玉琴,崔兵,钟喜华,1998. 建设城市绿地、改善生态环境[J]. 黑龙江环境通报,22(1):61-62.

庄宁,2004. 房地产开发中的文化理念[J]. 城乡建设(11):51-52.

宗会明,王鹏程,戴技才,2015a. 重庆市主城区物流园区空间布局及其对城市空间结构的影响[J]. 地理科学,35(7):831-837.

宗会明,周素红,闫小培,2009. 基于公司层面的物流网络组织:以南方物流公司为例[J]. 地理科学,29(4):477-484.

宗会明,周素红,闫小培,2015b. 全球化下地方综合服务型物流企业的空间网络组织:以腾邦物流为案例[J]. 地理研究,34(5):944-952.

邹衡,1980. 夏商周考古学论文集[M]. 北京:文物出版社.

· 外文文献·

AIROLDI A,JANETTI B J,GAMBARDELLA A,et al,1997. The impact of urban structure on the location of producer services[J]. Service industries journal,17(1):91-114.

AKAMATSU K,1935. Trend of Japanese trade in woollen goods[J]. Journal of Nagoya Higher Commercial School,13:129-212.

ALDERSON A S,BECKFIELD J,2004. Power and position in the world city system[J]. American journal of sociology,109(4):811-851.

AMDAM R P,BJARNAR O,WANG J M,2018. The dynamic role of small- and medium-sized multinationals in global production networks:Norwegian Maritime Firms in the Greater Shanghai Region in China[J]. Asia Pacific business review,24(1):37-52.

ARTHUR W B,1989. Competing technologies,increasing returns,and lock-in by historical events[J]. The economic journal,99(394):116-131.

ATHUKORALA P C,2019. Joining global production networks:experience and prospects of India [J]. Asian economic policy review, 14 (1): 123-143.

BATTY M,1991. Urban information networks:the evolution and planning of computer-communications infrastructure [M]//BROTCHIE J, BATTY M,HALL P,et al. Cities of the 21st century:new technologies and spatial system. Boulder:Longman Cheshire:65-72.

BAUMOL W J,1967. Macroeconomics of unbalanced growth:the anatomy of urban crisis[J]. The American economic review,57(3):415-426.

BELL M G H,MENG Q,2016. Special issue in transportation research part B: shipping,port and maritime logistics[J]. Transportation research part B: methodological,93:697-699.

BERNARD A B,JENSEN J B,REDDING S J,et al,2009. The margins of US trade[J]. The American economic review,99(2):487-493.

BRENNER N,2000. The urban question:reflections on Henri Lefebvre, urban theory and the politics of scale[J]. International journal of urban and regional research,24(2):361-378.

BROWN E,DERUDDER B,PARNREITER C,et al. World city networks and global commodity chains:towards a world-systems' integration[J]. Global networks,10(1):12-34.

CAMERON J,HICKS J,2014. Performative research for a climate politics of hope: rethinking geographic scale, "impact" scale, and markets [J]. Antipode, 46(1): 53-71.

CASTELLS M, 1989. The informational city, information technology, economic restructuring, and urban-regional process [M]. Oxford: Basil Blackwell.

CASTELLS M, 1996. The rise of the network society [M]. Cambridge: Blackwell Publishing.

CHHETRI P, NKHOMA M, PESZYNSKI K, et al, 2018. Global logistics city concept: a cluster-led strategy under the Belt and Road Initiative [J]. Maritime policy and management, 45(3): 319-335.

CHIEN S S, 2010. Economic freedom and political control in Post-Mao China: a perspective of upward accountability and asymmetric decentralization [J]. Asian journal of political science, 18(1): 69-89.

CLARK E, 1995. The rent gap re-examined [J]. Urban studies, 32(9): 1489-1503.

COE N M, DICKEN P, HESS M, et al, 2010. Making connections: global production networks and world city networks [J]. Global networks, 10(1): 138-149.

CONVERSI D, 2010. The limits of cultural globalisation [J]. Journal of critical globalisation studies, 3(3): 36-59.

COX K R, 1998. Spaces of dependence, spaces of engagement and the politics of scale, or: looking for local politics [J]. Political geography, 17(1): 1-23.

CURRID E, 2009. Bohemia as subculture; "bohemia" as industry [J]. Journal of planning literature, 23(4): 368-382.

DANA L P, HAMILTON R T, PAUWELS B, 2007. Evaluating offshore and domestic production in the apparel industry: the small firm's perspective [J]. Journal of international entrepreneurship, 5(3-4): 47.

DEFEVER F, 2006. Functional fragmentation and the location of multinational firms in the enlarged Europe [J]. Regional science and urban economics, 36(5): 658-677.

DERUDDER B, WITLOX F, 2010. World cities and global commodity chains: an introduction [J]. Global networks, 10(1): 1-11.

DICKEN P, 2007. Global shift: mapping the changing contours of the world economy [M]. 5th ed. New York: Guilford.

DRUCKER J, 2011. Regional industrial structure concentration in the United States: trends and implications [J]. Economic geography, 87(4): 421-452.

DZUPIRE N C, NKANSAH-GYEKYE Y, MIRAU S S, 2014. Modeling the SBC Tanzania production-distribution logistics network [J]. Mathematical theory and modeling, 11(4): 91-98.

FRIEDMANN J, 1986. The world city hypothesis [J]. Development and change,17(1):69-83.

FRIEDMANN J, WOLFF G, 1982. World city formation: an agenda for research and action[J]. International journal of urban and regional research,6(3):309-344.

GEELS F W,2002. Technological transitions as evolutionary reconfiguration processes:a multi-level perspective and a case-study[J]. Research policy,31(8/9):1257-1274.

GEREFFI G,HUMPHREY J,STURGEON T,2005. The governance of global value chains[J]. Review of international political economy, 12(1):78-104.

GEREFFI G, LEE J, 2016. Economic and social upgrading in global value chains and industrial clusters:Why governance matters[J]. Journal of business ethics,133(1):25-38.

GOLUBCHIKOV O, BADYINA A, MAKHROVA A, 2014. The hybrid spatialities of transition: capitalism, legacy and uneven urban economic restructuring[J]. Urban studies,51(4):617-633.

GU C L,2019. Urbanization:positive and negative effects[J]. Science bulletin,64(5):281-283.

GUO Q,HE C F,2017. Production space and regional industrial evolution in China[J]. GeoJournal,82(2):379-396.

GUO S,JIANG L,SHEN G Q P,2019. Embodied pasture land use change in China 2000-2015: from the perspective of globalization[J]. Land use policy,82:476-485.

HALL P,1999. Planning for the mega-city:a new eastern Asian urban form?[M]//BROCKERHOFF M. East west perspective on 21st century urban development: sustainable eastern and western cities in the new millennium. Aldershot:Ashgate:3-36.

HALL P,PAIN K,2006. The polycentric metropolis:learning from mega-city regions in Europe[M]. London:Earthscan Publication.

HANSON S,1995. The geography of urban transportation[M]. 2nd ed. New York:The Guilford Press.

HANUSHEK E A, SONG B N, 1978. The dynamics of postwar industrial location[J]. Review of economics and statistics,60(4):515-522.

HASSINK R, 2007. The strength of weak lock-ins: the renewal of the Westmünsterland textile industry[J]. Environment and planning A: economy and space,39(5):1147-1165.

HAUSMANN R, HIDALGO C A, 2011. The network structure of economic output[J]. Journal of economic growth,16(4):309-342.

HE C F,WEI Y H D,XIE X Z,2008. Globalization,institutional change,and industrial location: economic transition and industrial concentration in

China[J]. Regional studies,42(7):923-945.

HEYNEN N,2009. Bending the bars of empire from every ghetto for survival: the black panther party's radical antihunger politics of social reproduction and scale[J]. Annals of the association of American geographers,99(2): 406-422.

HOSPERS G-J, 2003. Creative cities: breeding places in the knowledge economy[J]. Knowledge,technology & policy,16(3):143-162.

HOYLE B S, KNOWLES R D,1998. Modern transport geography[M]. 2nd ed. Chichester:Wiley.

HUANG H,WEI Y H D,2016. Spatial inequality of foreign direct investment in China:Institutional change,agglomeration economies,and market access [J]. Applied geography, 69:99-111.

HYMER S, 1982. The multinational corporation and the law of uneven development[M]//LETICHE J M. International economics policies and their theoretical fundations. New York: Academic Press:325-352.

JANJEVIC M, KNOPPEN D, WINKENBACH M, 2019. Integrated decision-making framework for urban freight logistics policy-making [J]. Transportation research part D:transport and environment,72:333-357.

KENGPOL A,2008. Design of a decision support system to evaluate logistics distribution network in Greater Mekong Subregion countries [J]. International journal of production economics,115(2):388-399.

KING A D,1990. Global cities:post-imperialism and the internationalisation of London[M]. London:Routledge:12-35.

KNOX P L, TAYLOR P J,1995. World cities in a world-system:introduction: world city,hypothesis and context[M]. Cambridge:Cambridge University Press.

KOJIMA K,2000. The "flying geese" model of Asian economic development: origin,theoretical extensions,and regional policy implications[J]. Journal of Asian economics,11(4):375-401.

KRAIDY M M,2002. Hybridity in cultural globalization[J]. Communication theory,12(3):316-339.

KRÄTKE S,2014. Global pharmaceutical and biotechnology firms' linkages in the world city network[J]. Urban studies,51(6):1196-1213.

KRÄTKE S, 2017. How manufacturing industries connect cities across the world: Extending research on "multiple globalizations" [J]. Global networks,14(2):121-147.

KRIVÝ M, 2013. Don't plan! The use of the notion of "culture" in transforming obsolete industrial space[J]. International journal of urban and regional research,37(5):1724-1746.

KULENDRAN N, WILSON K, 2000. Is there a relationship between international trade and international travel[J]. Applied economics,32(8):1001-1009.

LASH S,URRY J,1994. Economies of signs and space[M]. London:Sage Publications.

LI H M,JUNG S,2018. Networked audiences and cultural globalization[J]. Sociology compass,12(4):e12570.

LIN C-Y,HSING W-C,2009. Culture-led urban regeneration and community mobilisation: the case of the Taipei Bao-an temple area, Taiwan, China[J]. Urban studies,46(7):1317-1342.

LIN G C S,YI F X,2011. Urbanization of capital or capitalization on urban land? Land development and local public finance in urbanizing China[J]. Urban geography,32(1):50-79.

LIU Q,YANG Y,MENG Q,et al,2022. The multiple cooperative mechanism and globalization path of small inland cities in China:a showcase study of Dunhuang,China[J]. Public health,19:11241.

LIU W D,Dunford M,GAO B Y,2018. A discursive construction of the belt and road initiative:from neo-liberal to inclusive globalization[J]. Journal of geographical sciences,28(9):1199-1214.

LOGAN J R,2002. The new Chinese city:globalization and market reform[M]. Cambridge:Blackwell Publishing.

MA L J C,2005. Urban administrative restructuring,changing scale relations and local economic development in China[J]. Political geography,24(4):477-497.

MA L J C,WEI Y H,1997. Determinants of state investment in China,1953-1990[J]. Tijdschrift voor economische en sociale geografie,88(3):211-225.

MACLEOD G,GOODWIN M,1999. Reconstructing an urban and regional political economy:on the state,politics,scale,and explanation[J]. Political geography,18(6):697-730.

MAHER K H,CARRUTHERS D,2013. Urban image work:official and grassroots responses to crisis in Tijuana[J]. Urban affairs review,50(2):244-68.

MAIN K,SANDOVAL G F,2014. Placemaking in a translocal receiving community:the relevance of place to identity and agency[J]. Urban studies,52(1):71-86.

MARCUSE P,KEMPEN R,2000. Globalizing cities:a new spatial order[M]. Cambridge:Blackwell Publishing.

MARIOTTI I,VAN DER STEEN M,2001. Conscious choice for organisational relocation:an application of strategic choice theories[M]. Groningen:Research School SOM.

MARKUSEN A,1994. Studying regions by studying firms[J]. Professional geographer,46(4):477-490.

MARTIN R,2010. Roepke lecture in economic geography:rethinking regional path dependence:beyond lock-in to evolution[J]. Economic geography,86(1):1-27.

MARTIN R L,2000. Institutional approaches in economic geography[M]// SHEPPARD E, BARNES T J. A companion to economic geography. Cambridge:Blackwell Publishing.

MARTINOT E,2004. Global renewable energy markets and policies[J]. New academy review,3:56-67.

MATHER K H, CARRUTHERS D, 2013. Urban image work: official and grassroots to crisis in Tijuana[J]. Urban affairs review,50(2):244-268.

MCKINNON A,1998. Logistical restructuring, freight traffic growth and the environment[M]//BANISTER D. Transport policy and the environment. London:Spon Press.

MILES M, 2005. Interruptions: testing the rhetoric of culturally led urban development[J]. Urban studies,42(5/6):889-911.

MITCHELL K, 2016. Celebrity humanitarianism, transnational emotion and the rise of neoliberal citizenship[J]. Global networks,16(3):288-306.

NEUSS L V, 2018. Globalization and deindustrialization in advanced countries [J]. Structural change & economic dynamics,45(6):49-63.

O'KELLY M E,1998. A geographer's analysis of hub-and-spoke networks [J]. Journal of transport geography,6(3):171-186.

ØSTERGAARD C R, PARK E, 2015. What makes clusters decline? A study on disruption and evolution of a high-tech cluster in Denmark[J]. Regional studies,49(5):834-849.

OZAWA T, 2001. The "hidden" side of the "flying-geese" catch-up model: Japan's dirigiste institutional setup and a deepening financial morass[J]. Journal of Asian economics,12(4):471-491.

PARNREITER C,2003. Global city formation in Latin America:socioeconomic and spatial transformation in Mexico City and Santiago de Chile[C]. New Orleans:The 99th Annual Meeting Association of American Geographers: 4-8.

PESQUEIRA L, GLASBERGEN P, 2013. Playing the politics of scale:Oxfam's intervention in the roundtable on sustainable palm oil[J]. Geoforum(45): 296-304.

PONCET S, DE WALDEMAR F S, 2013. Export upgrading and growth:the prerequisite of domestic embeddedness [J]. World development, 51: 104-118.

QIAN Y Y, ROLAND G, 1998. Federalism and the soft budget constraint[J].

The American economic review,88(5):1143-1162.

RIEMERS C,1998. Functional relations in distribution channels and location patterns of the dutch wholesale sector[J]. Geografiska annaler, series B: human geography,80(2):83-100.

ROBINSON J,2002. Global and world cities:a view from off the map[J]. International journal of urban and regional research,26(3):531-554.

ROSSI E C,BEAVERSTOCK J V,TAYLOR P J,2007. Transaction links through cities:"decision cities" and "service cities" in outsourcing by leading Brazilian firms[J]. Geoforum,38(4):628-642.

ROZENBLAT C,2010. Opening the black box of agglomeration economies for measuring cities' competitiveness through international firm networks[J]. Urban studies,47(13):2841-2865.

SASSEN S,1991. The global city:New York,London,Tokyo[M]. Princeton: Princeton University Press.

SASSEN S, 2002. Locating cities in global circuits[J]. Environment and urbanization,14:13-30.

SCOTT A J,1997. The cultural economy of cities[J]. International journal of urban and regional research,21(2):323-339.

SHEPPARD E, 2002. The spaces and times of globalization: place, scale, networks,and positionality[J]. Economic geography,78(3):307-330.

SHUKLA V,WADDELL P,1991. Firm location and land use in discrete urban space:a study of the spatial structure of Dallas-Fort Worth[J]. Regional science and urban economics,21(2):225-253.

SILK M, 2002. "Bangsa Malaysia": global sport, the city and the mediated refurbishment of local identities[J]. Media, culture & society, 24(6): 775-794.

SINGH R K, LUTHRA S, MANGLA S K, et al, 2019. Applications of information and communication technology for sustainable growth of SMEs in India food industry[J]. Resources, conservation and recycling, 147:10-18.

SMITH C M,KURZT H E,2003. Community gardens and politics of scale in New York City[J]. Geographical review,93(2):193-212.

SMITH N,2000. Scale[M]//JOHNSTON R J,GREGORY D,PRATT G,et al. The dictionary of human geography. Cambridge:Blackwell Publishing.

SWYNGEDOUW E, 2004. Globalisation or "glocalisation"? Networks, territories and rescaling[J]. Cambridge review of international affairs, 17(1):25-48.

TANG H Y,2013. The impaction of traffic rights opening on the optimization of the regional industrial structure evolution[J]. Advanced materials research,779/780:1199-1202.

TAYLOR P J, 1982. A materialist framework for political geography[J]. Transactions of the institute of British geographers,7(1):15-34.

TAYLOR P J, 2004. World city network: a global urban analysis [M]. London:Routledge.

TAYLOR P J,DERUDDER B,HOYLER M,et al,2014. City-dyad analyses of China's integration into the world city network[J]. Urban studies,51(5): 868-882.

TAYLOR P J, DERUDDER B, SAEY P, et al, 2006. Cities in globalization [M]. London:Routledge.

TAYLOR P J, HOYLER M, VERBRUGGEN R, 2010. External urban relational process: introducing central flow theory to complement central place theory[J]. Urban studies,47(13):2803-2818.

VARRÓ K, 2016. Recognising the emerging transnational spaces and subjectivities of cross-border cooperation: towards a research agenda [J]. Geopolitics,21(1):171-194.

VERHETSEL A, KESSELS R, GOOS P, et al, 2015. Location of logistics companies: a stated preference study to disentangle the impact of accessibility [J]. Journal of transport geography,42:110-121.

VIND I, FOLD N, 2007. Multi-level modularity vs. hierarchy: global production networks in Singapore's electronics industry[J]. Geografisk tidsskrift, Danish journal of geography,107(1):69-83.

VIND I, FOLD N, 2010. City networks and commodity chains: identifying global flows and local connections in Ho Chi Minh City[J]. Global networks,10(1):54-74.

WEI Y H D, 2010. Beyond new regionalism, beyond global production networks: remaking the Sunan model, China [J]. Environment and planning C:government and policy,28(1):72-96.

WELLER S, 2007. Strategy and the contested politics of scale: air transportation in Australia[J]. Economic geography,83(2):137-158.

WONG C P W, HEADY C J, WOO W T, et al, 1995. Fiscal management and economic reform in the People's Republic of China[J]. Journal of Asian studies,57(1):896-897.

WU F L, 2000. The global and local dimensions of place-making: remaking Shanghai as a world city[J]. Urban studies,37(8):1359-1377.

WU F L,2002. China's changing urban governance in the transition towards a more market-oriented economy[J]. Urban studies,39(7):1071-1093.

WU W, YANG Y, MA J, et al,2005. Developmental research on Chinese new town:a case study of Yuzhong new area of Lanzhou[J]. Urban problems, 3:20-25.

XU J, YANG Y, CHENG S, et al,2022. The globalization path of the deep inland cities dominated by the international festivals based on the power in western China: the comparison between Xining sports festival and Yinchuan cultural festival[J]. Sustainability,14:15010.

YANG Y C,2004. The development and environmental problems of Valley-City in the Western China[J]. Journal of mountain science,22(1):40-47.

YANG Y C, MENG C H, GUO S M, et al, 2005a. The analysis about the change of landuse in Lanzhou by GIS[J]. Journal of mountain science, 23(2):174-184.

YANG Y C, MENG Q M, MCCARN C, et al, 2016. Effects of path dependencies and lock-ins on urban spatial restructuring in China: a historical perspective on government's role in Lanzhou since 1978[J]. Cities,56:24-34.

YANG Y C, SUN Y, WANG W W, 2019. Research on Tibetan folk's contemporary Tibean cultural adaptive differences and its influencing factors: taking Shigatse city, Tibet, China as an example [J]. Sustainability,11:1956. YANG Y C, WU W X,2005b. The research of connection about the external investment and urban development in Western China: a case study of Lanzhou city[J]. Geographical research, 24(3):443-452.

YANG Y C,YANG X J,2009. Research on the big urban spatial expansion and land inner structure transformation of valley-basin cities from planned economy period to transformation period in China: a case study of Lanzhou city[J]. Journal of natural resources,24(1):37-50.

YANG Y C, ZHANG D L, MENG Q M, et al, 2017. Stratified evolution of urban residential spatial structure in China through the transitional period: a case study of five categories of housings in Chengdu[J]. Habitat international,69:78-93.

YEUNG H W C,2015. Regional development in the global economy: a dynamic perspective of strategic coupling in global production networks [J]. Regional science policy & practice,7:1-23.

ZUKIN S,1996a. The cultures of cities[M]. Cambridge: Blackwell Publishing.

ZUKIN S, 1996b. Cultural strategies of economic development and the hegemony of vision[M]//MERRIFIELD A, SWYNGEDOUW E. The urbanization of injustice. London: Lawrence & Wishart.

图片来源

图 1-1 源自:笔者绘制.

图 1-2 源自:杨永春,许静,王雨萱,2023.新时代地缘视角下中国西部发展的全球地位及核心战略路径[J].经济地理,43(2):22-32.

图 1-3 源自:满姗,2023.基于全球价值链的中国西部制造业跨境投资城市网络研究[D].兰州:兰州大学.

图 1-4、图 1-5 源自:满姗,杨永春,2022.GVC 视角下中国西部制造业上市公司跨境投资网络比较研究[J].经济地理,42(11):103-113.

图 2-1 源自:笔者绘制.

图 2-2 源自:杨永春,孙燕,王伟伟,2019b.1959 年以来日喀则市发展与空间演化的尺度逻辑[J].经济地理,39(12):48-61.

图 2-3 至图 2-6 源自:孙燕,2020.藏族民众视角下当代西藏地方文化的适应性研究:以日喀则市为例[D].兰州:兰州大学.

图 3-1 源自:杨永春,2023."一带一路"倡议下中国深内陆城市全球化的基本路径[J].兰州大学学报(社会科学版),51(3):50-61.

图 3-2 源自:笔者根据相关资料绘制.

图 3-3 源自:LIU Q,YANG Y,MENG Q,et al,2022. The multiple cooperative mechanism and globalization path of small inland cities in China:a showcase study of Dunhuang,China[J]. Public health,19:11241.

图 3-4 源自:曹宛鹏,杨永春,史坤博,等,2020.中国内陆河西五市对外出口的路径演化:类型、过程、特征及驱动机制[J].地理研究,39(7):1490-1510.

图 3-5 源自:杨永春,2023."一带一路"倡议下中国深内陆城市全球化的基本路径[J].兰州大学学报(社会科学版),51(3):50-61.

图 3-6 源自:程仕瀚,2021.国际节事视角下中国深内陆城市银川市的全球化路径研究:以宁夏中国—阿拉伯国家博览会为例[D].兰州:兰州大学.

图 3-7 源自:穆焱杰,2022.2000 年以来西宁市经济全球化及其路径分析[D].兰州:兰州大学.

图 3-8 源自:笔者绘制[底图源自标准地图服务系统网站,审图号为 GS(2016)1666 号].

图 3-9 至图 3-11 源自:程仕瀚,2021.国际节事视角下中国深内陆城市银川市的全球化路径研究:以宁夏中国—阿拉伯国家博览会为例[D].兰州:兰州大学.

图 3-12 至图 3-17 源自:曹宛鹏,杨永春,史坤博,等,2020.中国内陆河西五市对外出口的路径演化:类型、过程、特征及驱动机制[J].地理研究,39(7):1490-1510.

图 4-1、图 4-2 源自:袁田,2018.生态城市建设:张掖市发展转型分析[D]. 兰州:兰州大学.

图 5-1 至图 5-7 源自:李恩龙,2020.转型期企业空间动态、园区发展与城市空间重构研究:以西安市为例[D]. 兰州:兰州大学.

图 5-8 源自:郭杰,杨永春,冷炳荣,2012.1949 年以来中国西部大城市制造业企业迁移特征、模式与机制:以兰州市为例[J]. 地理研究,31(10):1872-1886.

图 5-9 至图 5-11 源自:王舒馨,2017. 2004—2013 年乌鲁木齐市制造业空间格局演变及其影响因素[D]. 兰州:兰州大学.

图 6-1、图 6-2 源自:李恩龙,2020.转型期企业空间动态、园区发展与城市空间重构研究:以西安市为例[D]. 兰州:兰州大学.

图 6-3 至图 6-13 源自:唐艳,2020.中国西部深内陆城市开发区的企业投资与供销物流网络研究:以西宁市和银川市为例[D]. 兰州:兰州大学.

图 7-1 源自:刘扬,2016.转型期西安市居民消费分层化下的消费空间研究[D]. 兰州:兰州大学.

图 7-2 源自:刘润,2015.资本、权力与地方:成都市文化空间生产研究[D]. 兰州:兰州大学.

图 7-3、图 7-4 源自:刘扬,2016.转型期西安市居民消费分层化下的消费空间研究[D]. 兰州:兰州大学.

图 7-5 至图 7-12 源自:刘润,2015.资本、权力与地方:成都市文化空间生产研究[D]. 兰州:兰州大学.

图 7-13 源自:赵凯旭,2019.城郊大型文化产业园空间生产研究:以西安曲江新区为例[J]. 西安:西北大学.

图 8-1 源自:笔者绘制.

表格来源

表 2-1 源自:笔者根据白桦,谭德庆,2018.内陆国家级中心城市经济发展路径研究:基于内陆自贸区视角[J].经济问题探索(10):115-121.

表 3-1 源自:程仕瀚,2021.国际节事视角下中国深内陆城市银川市的全球化路径研究:以宁夏中国—阿拉伯国家博览会为例[D].兰州:兰州大学.

表 3-2 源自:穆焱杰,2022.2000 年以来西宁市经济全球化及其路径分析[D].兰州:兰州大学.

表 3-3、表 3-4 源自:程仕瀚,2021.国际节事视角下中国深内陆城市银川市的全球化路径研究:以宁夏中国—阿拉伯国家博览会为例[D].兰州:兰州大学.

表 5-1 源自:李恩龙,2020.转型期企业空间动态、园区发展与城市空间重构研究:以西安市为例[D].兰州:兰州大学.

表 6-1 源自:李恩龙,2020.转型期企业空间动态、园区发展与城市空间重构研究:以西安市为例[D].兰州:兰州大学.

表 7-1 至表 7-4 源自:赵凯旭,2019.城郊大型文化产业园空间生产研究:以西安曲江新区为例[D].西安:西北大学.

本书作者

杨永春,南京大学博士,教育部新世纪优秀人才,兰州大学资源环境学院教授、博士生导师,研究方向为城市与区域发展、转型与规划,现主要涉及西部城市的全球化、新模式和新动力等。曾任中国地理学会副秘书长,现任中国地理学会城市地理专业委员会副主任、中国自然资源学会资源地理专业委员会副主任、资源型城市专业委员会副主任、国土空间规划委员会委员、中国民族建筑研究会宜居城市与城乡治理专业委员会委员等;国家自然科学基金委员会项目评审专家、国家留学基金委员会评审专家、教育部评审专家、自然资源部评审专家。主持或完成国家自然、社会科学基金面上项目6项,参与完成国家自然科学基金重点项目、中英合作项目各一项,主持完成或参加国土资源部等各类地方服务项目数十项,以第一作者/通讯作者在《城市》(Cities)、《地理学报》等学术期刊上发表论文200余篇,出版著作8部。担任《人文地理》等杂志编委及《城市研究》(Urban Studies)等近30种中英文刊物的审稿人。荣获中国地理学会颁发的第二届吴传钧人文与经济地理优秀论文二等奖,参与获得甘肃省科技进步一等奖等科研奖励。